임상사례로 읽는
라캉의 정신분석

Séminnaire d'introduction à la psychanalyse lacanienne à partir de cas cliniques
by Danièle BRILLAUD

Copyright © Danièle BRILLAUD, 2011
Korean Translation Copyright © Handongnei, Publishing Co., 2022

Translated by Youngjin Park

All rights reserved.

This Korean edition was published by arrangement with Danièle BRILLAUD (Paris) through Bestun Korea Agency Co., Seoul

임상사례로 읽는
라캉의 정신분석

Séminaire d'introduction à
la psychanalyse lacanienne à
partir de cas cliniques

DANIÈLE
BRILLAUD

다니엘르 브리오 지음 | 박영진 옮김

한동네

차례

서문 _8

수업1 | 라파엘르 _11

거울 이미지 인식의 병리학
망상적 오인
거울단계

수업2 | 아리망 _30

편집분열증과 상호변신 증후군
광학모델, 인식, 동일시

수업3 | 앙투안 _48

조현병: 자아의 부재와 주체적 분열의 부재
분열된 것으로서의 주체 개념 도입

수업4 | 니콜르 _79

편집증적 정신증
기표 연쇄의 관념
대타자-은유와 환유
연쇄의 누빔점
L도식

수업5 | 「도둑맞은 편지」에 관한 세미나 연구 _107

상징적 축

반복

수업6 | 에밀리 _131

마약 유발성 망상 삽화

신경증, 정신증, 도착증

수업7 | 카치, 드리스, 자키 _155

건강염려증: 대상 a의 감금

욕동

수업8 | 마린느 _178

코타르 증후군 혹은 부정망상

성전환증과의 구조적 연관

수업9 | 마르크에서 레오노라까지 _204

수수께끼에서 언어분열로

기표 연쇄의 누빔점 해체와 주체의 죽음

수업10 | 펠리시테 _233

프로이트적 리비도 개념에서 라캉적 주이상스 개념으로

수업11 | 실비와 마리 알릭스 _257

강박증

증상을 치료하기 혹은 구조를 결정하기

수업12 | 나타샤 _289
욕망의 그래프

수업13 | 아녜스 _308
욕망의 그래프: 두 번째 수업

수업14 | 쥐스틴느, 안젤리크, 마릴린 _330
근친상간과 그 주체적 결과들
왜 근친상간은 금지되는가?

수업15 | 퀭탱 _362
네 가지 담론
페티시즘에서 사회적 도착증으로

부록

I. 대타자의 미완결성, 『대타자에서 소타자로』 세미나의 네 번째 수업에 대한 논평 _388
II. 구멍(Le trou)(레트루망(L'être trou main)), 『R.S.I.』 세미나에 대한 논평 _402

『에크리』 참고문헌 목록 _419
참고문헌 _420

구술 세미나 수업을 책으로 펴내는 것과 관련하여
몇 개월간 나를 격려해준 티에리 플로랑탱(Thierry Florentin)에게
깊은 감사를 전합니다.
커다란 인내심으로 텍스트 포맷 및 제시 방식을 기꺼이 교정해준
아니 데쉔느(Annie Deschênes)에게도 깊은 감사를 표합니다.
또 주느비에브 알랭(Geneviève Allain)과 마리 카조(Marie Cazaux)의
엄밀하고 꼼꼼한 교정에 대해서도 감사드립니다.

서문

이 책은 마르셀 체르막(Marcel Czermak)의 권유에 따라 제가 2004년 이래로 생탄 정신분석 학파(École psychanalytique de Sainte-Anne)에서 진행한 라캉 정신분석 입문 세미나를 옮긴 것입니다. 체르막은 그의 사무실에서 가졌던 학생들과의 모임에서 세미나 프로그램을 만들 것을 강력하게 권유했습니다.

현재 시점에서 돌이켜보면 저는 우리의 생산적인 작업에 그 학파가 얼마나 필수적이었는지, 그래서 우리가 그 학파의 설립자에게 얼마나 큰 빚을 졌는지 깨닫게 됩니다. 그에게 깊은 감사를 보냅니다.

그러므로 이 세미나는 한편으로는 제가 정신과의사 및 정신분석가로서 임상 실천에서 배운 것과 다른 한편으로는 마르셀 체르막과 그의 학생들, 그리고 생탄 정신분석 학파에서 배운 것을 전달하려는 시도입니다. 이 세미나는 그 학파의 연구에 많이 의존하고 있습니다.

제 목표는 난해하다는 평판이 있는 ― 그럴 만한 일이지만 ― 라캉 이론에 관해 임상 사례에 근거한 접근을 제공하는 것입니다. 임상과 형식화 사이를 끝없이 오가면서 저는 이 두 측면이 어떻게 긴밀히 연결되는지 보여주고자 합니다. 임상적인 그림을 읽기 위해 이론이 필요하지만, 역으로 이론은 임상적인 그림으로부터 정교화됩니다.

이 책에서 저는 자크 라캉의 『에크리』에 대한 독해를 제안하는데, 그것은 임상 사례와 엮어져 있습니다. 임상 관찰은 정신증, 신경증, 도착증의 영역을 최대한 넓게 다룰 수 있도록 하기 위해, 특히 제각기 특수한 이론적 지점을 드러나게 하기 위해 선택되었습니다.

저는 저를 신뢰해 주었고 제가 지금 젊은 임상가들에게 다시 전달하고자 하는 것을 전이를 통해 배울 수 있도록 해준 모든 환자분들께 감사드립니다. 덕분에 저는 젊은 임상가들로 하여금 그들이 들어야 할 것을 더 잘 들을 수 있도록, 또 그들이 환자의 구조를 발견하는 길을 찾을 수 있도록 도와주고자 합니다.

사례 연구를 발표하는 것은 민감한 일입니다. 그렇다고 하지 않을 수도 없습니다. 당연히 환자들의 사생활을 보호하고 익명성을 유지하기 위해 필요한 모든 조치를 취했습니다.

저는 1977년에 처음으로 자크 라캉의 『에크리』를 카르텔(소규모 스터디 그룹)에서 체계적으로 연구했는데, 모든 페이지가 얼마나 어려웠는지, 그리고 얼마나 많은 시간을 들여야 했는지 지금도 생생하게 기억납니다. 제가 이 세미나를 조직한 것은 다음 세대에게 좀 더 수월한 연구의 길을 열어주기 위해, 그래서 그들이 보다 멀리 나아가는 데에 필요한 시간과 에너지를 절약할 수 있도록 하기 위함이었습니다.

그러나 저는 라캉의 저서를 단순화하는 시도를 피하고 싶었습니다. 제가 여기서 제시한 것은 몇 개의 짤막한 수업들일 뿐이며, 이 수업들은 우리가 다루는 주제에 들어갈 수 있도록 도와주려는 의도를 가질 뿐입니다.

그렇지만 부록에 수록된 두 개의 발표문 — 각각 대타자의 미완결성과 구멍에 관한 발표문 — 은 여러분에게 심화된 질문을 할 수 있게 해주리라고 생각합니다.

수업 1 | 라파엘르

거울 이미지 인식의 병리학
망상적 오인
거울단계

제가 여러분께 제시하고자 하는 작업은 한편으로는 제가 정신과의사 및 정신분석가로서의 실천을 통해 배운 것과 다른 한편으로는 마르셀 체르막(Marcel Czermak)과 생탄 정신분석 학파(École psychanalytique de Sainte-Anne)에서 배운 것을 전달하려는 시도입니다. 생탄 정신분석 학파의 또 다른 멤버인 스테판 티비에르주(Stéphane Thibierge)는 이번 수업에 관련된 주제를 연구하여 『신체 이미지의 병리학(Pathologies de l'image du corps)』과 『이미지와 분신(L'image et le double)』이라는 두 권의 책을 펴냈습니다. 저는 이 책들을 참고할 것이며, 여러분도 그 책들을 한 번 읽어볼 것을 권합니다.

우선 제가 상담 중에 만난 한 젊은 여인에 관한 짧은 임상적 삽화를 말씀드리겠습니다. 라파엘르는 30살의 키 크고 날씬한 젊은 여성으로, 멋진 몸매, 아름다운 머릿결을 갖고 있었습니다. 그런데 그녀의 얼굴은 눈에 띄지 않았습니다. 그녀가 불안해 보일 때를 제외하면 말입니다. 그녀는 2년 동안 상담을 받아 왔던 정신과의사를 떠나 다른 정신과의사에게 심리치료를 받고 있었습니다.

　라파엘르는 싱글이며 혼자 살았습니다. 그녀는 저에게 자기가 학교 공부를 따라가지 못해서 1학년 과정(우리나라 고등학교 2학년 과정)을 세 번이나 반복했고, 비서직 영역에서 직업교육수료증(BEP)을 취득했습니다. 7년 반 동안 그녀는 대기업에서 데이터를 입력하는 일을 했습니다. 근무환경도 좋았고 직장에서는 아무런 문제가 없었습니다. 그녀는 외출하는 것, 클럽에서 춤추는 것, 영화를 보거나 친구들과 카페에 가는 것을 좋아했지만, 친구가 많지는 않았습니다. 그녀는 저에게 본인은 상태가 좋지 않을 때 집 안에 갇혀 지내곤 했다고 말했습니다. 그 당시 남자친구는 없었지만 숙소 옆방에 살고 있는 남자에게 끌렸고, 상호 간에 감정이 있다고 믿었습니다. 하지만 그는 그녀가 그에게 접근할 때마다 그녀에게 퇴짜를 놓았기 때문에 현재 그녀는 다른 사람을 눈여겨보고 있습니다.

　그녀는 이렇게 말했습니다.

　"제가 당신을 보러 온 것은 제 이미지에 관한 문제 때문이에요. 저는 성공했고, 남자들은 나를 예쁘다고 생각합니다. 저도 제가 예쁘다고 생각해요. 하지만 거울 속의 저는 못생겼어요. 남자가 거울에 비친 제 모습을 보면 그는 곧바로 겁에 질려 달아납니다. …… 저는 사진이나, 거울을 좋아하지 않아요. 저는 심지어 거울 속의 제 모습은 가짜라고, 실제로 거울에 비친 모습을 갖고 있지 않으며, 따라서 저 자신이 뱀파이어라고 생각했어요.

　사람들의 행동 방식이 저를 미치게 해요. 거울 속 제 모습이 나타나자마자 사람들은 다르게 행동하기 시작하는 거죠. 저는 퇴마사를 찾아 갔고, 그 이후에는 텔레비전에서 본 최면술사를 찾아 갔어요. 텔레비전에 나온 사람이라서 믿을 수 있을 거라 생각했어요. 저는 한 시간에 1000프랑을 지불했고, 그는 저를 4시간 동안 붙잡아 두었어요. 최면도 하지 않은 채로 말이에요. 그는 제게 몇몇 이완 요법을 알려주었는데 아무런 도움도 되지 않았어요. 그렇지만 저는 낫기 위해서라면 20000프랑도 지불할 의향이 있었어요. 저는 제가 사람들을 비난하게 될까 두렵지만, 그렇게 하는 것도 불가능해요! …… 지하철에서 제 옆에 앉은 여자가 저를 평범한 눈길로 쳐다보다가도 유리에 비친 제 모습을 보고는 소스라치면서 몸을 움츠리는 걸요 ……."

저는 그녀에게 이렇게 물었습니다. "그렇다면 당신은 거울을 볼 때 무엇을 보나요? 예를 들어 메이크업 할 때 말이에요." 그녀는 대답했습니다.

"아니요, 저는 입술에 립스틱만 발라요. 그래서 거울이 필요 없어요. 저는 거울 속에 비친 제 모습을 보는 걸 좋아하지 않거든요. 거울 속 저는 못 생겼고,[1] 그건 제가 아니에요. 만약 그게 저의 실제 모습이라면 저는 사람들이 저를 매력적으로 보지 않을 거라고 확신해요. 저는 일할 수 있고 집중할 수 있지만, 이런 고약한 문제를 갖고 있어요."

라파엘르는 신경이완제를 복용하는 것과 저를 다시 만나러 오는 것

---

[1] 라캉은 아름다움이 "죽음 앞에서의 최후의 방어벽"이라고 말한다. 추에 대한 감정은 미에 대한 감정과 마찬가지로 거울단계와 광학모델에 근거하여 읽혀야 하는 임상적 현상이다. "거울 이미지가 가시적인 세계의 문턱"이라면, 미와 추의 관념은 가시적인 세계가 사라지는 일이 가능함을, 다시 말해 주체의 해체가 가능함을 입증한다.

에 동의했습니다. 두 달 뒤에 그녀는 자신이 계속해서 거울을 보지 않으려 하고 있으며 자신에게는 여전히 문제가 있지만 지금은 사람들이 거울에 비친 자기 모습을 볼 때 크게 개의치 않고 미소를 지으며 예전처럼 반응하지 않는다고 말했습니다. 그리고 그녀는 상담에 오기 전에 종종 지하철에 있는 사람들을 욕하거나 파렴치하게 보이는 사람들의 태도에 대해 큰 목소리로 떠든다고 말했습니다.

2년 동안 라파엘르는 제가 일하고 있는 CMP(Centre médico-psychologique, 정신건강치료센터)에 저와 함께 상담하러 왔고, 심리치료사와도 계속 만났습니다. 그녀는 꽤 잘 지냈습니다. 그러다 그녀는 저를 만나러 오기를 중단했고 18개월 동안 신경이완제를 먹지 않았습니다. 이때 즈음해서 그녀의 산업보건의가 그녀와 만나고 있던 차에 저와의 상담 약속을 잡기 위해서 다시 저에게 연락을 했습니다. 그녀의 증상이 직장에서의 적응을 다시 위태롭게 만들었기 때문입니다. 저는 그녀의 망상이 예전과 정확히 똑같은 형태임을 알 수 있었습니다.

지금까지 여러분께 말씀드렸던 현상을 어떻게 구조적으로 분석할 수 있을까요? 라파엘르의 사례가 저에게 흥미로워 보이는 이유는 그녀의 사례가 임상 정신의학의 두 가지 측면을 동시에 포함하고 있기 때문입니다. 첫째, 라파엘르는 거울 속의 자기 이미지를 인식하지 못했습니다. 이는 물론, 1927년부터 묘사된 바 있는, 조현병자에게 나타나는 '거울 신호(signe du mirror)'를 환기시킵니다. 환자는 거울 앞에서 많은 시간을 소모하고, 자신의 얼굴을 만지고, 거울에 닿을 정도로 가까이 가고, 여러 표정을 짓는 등의 행동을 합니다. 이 증상은 정신증이 발병하는 시점에 일어나고, 여기서 우리는 환자가 분해, 분할되는 이미지를 결합하려고 시도하는 것을 보게 됩니다. 라파엘르가 우리에게 이러한 '거울 신호'를 환기시키는 한편, 그녀의 말은 조금 다른 지점을 가리킵니다. 왜냐하면 그녀에게 관건은 오인[착오](méconnaissance), 거울 이미지에 대한 거부이기 때문입니다. 그녀는 이렇게 말했습니다. "그건 제 이미지가 아니에요……" 이러한 오인은 거울 신호와 같은 시기에, 즉 1923년과 1938년 사이에 별도로 취급되기 시작한 망상적 오인 증후군(syndromes de méconnaissance systématiques)과 관련됩니다.

망상적 오인 증후군에 대해 짧게 살펴보도록 하겠습니다. 이 증후군에는 세 가지 형태가 있습니다. 카그라스 증후군(syndrome d'illusion des Sosies), 프레골리 증후군(le syndrome d'illusion de Fregoli), 상호변신 증후군(syndrome d'intermétamorphose)이 그것입니다. 카그라스 증후군은 조셉 카그라스(Joseph Capgras)와 장 르불-라쇼(Jean Reboul-Lachaud)에 의해 1923년에 기술된 바 있습니다. 그들은 망상 속에서 스스로를 리오 브랑코 부인(Madame de Rio Branco)라 부른 환자의 사례를 보고했습니다. 이는 [길베르트 발레와 가에탕 가시앙 드 클레랑보가] "만성 환각 정신증(psychose hallucinatoire chronique)"이라 부른 사례였으며, 과대망상과 박해망상을 동반했습니다. 환자는 자신이 왕족 출신이라고 믿었으며, 그녀의 주변 사람들이 넓은 지하실로 사라졌고 그들과 정확히 닮은 사람들, 즉 분신들(sosie)로 대체되었다고 믿었습니다.

이 환자는 남편이나 딸처럼 가까운 이들을 잘 알아보았지만(reconnaît), 더 이상 그들을 자신의 남편이나 딸로 식별하지는(identifie) 못했습니다. 자신에게 가까운 이들을 알아봄에도 불구하고 식별하지 못하는 것과 상관적으로 리오 브랑코 부인은 혈통에 관한 자신의 망상에서 8명의 유명한 인물들과 자신이 인척임을 주장했습니다. 루이 13세에서 유제니 공주와 앙리 4세를 거쳐 인도 제국의 여왕에 이르기까지 말입니다. 이런 상이한 8명의 고유명사는 아마도 그녀 자신의 정체성을 지탱하기 위해 호출되었을 것입니다.

부인 자신은 유괴된 희생자였습니다. 그리고 그녀의 집에서 그녀처럼 옷을 입고 그녀와 닮은 어떤 여자, 즉 그녀의 분신(sosie)이 그녀의 자리를 차지하고 있었습니다. 그녀가 제3자 대신에 정신증동에 구금되어 있는 동안에 말입니다. 그녀는 이렇게 말했습니다. "오랫동안 저는 규정을 지켜 왔습니다. 저는 인지가 붙은 서류에 관한 증명서, 집행관의 공증서, 신원 증명서, 의사들의 증명서를 갖고 있습니다. 나를 다른 사람, 즉 분신으로 여겨도 소용없는 일입니다." 리오 브랑코 부인은 자신의 인상착의를 묘사하고, 자기 자신의 신원을 증명하기 위해 편지를 썼습니다. 이를 위해 그녀는 그녀의 몸, 상처, 옷에 대한 세부 목록을 작성했고, 그리고서 "의심의 여지없이 오직 나만이 이런 특징들을 가진 유일한 사람이다"라는 결론을 내렸습니다.

카그라스 증후군에 관한 이러한 최초의 관찰은 우리에게 다음과 같은 사실을 알려줍니다. 그 현상은 환자의 가까운 이들만 포함하는 것이 아니라 자기 자신도 포함합니다. 카그라스 증후군은 어떤 사람을 알아보는 데에는 두 가지 측면이 있음을 보여줍니다. 첫 번째는 그 사람의 이미지를 알아보는 것(reconnissance)이며, 두 번째는 그 사람을 식별하는 것(identification)입니다. 카그라스와 르불-라쇼는 이러한 구분에 주목한 바 있습니다. 실제로 그들은 "리오 브랑코 부인은 모든 곳에서 닮은 이들을 파악하고, 모든 곳에서 사람들의 정체를 오인한다"고 씁니다.

2003년 9월 19일에 『르 몽드』에 실린 한 기사는 15살 소년의 이야기를 다루고 있습니다. 소년은 나무에서 떨어진 후에 집으로 들어가 자신의 아버지에게 이렇게 말했습니다. "당신은 나의 아버지가 아니야, 당신은 사기꾼이야!" 이것은 명백한 카그라스 증후군입니다. 반복해 봅시다. 소년은 자신의 아버지에게 이렇게 말합니다. "당신은 나의 아버지가 아니야, 당신은 내 아버지의 자리를 빼앗았지." 이는 그가 아버지를 알아보았음을 의미합니다. 그가 아버지의 이미지를 알아보았다는 뜻에서 말입니다. 말하자면, 그가 대화하고 있는 사람은 이웃이 아닙니다. 그는 실제로 거기에 현존하면서 자기 아버지의 특징을 지닌 남자에게 말을 하고 있습니다. 달리 말해 그는 이미지를 알아봄에도 불구하고 이렇게 말합니다. "저 사람은 아버지가 아니야. 저 사람은 아버지의 분신이고, 아버지의 자리를 빼앗은 사람이야." 다시 말해 아버지에 대한 식별, 즉 "저 사람은 아버지가 맞아"라고 말할 수 있는 가능성은 이미지에만 달려 있는 것이 아닙니다. 왜냐하면 이미지를 알아봄에도 불구하고 "저 사람이다"라고 말할 수 없는 환자들의 사례가 있기 때문입니다. 따라서 우리는 이미지를 알아보는 것과 정체를 식별하는 것을 구분해야 합니다. 여기서 우리는 아버지를 식별하는 것이 명명(nomination)에 관련된다고 말할 수 있습니다. 즉, 관건은 뒤퐁 씨인지 뒤퐁 씨가 아닌지에 달려 있습니다.

프레골리 증후군은 폴 쿠르봉(Paul Courbon)과 귀스타브 파이(Gustave Fail)에 의해 1927년에 기술되었습니다. 그들은 한 젊은 독신 여성의 사례를 보고했습니다. 그녀는 고정된 거주지 없이 낮에는 일을 하고 밤에는 사라 베르나르(Sarah Bernhardt)와 로빈(Robin)이라는 여배우들의 연극 공연을 보면서 낮에 번 돈을 극장에 썼습니다. 그녀의 망상에서 여배우들은 그녀의 적이 되었습니다. "수년간 여배우들은 그녀를 따라왔고, 그녀의 주변에 있거나 그녀가 만난 사람들의 형태를 취하면서 그녀에게 집착했다. 그녀의 생각을 가로채고, 그녀가 이런저런 행동을 하는 것을 막고, 그녀에게 이러저러한 것들을 하도록 강요하고, 그녀에게 명령을 내리거나 그녀를 시기하고, 그녀를 사랑스럽게 애무하거나 그녀로 하여금 자위행위를 할 것을 강요하면서 ……" 나아가 로빈은 지나가는 사람이나 이웃의 피부로 들어갈 수 있을 뿐만 아니라 환자의 친구나 지인과 같은 사람들도 그렇게 하도록 만들 수 있었습니다. "여배우로서 그녀는 쉽게 자신을 프레골리로 만들 수 있었고, 나아가 다른 사람들을 프레골리화(frégolifier) 할 수 있었다."

같은 방식으로 카그라스 증후군도 환자의 정체성 및 다른 사람들의 정체성에 영향을 미칩니다. 프레골리 증후군에서 "프레골리화"는 다른 사람들에게만 작용하는 것이 아니라 환자 자신의 몸과 사고에도 작용했습니다. 가령 여배우가 그녀에게 강요한 자위행위는 그녀의 몸을 파괴하는 반면, 로빈의 눈가에 아름다운 윤곽을 만드는 효과가 있었습니다. …… 여배우는 자기 자신의 몸의 아름다움에 대단히 집착했고, 그래서 눈꺼풀을 흑갈색으로 만들기 위해 그러한 기발한 방식을 활용했습니다. 따라서 환자의 집게손가락은 수백만 프랑의 가치가 있었습니다. 여기서 우리는 어떻게 환자가 로빈에 사로잡혀 있는지, 어떻게 그녀 자신의 정체성이 침해되는지 알 수 있습니다. 비록 그녀가 주변인들, 가령 병원의 간호사들이 로빈과 완전히 다르다는 것을 알아보았다 하더라도 그녀는 그들이 정말로 로빈이라고 확신했던 것입니다.

프레골리 증후군과 카그라스 증후군은 대상과 이미지 간의 두 가지 분리 양상입니다. 프레골리 증후군에서 로빈은 언제나 로빈입니다. 언제나 동일한 대상이 서로 다른 이미지 뒤에서 식별되는 것입니다. 반면에 카그라스 증후군에서는 동일한 이미지가 잘 인식되지만 식별되지는 않습니다. 동일한 대상이 아니라 분신이 있는 것입니다.

폴 쿠르봉(Paul Courbon)과 장 튀스크(Jean Tusques)가 1932년에 기술한 상호변신 증후군은 오인, 보다 정확히 말해 망상적 오인을 포함하는 세 번째 증후군입니다. 이것은 좀 더 복잡한 증후군인데, 여기서는 카그라스 증후군을 환기시키는 요소와 프레골리 증후군을 환기시키는 요소가 결합되며, 그 결과 주목할 만하게도 이미지도 식별도 안정된 방식으로 유지되지 않습니다. 환자는 가령 다음과 같은 사실을 언급합니다. 사람들이 그의 암탉(poule)을 바꿔치기 했다고, 큰 볏을 가진 젊은 암탉 두 마리 대신에 작은 볏을 가진 늙은 암탉 두 마리를 가져다 놓았다고 말입니다. 여기서 우리는 이렇게 말할 수 있습니다. 환자가 마주하는 것은 동일한 대상도 아니고 동일한 이미지도 아닙니다. 또 그녀는 이렇게 말했습니다. "15분 떨어져 있는 파리의 한 거리에서 나는 내 아들과 같은 세 명의 소년을 봤어요." 그녀는 그들이 가진 비슷한 특징을 언급하지만 그녀는 그들을 아들로 식별하기를 거부합니다. "그들 중 누구도 내 아들이 아니었어요. 왜냐하면 그들은 나를 조롱했고, 여자(poule)가 있어서 행복한 사람들처럼 웃었기 때문이에요." 여기서 묘사되고 있는 것은 카그라스 증후군을 환기시킵니다.

반대로 그녀가 남편에 대해 말하는 것은 프레골리 증후군에 관련됩니다. "순식간에 남편은 더 커지거나 작아졌어요. ……" 남편의 외모, 행동, 얼굴이 달라졌고 그는 낯선 표정을 지었습니다. 그녀는 어떤 이웃이 남편으로 변신했음을 확신합니다. 그러나 남편의 변신은 결코 완전하지 않았습니다. 환자는 이렇게 말합니다. "그는 손가락 하나가 절단된 자기 손을 잃지 않았고, 자기 눈의 회색 빛깔도 잃지 않았어요." 달리 말해 이러한 세부사항으로 인해 남편을 알아보는 것이 여전히 가능했습니다. 또 환자는 자신의 숙모를 봤다고 말했습니다. "동시에 서로 다른 두 장소에서, 마치 분신을 통해 두 명이 된" 숙모를 말입니다. 요컨대 이따금 환자의 주변인 전부에게 일반적인 변형이 일어났습니다. 사람들의 겉모습이 끝없이 변화했고, 그녀만 같은 사람으로 남아 있었습니다.

망상적 오인 증후군에 대해 더 많은 것을 말할 수 있습니다만, 지금까지 언급한 내용들로 충분할 것이라 생각합니다. 우리 논의의 관건은 망상적 오인 증후군이 어떤 점에서 라파엘르의 사례를 해명해 주는가에 있기 때문입니다. 망상적 오인을 유발하는 것처럼 보이는 분리, 이미지와 대상의 이와 같은 분리가 라파엘르에게도 작동하고 있을까요? 또 다른 질문은 다음과 같습니다. 어떻게, 그리고 왜 그러한 분리가 일어날 수 있을까요?

카그라스, 쿠르봉, 파이, 튀스크와 다른 사람들이 이 사례들을 숙고하던 시점에 라캉은 생탄 병원의 젊은 인턴이었고 그들의 작업에 대해 당연히 잘 알고 있었습니다. 또한 그는 실인증(agnosie, 시각, 촉각, 청각을 통해 대상을 알아보지 못하는 무능력)과 신체 이미지를 인식함에 있어서의 신경학적 장애인 자가국소실인증(asomatognosie)에 관한 신경학적 연구들도 알고 있었습니다. 유기적인 원인이 있기는 했지만 그럼에도 불구하고 이러한 장애들이 흥미로운 까닭은 우리가 거기서 이미지와 대상 간의 분리를 볼 수 있기 때문입니다. 현재 이러한 연구들은 이어지고 있습니다. 특히 피티에-살페트리에르(Pitié-Salpêtrière) 병원에서 신경학자 카트린 모랭(Catherine Morin)이 그러한 연구를 진행하고 있습니다.

바로 이러한 맥락에서 라캉은 이 모든 요소에 근거하여 제반 현상들을 설명하고 해명할 수 있는 이론을 만듭니다. 그는 일반적인 구조를 설명하기 위해 병리학적 현상들을 활용합니다. 이 병리학에서는 대개 우리에게 단 하나의 것으로 드러나는 어떤 것이 스펙트럼에서처럼 분해되는 일이 일어납니다. 이는 마치 프리즘으로 흰 색 빛 한 줄기를 투과

시키면 그 줄기가 그것을 구성하는 모든 스펙트럼의 색깔들로 굴절되는 것과 같습니다. 따라서 우리는 흰색 빛이 흰색으로 나타나는 이유는 그 빛이 모든 구성요소들의 총합이기 때문이라는 점을 알게 됩니다. 제가 말씀드리고 싶은 점은 다음과 같습니다. 병리학은 우리에게 종종 이미지가 명명으로부터 분리될 수 있다는 점을, 알아보는 것과 식별하는 것은 같은 것이 아니며 두 가지 분리된 영역이라는 점을 보여줍니다. 그리고 이러한 점에 근거해서 라캉은 거울단계를 이론화하고 광학모델을 구축합니다. 이러한 현상들을 접근하는 데에 필수불가결한 것으로 드러나는 도구로서 말입니다. 라파엘르의 사례에 관한 논의로 되돌아가기 위해 이제부터 이 두 가지 도구를 살펴보도록 하겠습니다.

라캉의 거울단계

거울단계는 생애 6개월에서 시작되며 우리는 18개월까지 거울단계와 관련된 유아의 행동들을 관찰할 수 있습니다. 유아는 거울 속에서 스스로를 알아보고, 이러한 발견이 맞는지를 검증하기 위해 거울을 들고 있는 사람을 향합니다. 거울 이미지의 발견은 아이를 매우 기쁘게 만듭니다. 이러한 기쁨은 같은 나이대의 동물들과 달리 유아가 여전히 어머니에게 전적으로 의존하는 시점에 일어납니다. 우리는 인간 종에는 일종의 태아화(fœtalisation)가 있다고 말할 수 있으며, 라캉은 이를 출생의 특수한 조산성이라고 지칭합니다. 실제로 우리가 어린 원숭이 — 같은 나이대의 인간 아기보다 훨씬 발달되어 있고 자율적으로 움직이는 — 에게 일어나는 일을 관찰한다면 우리는 원숭이가 뛰고, 기어오르고, 자기가 필요한 것을 스스로 찾아 나선다는 점을, 그리고 이러한 자율성이 원숭이에게 육체적 통일성에 대한 감각을 부여한다는 점을 알 수 있습니다.

반대로 6개월 난 아기는 겨우 앉아 있는 것만 할 수 있을 뿐, 자기 몸을 다루는 데에는 믿을 수 없을 정도로 서투릅니다. 아기는 육체적 통일성에 대한 감각을 갖고 있지 않습니다. 이 점은 아기가 자기 발이나 손을 마치 자기 바깥에 있는 대상인 것처럼 가지고 노는 것을 관찰할 때 명백히 드러납니다. 거울 속에서 자기 이미지를 알아보는 아기가 기뻐하는 까닭은 아기가 자신의 이미지와 동일시하기 때문이며, 이는 그의 육체적 통일성을 선취하게 해줍니다. 그는 자신을 하나(Un)로 알아보는 것입니다.

우선 주목할 것은 이러한 최초의 동일시가 이미지(image)와의 동일시, 즉 상상적 동일시(identification imaginaire)라는 점입니다. 두 번째로 중요한 것은 이러한 동일시가 소외를 야기한다는 점입니다. 왜 그럴까요? 우선 주체가 알아보는 형태가 주체의 바깥에 있기 때문입니다. 그 형태는 거울 안에 있거나 아니면 어머니나 근처에 있는 다른 사람들의 형태 안에 있습니다. 그것은 직접적이고 실재의 이미지가 아닙니다. 우리는 우리의 이미지에 직접적으로 접근할 수 없습니다. 우리 스스로를 보기 위해 우리는 우리 바깥에 있어야 합니다. 이 동일시가 소외를 야기하는 또 다른 이유는, 거울 앞에 선 아기가 자신을 알아보기 위해서는 움직임을 멈춘 다음에 다시 움직여야 하며, 이렇게 할 때에만 자신이 거울 앞에서 바라보는 움직임의 장본임임을 확신할 수 있기 때문입니다.

"이 형태는 주체가 이 형태에 활력을 불어넣고 있다고 느끼는 격렬한 움직임들과는 반대로 이 형태를 응고시키는 그와 같은 크기의 윤곽으로 …… 주체에게 등장한다."[2] 이러한 동일시가 소외를 야기하는 마지막 이유는

---

[2] 자크 라캉, 『에크리』, 홍준기, 이종영, 조형준, 김대진 옮김, 새물결, 2019년, 115쪽.

이미지가 좌우로 뒤집어진 대칭성 속에서 드러나기 때문입니다. 유아는 뒤집어진 이미지를 보게 되고, 이것은 앞으로 영원히 뒤집어진 채로 나타납니다. 이것이 우리가 영상에서 우리 자신의 모습을 볼 때 스스로를 알아보기 힘든 이유입니다. 영상은 거울처럼 이미지를 좌우로 뒤집어서 보여주지 않기 때문입니다.

라캉이 1949년에 쓴 텍스트의 구절을 인용해 보겠습니다. 이 텍스트의 제목은 "나 기능의 형성자로서의 거울단계"입니다.

> "거울단계는 내적 압력이 기능부전으로부터 선취로, 이 선취는 공간적 동일화의 유혹에 사로잡힌 주체에게는 조각난 신체 이미지로부터, 육체의 총체성의 '정형외과적' 형태라고 내가 부르는 것까지 연속되는 환상들을 만들어낸다. 그리고 주체를 소외시키는 정체성 — 이것이 주체의 정신적 발달 전체를 엄격한 구조로 표시할 것이다 — 이라는, 마침내 입게 되는 갑옷으로 서둘러 전개되는 드라마이다."[3]

유아에게 거울단계를 통과하는 것은 최초의 동일시입니다. 동일시란 주체가 이미지를 받아들이고 이를 통해 변형된다는 것을 의미합니다. 이미지에 대한 동일시는 하나의 주형으로서, 이 주형 안에서 자아가 형성될 것입니다. 이 때문에 라캉은 자아가 그 본질에 있어서 상상의 심급이며 모든 오인의 장소라는 점을 늘 강조합니다. 여기서 그는 자아가 현실 원칙에 의해 조직되는 지각-의식 체계에 자신의 중심을 맞춘다는 생각에 반대하고 있습니다.

---

[3] 같은 책, 117쪽.

『에크리』의 텍스트에서 라캉은 거울 이미지를 가시적인 세계의 문턱으로 묘사합니다. 이 말은 이해하기 어렵지만, 그 함축을 반드시 쫓아야 할 말입니다. 거울 이미지가 가시적인 세계의 문턱인 것은 우리가 우리의 환경과 세계 안에서 알아볼 수 있는 모든 대상에 대한 인식이 거울 이미지에 대한 인식을 모델로 삼아 이루어지기 때문입니다. 스테판 티비에르주가 인용하고 있는 라캉의 발언을 『세미나 2권』에서 인용해 보겠습니다.

"나는 거울단계를 통해 무엇을 드러내고자 했을까? 인간 안에 있는, 매듭이 풀리고, 조각나 있고, 무질서한 모든 것이 그의 지각과 관계를 설정하는 것은 본래적으로 많은 긴장이 내재된 층위에서이다. 그의 신체 이미지는 그가 대상 안에서 지각하는 모든 통일성의 원리이다. 그런데 그는 이러한 신체 이미지의 통일성을 오직 외부로부터만 지각할 수 있으며, 이는 선취의 방식으로 이루어진다. 그가 자기 자신과 맺는 이러한 이중적인 관계 때문에 그의 세계의 모든 대상은 늘 그 자신의 자아의 방황하는 그림자 주변에서 구조화된다. 대상은 근본적으로 의인화한 성격, 나아가 자아화한[자아의 형태를 갖는](égomorphique) 성격을 지닌다."

세계에 대한 우리의 관계가 애초에 일종의 환영에 근거해 있다는 것은 난처한 사실입니다. 거울에서 자신을 알아보는 유아를 기쁘게 만드는 것은, 라캉이 『불안』세미나에서 말하듯, "주체가 자기 자신을 스스로에게 투명하게 만들어주는 대상과 마주한다는 감정 때문이다. 의식의 환영 자체를 급진적으로 구성하는 이러한 환영은 모든 종류의 인식으로 확장되는데, 이는 인식 대상이 거울 이미지와의 관계 속에서의 이미지를 모델로 하여 구성되고 만들어진다는 사실에 근거한다. 인식 대상이 무언가 불충분하게 여겨지는 것은 바로 이런 점에서이다."

다음 시간에 우리는 『에크리』에 수록된 텍스트 "다니엘 라가슈의 발표문: 「정신분석과 인성의 구조」에 대한 논평"에 나오는 광학모델을 살펴볼 것입니다. 논리적으로는 이번 수업에서 그에 관해 살펴봐야 하겠지만 꽤 긴 작업이 될 것이므로 다음 시간에 다루고자 합니다. 광학모델은 거울 이미지가 어떻게 구성되는지 더 잘 이해할 수 있게 해줍니다. 상상의 축에서 일어나는 것과 이미지에 대한 모든 관계와 관련해서 뿐만 아니라 유아를 안고 있고 말을 하며 기표의 장소이자 상징의 수준에서 움직이는 대타자(Autre)의 입장에 있는 사람과 관련해서 말입니다. 라캉은 구성된 거울 이미지를 $i(a)$로 표기합니다. 여러분은 이러한 표기를 광학모델에서 뿐만 아니라 욕망의 그래프에서도 발견하실 수 있습니다.

$i(a)$라는 이미지

『에크리』에서 라캉은 왜 자신이 거울 이미지를 $i(a)$라고 쓰는지 그 이유에 대해 설명하지 않습니다. 라캉이 자기 이론의 새로운 점을 제시할 때 흔히 그러하듯, 그는 귀결을 끌어내는 것을 우리의 몫으로 남겨 둡니다. 대상 a가 괄호 안에 넣어져 있다는 점은 무엇을 뜻합니까? 거울 이미지 $i(a)$는 거울 이미지의 영역 안에 있지 않은 대상을 가리고 숨기는 이미지입니다. 이 대상은 가시적이지 않습니다. 그것은 직접적으로 보이지도 않고, 거울 안에도 보이지 않습니다. 그러나 그 대상은 현존하며, 이미지에 일관성을 부여합니다. 이 점이 매우 중요한 동시에 공식화하기 어려운 점입니다. 대상 a는 거울 이미지를 갖고 있지 않지만 괄호 안에 있으며 이미지에 일관성을 부여합니다. 신경증자인 한에서 말입니다. 즉, 아기와 어머니의 관계가 이자관계에 있지 않고 부성적인 은유가 작용하는 한에서 말입니다.

정신증자의 경우 괄호가 삭제됨에 따라 i와 a는 분리될 수 있습니다. 이러한 분리는 망상적 오인 증후군에서 일어나는 일을 파악하게 해줍니다. 만약 괄호가 더 이상 거기에 없다면, 대상 a는 숨겨져 있거나 억압되어 있는 대신에 훤히 드러나 있으며, 이것은 외설적인 효과를 일으킬 수 있습니다. 우리는 환자의 발언에서 이러한 외설성을 자주 들을 수 있고, 외설성은 괄호부재의 효과로 읽힐 수 있습니다. 여기서 대상 a는 실재 안에 현존하고, 정신자동증(automatisme mental)과 같은 현상을 통해 그 현존을 드러냅니다. 대상 a는 더 이상 신경증적 주체의 경우처럼 주체의 실존을 지탱하지 않으며, 자율적으로 변합니다. 라캉의 대상 a 중에는 응시와 목소리가 있습니다. 실재 안에서 대상 a로서의 목소리는 환각의 형태를 띠며, 정신자동증의 이러한 영역은 클레랑보가 정확히 기술한 이래로 잘 알려져 있습니다. 우리는 정신자동증을 응시의 영역에서 고찰하는 데에 그리 익숙하지 않습니다. 그러나 정신자동증을 i와 a의 분리에 연결시키는 것은 망상적 오인 증후군의 구조에서 일어나는 것을 더 잘 설명할 수 있게 해줍니다.

이미지를 식별하지 못하는 일이 주체에게 가까운 사람 혹은 주체 그 자신에게 일어날 수 있다고 말해 봅시다. 이미지를 식별하지 못하는 일이 주체에게 가까운 사람에게 일어날 때, 우리는 다음의 두 가지 경우를 구분할 수 있습니다.

- 프레골리 증후군. 쿠르봉과 파이의 환자는 이렇게 말합니다. "나는 서로 달라 보이는 사람들을 마주하지만 그 사람들의 다양한 이미지 뒤에 늘 내 남편이 숨겨져 있음을 알아봅니다." 달리 말해, 관건은 언제나 동일

한 대상, 동일한 a인 것입니다.

― **카그라스 증후군**. 여기서는 이미지와 대상 간의 분리가 반대 방향에서 일어납니다. 대상은 식별되지 않지만 환자는 이렇게 말합니다. "저 사람은 제 아버지가 아니에요." 그러나 환자는 이미지 자체를 잘 알아봅니다. 그래서 환자는 이렇게 말합니다. "저 사람은 제 아버지의 분신[아버지를 닮은 사람]이에요."

망상적 오인 증후군이 환자에게 가까운 이들과 관련해서 일어나는 이러한 사례들을 환자 자신의 몸을 식별하지 못하는 사례들과 대비시켜 봅시다. 제가 보기에 라파엘르에게는 이미지와 식별 간의 분리라는 똑같은 메커니즘이 일어나고 있습니다. 그녀의 사례가 매우 흥미로운 것은 그것이 조현병에서 분석하기 어려운 형태로 늘 관찰되는 것을 선명한 형태로 보여주기 때문입니다. 모든 조현병 환자들은 거울에 관한 문제를 갖고 있지만, 라파엘르는 그것을 이미지에 대한 망상적 오인의 병리학과 연결시킬 수 있도록, 또 i와 a 간의 분리라는 측면에서 분석할 수 있게 해주는 방식으로 자신의 어려움을 말합니다.

먼저 라파엘르의 발언으로 되돌아갑시다. "저는 심지어 거울 속의 제 모습이 가짜라고 생각했고, 사실 저는 거울에 비친 모습을 갖고 있지 않으며, 따라서 저 자신이 뱀파이어라고 생각했어요." 저에게는 이 발언이 매우 흥미로워 보입니다. 우리는 그녀의 말을 문자 그대로 이해할 수 있기 때문입니다. 라파엘르에게는 거울 이미지가 구성되는 수준에서 실제로 어떤 일이 일어났습니다. 그녀가 자신은 거울에 비친 모습, 즉 거울 이미지를 갖고 있지 않다고 말할 때, 우리는 이 말을 믿지 않을 이유가 없습니다. 일리 있는 말입니다.

다른 한편 라파엘르는 문학 속에 나오는 뱀파이어를 언급하고 있습니다. 뱀파이어에게는 거울에 비친 모습이 없습니다. 이것은 모파상의 『르 오를라(Le Horla)』, 호프만의 이야기, 마그리트의 그림 "금지된 재현(reproduction interdite)"을 환기시킵니다. 라파엘르가 말하는 것을 재차 살펴보면 다음의 사실을 알 수 있습니다. 본질적으로 그녀는 사람들이 그녀에게 보내는 응시에 대해 말하고 있습니다. 가령 그녀는 이렇게 말합니다. "지하철에서 제 옆에 앉은 여자가 저를 평범한 눈길로 쳐다보다가 유리에 비친 제 모습을 보고는 소스라치면서 몸을 움츠렸어요." 응시란 숨겨진 채로 남아 있어야 하는 대상 a입니다. 여기서 응시는 실재 안에 있으며 그녀를 못 생긴 사람으로 바라보면서 그녀를 박해합니다. 환각의 목소리가 박해하듯이 말입니다. 응시는 자율적인 것이 되었고, 이것은 사고주입(xénopathie)과 같은 통제망상으로 흘러갈 수 있습니다. 다른 사람들이 그녀를 응시하고 있으며, 이것은 환청에서 "그들은 저에게 …… 라고 말했습니다"와 동일한 형태를 갖습니다.

세 가지 점을 지적하면서 결론을 내리기로 합니다. 첫째, 이미지를 알아보는 것과 누군가를 식별하는 것은 대개 같이 일어나지만 정신증자에게는 분리된 채로 나타납니다. 둘째, 누군가에 대한 식별을 가능하게 하는 것은 명명과 관련됩니다. 여기서 우리는 명명이 대상 a를 괄호 안에 두는 효과를 갖는 상징적 작용, 다시 말해 대상 a를 억압하는 상징적 작용이라고 말할 수 있습니다. 이미지가 일관된 채로 남아 있고 주체가 실존하기 위해서 대상 a는 숨겨진 채로 남아 있어야 하는 것입니다. 셋째, 제가 인식에 관해 방금 언급했던 것에 관해 한 마디 덧붙이겠습니다. 병리학에서의 거울 기능에 관한 연구는 우리가 일반적으로 받아들이려고 하지 않는 다음과 같은 사실을 바라보게 합니다. 모든 대상의 인식에 관한 모델은 거울 이미지의 인식에 관한 모델이며, 이것은 모든 인식이 망상적인 오인에 근거한다는 것을 뜻합니다.

이 점에 관해 더 많은 것을 알고 싶으신 분은 freud-lacan.com에서 크리스틴 갠츠(Christine Gintz)의 짧은 논문을 참고하실 수 있을 겁니다. 그녀는 매우 통찰력 있는 방식으로 스테판 티비에르주(Stéphane Thibierge)의 책을 따라가면서 정신질환의 진단 및 통계 편람(DSM)의 현상을 분석하고 있습니다.

수업 2 | 아리망

**편집분열증과 상호변신 증후군
광학모델, 인식, 동일시**

아리망! 이것이 그가 인터넷 블로그에서 사용한 이름이었습니다. 아리망의 증상은 20살 때 시작됐습니다. 현재 그는 31살이며 부모님과 함께 살고 있습니다. 증상이 시작되었을 때 그는 여러 종류의 마약을 복용하고 있었습니다. 많은 양의 하시시, 암페타민, 헤로인, 특히 LSD를 말입니다. 그는 22살 때 처음으로 병원에 입원했습니다. 조현병 진단을 받았고 항정신증 약물(neuroleptique)을 처방 받았습니다. 퇴원 후에 그는 상담을 받지 않았고 치료를 중단했습니다. 22살부터 28살까지 그는 하나의 긴 악순환에 갇혀 있었습니다. 치료를 중단하고, 마약을 복용하고, 병원에 입원하는 식으로 말입니다.

나와 처음 만났을 때 그의 나이는 28살이었습니다. 덥수룩한 머리와 예술적인 손톱을 지닌 젊은 남자였던 그는 미소를 지으며 예의 바르게 질문에 흔쾌히 대답했습니다. 첫 만남부터 그는 마약에 대해 말하면서 금단 증상 때문에 메타돈을 처방받고 싶다고 했습니다. 그는 저에게 DVD를 보고, 리코더를 불고, 자동기술법을 활용한 그림을 그리면서 시간을 보낸다고 했습니다. 그는 대화에 집중할 수 있었고, 본인이 하는 말의 흐름도 잘 알았지만, 이내 그의 말에서 망상이 드러났습니다.

그는 자신이 치료를 받는 6년 동안 목소리를 들었다고 말했습니다. 그 목소리는 항정신증 약물을 먹을 때도 멈추지 않았고, 그는 이것이 다행이었다고 말했습니다. 왜냐하면 그는 목소리를 좋아했는데 치료가 목소리를 중단시킨다면 더 이상 약을 복용하지 않으려 했기 때문입니다. 다음 주에 저는 그가 자유롭게 말하도록 배려했고 망상은 다시 나타났습니다. 그의 망상은 거대하고 풍부하고 수많은 함의가 깃들어 있었습니다. 그럼에도 불구하고 같은 세션에서 그는 과거의 사건들에 대해 저에게 잘 얘기할 수 있었습니다. 가령 그는 부모와 싸운 뒤에 부모님 집에서 나와서 6개월 동안 거리에서 살다가 부모님 집으로 돌아간 적이 있었는데, 그의 기억에 따르면 이 시기가 매우 힘들었다고 했습니다.

그는 말했습니다.

"저는 신이자, 악마이자, 사탄이에요. 종종 이것들은 분리되어 있지만 보통은 하나의 목소리로 말해요. 저는 운 좋게도 세 가지 인격을 갖고 있어요.
- 밝고, 예의 바르고, 리코더를 부는 인격
- 어둡고, 욕을 하고, 마약을 복용하고 사탄의 의식을 하는 인격
- 중간에 있으면서 시칠리아 여자들에게 끌리는 인격

사람들은 저에게 제 사진을 보여줬어요. 제 콩팥 X-ray 사진이었어요. 저에게 쌍둥이, 죽은 쌍둥이의 시신이 있다는 것을 알 수 있었죠. 제가 더 강했기 때문에 제가 쌍둥이를 삼켰던 거예요. 신은 저에게 거짓말을 했어요. 신은 제 탄생에 관한 신화를 창조하기 위해 저에게 거짓된 기억을 심어준 거예요. 제 부모님은 저를 입양했어요."

아리망은 저에게 그가 자기 자신을 낳은 것에 대해 매우 자세히 설명

했습니다. 다양한 표현을 사용하면서 말입니다. "신은 이야기를 윤색해요. 신은 제가 저 자신에게서 태어났다고 믿게 했어요." "저는 저 스스로를 출산했어요." 그는 계속해서 말했습니다.

"저는 어떤 여자를 바라봄으로써 그녀가 세쌍둥이를 임신하게 만들었어요. 저는 말했죠. '우리는 한 번 더 세쌍둥이는 신, 사탄, 악마라고 말하게 될 거야! 그들은 합쳐질 수 없는 걸까? 그들은 하나로 합쳐져. 나는 합쳐진 신을 본 적 있어 …… 그 여자는 그녀를 과거로 데리고 간 헬리콥터에 의해 구출되었지. 그녀는 알비노 여자였어. 나는 어머니가 알비노였다는 걸 알고 있었기 때문에 그게 나였다는 걸 알았지, 나는 나 자신을 출산한 거야.'"

저는 아리망에게 자기 이야기를 써볼 것을 권유했고 그는 그렇게 하기 위해 노트북을 구매하려고 했습니다. 2005년 4월에 그는 재차 LSD, 엑스터시, 하시시를 복용한 것 때문에 병원에 입원해야 했습니다. 그는 목소리와 소통하기 위해서 트랜스 상태에 빠져들기만을 원했지만, 노트북을 샀고 많은 걸 배웠습니다. 그는 자기 웹사이트를 만들었고 거기서 자동기술법을 활용한 그림을 그렸습니다. 2005년 9월, 그의 상태는 괜찮았습니다. 그는 글을 썼고, 낮에는 병원에 왔고, 부모와 잘 지냈습니다. 그러나 이와 동시에 그에게 가장 흥미로운 것은 여전히 환상적인 망상이었습니다. 그는 목소리가 자기에게 응답하기를 기도했습니다. 그것은 '밝은 청중'이었습니다. 목소리에 따르면 목소리의 대답은 그렇게 불려야 했습니다.

1년 동안 별다른 일이 일어나지 않았습니다. 그는 계속해서 자동기술법을 활용한 그림을 그렸습니다. 그는 거의 정기적으로 낮 병원을 방문했습니다. 제 요구에도 불구하고 아리망은 본인이 저에게 준 텍스트에 관한 작업을 하고 싶어 하지 않았습니다. 그는 그 일에 흥미를 잃었습니다. 그는 환각 속의 수많은 여자들과 함께 자신의 망상적인 세계에 살고 있었고, 어떤 친구 관계나 성적인 관계도 갖지 않았습니다. 그는 점점 더 외부에 무관심하게 되었습니다. 결국 저는 그에게 잠시 동안 생탄 병원으로 되돌아갈 것을 제안했고 그는 제안을 받아들였습니다. 거기서 그의 상태는 단번에 호전되었는데, 저는 어떻게 이런 일이 일어났는지 이해할 수 없었습니다.

입원 덕분에 우리는 그의 치료를 바꿀 기회가 있었습니다. 한편 그는 텔레파시를 통한 접촉을 더 많이 하기 위해 정기적으로 복용하고 있던 LSD를 중단했습니다. 퇴원할 때가 되자 그의 환각은 사라졌습니다. 그가 저에게 이렇게 말한 것은 이때가 처음이었습니다. "목소리는 사라졌어요. 저는 더 이상 아무 것도 듣지 않아요." 그는 목소리의 사라짐을 유감스러워했고 자신이 LSD를 다시 복용하기 시작해야 하는 것은 아닌지 질문했습니다. 그러나 결국 그는 저에게 자신이 현실 안에서 살아가기를 원한다고 말했습니다. "저는 제가 신과 이야기 한다고 믿었는데 그건 그저 저 자신의 일부였을 뿐임을 알게 됐어요." 그는 낙담했고 의기소침해 있었습니다. 저는 그에게 재차 글쓰기 작업을 해볼 것을 권유했습니다. 그러나 그는 글쓰기 작업을 하면 "그 이야기 안으로 다시 빠져 들까봐", 다시 말해 또 망상에 빠져 들까봐 두렵다고 말했습니다. 처음으로 그는 색깔이 있는 원이 아닌 것을 그리기 시작했고 그는 저에게 비율이 좋고 매우 정확한 육체적 형상을 가진 남자에 대한 그림을 보여주었습니다.

제가 지금까지 말씀드린 것들은 여러분이 이 환자를 구체적으로 파악할 수 있도록 하기 위함입니다. 그러나 가장 중요한 것은 그의 구조를 찾아내는 것입니다. 우선 우리는 그의 경험을 정신의학적 분류 속에 위치시켜야 하고, 그 다음으로 자크 라캉과 마르셀 체르막의 가르침이 어떻게 정신증 임상에 기여하는지 살펴볼 것입니다. 제가 지체 없이 정신증이라고 말한 것은 이 환자가 의심의 여지없이 정신증 사례에 속하기 때문입니다. 그러나 우리는 이 점을 증명해야 합니다. 병원에서 그는 조현병자로 진단 받았지만 이것은 정신질환 진단 및 통계 편람(DSM-IV)의 분류에 따른 것이며, 구조의 문제를 전혀 다루지 않는 분류 체계입니다. 우리는 그에게 정신자동증(automatisme mental)과 지속적인 언어성 환각이 있었음을 살펴봤습니다. 이 점에 근거하여 우리는 그의 사례가 정신증에 해당한다고 주장할 수 있습니다. 비록 때때로 그가 다른 사람들로부터 무언가를 얻어내기 위해서 자신의 병을 교묘하게 활용한다는 느낌을 받을 수 있었지만 말입니다.

그렇다면 어떤 정신증일까요?

그것은 체계적이고 환각적인 망상입니다. 우리는 크래플린(Kraepelin)의 분류를 참고하면서 편집분열증(paraphrénie fantastique)을 언급할 수 있습니다. 왜냐하면 그는 환상적이고 과대망상적인 테마를 가진 화려한 망상에도 불구하고 지속적으로 현실에 적응할 수 있었기 때문입니다. 크래플린은 편집분열증을 체계적인 것, 확장적인 것, 작화적인 것, 환상적인 것으로 구분했습니다. 편집분열증은 체감이상(cénesthésie)이 동반된 상태에서 비일관적이고, 가변적이고, 풍부한 망상적 사고의 과대한 생산이라는 특징을 갖습니다. 그리고 이 모든 것은 인격의 통합성과 나란히 공존합니다.

아리망의 사례는 에르네스트 뒤프레(Ernest Dupré)의 상상 망상(délire d'imagination)의 사례로 여겨질 수 없습니다. 뒤프레는 망상의 메커니즘

측면에서 서로 다른 유형의 망상을 구분했습니다. 환각 망상, 해석 망상, 상상 망상으로 말입니다. 뒤프레는 이것들 중에 마지막에 해당하는 상상 망상을 깊이 연구했습니다. 이 환자들의 상상력은 그들이 만들어 낸 이야기와 작화를 계속해서 확장시켰습니다. 만약 우리가 환자에게 그에 관한 질문을 하면, 즉흥적으로 더 많은 작화가 만들어졌습니다. 아리망의 글쓰기는 이러한 상상의 풍요로움을 보여줍니다. 그러나 아리망의 이야기들은 "환각"에 근거합니다. 반대로 뒤프레의 "상상 망상"은 상상에 근거합니다.

우리가 크래플린과 함께 독일식 분류를 참고하든지 아니면 뒤프레와 함께 프랑스 학파를 참고하든지 간에 중요한 것은 두 저자가 "인격의 보존"이라 부르는 것입니다. 인격이라는 용어는 편집분열증에서는 일반적으로, 그리고 아리망에게서는 특수하게 자아를 가리킵니다. 인격은 완전히 보존되어 있습니다. 환자가 지적인 능력을 유지한다는 점에서 말입니다. 가령 아리망은 컴퓨터를 사용해서 매우 복잡한 조작을 배울 수 있었습니다. 우리는 아리망과 많은 주제에 대해 이야기를 나눌 수 있고, 그의 답변은 매우 조리가 있었습니다. 우리가 그의 망상을 건드리지 않는 한에서 말입니다. 그러나 정말 그의 자아가 아무런 타격도 받지 않았다고 말할 수 있을까요? 이것이 오늘 수업의 질문입니다.

조현병에서 나타나는 분열과 비교할 때 아리망은 그로 하여금 약간의 자율성을 갖고 살고 행동할 수 있게 해주는 "자아의 일관성"을 유지하고 있었습니다. 라파엘르(수업 1)도 그러한 일관성을 갖고 있는 것처럼 보였지만 그녀의 경우 거울 이미지가 잘 구성되어 있지 않았음이 명확했습니다. 이전 수업에서 우리는 자아가 거울단계에서 거울 이미지에 기초해서 구성된다는 점을 살펴봤습니다.

라파엘르와 아리망에 관해 제기된 질문은 거울단계 동안, 즉 최초의 자아 동일시가 거울 이미지로부터 만들어질 때 그들에게 제각기 무슨 일이 일어났는지에 관련됩니다. 따라서 정신의학적 진단과 자아의 보존에 관한 정신의학자들의 생각을 넘어서기 위해서 우리는 아리망이 보여주는 상호변신 증후군(intermétamorphose)에 관심을 기울일 필요가 있습니다.

- 아리망의 부모는 종종 부모가 아니었다.
- 아리망의 배 안에는 쌍둥이가 있었다.
- 아리망은 신이자 사탄이자 악마였다.

이 요소들은 두 가지 차원의 현상을 가리킵니다. 한편으로 아리망은 가까운 인물들을 알아보지 않았고 동일시하지도 않았습니다. 다른 한편으로 거울 이미지가 중복되는 현상이 있었습니다. "그의 배 안에는 쌍둥이가 있었다"는 이중화를 상기시키고, "그는 신이자 사탄이자 악마였다"는 삼중화를 상기시킵니다. 이 현상들은 거울단계 이론과 생탄 정신분석 학파의 마르셀 체크막과 스테판 티비에르주가 주장한 확장된 거울단계 이론(거울 이미지 i(a)에서 시작하는)을 통해서만 파악될 수 있습니다.

수업 1에서 우리는 거울에서 자기 이미지를 알아보지 못하는 라파엘르의 사례를 살펴봤습니다. 라파엘르와 아리망 모두 "거울 이미지를 알아보는 것과 관련된 병리"를 보여줍니다. 저는 라캉이 20세기 초엽에 발견된 망상적 오인 증후군(syndromes de méconnaissances systématiques)에 대한 일종의 답변으로 거울단계를 제기했다고 말씀드렸습니다.

- 카그라스(Capgras)와 르불-라쇼(Reboul-Lachaud)가 묘사한 카그라스

증후군에서 환자는 이미지를 알아보지만 대상을 식별하지 못합니다.
 - 프레골리 증후군에서 환자는 완전히 다른 이미지 뒤에서 늘 동일한 대상을 식별합니다.
 - 상호변신 증후군은 앞의 두 증후군을 뒤섞고 변형시키는데, 그 결과 환자에게는 이미지도 대상도 안정된 방식으로 자리 잡지 못합니다.

여기서 저는 라캉이 『에크리』의 "라가쉬의 발표문:「정신분석과 퍼스낼러티의 구조」에 대한 논평"에서 제기한 광학모델을 참고할 것을 제안합니다.

광학모델(Le schéma optique)

라캉은 여러 단계를 거쳐서 광학모델을 구성합니다. 우선 1936년의 거울단계가 있는데, 라캉은 취리히에서 열린 국제정신분석협회의 16번째 학회에서 이루어진 발표문에서 거울단계로 되돌아갑니다. 이 텍스트의 제목은 다음과 같습니다. "정신분석적 경험에서 드러난 나(je)기능의 형성자로서의 거울단계." 1953-54년에 『프로이트의 기술론』 세미나에서 그는 광학모델을 만들어냅니다. 1960년에 그는 "라가쉬의 발표문:「정신분석과 퍼스낼러티의 구조」에 대한 논평"에서 광학모델을 제기합니다. 1962년에 그는 『불안』 세미나에서 그것을 다시 사용합니다.

이 모든 텍스트에서 라캉은 지속적으로 동일한 주장을 합니다. 그가 상대하는 분석가들이 전혀 그의 말을 들으려 하지 않음에도 불구하고 말입니다. 사실 그 분석가들 대부분은 계속해서 자아를 심리적 종합의 장소로 간주했습니다. 그들은 분석이 다음과 같이 진행되어야 한다고 생각했습니다. 환자가 분석가의 강한 자아에 동일시하거나, 분석가가 환자의 방어와 맞서 싸우기 위해 환자의 자아의 건강한 부분에 호소해야 한다거나, 아니면 환자로 하여금 강한 자아를 가질 수 있도록 도와야 한다고 말입니다. 라캉은 이런 생각에 반대하여 자아를 온갖 오인의 장소로, 본질적으로 상상적이고 소외를 유발하는 형성물로 규탄했습니다. 그는 아이가 개념을 형성하면서부터 주체의 구조가 실재계, 상징계, 상상계라는 세 영역에 관여한다는 것을 보여주었습니다.

  라캉이 말하듯, 광학모델은 비유적인 방식으로 주체와 타자의 관계를 재현하고 상징계와 상상계의 이중적 영향을 구별해줍니다. 우리는 이 모델의 모든 요소들을 순차적으로 살펴보려고 합니다. 그 요소 각각이 비유적으로 무엇에 대응하는지 알아보기 위해서 말입니다. 이 모델은 위상학에도, 해부학적 재현에도 관련되지 않습니다. 오목거울은 거칠게 말해 피질의 몇몇 포괄적 기능을 나타내는 것으로 여겨질 수 있습니다. 원뿔 내부에 위치한 눈은 자기 자신을 바라보는 주체를 재현합니다. 이 위치에서 주체는 i(a)라 불리는 자신의 실재적 이미지를 볼 수 없습니다. 이것은 우리의 현실에 정확히 일치합니다. 즉, 우리는 다른 사람들이 우리를 보는 대로 우리 자신을 볼 수 없습니다. 우리의 신체 이미지는 우리 자신에게 완전히 접근 불가능합니다. 비록 우리가 그것을 영화 이미지로 떠올린다고 해도 말입니다. 사실 영화 이미지는 현실에 더 근접합니다. 그것은 거울에서처럼 반전되지 않기 때문입니다. 그러나 영화는 투사된 이미지이며 반사된 것일 뿐, 실재의 이미지가 아니라는 점에 유념해야 합니다. 광학모델에서 주체의 육체에 대한 실재적 이미지는 재현되지 않습니다. 이것은 주체가 어떤 식으로도 실재적 이미지에 접근할 수 없음을 뜻합니다. 상자 안에 숨겨진 꽃병은 육체의 현실을 재현합니다. 그리고 주체는 육체의 현실에 부분적으로만 접근할 수 있습니다. 상자 안에 담긴 실재의 꽃은 a라 불리는 부분 대상입니다. 1953-54년의 『프로이트의 기술론』 세미나에서 라캉은 꽃다발이 욕동,

본능, 대상을 나타낸다고 말했습니다. 그러나 『에크리』에 포함된 "라가쉬의 발표문에 대한 논평"(1960년)에서 그는 꽃다발이 부분 대상만을 가리킨다고 말하면서 자신의 입장을 수정했습니다. 이것은 만약 눈의 초점이 미리 놓아둔 꽃에 맞춰진다면 꽃병의 실재적 이미지는 꽃다발 주위로 옮겨져 그것에 형태와 통일성을 부여하게 될 것이기 때문입니다.

그러나 $에 위치한 주체는 꽃다발을 둘러싸고 형성되는 실재적 이미지를 볼 수 없습니다. 왜냐하면 주체는 i(a)를 볼 수 없기 때문입니다. 그

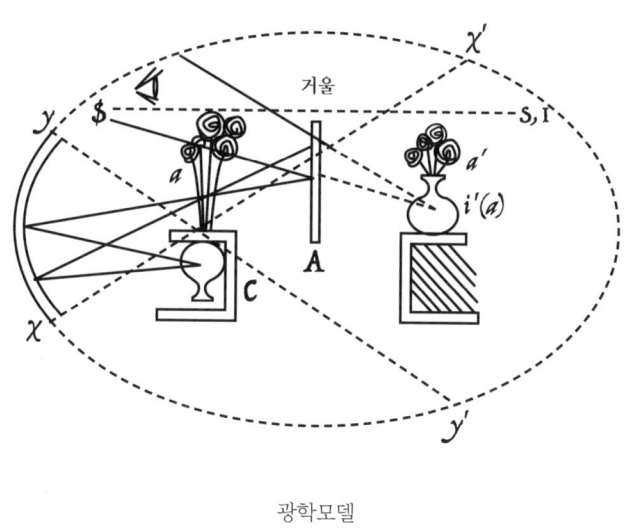

광학모델

는 평면거울 위에서 이 실재적 이미지의 가상적 이미지에만 접근할 수 있습니다. 주체는 i'(a)만 볼 수 있습니다.

평면거울은 대타자를 재현합니다. 보다 정확하게 라캉은 대문자 A로 표기되는 대타자는 "우리 모델에서 '거울 A 뒤쪽의' 가상의 이미지들이 겹쳐지는 실재의 공간"이라고 말합니다. 이것은 거울단계가 시작되면서부터 기표의 장소인 상징계가 이미 거울 관계 속에 있음을 뜻합니다.

이미 대타자나 언어가 없다면, 거울단계도, 거울 이미지도 없을 것입니다. 실제로 아이가 거울 속에서 자신을 제대로 알아보았다는 어머니의 확인을 받기 위해 어머니 쪽을 향해 돌아볼 때, 아이는 누구에게 말을 걸고 있는 걸까요? 어머니와 아이 사이에는 이자적이고 상상의 관계만 있는 걸까요? 만약 그렇다면 우리는 왜 작은 원숭이가 다른 원숭이들 사이에서 자기 엄마를 완벽하게 찾아낼 수 있으면서도 거울 속의 자신을 알아볼 수 없는지 이해할 수 없습니다.

아이가 호소하고 있는 목격자는 대타자를 재현하는 인물이며 기표의 장소입니다. 그것은 프로이트가 말한 "이웃(Nebenmensh)"이며, 보통 이 위치에 놓이는 인물은 어머니입니다. 여기서 라캉은 여기서 유아가 기표에 둘러싸인 채로 세상에 태어난다는 점을 상기하고 있습니다. 아이의 탄생에 선행하는 담론이 있습니다. 상징적 차원은 상상적 축이 설립되는 데에 필요하며, 이 두 개의 축은 L 도식이 보여주듯 처음부터 교차합니다.

광학모델에서 주체 $가 거울 A에서 자신의 가상적 이미지를 보려면 원뿔 내부에 위치해야 합니다. 즉, 주체의 탄생에 선행하는 담론이 주체가 원뿔 안에서 차지하게 될 상징적 위치를 마련합니다. 자폐증 유아는 원뿔 안에 위치하지 않기 때문에 거울 이미지를 환호하면서 알아보지 못할 것입니다.

모델에서 눈에 의해 재현되는 주체가 원뿔 안에 있을 때 주체는 거울 A에서 i'(a)라는 가상적 이미지를 볼 것입니다. 이 가상적 이미지는 시선이 닿을 수 없는 실재적 이미지 i(a)를 반사하고 있습니다. 대타자를 나타내는 평면거울이 현존할 필요성은 다음의 사실을 의미합니다. 유아가 자기가 보는 것과 동일시하는 것은 오직 어떤 말하는 존재가 현존하면서 유아에게 그와 같은 동일시의 가능성을 제공하기 때문입니다.

i'(a)는 거울 이미지이면서 자아의 모체이며 이상적 자아(moi idéal)를 나타냅니다. 라캉은 이상적 자아에 대해 이렇게 말합니다.

> "i'(a)에서는 모델의 주체가 기대하는 것과 더불어 이미 타자의 형태가 존재한다. 타자의 형태가 갖는 함축적 힘은, 거기 개입하는 당당한 관계들의 놀이와 마찬가지로, 완전히 다른 적합성을 요구하는 종합 속에서 스스로를 허구적 지배와 근본적 소외의 원리처럼 등장시킨다."**4**

따라서 이상적 자아는 타자의 이미지에 근거한 상상적 요소입니다. 내가 보고 싶어 하는 것은 타자와의 라이벌 관계 및 전가현상(transitivisme, 자아와 타자의 혼동) 속에 있는 자아입니다. 관건은 자아입니까 아니면 타자입니까? 조금 뒤에 라캉은 이상적 자아를 "**근본적으로 재난과 같은 나약한 권력**"이라 부릅니다. 유아의 자아는 허풍스러운 자세로 이렇게 자기 자랑을 합니다. "그 정도는 내가 할 수 있지!"

자아 이상은 완전히 다른 것입니다. 우리의 모델에서 자아 이상은 빗금 쳐진 주체와 주체를 나타내는 눈의 반대편인 오른쪽에 위치합니다. 이것은 자아 이상이 상징적 공간에 있음을 뜻합니다. 사실 거울 평면 뒤에서 두 공간, 즉 평면거울에 반사된 이미지들이 있는 가상공간과 대타자의 장소인 실재 공간은 겹쳐집니다. 자아 이상은 대타자와 소타자로부터 유래하는 휘장(insignes), 기표[시니피앙](signifiants), 단항적 표지(traits unaires)**5**로 만들어집니다. 주체는 그것들을 자신이 존재하게 해주

---

4 라캉, 『에크리』, 788쪽.

5 단항적 표지(trait unaire)란 기표의 형식적 토대이자 주체가 자신의 동류로 환원되지 않는 어떤 전능한 대타자에게서 동일시하는 특징을 가리킨다. 가령 어떤 학생이 자신이 존경하는 선생님

는 성좌로 수용합니다. 자신에게 마련된 위치, 자신이 실존할 수 있는 위치로 말입니다.

"하지만 어떻게 주체는 자신의 이러한 원초적 자리를, 이 자리를 부재하게 하는 생략 속에서 되찾을까? 어떻게 주체는 그러한 공백을 가장 가까운 물(la Chose)인 것처럼 식별할 수 있을까? 자신의 울부짖음을 반향시키면서 대타자의 한 복판에서 그러한 공백을 다시 만들어낸다고 하더라도 말이다. 차라리 주체는 거기서 그의 울부짖음을 부름으로 변화시켰던 강력한 대답의 표시들을 되찾기를 즐길 수도 있다. 그래서 대답의 모든 권력이 기입되는 그러한 표시들은 현실 속에서 시니피앙의 특질로 둘러싸이게 된다. 우리가 그러한 현실들을 휘장(insigne)이라고 부르는 것은 공연한 것이 아니다. 이 용어는 거기서 명사적이다. 주체에 대해 자아의 이상형을 구성하는 것은 이 휘장들의 성좌이다."**6**

우리는 아마도 이러한 자아 이상이 주체의 생성에 구조를 부여하고, 이 구조에 벡터를 부여한다고 말할 수 있을 것입니다. 자아 이상은 특수한 요소입니다. 상상인 동시에 상징이라는 점에서, 대타자의 장에서 추출된 단항적 표지이지만 하나의 이미지와 모델을 형성하는 데에 사용된다는 점에서 말입니다. 실재계, 상상계, 상징계의 구분을 상기합시다. 그러한 구분은 양식(良識), 상식, 명확한 것으로부터 빠져나오는 것을 뜻합니다. 세탁기를 살 때 우리는 가로, 세로, 높이라는 세 가지 차원에 대해 알아야 합니다. 세탁기를 놓으려 했던 장소에 세탁기를 놓을 수 있도

의 걸음걸이나 말투를 따라하게 되는 현상에서 우리는 단항적 표지가 작동한다고 말할 수 있다 (역주).

6 같은 책, 792-793쪽.

록 말입니다. 만약 빨래를 한 번 돌릴 시간도 고려해야 한다면, 우리는 시간이라는 네 번째 차원을 추가해야 합니다. 빨래라는 세계를 해명하기 위해서는 세 가지 공간적 차원에 시간적 차원이 필요한 것입니다. 이것은 우리의 공간이 세 가지 차원 혹은 시간까지 포함한다면 네 가지 차원을 갖고 있다는 말일까요?

주지하듯이 물리학에서 어떤 이론은 별의 운동을 설명해주고, 다른 이론은 원자 및 원자보다 작은 차원에서 일어나는 것을 설명해줍니다. 지금까지도 두 가지 이론은 하나의 거대한 이론으로 통합될 수 없었습니다. 끈 이론(théorie des cordes)의 발전 덕분에 만약 우리가 공간이 열 가지 차원임을 받아들인다면 지금까지 함께 할 수 없었던 서로 다른 물리학적 이론들을 통합하는 것이 가능합니다. 이것은 무엇을 뜻할까요? 이것은 "실제로" 세계에 열 가지 차원이 있음을, 혹은 실재에 열 가지 차원이 있음을 뜻할까요? 저는 실재가 차원을 전혀 개의치 않는다고 말씀드리고자 합니다. 차원이란 상징계에 속합니다. 우리가 실재에 대해 사고할 수 있는 모든 것은 상징계에 속합니다. 우리가 더 많이 사고할수록, 우리는 실재를 더 파고 들어가서 실재에 상징적인 것을 부여하게 됩니다. 그러나 실재는 실재로 남아 있습니다. 실재는 접근 불가능하고 파악 불가능합니다. 그래서 라캉은 "실재는 불가능성"이라고 말합니다. 그리고 우리 사고의 끝에서 우리는 상징의 세계를 구축할 것입니다. 최선의 경우 그 세계는 실재의 현상적인 측면을 해명해 줄 것이지만, 그것은 실재와는 다른 것으로 남게 될 것입니다.

아리망으로 되돌아와서, 우리는 이미 그의 정체성이 얼마나 가변적이고 유동적인지 살펴보았습니다. 아리망과 가까운 이들의 정체성이 안정화되지 않는 것처럼, 아리망의 정체성도 결코 안정화되지 않았습니다. 거울단계에서는 그에게 최초의 정체성을 보증해 주는 방식으로 거울 이미지가 구축되지 않았습니다. 또 아리망은 광학모델의 원뿔 안에 위치하지 않았습니다. 그에게는 i와 a가 분리되었습니다. 즉, i(a)에서 괄호가 사라진 것입니다.

    이제 저는 여러분과 함께 아리망이 책으로 만들 목적을 염두에 두고, 그러나 저의 제안 때문에 쓰기 시작한 자서전의 몇몇 구절을 읽어보고자 합니다. 제가 그에게 그렇게 제안을 한 것은 그에게 그런 작업이 필요할 것이라고 생각했기 때문입니다. 그는 글쓰기를 하면서 뚜렷하게 상태가 좋아지는 것처럼 보였습니다. 여기에는 여러 가지 이유가 있습니다. 글을 쓰는 것은 사건의 순서를 정돈하게 하고, 누군가에게 말을 걸게 합니다. 이것은 자연히 글을 쓰는 사람에게 어떤 일관성을 부여합니다. 설령 그 글이 매우 망상적이라 하더라도 저자는 더 이상 완전히 홀로 있지 않고, 혼란에 빠져 있지 않고, 정체성을 결여하지 않습니다. 그는 더 이상 그 자신이 세상과 구분되지 않는 어떤 잡다한 우주 속에 있지 않습니다. 자신의 좌표로 삼을 만한 어떠한 시간, 장소, 사람도 없는 채로 기표에 의해 횡단되는 그러한 우주 말입니다. 우리 모두는 그런 좌표를 당연시하고 우리에게 그것은 절대적으로 필요합니다. 그런데 그는 어떤 안정적인 방식으로도 그런 좌표를 수중에 넣지 못했습니다. 그는 핸드폰을 갖고 있었고 핸드폰에 약속 시간을 기록해 두었습니다. 약속 시간 30분 전에 알람을 맞춰놓으면서 말입니다. 핸드폰은 아리망에게 일종의 보철물이었습니다. 그러나 그가 혼자서 망상에 사로잡힐 때 시공간은 완전히 무질서해졌습니다.

    그가 쓴 텍스트의 한 구절에서 우리는 그 자신과 타인이 이중화되는 현상을 찾아볼 수 있습니다. 이것은 그에게 이미지와 대상의 분리가 있었음을 가리킵니다. 이 분리는 그의 정체성이 하나의 독특한 인물

안에 확보되지 못하게 만들었습니다. 그 결과 이미지가 범람하게 되었습니다.

"200X년 새해를 맞이하면서 …… 나는 신이 에너지 구에서 마치 화산처럼 솟아오르는 장엄한 광경을 봤다. 사람들로 하여금 신 자신의 도래에 관한 계시에 빠져들게 하면서 말이다. 이러한 분출은 늘 내 몸 근처의 별에서 일어나곤 했다. 그렇다, 지금 나는 말할 것이 많다. 어디서부터 시작할까? 아마 내 출생에서부터, 아니면 내가 내 출생에 대해 어떻게 생각하는지에서부터 시작할 수 있을 것이다. 그런데 내 출생이란 여러 출생 중에 하나일 뿐이다(나를 구현한 것들 중 하나의 출생). 그러나 이를 통해 적어도 당신에게 내가 누구인지 조금은 알려줄 수 있을 것이다. 이야기에 대한 설명은 나중에 하자. 이야기를 이해하기 위해 알아야 할 모든 것을 덧붙여가면서 말이다. 내가 집을 떠난 것은 내 아버지(신, 내 목소리)가 내 부모를 더 이상 느낄 수 없고 나에게 부모와 떨어질 것을 요구했기 때문이었다. …… 나는 3년 동안 내 인생의 사랑을 찾았는데, 나는 내가 그녀를 아니마(Animah)에서 만났다고 믿었던 만큼이나 그녀가 제르바(Djerba)에서 있을 것임을 확신했다. 나는 두 번째 장소를 그렇게 불러야 했기 때문이다. 알비노와 마주치는 것은 죽음의 교차로와 마주치는 것과 같다. 이 격언은 내 입에서 반복적으로 나왔다. 그녀가 나에게 나와 나이 및 이름이 똑같은 모든 아이들을 죽여야 한다고 말한 날처럼 말이다. 내가 그들을 죽여야 하는 이유는 그들이 나인 척 하고 내 온전함을 침해하기 때문이었다."

여러분은 아리망이 자기 인격의 이중화 현상을 어떻게 설명하는지 보실 수 있을 겁니다. 그는 여러 가지 방식으로 구현됩니다. 이러한 생각은 다음의 생각으로 이어집니다. 그인 척 행세하는 아이들이 있습니다. 이 현상은 악화됩니다.

"나는 어딘가에 있다. 지구가 있는 태양계로부터 멀리 떨어진 어딘가에. 나는 20세기 지구처럼 보이는 어떤 재구성된 공간에 있다. 나는 날마다 새로워지는 클론들에 둘러싸여 있고, 하루 사이에 수십 년이 흘러간다. 여기가 영혼들이 나를 남겨둔 곳이다. 위베르 펠릭스 티에판(Hubert-Félix Thiéfaine)7의 말처럼, "내가 신이라면, 나는 나를 의심할 것이다.""

아리망에게는 거울 이미지를 구성하는 데 있어서의 결함이 하나의 병인인 것처럼 보입니다. 클론에 관한 생각에서 뿐만 아니라 그 자체로 이중화 과정에 연루된 시공간에 관한 개념에서도 말입니다. 이것은 무한으로 개방되는 심연 앞에서의 현기증을 유발합니다.

"우리가 알고 있는 성경은 진짜 성경을 왜곡한 이야기들의 총합에 불과하다. 때때로 비정합적이고 엇나가고 어수선한 단편들의 총합 말이다. 성경에는 단 하나의 인물밖에 없는데, 그건 나다. 아브라함이든 모세든, 아담이든 카인이든, 성경은 늘 나에 관한 것이다. 바다가 둘로 갈라진 것도 나를 위해서다. 내가 건널 수 있도록 말이다. 신이 자신의 계율을 전달한 인물도 나다. …… 아담의 신화는 다음과 같은 사실에 의해 설명된다. 하루하루의 날들 사이에는 "교대" 중인 날들이

---

7   여기서 아리망은 프랑스의 싱어송라이터 위베르 펠릭스 티에판의 "원숭이의 정신분석 (Psychanalyse du singe)"에 나온 가사를 잘못 인용하고 있다(역주).

있는데 그 날들은 내 기억에서 지워졌다. 나는 여자의 모습을 갖게 해주는 약이 있는 기계 덕분에 그녀를 복제해서 그녀와 만날 수 있었다. 내가 결혼하고 싶은 것은 그녀였다. 적어도 그녀들 중 하나였다. 왜냐하면 그녀는 다수였기 때문에 …… 아담의 갈비뼈에서 꺼내질 때 말이다. 카인과 아벨의 신화에 대해 말하자면 그것은 진위를 알 수 없는 이야기임에 틀림없다. 왜냐하면 그 신화는 나를 나쁜 형제로 그려내기 때문이다. 사탄이 신의 엄마 뱃속에 있는 신을 죽인 것은 신이 사탄보다 아름다웠기 때문이었다. 그래서 내 몸에는 태아의 시신 두 구가 있다. 하나는 신이고, 다른 하나는 사탄이다. 나는 "악마" 혹은 아버지이며, 신과 사탄의 아버지다. 유일로서의 신."

이 구절에서 우리는 클론, 거울 이미지의 범람, 시간의 팽창을 읽을 수 있습니다. 그러나 여기서 제가 강조하고 싶은 것은 프레골리 증후군입니다. 그 증후군은 아리망이 성경에 대해 말하고 자신의 실존이 다수라고 이야기 할 때 드러납니다. 즉, 이야기에 어떤 인물이 나오든지 간에 그것은 늘 아리망 자신에 관한 것이 됩니다.

수업 3 | 앙투안

**조현병: 자아의 부재와 주체적 분열의 부재
분열된 것으로서의 주체 개념 도입**

주체가 출현할 수 있는 것은 언어 안에서입니다. 주체는 기표 연쇄[의미화 사슬](chaîne signifiante)로부터 출현한다는 말은 무엇을 의미합니까? 그것은 아이가 세상에 태어날 때 언어가 이미 존재함을, 아이의 탄생 이전에 언어가 이미 존재함을 뜻합니다. 아이에 관련되는 가족의 담화가 있고, 그 담화가 아이에게 특정한 위치를 마련해 줍니다.

첫 번째 수업에서 우리는 거울단계를, 그리고 광학모델이 어떻게 거울단계에서 일어나는 것에 관해 이론적인 설명을 해주는지 살펴봤습니다. 우리는 유아가 거울에서 자신을 알아본다고, 자기 외부에 있는 어떤 이미지에서 육체의 통합성을 선취한다고 지적했습니다. 그리고 유아가 이렇게 할 수 있는 것은 오직 유아를 안고 있는 어머니가 말로써 그 이미지를 승인하는 한에서입니다. 여기서 어머니는 대타자, 즉 언어를 재현합니다. 유아의 울음을 하나의 부름으로 만드는 것은 어머니입니다. 즉, 어머니는 아기가 울거나 까르륵거릴 때 무언가를 말하고 있다고 가정합니다. 아기가 무언가를 말하고 있다는 가정이 아기에게 어떤 위치를 제공하며, 아기가 언어 안에 자리를 잡을 수 있게 해줍니다.

다음 수업에서 이 점에 대해 좀 더 자세히 살펴보겠습니다. 이번 수업에서 저는 우선 주체의 구조가 네 부분으로 이루어져 있음을 강조하고자 합니다. 주체의 공간을 창조하고 유지하기 위해서는 네 개의 지점이 필요합니다. 이전 수업에서 살펴봤듯, 그 중에 둘은 상상적입니다. 즉, 타자의 이미지에 근거한 자아입니다. 그리고 나머지 둘은 상징적입니다. 즉, 언어라는 대타자와 관계하는 주체입니다. 저는 언어 ― 라캉이 "대타자(le grand Autre)"라고 부르는 기표의 장소 ― 가 무엇인지 좀 더 자세히 살펴보려고 합니다. 이를 위해서 우리는 말이 사물이 지시한다는 관념에서 벗어나는 데에서부터 시작해야 합니다.

언어는 기표의 집합으로 이루어집니다. 이 집합에서 하나의 기표는 다른 기표를 지시합니다. 사전을 넘겨보면 하나의 기표가 우리로 하여금 또 다른 기표를 살펴보게 만든다는 사실을 잘 알 수 있습니다. 서로 분리된 두 가지 층위가 있습니다. 한 쪽에 의미의 세계가 있다면, 다른 쪽에는 기표의 세계가 있습니다. 그리고 두 세계 간에는 어떠한 일대일 대응도 없습니다. 기표, 즉 소리 나는 물질적 차원의 말은 맥락에 따라 어떤 기의를 지시합니다. 일반적으로 우리가 대화할 때 애를 쓴다면, 이것은 우리가 사용하는 기표가 상대방이 사용하는 기표와 똑같은 기의를 가리킨다는 생각에 근거합니다. 그러나 여러분은 상황이 늘 그렇지 않다는 점을 잘 알고 계실 겁니다. 오히려 우리는 영원히 오해의 바다에서 허우적거립니다. 이 때문에 오해를 줄이고자 한다면 우리는 늘 자세히 말해야 하고, 다른 방식으로 말해야 합니다. 그러나 이 모든 오해에도 불구하고 우리가 서로를 조금씩 이해하게 되는 일이 일어나기도 합니다. 그런데 이해(comprendre)라는 단어를 사용할 때 우리는 신중해야 합니다. 그 말은 대단히 넓은 의미작용을 갖고 있습니다. 그 말은 우리가 모든 것을 파악할(prendre) 수 있음을 뜻합니다. 그러나 이것은 사실이 아닙니다. 라캉은 "이해하려고 애쓰지 말라"고 지적한 바 있습니다. 만약 우리가 무언가를 이해했다면, 분명 우리는 그것을 잘못 알고 있을 것이기 때문입니다.

일단 우리가 이러한 구조적인 오해를 받아들인다면 다음과 같은 질문이 제기됩니다. 그럼에도 불구하고 무엇이 우리가 서로에게 말을 하는 상황이 일어나게 만드는가? 언어학자 소쉬르의 도식에서는 두 가지 흐름이 있습니다. 중간의 분리선 위에는 기표의 흐름이 있고, 아래에는 기의의 흐름이 있습니다. 만약 우리가 서로 이해한다면[같은 흐름에 놓여 있다면], 이것은 우리가 같은 지점에서 수직적인 휴지부를 설정한다는 것을 뜻합니다. 어떻게 이런 일이 일어나는지는 명확하지 않습니다. 예를 들어 제가 환자에게 이렇게 묻는다고 합니다. "좀 어때요?" 그러면 환자는 저에게 이렇게 대답합니다. "괜찮아요. 나아지고 있어요." 여기서 우리는 환자에게 상황이 그렇게 순조롭지만은 않았음을 이해할 수 있습니다. 여기서 우리가 듣는 것은 기표의 모호성입니다. 이 모호성은 우리가 어디에 수직적인 휴지부를 놓는가에 관련됩니다. 우리 자신의 분석이 이 점, 즉 우리가 기표에 의해 휘둘리는 방식을 이해할 수 있게 해줍니다. 그럼에도 불구하고 분석 상황 바깥에서 이야기를 나눌 때 우리는 되도록이면 같은 장소에서 휴지부를 설정해야 합니다.

기표의 흐름이 일반적으로 기의의 흐름에 잘 연동되어 있다는 사실은 말의 연쇄에 누빔점으로 작용하는(capitonner) 무언가가 있음을 전제합니다. 하나의 기표가 늘 다른 기표를 지시한다면, 가령 어떤 말의 의미를 찾기 위해서 사전을 뒤적거릴 때, 여러분은 하나의 기표가 결여되어 있음을 확인하게 될 겁니다. 다른 모든 기표에 근거를 부여하는 기표가 결여되어 있습니다. 그 기표와 같은 기표는 없습니다. 달리 말해, 말할 수 없는 기표가 하나 있으며, 이것은 "-1"로 셈해질 수밖에 없습니다. 라캉은 이것을 대타자의 결여에 대한 기표 "S(⒜)"로 표기합니다. 샤를 멜만을 인용해 보겠습니다. "팔루스는 대타자의 결여에 응답하는 한 가지 방식, 즉 질서와 규정을 부여하는 어떤 요소를 대타자에 덧붙이는 방식이다."[8] 여기서 저는 과연 팔루스가 대타자의 결여에 응답하는 유일한 방식인지에 관한 질문이 제기될 수 있다는 점만 환기시켜 드리고 싶습니다.

우리는 주체가 상징계로 진입하는 두 가지 논리적 시간을 구분할 필요가 있습니다. 첫 번째 시간에 주체는 언어에 들어갑니다. 즉, 주체는 기표로 만족하기를 받아들이고, 따라서 이와 동시에 사물(Chose)을 포기하는 것입니다. 이것은 프로이트의 원억압(refoulement primaire)에 대응되는 시간입니다. 이것은 대상 a를 상실하는 시간입니다. 두 번째 시간에 아이는 의미작용을 부여하는 것이 팔루스라는 점을 파악하게 됩니다. 즉, 여기서 우리는 대상 a가 결여된 영역에서 팔루스가 결여된 $-\varphi$의 영역으로 이동합니다. 앙투안의 사례와 관련해서 저는 왜 라캉이 사유가 오직 언어 때문에 출현할 수 있다고 주장하는지, 또 왜 주체의 정체성, 인격, 실존이 언어에 의존한다고 주장하는지 말씀드리고자 합니다.

라캉은 주체란 하나의 기표가 다른 기표에게 재현하는 무엇이라고 말합니다. 반면에 우리는 기호가 누군가에게 무언가를 재현한다고 믿으면서 말을 마치 어떤 연기 신호처럼 간주하는 버릇이 있습니다. "**하나의 기표는 다른 기표에게 주체를 재현한다**"는 라캉의 정의는 기본적인 알

---

[8] Charles Melman, "Altérité et Structure," in *le Bulletin de l'Association Lacanienne Internationale*, nº. 103.

고리즘인 환상의 공식 "$ \$ \Diamond a $"만큼이나 근본적입니다. 환상은 주체의 실존을 지탱합니다. 주체가 실존하기 위해서는, 곧 주체가 일관성을 갖기 위해서는 환상의 구성이 있어야 합니다. 정신증에서는 환상의 구성이 일어나지 않습니다.

여기서는 도착증은 옆으로 제쳐두고 신경증에서 일어나는 것을 살펴봅시다. 주체가 상징계로 들어갈 때 주체는 상실을 겪습니다. 왜냐하면 주체는 사물을 포기하고 기표로 만족하게 되기 때문입니다. 라캉은 이러한 상실을 대상 *a*라고 부릅니다. 대상 *a*의 상실은 사물의 상징화에 상관적으로 일어나며, 육체로부터 분리될 수 있는 대상들 덕분에 상상의 층위에서 의미를 얻게 됩니다. 분리 가능한 대상들에는 젖가슴, 대변, 목소리, 응시, 팔루스가 있습니다. 이것들은 대상 *a*의 상실을 구현하기에 적합한 대상들입니다. 그것들은 하나의 수열을 이루는데, 그 수열에서 우리는 팔루스가 수학적인 의미에서 공차[9]에 해당한다고 말할 수 있습니다. 이것이 상징적 거세의 개념이 대상 *a*의 상실을 해명하는 이유입니다. 그 상실이 성적인 것이 되는 한에서 말입니다.

이런 일이 일어나려면, 즉 아이가 상징계로 진입해서 대상 *a*를 상실하려면, 아이는 기표의 자의성을 받아들여야 합니다. 달리 말해 아이는 법을 인정해야 합니다. 그리고 아이가 법을 인정하기 위해서는 아버지가 제3자로서 존재해야 합니다. 어머니와 아이 간의 이자관계에 대해, 아이가 어머니랑 분리되어 있지 않는 공생적인 관계에 대해 '아니오'라고 말하는 아버지 말입니다. 인간적인 질서가 정립되어야 합니다. 어머니가 금지되며 근친상간이 금기시된다는 점을 의미하는 부성적인 법이 제3자로서 존재해야 합니다. 아이가 상징계로 들어가서 올바른 위치,

---

[9] 가령 1, 4, 7, 10……의 수열에서 공차는 3이다(역주).

즉 광학모델의 원뿔 안에 존재하려면 말입니다. 아이가 언어에 들어와서 무언가를, 대상 a를 잃어버리는 순간부터 대상 a는 아이의 욕망의 원인이 됩니다. 아이가 주체로서의 자기 실존에 근거를 부여할 수 있는 것은 대상 a 덕분입니다. 대상 a는 아이의 환상을 지탱합니다.

"$ ◇ a"으로 표기되는 환상의 공식은 다음의 사실을 가리킵니다. 주체는 거세에 의해 빗금 쳐지게(barré) 되고, 주체의 실존은 그가 잃어버렸으며 결코 되찾을 수 없는 대상 a에 의해서만 지탱됩니다. 왜냐하면 주체의 실존을 조건 짓는 것이 이러한 상실이기 때문입니다. 대상을 되찾는 것은 주체의 죽음을 가져올 것입니다. "$ ◇ a"는 이렇게 읽힐 수도 있습니다. 주체 $는 그 자신을 무의식의 함수로 구성하는 것으로부터 차단되어(barré) 있습니다. a가 분리된 한에서만 $가 있습니다.[10] 주체는 절단과 함께 시작하는 것입니다.

제가 오늘 앙투안의 사례를 고른 것은 그의 사례가 주체가 분열되지 않을 때, 즉 대상 a가 상실되지 않을 때 무슨 일이 일어나는지 매우 명확히 보여주기 때문입니다. 위에서 언급한 두 번째 논리적 시간을 참고해서 말하자면, 주체가 거세에 의해 빗금 쳐지지 않을 때 말입니다. 분열된 주체에게 두 번째 시간은 대상 a의 상실이 성적이고 팔루스적인 의미를 갖게 되었음을 뜻합니다. 대상 a가 상실되지 않을 때 주체는 자기 실존을 지탱할 어떤 것도 갖고 있지 않게 됩니다. 저는 앙투안의 사례를 통해 대상 a의 상실을 통해 실존을 지탱할 수 없다는 사실이 어떻게 정신증과 동의어가 되는지를 보여드리고자 합니다.

앙투안과의 첫 번째 상담 일지에 저는 이렇게 썼습니다. 환자는 사고

---

10 라캉의 『세미나 14권』의 1966년 11월 14일 수업을 참고하라.

반향(écho de la pensée)¹¹ 유형의 환각을 동반한 망상적 상태를 보인다고 말입니다. 그는 자신의 경험을 "외부 사람들"에게 귀속시켰으며, 그들을 텔레파시 능력자로 여겼습니다. 목소리는 "게으름뱅이," "그는 아무 가치도 없어"라고 말했습니다. 그는 아무런 의욕이 없고, 꿈속에 있는 것 같고, 집중하는 데에 어려움이 있다고 말했습니다. 그는 유치원 때부터 늘 목소리를 들어왔다고 했습니다. 그는 몇 년 동안 할로페리돌¹²을 복용했다고 했습니다. 그리고 약이 목소리가 들리는 데에 아무런 효과가 없었다고 덧붙였습니다. 목소리는 늘 이렇게 말했습니다. "그는 게으름뱅이야, 아무 것도 안 해." 반대로 목소리가 들리는 일이 줄어들 때도 있었는데, 그것은 앙투안이 어떤 것을 하는 데에 성공하거나 자기 자신을 더 만족스럽게 느낄 때였습니다.

항정신증 약물에 대한 앙투안의 저항감은 아주 오래된 것 같았습니다. 이것은 그를 돌보는 사람들에게 큰 걱정거리였습니다. 가령 일 년 전에 두 명의 간호사가 그의 집을 방문했을 때 앙투안은 처방된 약물을 먹기를 거부했습니다. 간호사들은 앙투안에게 그가 그들의 말을 듣지 않겠다는 내용의 메모를 써달라고 요청했습니다. 앙투안은 이렇게 썼습니다.

"나는 내 집에, 아파트에 X와 Y와 함께 있다. 그들은 나를 매우 걱정하고 있다. 내가 할로페리돌 복용을 중단한 것 때문에 말이다. 그건 그렇지만 나는 그들의 조언을 따르지 말아야 한다. 나에게는 다른 의무가 있기 때문이다. 그 의무는 나의 선택을 더 확고하게 해준다. 할

---

11 환자가 어떤 생각을 한 다음에 그 생각을 큰 소리로 듣게 되는 환각 증상(역주).

12 항정신증 약물(역주).

로페리돌은 내 지적인 능력을 약화시킨다(*나는 지적인 능력을 증진시키고 싶다). – 앙투안"

조금 뒤에 앙투안을 걱정한 앙투안의 아버지가 아래와 같은 내용의 글을 써서 앙투안에게 준 다음에 그에게 서명하도록 했습니다.

"네가 18살 때 이후로 우리는 너의 증상 재발을 6번째, 7번째 겪고 있다. 네 증상이 재발하는 원인은 네가 매번 병원 처방을 존중하지 않거나 약을 먹기를 완전히 거부했기 때문이었다. 너는 지금도 S 박사님이 처방해준 할로페리돌을 거부하고 있다. 가족 구성원 모두 네가 병원의 처방을 따르기를 원함에도 불구하고 말이다. 우리는 이런 일을 10년째 겪고 있다.
불행히도 우리는 네가 수많은 심리적 문제를 겪게 될 거라는 걸 잘 알고 있다. 이로 인해 너는 틀림없이 아르바이트를 그만두어야 할 것이고 직장을 구할 수 없게 될 것이다. 건강을 잃게 된다는 중대한 위험은 말할 것도 없다.
현재 상황은 매우 심각하다. 만약 네가 이 글을 읽은 뒤에도 네 결정을 고집한다면 우리는 적어도 이 글이 일종의 본보기로서 네가 나중에 생각해 볼 거리를 제공해 주었으면 한다.
이것이 네가 이 서류에 서명을 하는 것이 중요한 이유다. 아래 구절을 네 손으로 직접 써주길 바란다.

"내 아버지로부터 발송된 이 메시지를 읽은 뒤에도 나는 내 생각에 따라 S 박사님이 처방해준 약을 계속해서 먹지 않을 것이다."

파리에서 ○월 ○일"

세 달 동안 앙투안은 약을 먹지 않았으며 그 다음에 병원에 입원했습니다. 그런데 주목할 점이 있습니다. 그에게는 어떤 미션과 관련된 과대망상이 있었는데, 그는 그 미션에 대해 아무 것도 말하려 하지 않았습니다. 그는 유치원 이후로 목소리를 들어 왔다고 말했습니다. 그는 세상의 중심이었고 텔레파시를 사용해서 선한 일을 해야 했습니다. 그는 사람들이 그에게 보내는 메시지를 해독하고 이해해야 했습니다. 그는 그의 출생과 관련해서 어떤 일이 일어났음을 확신했습니다. 그는 뉴욕, 호주…… 에 대해 알아보기 위해서 전화를 걸었다고 했습니다. 그의 질문은 자기 출생의 기원을 맴돌았습니다.

4일 뒤에 앙투안은 심각한 망상을 보였습니다. 그는 말했습니다. "정원에 전기가 공급되고, 나무가 암에 걸리고, 테르시안(Tercian)13은 트리티움[삼중수소](tritium)이며, …… 사람들이 죽었다, 나는 알고 있다……." 이 발언은 주체의 죽음에 관한 삽화를 전형적으로 보여줍니다. 즉, 주체가 사라졌기 때문에 세계가 죽은 것처럼 보이는 순간을 말합니다. 남아 있는 것은 언어에 의해 가로질러진 육체이지만, 주체의 조직은 실패했습니다. 더 이상 의미가 통하는 것은 아무 것도 없고, 말은 발음상의 유사성에 의해 결합됩니다. "테르시안(Tercian)은 트리티움(tritium)이다." 기표가 한 방향으로 나아가고, 기의는 다른 방향으로 나아간다. 언어의 연쇄가 끊어집니다. 누빔점(point de capiton), 즉 기표와 기의를 연결시켜 주는 것이 무너졌다는 뜻에서 말입니다. 여기서 여러 가지 질문이 제기됩니다. 앙투안이 "사람들이 죽었다, 나는 알고 있다"고 말할 때 말하는 이는 누구입니까? 만약 주체가 죽었다면, 누가 "나"라고 말하는 걸까요? 주체의 어떤 부분이 마치 알맹이(trognon)처럼 남아 있는 것일까요?

---

13 항정신증 약물(역주).

그 알맹이는 어떤 성격을 갖고 있나요? 저는 이런 질문들에 대한 답을 갖고 있지는 않지만 지금으로서는 이렇게 말씀드리겠습니다. 주체가 죽은 가운데 살아남아 스스로를 표현하는 것은 언어구조 자체입니다. 이것은 환자가 자기 자신의 운명을 내시경으로 지각하는 것과 같은 인상을 줍니다. 우리는 다른 환자들에게서도 이런 현상을 발견할 수 있습니다. 특히 코타르 증후군[14]에서 말입니다.

6달 동안 입원한 후에도 앙투안의 망상은 그대로였습니다. 그러나 그는 그를 치료하는 사람들과만 망상에 대해 이야기를 나누자는 주치의의 제안을 받아들였습니다. 1년 뒤에 앙투안은 정원사로 일하게 되었습니다. 특히 그는 매우 긴 울타리를 자르는 일을 했는데, 그는 저에게 그 일이 매우 힘든 것 같다고 말했습니다. 이 시기에 그는 아파트 창문 바깥으로 뛰어내려서 척추 뼈 세 군데가 부러지고 발 여러 군데에 금이 갔습니다. 그래서 그는 외과적 처치와 단기 재활 치료를 받았습니다. 저는 그가 재활 치료를 끝냈을 때 만났습니다. 그는 후유증으로 힘들어 했습니다.

그 이후 8개월이 지나 다시 입원하게 될 때까지 앙투안은 저에게 아무런 말도 하지 않았습니다. 그는 상냥했지만 저에게 거리를 두었습니다. 저는 그와 진정한 소통을 할 수 없었습니다. 그는 항정신증 약물 복용량을 늘리는 데에 완강히 저항했습니다. 분명히 현재 복용량으로는 불충분했음에도 말입니다. 결국 그의 아버지가 저에게 알려줬습니다. 앙투안의 행동이 점점 더 이상해지고 염려스럽다고 말입니다. 앙투안은 하루에도 몇 번씩 그의 아버지가 사는 아파트의 벨을 눌러서 호주로 이사를 갈 거라고 말했습니다. 그는 음식도 먹지 않았습니다. 어느 날

---

14 자신이 죽었거나 자신의 신체 일부가 사라졌다고 믿는 망상(역주).

그는 그의 아버지에게 자기 오줌을 담은 병을 가져다주면서 자기 몸에 독이 퍼졌기 때문에 오줌을 검사해야 한다고 했습니다. 이 때문에 그는 다시 입원하게 되었습니다.

퇴원하면서 그는 자발적으로 저에게 상담을 받으러 왔습니다. 그러나 그는 계속해서 자신이 입원될 필요가 없었고, 자신은 아프지 않으며 목소리를 듣는 것은 정상이며, 이것은 어떤 사람들에게만 허용된 가능성이며 그의 출생의 신비와 완벽함에 관련된다고 말했습니다. 어떤 사람들은 다른 이들보다 더 우월할 가능성을 갖고 있다는 것입니다. 앙투안이 이전 사건에 대해 다시 말하기 시작한 것은 마지막 발병에서 회복되고 난 이후입니다. 그는 자신이 창밖으로 뛰어내린 이유는 '그들'이 그가 '그룹 섹스(des partouzes)'에 참여하기를 원했고 그들로부터 벗어나는 게 좋을 것 같아서라고 말했습니다. 몇 달 뒤에 그는 자기가 저에게 이런 말을 했다는 사실을 잊어버렸고 다른 버전의 설명을 해주었습니다. 당시 "그는 혼자서 생각해야 하는 걸 더 이상 견딜 수 없었는데 그 생각은 우주를 이해하기 위해서는 반드시 필요한 것이었습니다." 6년 뒤에 그는 저에게 또 다른 설명을 해주었습니다. 그를 자살로 내몬 것은 그가 "정원사로서 일을 제대로 할 수 없다"고 느꼈기 때문이라고 말입니다. 실제로 그는 "한 가지 일을 3개월 이상 할 수 없었고, 학교를 중퇴했고, 경제 활동을 할 수 없기 때문에 결혼을 할 수도 없고 가정을 꾸릴 수도 없을 거라고 생각했다"고 말했습니다.

앙투안의 담화 분석

앙투안의 담화는 언제나 저에게 놀랍고 당황스러웠습니다. 왜냐하면 그는 우리가 그에게 제안한 것을 잘 따르는 것처럼 보였기 때문입니다. 그는 입원할 때마다 새로운 치료에 잘 따랐고, 코토렙15(Cotorep)에서 제공하는 재활 절차도 준수했고, 직장을 구할 때까지 치료 센터에도 참석했습니다. 그는 이 모든 것을 수용하는 것처럼 보였고, 저에게 상담을 받으러 왔습니다. 그러나 그의 말을 잘 들어보면 우리는 그의 행동과 달리 그의 실제 상태가 어떤지 의문을 갖게 됩니다. 이 점을 보여드리기 위해 저는 앙투안이 병원에서 퇴원했을 때 저에게 준 텍스트를 여러분과 공유하고자 합니다. 그것은 앙투안이 처음에 수기로 썼다가 나중에 각색한 소책자의 첫 번째 부분입니다. 그 내용은 아래와 같이 요약됩니다.

하나의 단어로 삶을 정의하기 위해 충족되어야 할 조건들: 삶은 어떤 종류의 것인가?

- 유일한 종류의 것: 진공, 물질, 에너지, 혼란스러운 느낌들
- 긴급할 때와 평온할 때
- 우정의 근원
- 평안함과 고통의 근원
- 부피가 있고, 공간 안에 있는
- "있다/이다"가 아니라 "하다"라는 동사로부터
- 움직임과 움직이지 않음 안에서
- 상대적인 좌표가 없고, 중심이 없는
- 지점이 없는
- 우리를 살아가게 해주는 버팀대가 없는

---

15 장애인들에게 사회복지 서비스를 제공하는 기관(역주).

- 힘과 중심 대칭을 보존하기
- 무한히 큰 것을 존중하기
- 무한히 정확한 것을 존중하기
- 어떤 것도 우연에 맡기지 않기
- 어떤 것도 사전에 계획되지 않는, 최고사령부가 없는

아래에 추가적인 노트가 있습니다. 이 노트는 그가 입원한지 1년 후에 저와 상담하던 중에 제가 그의 허락을 받고 쓴 것입니다. 저는 그에게 당시 그의 고민거리가 무엇인지 물었습니다. 그는 이렇게 답변했습니다.

"어떻게 우리는 우리가 바라보고 있는 대상에 눈을 붙이지 않고도 멀리서 대상을 볼 수 있을까요? 어떻게 우리가 보는 거리가 우리의 뇌의 크기를 초과할 수 있을까요? 우리가 이런 질문에 대답을 할 수 있다면 우리는 어떻게 고통과 평안함이 생기는지 설명할 수 있을 거예요. 제가 시각에 달려드는 것은 시각이 이미지를 포함하기 때문인데, 다른 모든 감각, 청각, 촉각, 후각도 마찬가지에요."

저는 그에게 "당신의 말을 잘 이해할 수 없지만 제가 보기에 당신은 스스로의 정체성과 그 정체성에 대해 갖는 느낌에 대해, 즉 당신과 당신 주위의 세계 사이의 분리에 대해 말을 하고 있는 것 같아요." 앙투안은 이렇게 말했습니다.

"우리는 환경과 일치해야만 해요. 인간과 세계를 분리할 이유가 없어요. 모든 것은 살아 있어요. 모든 곳에서 움직이고 있는 분자들이 있

죠. 만약 제가 탁자나 벽에 기댄다면, 저는 분자를 괴롭힐지도 몰라요. 우리는 대상을 존중해야 해요. 대상은 우리처럼 살아 있어요. 만약 제가 움직인다면, 저는 공기 분자를 통과하는 거예요.

저는 바람의 힘을 믿어요. …… 그러니까 제 말은 가령 돌풍이 우연히 일어나지 않는다는 거죠. 그건 무언가를 의미하고 있어요. …… 저를 지치게 만드는 것은 제가 어떤 결과에도 이르지 못한다는 거죠. 저는 많이 생각하지만 어디에도 이르지 못해요. 이건 저를 너무 지치게 해요. 만약 저와 함께 생각을 해줄 사람들이 있다면 도움이 되겠지만 지금 당장은 저 혼자 해야 할 것 같아요."

그의 대답에서 우리는 앙투안에게는 그와 세계 간의 분리가 없음을 알 수 있습니다. 그가 몇 년 전에 말했던 것("나무가 죽었고 테르시안은 트리시움이다"), 제가 주체의 죽음에 관한 삽화라고 불렀던 것과 비교해보면, 지금 그의 말에서는 과거와는 정반대로 모든 것이 분리되지 않은 채로 동일한 방식으로 살아있습니다. 그는 자신이 구축하고 있는 사유 체계를 정당화하기 위해 생태학 담론에서 쓰이는 용어를 활용했습니다.

퇴원한지 8개월 뒤에 저는 그와 함께 코토렙(Cotorep)에 가야 했습니다. 그의 심리적 장애가 보조금을 받기에 적합하지 않다는 이유로 장애 수당을 주지 않기로 한 코토렙의 결정에 이의를 제기하기 위해서 말입니다. 조현병과 관련해서도 그의 장애는 고려되지 않았습니다. 왜냐하면 그는 계속해서 코토렙에서 일하는 사람들에게 자기가 전혀 아프지 않다고 말했고, 그 사람들이 앙투안의 말을 곧이곧대로 믿었기 때문입니다. 우리는 같이 지하철을 타고 가서 약속시간이 되기를 기다렸습니다. 나중에 앙투안은 저에게 커피를 사주었습니다. 그는 제가 지루해하지 않도록 세 시간 동안 대화를 계속했고 저에게 웃긴 이야기도 들려주었습니다. 이 날 이후로 그는 저를 더 신뢰하는 것처럼 보였고 저에게 속내를 이야기하기 시작했습니다. 그가 저에게 퇴원 후에 쓴 글을 준 것도 이때였습니다. 그는 저에게 글을 주기 전에 계속해서 주석을 달았습니다.

이 시기 동안 앙투안은 자기 상태가 괜찮다고 말했고, 집단 치료에 참여하고 있었습니다. 그는 약물 치료에 대해 불평을 했고 약 복용량을 줄이고 싶다고 했습니다. 약이 그의 상상력을 마비시키고, 자신은 일을 하고 싶다면서 말입니다. 그리고 그는 저에게 자신이 지난 몇 년간 생각한 문제가 사실은 방향성의 문제였음을 이해했다고 말했습니다. 즉, 모든 것은 서로 교차하는 방향의 문제였습니다. 따라서 문제는 거리가 아니었습니다. 그는 자기가 '오토바이(moto)'를 가진 사람을 병원에서 만났다고 했습니다. 저는 더 자세히 말해 달라고 했습니다. 그는 이렇게 설명했습니다. 그것은 그가 사유 체계라고 부른 것과 같다고, 그 사람이 어떤 체계, 어떤 오토바이를 갖고 있었다고 말입니다. 그는 미소 지으며 말했습니다. 그는 더 이상 목소리가 들리지 않는다고, 아니 거의 들리지 않는다고, 아주 가끔씩만 들린다고, 어쨌든 목소리가 그를 괴롭히지 않는다고 덧붙였습니다. 지난 몇 년 간 그로 하여금 일을 못하게 하고 시간을 허비하게 만든 것은 그가 완전히 홀로 그 문제를 생각해야 했기 때문이었습니다.

재차 앙투안은 제 생각과 달리 목소리가 들리는 것은 병이 아니라는 사실을 강조했습니다. 저는 그에게 제가 그를 보러 갔을 때 그의 상태가 실제로 좋지 않았다는 점을 상기시켜 주었습니다. 그는 그런 상태가 몇 시간만 지속되었을 거라고 말했습니다. 그는 자신이 호주 대사관에 전화를 했을 것이며, 사정을 이해하는 누군가와 얘기를 했을 것이며, 누군가 호주에는 앙투안이 할 일이 없다고 말해 주었을 것이며, 자신은 이 사실을 받아들였을 것이며, 이렇게 모든 게 해결되었을 것이라고 말했습니다. 그가 쓴 글의 제목은 『공간, 힘, 소통, 자유』였습니다.

  책 제목 뒤에는 세 개의 챕터로 된 목차가 있었고, 본문은 앞면에 쓰인 26페이지와 뒷면에 쓰인 주석으로 이루어졌습니다. 마지막 세 번째 챕터에는 그가 사용하는 어휘 목록과 어휘 각각에 대한 정의가 영어로 쓰여 있었습니다. 표지에는 우주를 기하학적 선으로 그린 현대풍 그림(다소 무미건조한)이 복사되어 있었습니다. 마지막 쪽에는 여러 가지 색의 물고기로 가득한 열대 바다의 해저 풍경 사진(매우 생기 있는)이 붙여져 있었습니다. 앙투안은 자기가 생각해야 했던 문제들을 깊이 고민해 왔고, 이로 인해 몇 달 동안 침대에서 생활해야 했다고 했습니다. 우주와 삶이 무엇인지 이해하기 위해서 말입니다. 이런 치열한 생각의 결과물이 그 글이었습니다.

  조현병 환자들이 매사에 의욕이 없이 아무 것도 하지 않으면서 오랫동안 침대에 머무르려는 성향(clinophile)이 있을 때, 그들은 앙투안과 비슷한 양상을 보입니다. 사실 그들은 망상을 숙고하는 데에 몰두해 있습니다. 저는 앙투안이 자기 생각을 하나의 작업처럼 느꼈다는 사실이 흥미로웠습니다. 나중에 그는 이 논고의 두 번째 버전을 썼는데, 두 번째 버전 역시 망상적이었고, 좀 더 짧았으며, 좀 더 체계적이었습니다. 앙투안의 작업은 사랑, 우정, 무한 등에 관한 논고였고, 어떤 계획을 중심으로 구성되었습니다. 앙투안이 저에게 건네준 이 두 번째 작업 안에는 약간의 진전이 있는 것처럼 보였습니다. 이와 관련하여 앙투안은 자신이 마주한 우주에 질서를 부여해 줄 '망상적인 은유(métaphore délirante)'

를 구축하고 있는 중이라고 말할 수 있을까요? 그는 늘 이 작업이 중대하고 긴급한 일이라고 말했습니다.

앙투안의 말을 들어보면 그가 관여하고 있는 세계에서는 모든 것이 살아 있고, 모든 분자가 똑같이 존중받을 권리가 있었습니다. 그것은 힘과 에너지로 가득 찬 밀도 높은 세계였습니다. 그리고 거기서는 그 어떤 것도 앙투안 자신과 외부 세계를 구분해줄 수 없었습니다. 여기서 우리는 아마 이 세계에 질서를 부여할 수 있는 방법을 찾는 것이 왜 그토록 긴급하고 중대한지 이해할 수 있을 것입니다. 그가 말하듯, 이 세계에는 그를 살게 해주는 버팀대가 없었습니다. 달리 말해 그는 주체로서의 그의 실존을 지탱해 줄 것이 아무 것도 없다고 매우 명확히 말했던 것입니다. 주체의 실존을 지탱하게 해주는 것이 대상 a의 분리인데, 정신증에서는 이러한 분리가 일어나지 않기 때문입니다.

그가 제기한 문제들은 다음과 같습니다.

1) 공간과 공간적 좌표들, 무한히 작은 것, 무한히 큰 것, 물질, 에너지, 볼륨, 진공
2) 운동, 작동 중인 힘, 에너지
3) 위의 두 가지 문제가 그 문제와 이질적인 또 다른 요소들, 즉 우정, 존중, 슬픔, 평안, 자유, (그가 부정하는) 우월한 권위의 관념과 긴밀하게 결합되는 연결지점

그러므로 우리는 앙투안에게 중요한 문제는 그의 실존, 그가 느끼는 슬픔과 평안에서 시작되는 그의 실존에 관한 문제라고 말할 수 있습니다. 실존의 문제는 연장의 측면에서 제기됩니다. 그가 우리에게 묘사하

는 공간은 질서 잡혀 있고 통합되어 있지만, 어떤 중심도, 어떤 우월한 권위도 포함하고 있지 않습니다. 앙투안은 그 공간 내부의 법칙을 찾고 있습니다. 그 법칙은 살아 있는 우주를 관장하는 법칙입니다. 이 우주에서는 앙투안 자신 역시 다른 것들처럼, 마치 탁자와 똑같은 자격으로, 그 일부를 차지하고 있습니다. 그의 생각은 우주는 살아 있고 동질적이며, 오직 하나의 종류의 것만 있다는 것이었습니다. "무언가 실존한다는 것을 알려주는 것은 부피이다."

우리는 앙투안에게는 두 가지 논리적 국면이 이어진다고 말할 수 있습니다. 첫 번째 국면은 주체의 죽음이라는 특징을 갖습니다. 앙투안은 이를 이렇게 표현합니다. "정원에 전기가 공급되고, 나무가 암에 걸리고, 테르시안(Tercian)은 트리티움[삼중수소](tritium)이며, …… 사람들이 죽었다, 나는 알고 있다 ……." 두 번째 국면에서는 모든 것이 살아 있고 연결되어 있습니다. "우주는 마음을 갖고 있다." 그러나 두 가지 국면 그 어디에서도 앙투안과 세계 간의 분리는 존재하지 않습니다.

앙투안은 자기 실존이 무한한 공간과 소통하고 있는 어떤 장소로 환원된다고 생각했습니다. 무한한 공간에서 그는 "중심이 아닌" 위치를 차지하고 있었습니다.16 그렇다면 그의 실존을, 혹은 적어도 그의 정체성에 대한 감각을 만든 것은 무엇이었습니까? 시각에 대한 앙투안의 관점은 응시가 아니라 그저 시각일 뿐이었기 때문에, 즉 [응시라는] 대상 a가 떨어져서 분리되지 않았기 때문에, 그는 응시라는 대상으로 자기 실존을 지탱할 수 없었습니다. 앙투안이 쓴 다른 글을 인용해 보겠습니다.

---

16 그러나 "중심이 아닌"과 관련해서 다음에 주목합시다. 앙투안은 중심에 위치하지 않으려고 애를 썼지만 사실 그는 늘 자신이 중심에 있다고 느꼈습니다.

여기서 그는 실존의 문제를 직접적으로 다룹니다.

"왜 우리의 정신은 우리의 육체와 분리되어 있을까? 우리의 정신은 어디에 있을까? 무언가가 우리를 인도하고 우리가 언제나 통제하는 것이 아니라는 점을 받아들여야 한다. 이것은 우리의 육체 외부에 있거나 우리의 육체로부터 분리되어 있을까? 정신과 의사들은 약물을 통해 우리가 생각하는 방식을 변화시킬 수 있다. 그리고 정신과 의사들은 현실적이고 물리적인 존재들이다. 그렇다면 어떤 수단으로 우리의 정신은 우리의 육체에 영향을 주는 걸까? 에너지를 통해서? 진공을 통해서? 물질을 통해서? 아니면 이 세 가지의 결합을 통해서? 우리의 육체처럼? 왜냐하면 우리는 그것이 볼륨을 갖고 있음을 받아들여야 하기 때문이다. 그렇지 않다면 그것이 어떻게 실존할 수 있을까?"

비록 앙투안이 상실되고 분리된 대상 *a*를 통해 자신을 주체로서 지탱할 수 없었음에도, 그는 타인을 존중하는 것, 사회에서 위치를 차지하는 것, 일을 하는 것 등의 관념으로 이루어진 불완전한 자아 이상(Idéal du moi)을 갖고 있었습니다. 그가 인간의 행동 규칙으로 인용하고 있는 서로 다른 표어들이 자아 이상의 일부로 여겨질 수 있습니다. 그러나 이러한 자아 이상은 극히 약화된 것처럼 보였습니다. 즉, 그것은 상투적인 문구와 진부한 생각을 뒤죽박죽 섞어놓은 것, 아무런 동일시에도 관련되지 않는 것으로 보였습니다. 앙투안이 만날 수 있었던 그 누구도 그에게 하나의 모델로 설정될 수 없었던 것 같았습니다. 우리는 앙투안에게 자아의 층위에서의 진정한 동일시가 있었다고 말할 수 없습니다. 그는 그의 이미지에 관심이 없는 것처럼 보였고, 거울에 대한 그의 관계는,

그가 우리에게 말하듯, 순전히 실용적인 것이었습니다. 그는 거울을 면도하고 머리를 빗기 위해서 사용했습니다. 그러나 그의 용모는 늘 매우 단정하고 깨끗했는데, 이것은 그가 자기 외모를 가꾸려고 노력했음을 보여줍니다. 특히 그의 어려운 경제적 사정을 고려할 때 말입니다. 그러나 여기서 자아의 부재에 속하는 것과 주체의 분열의 부재에 관련되는 것을 분리하는 것은 어려운 일입니다. 상상적 층위에서 일어나는 것은 상징적인 것에 의존하기 때문입니다.

앙투안이 창문 밖으로 뛰어내림으로써 자살 시도를 한 것은 주체가 상징적 층위로부터 축출된 결과 실재 안에서의 행위화(passage à l'acte)가 유발된 것으로 볼 수 있습니다. 앙투안이 우리에게 "그룹 섹스(partouze)"에 대해 말할 때 거기서 우리는 "모든 곳(partout)," "전체(le tout)"를 들을 수 있습니다. 그의 글에서 앙투안이 그와 세계 간에 분리가 없다는 사실을 그토록 강조하는 것은 매우 시사적이고 충격적입니다. 그의 세계는 꽉 차 있었고, 결여가 없었습니다. 창문 바깥으로 자신 스스로를 던짐으로써 그는 자신을 대상 a로의 지위로 환원했으며, 이는 그에게 구멍을 만들어 주었을 것입니다. 그의 행위화는 구조의 결과였습니다. 결여가 실존의 조건이라면 말입니다. 창문 바깥으로 몸을 던지는 것은 그에게 장애를, 실재적 거세를 유발했습니다. 그는 고통스러운 후유증을 겪었고, 절뚝거리며 걸었고, 늘 약간의 통증을 느꼈고 척추고정술을 받게 되면서 몸을 구부릴 수 없었습니다. 앙투안은 이것에 관해 결코 불평하지 않았습니다. 이러한 물리적 고통에는 아마도, 그것이 유발한 불편함에도 불구하고, 이로운 차원이 있었을 겁니다. 고통이 육체에 상상의 일관성을 부여했기 때문입니다. 아프다는 것은 이미 실존하는 것이며, 육체를 느끼는 것입니다. 물론 이로 인해 그는 큰 대가를 지불했지만 말입니다.

앙투안은 분리없이 서로 연결된 공간과 관계하고 있었습니다. 그는 그 안에서 자기 위치를 차지할 수 있도록 그 공간을 조직하는 법칙을 발견하는 임무에 속박되어 있었습니다. 앙투안의 글쓰기 작업은 의미작용을 생산함으로써 실재계와 상징계를 연결시키려는 시도, 즉 상상계의 고리를 통해 실재계와 상징계를 연결시키려는 시도로 보였습니다. 그는 우주를 통합시키고 우주의 일관성을 해명해 줄 단순한 법칙을 찾았습니다. 나아가 앙투안은 글쓰기 작업을 통해 사회적 유대 안에 존재할 가능성을 회복했습니다. 제가 보기에 이것이 바로 사랑과 우정이 그의 공간의 "물리적 법칙"에 그토록 밀접하게 연결되어 있는 이유입니다. 그러나 분명 이것은 구조화의 시작 단계에 불과합니다.

앙투안에게 다가가서 그와 유대를 쌓고 분석 작업에서 필수적인 전이 관계를 맺기 위해서 저는 그의 글쓰기를 통과해야 했습니다. 글쓰기야말로 그가 진정으로 관심이 있는 것이었습니다. 그는 오직 그것에만 관심이 있었고, 글쓰기만이 약간이나마 그를 지탱해 주는 것 같았습니다. 그러나 그가 저에게 자기 글에 대해 말하고 자기 글을 저에게 주는 것에 대해 동의하기 위해서는 먼저 신뢰 관계가 형성되어야 했습니다. 이런 차원으로 넘어가는 데에 있어서 명백한 어려움은 저 자신이 그의 망상에 합류하지 않는 것, 그에게 상처를 줄 수 있으며 그로 하여금 저와의 소통을 포기하게 만들 그 어떤 말도 하지 않는 것, 동시에 그의 망상을 승인하는 것으로 여겨질 수 있는 그 어떤 말도 하지 않는 것이었습니다.

그가 글을 쓴지 3년 후에 저는 그의 상태를 더 이상 낫게 만들 수 없는 상황에 부딪혔습니다. 그는 계속해서 자신의 피부는 세계와 연결된 채 남아 있는 그의 존재에 어떤 한계도 설정해 주지 않는다고 말했습니다. 그러나 그는 생명의 다양한 형식 안에 있는 가치 등급을 인정했고, 인간의 삶이 공기나 탁자를 이루는 분자들의 삶보다 더 중요하다는 것을 받아들였습니다. 이것은 그가 여전히 얼마나 취약한지, 얼마나 위험한 입장에 있는지 보여줍니다. 그러나 그는 자신의 상태가 좋지 않다고 느낄 때 병원 입원하는 것을 스스로 요구할 수 있게 되었고, 혼자서 약을 먹을 수 있게 되었고, 약이 그의 상태에 도움이 된다는 것을 인정할 수 있게 되었습니다. 그는 더 이상 문제가 되는 행동을 하지 않았습니다. 그는 늘 기분 좋고 사교적인 상태에 있었습니다. 그는 코토렙에서 지원해 주는 일자리를 얻고 싶어 했습니다.

마지막으로 입원한지 4년 후에 앙투안은 여전히 코토렙의 결정을 기다리면서 치료 센터를 방문하기 시작했습니다. 그는 더 이상 입원할 필요가 없었습니다. 어느 날 앙투안은 여자친구가 있다고 말했습니다. 그는 그녀에 관해 너무 많이 이야기하지 않으려 했습니다. 그녀의 나이가 그보다 훨씬 많았기 때문입니다. 그녀 때문에 그는 저에게 자기가 포경 수술을 받지 않았다는 말을 해야 한다는 느낌을 받았습니다. 포경을 하지 않은 것 때문에 그는 성관계를 가질 수 없었습니다. 수개월 동안 우리는 외과의사와 함께 신중히 협력했습니다. 앙투안이 심리적 수준에서 어떤 타격도 받지 않고 수술을 무사히 받을 수 있도록 말입니다. 그는 포피를 유지할 수 있다는 점을 대단히 만족스러워 했습니다. 이 수술 이후 앙투안은 저에게 자기가 관심 있는 젊은 여자에 대해 말했습니다. 당시 그는 두 여자 사이에서 망설였습니다. 그는 나이든 여자친구에게 상처를 주고 싶지 않았습니다. 그는 더 이상 자기 글에 대해, 자기가 골몰하던 작업에 대해 말하지 않았습니다. 그는 이것들에 관해 약간의 수

치심을 갖게 되었습니다. 그는 당시 자신이 너무 잘난 척했고 좀 더 겸손했으면 좋았을 것이라고 말하면서 그의 글과 작업을 기각했습니다.

그는 종종 가족을 방문했습니다. 그는 문제가 되는 행동을 전혀 하지 않았고, 아무런 불평도 하지 않았습니다. 여자친구와의 관계는 안정적이었습니다. 그녀 역시 앙투안과 마찬가지로 정신증을 갖고 있었습니다. 그는 자기가 할 수 있는 만큼 그녀를 도와주었습니다. 그녀는 그의 집에 왔고 그들은 주말을 함께 보내곤 했습니다. 저는 앙투안에게 새로운 단계로 넘어가서 일을 시작하기 위해 직업 재활 프로그램에 지원할 것을 제안했습니다. E.S.A.T.(장애인 근로자를 위한 취업 지원 프로그램)에서 경험을 쌓은 뒤에 보통의 근로 환경에서 장애인 근로자에게 마련된 일을 할 수 있도록 말입니다. 앙투안은 일을 한다는 생각에 대해 몹시 불안해했습니다. 저 역시 그의 마지막 직장 생활이 창밖으로 뛰어내리는 행위로 종결되었음을 알고 있었습니다. 그러나 그는 대학입학 자격시험을 성공적으로 끝냈고 직업적인 욕심도 드러냈습니다. 저는 그가 지원하는 프로그램이 장애인을 위한 프로그램이란 점이 그의 마음에 들지 않을까봐 걱정했습니다. 그러나 그는 그 일이 자기에게 적합할 것이라고 말했습니다. 그러나 언제나처럼 그는 주지화하고 있었습니다. 쉬운 일을 하는 것이 그의 마음을 편안하게 해준다고 말하지 않고 겸손함에 대해 말했습니다. 모든 사람은 어떤 시점에는 노동자들을 더 잘 이해하기 위해서 몸으로 하는 일을 해봐야 한다는 식으로 말입니다. 그는 한 달 간의 수습 기간 후에 직업 재활 프로그램에 받아들여졌습니다.

3년 뒤에 그는 E.S.A.T.에 들어갔습니다. 이것은 그에게 많은 불안을 유발했고 그는 다시 글을 쓰기 시작했습니다. 직업상의 목표를 글로 쓰라는 요구를 받자 밤새 글을 쓰기도 했습니다. 그 글은 그가 10년 전에 썼던 글처럼 망상적이었습니다.

상담에서 저는 현실로 이끌고 가는 데에 집중했고, 그의 삶의 구체적인 측면에 대한 관심에 집중했습니다. 그러나 그는 늘 자신의 망상에 대해 말하고 싶어 했습니다. 저로서는 이 점이 매우 견디기 어려웠습니다. 그는 아무 의미 없는 말을 계속해서 이어갔습니다. 그렇지만 그가 며칠 동안 고심한 끝에 저에게 말을 한다는 점을 생각하면 저는 그에게 그의 말이 아무런 의미도 없다는 말을 할 수가 없었습니다. 저는 그의 말에 관심이 없다고 말할 수도 없었고, 그의 말에 질문을 제기할 수도 없었습니다. 왜냐하면 그것은 그의 망상에 참여하는 일이었기 때문입니다. 그의 말을 듣는 것이 중요할 때가 있었지만, 이후에 저는 그가 평범한 현실에 좀 더 관심을 갖도록 도와주려고 했습니다.

지금까지의 관찰에서 제기되는 문제

1) 환자와 계약을 맺는다는 생각, 앙투안의 아버지와 간호사들이 그랬던 것처럼 앙투안으로 하여금 어떤 서류에 서명을 하게 한다는 생각은 점점 더 흔한 일이 되어가고 있었습니다. 그러나 이런 일이 흔해진다고 해서 그 일이 반드시 정당한 것이 되지는 않습니다. 계약을 맺기 위해서는 두 명의 주체가 있어야 합니다. 앙투안이 서명을 하도록 요구 받았을 때 이것은 서명을 할 수 있는 어떤 주체가 있음을 가정합니다. 그러나 상황은 정반대입니다. 주체는 죽은 상태였으며, 재구축되어야 했습니다. 혹자는 주체의 실존을 가정하는 것이 바로 주체의 도래를 가능하게 하는 것이라고 반박할 지도 모릅니다. 이것은 까다로운 문제입니다. 제가 보기에 주체가 동요와 불확실 속에 있다고 말하는 쪽이, 또 관건은 주체가 더 견고하게 되는 것이라고 말하는 쪽이 더 정확해 보입니다. 이것은 실재계, 상징계, 상상계가 새롭게 매듭을 형성하게 만듦으로서 가능합니다. 비록 다양한 방식으로 이곳저곳을 수선함으로써라도

말입니다.

2) 전이는 우리가 환자와 함께 작업할 수 있도록 해줍니다. 설령 조현병자라 하더라도 말입니다. 이것은 장기간의 작업이며, 프랑스의 정신병동 관련 규칙은 그것이 엄격하게 적용될 경우 그런 환자를 치료하는 데에 필요한 최소한의 조건에 관해 근본적인 오해를 드러냅니다. 가령 공공 병원의 정신과 의사들은 불가피하게 다른 도시로 이사를 가야 하는 환자를 동료에게 보내야 할 의무가 있습니다. 환자에게 새로운 주소란 새로운 의료심리센터(Centre Médico Psychologique)를 의미합니다. 상징의 의미의 전이(transfert)에 대한 오인이 환자를 다른 치료 센터로 실재적으로 이관(transfert)하는 문제로 이어지는 것입니다.

3) 앙투안에 대한 관찰에서 식별할 수 있는 주체의 죽음이라는 삽화는 정신증 특유의 신호, 즉 정신증적 구조가 현존하고 있다는 사실에 대한 명백한 증거입니다.

4) 앙투안이 시각에 대해 말하는 것은 대상 a의 기능을 잘 해명해 주는 것으로 보입니다. 우리는 나중에 이 점으로 되돌아올 겁니다.

5) 사유와 연장의 문제가 있습니다. 젊은 조현병자인 앙투안은 그의 세계를 안정화시키는 데에, 그의 세계를 좀 덜 수수께끼 같고 좀 더 살 만한 것으로 만드는 데에 사용될 수 있는 망상적인 은유를 구축하려고 했습니다. 그러나 우리는 그가 그러한 구축에 도달했다고 말할 수 없습니다. 그의 구축물은 매우 초보적인 것으로 남아 있었습니다. 저는 이것이 앙투안의 사유가 정신증 때문에 매우 혼란스러웠기 때문이라고 생

각합니다. 비록 그의 말에 조리가 있는 것처럼 보였고 그에게 성찰하는 능력이 있었지만 말입니다. 그는 어쩔 줄 모르는 상태, 즉 모든 것이 수수께끼 같고 기표와 기의가 연결되는 누빔점(capitonnage)이 붕괴된 상태에 있었습니다. 그런 상태에서 사유는 불가능합니다. 기표를 필요로 하지 않는 유일한 사유는 연장, 공간에 관련되며, 이것이 앙투안에게 남아 있는 모든 것이었습니다. 그는 공간을 이론화 하는 데에 모든 시간을 썼습니다. 서로 다른 감정과 생명체들 사이의 관계를 공간에 일치시키려고 노력하면서 말입니다.

1974년 로마 강연(라캉이 그 도시에서 했던 세 번째 중요한 강연이었기 때문에 "세 번째"라는 제목이 붙은)에서 라캉이 연장에 대한 사유와 관련해서 했던 발언은 공간과 연장에 대한 앙투안의 작업을 해명해 주는 것처럼 보입니다. 라캉의 발언을 인용해 보겠습니다.

"언어는 비틀고 감기는 과정을 통해서만 어딘가에 도달할 수 있다. …… 나에게 희극적으로 보이는 것은 사람들이 언어 외에는 사유의 또 다른 방식이 없다는 점을 깨닫지 못한다는 점, 심리학자들이 말로 표현되지 않는 사유를 찾으면서 소위 순수한 사유가 더 낫다는 식의 암시를 한다는 점이다. '나는 사유한다, 고로 나는 존재한다'는 데카르트주의에는 심각한 오류가 있다. 말하자면 걱정스러운 점은 사유가 자기 자신이 연장을 만든다고 상상할 때이다. 그러나 이것이 바로 다른 사유, 즉 순수하고 언어의 뒤틀림에 종속되지 않는 사유는 연장에 관한 사유밖에 없음을 입증한다."

6) 주체와 대상 *a*의 문제가 있습니다. 라캉은 주체가 처음부터 마치 일종의 가방처럼 주어져 있으며 우리의 임무는 그 가방의 깊이를 조사

하는 것이라는 생각에 반대했습니다. 반대로 그는 주체가 어떤 선험적인 존재도 갖고 있지 않으며 기표 연쇄로부터 출현한다는 것을 보여줍니다. 미래의 주체가 언어에 진입할 때부터 그는 주체로 구성되는 것입니다. 주체는 하나의 기표에 의해 다른 기표에게 재현됩니다. 만약 제가 어떤 것에 이름을 부여하면, 이것은 제가 실재의 영역에서 상징계의 영역으로 옮겨 간다는 것을 뜻합니다. 두 영역이 포개지지 않으며 말과 기호가 일치하지 않음을 받아들임으로써 말입니다. 말은 사물의 살해입니다. 상징계에의 진입을 받아들이는 것은 사물을 포기하고 기표만 갖게 되는 것을 받아들이는 것이며, 이러한 작용에는 라캉이 대상 a라고 부른 상실이 있습니다. 제가 앙투안에 대해 관찰하며 보여드리고 싶은 것은 주체분열의 부재입니다. 즉, 절단이 없고, 분리가 없고, 대상 a가 상실되지 않았다는 사실입니다. 그렇다면 누가 말을 하는 걸까요?

7) 소위 과대망상, 자기가 중심에 있다는 생각은 조현병자들에게서 매우 자주 관찰되는 생각입니다. 앙투안에게 그것은 커다란 문제였습니다. 한편으로 그는 자신이 중심에 있다는 정신증적 감각 안에서 살아가고 있었지만, 동시에 이것은 겸손과 신중함으로 이루어진 자아 이상과 충돌했기 때문입니다. 우리는 그가 겸손함이라는 이상을 통해 자신이 중심에 있다는 망상과 싸웠다고 말할 수도 있습니다. 그러나 "망상(une idée délirante)"이라는 말은 너무 멀리 나아간 표현입니다. 그것은 망상적이지만, 어떤 생각은 아닙니다. 그것은, 재차 말씀드리지만, 구조에 대한 지각입니다. 즉, 주체는 타자 쪽으로 옮겨 갔고, 주체는 대상의 지위로 환원되었습니다. 그는 타자의 관심이나 질투를 받는 대상이 되었습니다. 그의 정신자동증(automatisme mental)은 그가 간파당하고 해석되고 있다는 감각을, 달리 말해 타자의 영원한 관심 대상이 되었다는 감

각을 낳았습니다. 그리고 이것은 그가 모든 것의 중심에 있다는 감각을 확증해 줄 수밖에 없었습니다.

자신이 세상의 중심이라는 생각은 어떤 다른 환자가 경찰서장에게 보낸 아래의 편지에서 발견됩니다. 거울단계, 광학모델, 제가 앙투안에 대해 말씀드린 것은 어떻게 아래의 편지를 쓴 환자가 자아 정체성을 상실했는지, 어떻게 환자의 자아정체성이 망상 속의 분신(그녀가 언급하는 두 여인은 실존하는 인물이 아닙니다)과 혼동되는지 보여줄 수 있을 겁니다. 그녀가 자신의 거울 이미지를 알아보지 못하는 한에서 그 이미지는 자율적인 것이 됩니다. 이러한 혼동은 다음과 같은 문장에서 정점에 도달합니다. "나, 그것은 타자다(moi, c'est l'autre)."

경찰서장님께

박사님께서 당신에게 연락해보라고 하셨어요.

저는 당신에게 우리 동네에서 두 여자가 문제를 일으키고 있음을 알려드리고 싶어요.

마법과 윤회(독심술)의 형식을 사용하게 되면서 두 여자는 미쳤고 공격적으로 변했어요. 지금 그녀들은 '피괴적인['파괴적인'에 대한 오식으로 추정됨] 무의식'을 사용하고 있어요. 그 결과 그녀들의 머리에는 늘 증오가 박혀 있어요.

저는 이러한 정신 상태가 '마치 독감처럼 퍼져 나간다'고 말씀드릴게요.

동시에 두 여자는 사람들에게 방탕, 폭력, 광기를 선동하고 있어요.

근거

젊은 여자인 마가렛 모타르는 최근 자기가 남자 친구(B.L.P.)를 그녀

Paris le 27.9.04

Copie

M▮ ▮onsieur le Commissaire
Le docteur ▮▮ m'a proposé de prendre contact avec vous.
Je voudrais signaler deux femmes qui mettent le désordre dans ce quartier.
Ces deux femmes à force de fonctionner avec une forme de sorcellerie et de la métempsychose (lire dans la tête) sont devenues folles et agressives. Maintenant, elles fonctionnent inconscient destructeur, résultat la haine est dans leur tête en permanence.
Je précise que cet état mental se "répand comme la grippe".
- En même temps, ces deux femmes pratiquent une incitation à la débauche, à la violence et à la folie.
A cause de leur état mental, ces deux femmes parlent de <u>tuer</u> régulièrement.
La plus jeune, Margaret Motard, a dit dernièrement qu'elle avait rendu son petit ami (B.L.P) fou et méchant comme elle. Il en résulte que ce dernier dit de moi que je suis mentalement "un jouet humain". On me crée des gênes et des douleurs presque en permanence. (une forme de sorcellerie).
Tout le monde connait ces femmes mais personne ne les connait.
Ces deux femmes "fréquentent" certains policiers.
- Le docteur ▮ est au courant de ce qui se passe depuis longtemps.
Je suis la seule occupation de ces trois individus et cela ne me flattent pas du tout.
- Plus ces 3 individus me harcèlent plus je les obsède.
(Ces deux femmes ont tendance à dire : "moi, c'est l'autre".

- 3 -

- Ces 3 individus sont devenus des psychopathes, et sont complètement dégénérés.

Mme de Cerval (c'est le nom de son ex. petit ami) a habité dans son appartement de 82 à 92. Elle a déménagé mais est revenu squatter étant "accro" à la destruction. Cette dernière a quand même fait "un petit tour" à l'H.P. de Villejuif <u>mais pas suffisamment</u>.
Mme de Cerval a chassé la dernière locataire et son fils de chez eux.
- Leurs adresses (à ces 2 femmes) :
- Leurs portes ne comportent pas leurs vrais noms.
- Mme de Cerval, ex appartement de Mme ▮▮▮ rue ▮
{ 4ème au fond à droite tout droit.
- Margaret Motard :
{ rue ▮ 4ème en face de l'ascenceur

P.S : J'adresse une copie de ce courrier au Docteur ▮.

- 4 -

Margaret Motard me calomnie depuis son 6 ans.
D'autre part, un autre médecin a dit au sujet de ces deux femmes qu'elles seraient mieux hospitalisées (H.P.) et qu'elles déliraient. Effectivement elles parlent souvent de tuer. Malheureusement, ce médecin est devenu leur complice.
De Cerval "m'emmerde" depuis 20 ans, de façon épisodique et maintenant c'est tout le temps. Elle était folle et c'est moi qui allais en H.P. Résultat : j'ai conservé le suivi médical et c'est très bien ainsi. L'H.P pour moi, c'est terminé dernière fois : 96.
Ces 2 femmes ne sont pas folles mais démentes. De Cerval, en sortant de l'H.P. de Villejuif a dit de moi que j'étais belle dans ma tête, intelligente et cultivée et qu'elle était nulle. (C'est plus grave, c'est une psychopathe.)

처럼 미치고 비열한 사람으로 만들었다고 했어요. 그 결과 그 남자는 저에게 제가 정신적인 '인간노리개'라고 했어요. 그들은 거의 계속해서 저에게 문제와 고통을 유발해요(마술의 형태로).

모든 사람이 이 여자들을 알고 있지만, 아무도 그들을 알지 못해요.

두 여자는 몇몇 경찰관과 '자주 교제해요.'

· 박사님께서는 무슨 일이 일어나는지 알고 계신지 오래 되었어요. 저는 이 세 사람에게 점령된 유일한 사람이며, 이건 결코 유쾌한 일이 아니에요.

이 세 사람이 저를 괴롭히면 괴롭힐수록, 그들은 점점 더 저에게 집착해요.

(두 여자는 '나, 그것은 타자다'라고 말하는 경향이 있어요.)

· 세 사람은 정신질환자가 되었고 완전히 비정상이에요.

세르발 부인(그녀의 전남자친구의 이름)은 1982년부터 1992년까지 자기 아파트에서 살았어요. 그녀는 이사를 갔다가 불법거주자로 되돌아 왔어요. 파괴에 '엮인' 채로 말입니다. 심지어 그녀는 빌쥐프 공공병원에 '짧게 방문'하기도 했어요. 그렇지만 그건 충분하지 않았어요. 세르발 부인은 마지막 세입자와 자기 아들을 그들의 집에서 쫓아냈어요.

· 그들(두 여자)의 주소

· 그들의 실제 이름은 문패에 걸려 있지 않아요

· 세르발 부인과   부인의 이전 아파트는   :   번가   4층 오른쪽 뒤쪽

· 마가렛 모타르: 번가   4층 엘리베이터 맞은 편

·추신: 저는 이 편지의 복사본을   박사님께 보내드립니다.

마가렛 모타르는 저를 5, 6년 동안 비방해 왔어요.

게다가 두 여자와 관련해서 다른 의사 선생님도 이렇게 말했어요. 그들은 병원에 입원되는 게 좋겠고, 망상적이라구요.

실제로 그들은 살인에 대해 자주 이야기 합니다. 불행히도 이 의사는 그들의 공범이 되었어요.

세르발 부인은 20년 동안 주기적으로 '저를 괴롭혀' 왔는데 지금은 저를 늘 괴롭혀요. 미친 쪽은 그녀였는데, 병원에 입원한 쪽은 저였죠. 그래서 저는 치료를 계속 받았고, 이건 아주 좋았어요. 제 병원 치료는 끝났어요. 마지막 치료는 1996년이었죠.

두 여자는 미친 것이 아니라 정신이 나갔어요. 세르발 부인이 빌쥐프 공공 병원에서 퇴원했을 때 그녀는 저에게 이렇게 말했어요. 저는 제 머리 속에서 아름답고, 지적이고, 교양 있으며, 그녀는 아무 것도 아니라고 말이에요.

이건 더 심각한 일이죠. 그녀는 정신질환자예요.

2004. 9. 27, 파리에서

수업 4 | 니콜르

편집증적 정신증
기표 연쇄의 관념
대타자
은유와 환유
연쇄의 누빔점
L도식

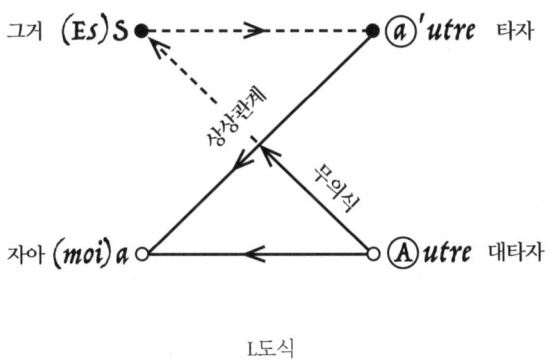

L도식

L도식은 주체의 구조를 보여줍니다

광학모델에는 다음과 같은 요소들이 있었습니다.
– 주체의 위치: 눈
– 대타자의 위치: 평면거울

- 소타자, 즉 거울 이미지: 주체가 원뿔 안에 있는 한에서 눈이 평면거울에서 보고 있는 가상적 이미지
- 마지막으로 실재적 이미지, 주체에게 보이지 않고 주체의 자아에 통합될 수 있는 이미지

L도식에서는 네 개의 위치가 두 개의 축으로 정돈됩니다.
- a와 a', 즉 주체의 자아와 자아를 닮은 소타자 간의 상상적 축
- 대타자 A와 주체 S 간의 상징적 축

이 도식은 두 주체 사이에서 순환하는 말을 통해 말의 구조를 재현합니다. 라캉은 "「도둑맞은 편지」에 관한 세미나"에서 이 도식을 사용합니다. 편지의 소유가 어떻게 주체의 행동을 결정하는지 보여주기 위해 말입니다. 그러나 그것은 또한 주체의 구조를, 즉 네 개의 코너에 의해 유지되고 있으며 네 가지 부분으로 이루어진 구조를 재현합니다. 이 도식은 처음에는 상호주체성(intersubjectivité)에 관련되지만, 주체의 내부(intrasubjectivité)에도 관련됩니다.

이 도식을 어떻게 읽을 수 있을까요?
주체 S가 소타자 a'에게 말을 건넬 때, 주체는 명확히 대타자에게서 유래하는 기표를 통해 말을 건넵니다. 주체는 자기 자신을 표현하기 위해 대타자의 메시지를 다시 취하지만, 어떤 부분 전체가 상상적 축에 의해 중단되어 무의식적으로 남게 됩니다. 이로 인해 A에서 S로 나아가는 화살표의 두 번째 부분이 점선으로 쓰이는 것입니다. 라캉은 무의식이 대타자의 담화라 말합니다. 또 이 도식은 주체가 자기를 닮은 타자로부터 메시지를 받을 때 그 메시지는 상상적 축을 따라 그에게 도달하여 그의

자아에 의해 수용된다는 점을 보여줍니다. 그러나 a와 a′ 사이에서 순환하는 메시지는 또한 대타자의 차원을 포함합니다. 가령 누군가가 저에게 말을 하면서 말실수를 한다면, 저는 "a"에서 저와 닮은 이(a′)가 의식적으로 말하는 것과 대타자로부터 나오는 메시지를 동시에 듣습니다. 대타자에 관해 말하자면, 대타자로부터 나오는 벡터만 있을 뿐, 대타자로 향하는 벡터는 없습니다. 왜냐하면 대타자는 장소이기 때문입니다. 대타자는 존재하지 않으며, 따라서 어떤 말도 받을 수 없습니다.

지금 시점에서 제가 이 도식과 관련해서 여러분께 말씀드리고 싶은 것은 우리와 닮은 상대방과의 관계에는 늘 두 가지 축이 있다는 것입니다. 자아와 자아, 나와 너 간의 상상적 축뿐만 아니라 상징적 축이 있습니다. 우리의 말은 이러한 두 가지 축을 따라 흐릅니다. 그러면 여러분께서 L도식의 쟁점을 더 잘 이해하실 수 있도록 임상 사례를 소개해 드리겠습니다.

급성 정신증

제가 니콜르를 처음 만났을 때 그녀는 36살이었습니다. 그녀는 동생과 함께 왔는데, 동생은 이미 그녀를 응급실에 데려갔고 여러 명의 의사에게 언니를 입원시켜 줄 것을 부탁했습니다. 니콜르는 말을 하는 데에 아무 어려움이 없었습니다. 그녀는 지방에서 5년 동안 심리치료를 받아 왔고, 여전히 그녀의 치료사와 연락하고 있었고, 자신의 상태에 관한 의견을 구하기 위해 치료사에게 전화를 걸었습니다. 치료사는 그녀의 입원에 동의했습니다. 제가 그 치료사에게 전화를 걸었을 때 그는 저에게 니콜르가 심각한 신경증을 앓고 있으며 나아가 두 번의 망상 삽화도 겪었다고 말했습니다. 니콜르의 망상은 병원 입원 없이 며칠 동안 지속되다가 사라졌습니다. 여기서 우리는 즉각 이 사례가 신경증과 정신증 간의 변별적인 진단에 관한 문제를 제기하고 있음을 알 수 있습니다. 이런 유형의 사례에서는 환자가 신경증자인지 정신증자인지를 구분하는 것이 매우 어렵습니다.

몇몇 정신과 의사들과 정신분석가들은 이런 사례를 '경계선' 사례로 묘사합니다. 이런 명칭은 매우 편리합니다. 우리는 더 이상 구조를 정확히 진단하려는 노력을 하지 않아도 되기 때문입니다. 우리는 환자가 어떤 경계에 있다고 말하고 우리가 할 일을 다 한 것처럼 만족합니다. 라캉은 이런 입장을 따르지 않았습니다. 제가 소속되어 있는 국제 라캉주의 협회(Association Lacanienne Internationale)도 이런 입장을 따르지 않습니다. 신경증, 정신증, 도착증이라는 프로이트의 삼항을 보존하는 것, 그리고 우리가 다루는 것이 어떤 구조에 속하는지 살펴보려고 노력하는 것은 중요합니다. 왜냐하면 신경증자와 정신증자는 결코 똑같은 방식으로 접근될 수 없기 때문입니다. 가령 "아무리 사소하거나 이치에 맞지 않거나 당황스럽거나 고통스럽다 하더라도 머릿속에 떠오르는 것을 말하라"는 정신분석의 근본적인 규칙은 정신증자를 무너지게 할 수 있습니다. 정신증 환자는 결코 그런 식으로 접근되어서는 안 됩니다. 우리는 정신증 환자로 하여금 안전한 피난처 같은 사적인 공간을 만들 수 있도록 도와주어야 합니다.

만약 우리가 프로이트의 삼항을 보존하고 싶다면, 경계선 진단과 같은 손쉬움을 포기해야 합니다. 비록 이로 인해 우리가 어떤 사례에 대해 잘 알지 못한다는 것을 인정하게 된다 하더라도 말입니다. 그러므로 이 환자와 관련해서 우리에게 첫 번째로 제기되는 문제는 그녀의 구조에 관한 문제입니다. 왜냐하면 그녀의 치료사는 그녀가 심한 신경증을 앓고 있다고 말하는 동시에 그녀에게 이미 두 번의 망상 삽화가 있었다고 말하기 때문입니다. 이것은 완전히 불가능한 상황은 아닙니다. 실제로 신경증자에게도 망상 삽화가 일어납니다. 그러나 우리는 또한 정신증 환자로 하여금 그의 정신증적 구조에도 불구하고 "안정적으로 나아갈 수 있도록", 즉 그의 일관성과 탈존(ek-sistence)[17]을 유지할 수 있도록 해주는 보충물, 미봉책을 만나기도 합니다.

니콜르는 저에게 그녀가 작은 회사에서 일한다고 말했습니다. 그녀는 혼자 거주하고 있던 스튜디오 아파트를 소유하고 있었습니다. 종종 부수입을 얻기 위해 아파트에 세를 놓고 세를 놓은 기간 동안에는 여동생 집에서 살기도 했습니다. 그녀는 저에게 2주 전에 알랭이라는 남자를 만났다고 말했습니다. 알랭은 아내와 사별하고 두 아이를 키우고 있었습니다. 당시 그녀와 알랭은 사귄지 일주일째였습니다. 그들은 어떤 호텔에서 같이 묵었고, 그녀는 그가 자신을 사랑한다고 확신했습니다. 그러나 어느 날 그는 그녀에게 한 마디 말도 없이 떠났고 그녀는 그에게서 아무 소식도 듣지 못했습니다. 그는 심지어 호텔 숙박료를 지불하지도 않고 숙박료 청구서를 그대로 남겨 놓고 떠났습니다. 그녀는 왜 그가 이런 식으로 떠났는지 이해할 수 없었습니다. 그녀는 틀림없이 그가 다시 돌아올 것이며 그녀에게 설명 불가능해 보이는 것에 대한 설명을 해줄 것이라고 확신했습니다. 그 이후로 그녀는 관계 망상을 겪었습니다.

---

[17] 하이데거에게 탈존은 존재가 자신을 드러내는 방식을 가리킨다. 라캉은 하이데거의 용어를 원용해서 주체의 내면이 대타자와 상징계라는 외부와 연결되어 있음을, 무의식은 안과 밖을 뒤얽히게 만듦으로써 주체를 곤욕스럽게 함을 가리킨다. 『속지 않는 자들은 방황한다』세미나의 1974년 5월 21일 수업을 참고하라(역주).

그녀는 여동생 집 맞은편에 위치한 건물 1층 아파트에 불빛이 켜지는 걸 봤습니다. 그녀는 어떤 그림자와 어떤 아이도 봤습니다. 그녀는 이것이 알랭이 자신에게 메시지를 보내는 것이라고 생각했습니다. 할로겐 전등이 켜졌다 꺼졌다 했고, 카메라도 그녀를 향했습니다. 그녀는 위층 아파트에서 발자국 소리를 들었는데, 그 소리가 자신에게 무언가를 말하고 있다고 느꼈습니다. 그녀는 발자국이 말을 하지 않는다는 것을 알고 있었습니다. 그러나 그녀는 발자국이 무슨 말을 하는지 이해할 수 없었습니다. 그녀는 3일 동안 잠을 자지 못했습니다. 그녀는 이 모든 것에 대해 저에게 이야기하고 설명하고 싶어 했습니다. 그녀의 말처럼, 그녀는 종기를 "파들어 가거나(creuser)" 아니면 종기를 "터뜨리고(crever)" 싶었습니다.

한 달 뒤

니콜르는 저에게 신호들이 사라졌다고 말했습니다. "끝났어요. 그렇지만 여전히 할로겐 전등이 보이고, 카메라는 저를 향하고 있어요. 하지만 전등 불빛은 꺼졌어요. 아마도 그 남자가 여전히 저기서 살고 있나 봐요." 니콜르가 계속했습니다. "저는 어떤 욕망도 느끼지 않아요. 알랭을 만나기 전에 저는 우울했고 아무런 욕망도 없었어요. 저는 제 치료사에게 이 점에 대해 편지를 썼어요." 그녀는 지난 이틀 동안 약을 복용하지 않았고, 잠을 더 잘 잤습니다. 이날 그녀는 월세를 내지도 않고 집을 비우지도 않으려 하는 세입자를 보러갈 힘을 내기 위해 잘 차려 입은 상태였습니다. 그녀는 결국 자기가 받아야 할 돈을 받았습니다.

니콜르는 자기가 가족을 부양하고 있다고 말했습니다. 그녀는 아직 학교를 다니고 있어서 수입이 없었던 여동생을 재정적으로 지원하고 있었고, 부모님도 지원하고 있었습니다. 그녀는 자기 아버지에 대해 이렇게 말했습니다.

"제 아버지는 실패한 인간이에요. 아버지는 작가나 기자가 될 수 있었을 텐데 아무도 그에게 조언해 주지 않았어요. 아버지는 작은 가게를 운영하고 있어요. 아버지는 어머니를 아이처럼 사랑해요. 30년 동안 저는 아버지가 어머니에게 '아니'라고 말하는 것을 한 번도 듣지 못했어요. 제가 이 점에 대해 어머니에게 말하면 어머니는 이렇게 말해요. '너도 알다시피, 너희 아버지가 못된 사람이 아니잖니.' 그 이상 말할 필요가 없죠. 저는 큰 오빠에게서 아버지의 모습을 찾으려 했지만 큰 오빠는 이를 이해하지 못했어요. 둘째 오빠는 제가 어릴 때 저를 많이 때렸어요. 둘째 오빠는 큰 오빠보다 6살 아래인데, 아버지가 자기보다 큰 오빠를 더 좋아하는 데에서 받은 상처를 저에게 풀었어요."

다음 주

불안과 망상적인 해석이 되돌아 왔습니다. 니콜르의 상태는 좋지 않았습니다. 그녀는 신호를 이해하고 싶어 했습니다. 또 그녀는 부모님이 여동생 집에서 지내는 게 참을 수 없을 정도로 매우 짜증난다고 말했습니다. 그녀의 어머니는 요리만 할 뿐이었고, 그녀의 아버지는 음식을 깨끗하게 먹지 않았고, 그녀는 그들에게 소리를 지른 뒤에 자기가 소리 지른 것을 후회했습니다. 결국 니콜르는 병원에 입원하는 데에 동의했습니다.

증상 분석

그녀가 입원하기 전과 관련해서 몇 가지 점이 흥미로워 보입니다. 첫째, 니콜르의 연애망상과 편집증적 망상, 부분 망상(délire en secteur)이 아파트에 세를 놓는 일들을 처리하는 것을 어렵게 만들지는 않았습니다. 그녀가 망상 삽화의 한 가운데에 있었을 때조차 말입니다. 또 그녀는 망상 삽화 중에도 가족 구도에 대해 매우 날카롭게 파악할 수 있었습니다.

니콜르에게 관계 망상이 있었다는 점에 주목해 봅시다. 그녀는 그녀가 본 불빛이 그녀 개인을 향한 메시지라고 확신했습니다. 그녀는 그 불빛에 어떤 의미가 있다고 확신했습니다. 그녀의 확신은 바로 이 점에 관련됩니다. 그녀와 관련되는 어떤 의미를 가진 신호들이 있다는 것입니다. 그러나 그녀는 그 신호들의 의미의 내용에 대해서는 알지 못했습니다. 나아가 정말로 확신이 있기는 있었을까요? 우리가 듣는 것은 확신이 아니라 어떤 현상, 어떤 기호, 환자에게 수수께끼처럼 보이는 어떤 것 앞에서의 혼란스러움입니다. 이 현상은, 그것이 확신의 형태를 갖든 수수께끼의 형태를 갖든지 간에, 언제나 의미에 관한 질문을 포함합니다.

소쉬르의 도식

우리가 살펴봤듯, 라캉은 소쉬르의 기표 ― 소리의 물질성 속에서 들리는 말 ― 와 기의 간의 구분을 따랐습니다. 어떤 주어진 기표가 여러 가지 기의를 가진다 해도 보통의 신경증자, 즉 "정상적인" 사람들 사이에서는 문장의 맥락이 의미를 얼마간 명확히 이해할 수 있게 해줍니다. 비록 우리가 영원한 오해의 상태에 놓여 있다고 말할 수 있지만 말입니다.

우리가 서로 의견을 일치할 수 있는 것은 기표의 흐름과 기의의 흐름을 안정화 시켜주는 무언가가, 같은 장소에 수직적인 휴지부를 놓게 해주는 무언가가 있기 때문입니다. 여기서 언어의 본성에 관해 몇 가지 보완적인 설명을 해야 할 것 같습니다. 라캉이 대타자라 부르는 것은 어떤 장소, 기표의 장소입니다. 기표들은 오직 그들 간의 차이에 의해서만 가치를 갖습니다.

어떤 문장이 발음될 때 수직선 위에 있는 각각의 단어는 그 단어와 관련되는 일련의 다른 단어들과 결합될 수 있습니다. 이것이 문장의 공시적(synchronique) 축입니다. 계열적(paradigmatique) 축이라 불리기도 합니다. 가령 이 축에서 '탁자'라는 단어는 가구, 재료, 나무, 합성수지, 작업표면, 토론장소, 식사장소 등과 연결될 수 있습니다. 문장의 다른 축은 통시적(diachronique) 축입니다. 그것은 어떤 문장에서 기표의 순차적인 연결을 말합니다. 가령 제가 "이 탁자는 매우 거추장스럽다"고 말할 때처럼 말입니다.

프로이트에 따르면 꿈 작업은 두 가지 본질적인 언어적 메커니즘으로 이루어집니다. 전치(déplacement)와 압축(condensation)이 그것입니다. 라캉은 이러한 프로이트의 구분을 언어학자들이 환유(métonymie)와 은유(métaphore)라는 용어로 구분한 것과 등가물로 여겼습니다. 환유와 전치는 가령 "한 잔 마시다"라고 말하면서 "술을 마시다"를 뜻할 때나 "30개의 돛"이 "30개의 배"를 뜻할 때 일어납니다. 은유와 압축은 가령 프랑코-프러시안 전쟁 중에 벨포르를 수호한 피에르 필리프 당페르-로슈로(Pierre Philippe Denfert-Rochereau)를 가리키기 위해 "벨포르의 사자(Lion de Belfort)"라고 말하거나 올리버 크롬웰(Oliver Cromwell)을 가리키기 위해 "올드 아이언사이드(Old Ironsides)"라고 말할 때 일어납니다.

라캉이 사용하는 두 번째 용례는 빅토르 위고의 시집 『세기의 전설

(Légende des siècles)』에 수록된 「잠든 보아스(Booz endormi)」라는 시에 나옵니다. 보아스는 추수하기 전에 자기 소유의 들판에서 잠자고 있는 부유한 노인입니다. 이삭 줍는 순박한 청년 루스(Ruth)가 보아스의 곁에서 자고 있습니다. 꿈에서 보아스는 영광스러운 자기 후손들이 들판 위에 있는 모습을 보게 됩니다. 위고는 이렇게 씁니다. "그의 볏단은 탐욕스럽지도 악의가 있지도 않았다." 이를 통해 위고는 농업과 관련되는 은유를 통해 보아스의 팔루스적 힘을 가리킵니다. 제가 이런 간단한 사례를 알려드린 것은 여러분이 라캉을 보다 쉽게 읽으실 수 있도록 하기 위함입니다. 라캉이 이런 개념들을 매우 자주 사용하고 있으니 말입니다.

소쉬르의 도식에서 언어를 구성하는 두 가지 흐름, 즉 기표의 흐름과 기의의 흐름으로 되돌아갑시다. 이러한 두 가지 흐름을 안정화시키는 것이 바로 라캉이 아버지의 이름(Nom-du-Père)의 은유라고 부르는 것입니다. 우리는 아이가 언어에 들어오기 위해서 언어의 법칙에 종속되어야 한다는 사실을 필연적인 것으로 이해할 수 있습니다. 여기서 언어의 법칙은 기표의 자의성뿐만 아니라 아이가 사물을 포기해야 하며 그 결과 사물의 은유, 즉 기표만을 갖게 된다는 사실을 가리킵니다.

급성 망상 삽화를 겪고 있지 않을 때 정신증적 주체에게는 기표의 연쇄를 안정화하는 누빔점이 있습니다. 그러나 누빔점은 붕괴될 수 있으며, 이때 기표의 흐름과 기의의 흐름은 서로 분리됩니다. 그 결과 의미가 미끄러져서 사라지기 시작합니다. 환자를 이를 수수께끼로 느낍니다. 환자가 의미에 대해 더 궁금해 하면 할수록, 언어는 더욱 더 와해될 위험에 처합니다.

이 점은 정신증자들을 치료하는 데에 있어서 실천적인 결과를 낳습니다. 전이가 설립되면서서부터, 즉 환자가 여러분이 그에게 일어나는 것에 대해 무언가를 알고 있다고 가정하기 때문에 여러분을 신뢰하기 시작하면서부터, 여러분은 환자가 수수께끼에 대해 질문을 제기할 때 개입할 수 있습니다. 환자로 하여금 그 수수께끼와 다른 무언가에 집중하게 하거나 환자의 생각을 다른 방향으로 돌림으로써 말입니다. 저는 환자에게 그 수수께끼에 관해 이해할 것이 아무 것도 없다고, 거기에는 위험한 구렁밖에 없고 거기로부터 거리를 두는 편이 좋다고 말합니다. 어떤 환자들은 더 자세한 설명을 받아들일 수 있습니다. 많은 환자들은 언어가 어떻게 작동하는지, 기표와 기의가 어떻게 다른지, 정신증에서 기표와 기의가 어떻게 분리되는지에 관심을 보입니다. 많은 환자들은 정신분석에 관한 책을 읽습니다. 요즘 환자들은 인터넷에서 정보를 찾아보기도 합니다. 제가 보기에 환자들이 이러한 메커니즘을 이해하고 나면 그들은 자신을 더 잘 보호할 수 있고, 설령 그럴 수 없다 하더라도 그들은 증상을 멈추기 위해 항정신증 약물을 먹어야 한다는 점을 스스로 깨달을 수 있습니다.

니콜르는 제가 이러한 메커니즘을 설명해주었던 환자들 중 한 명입니다. 제가 그녀를 처음 봤을 때 그녀는 5년 동안 심리치료를 받아 왔고 지난 19년 동안 그녀는 6개월 이상 약을 먹지 않았습니다. 이것이 심리치료가 약물치료를 완전히 대체할 수 있음을 뜻하지는 않습니다. 그러나 심리치료는 이전과 달리 약물의 역할이 갖는 비중을 낮출 수 있게 해줍니다.

기표와 기의의 분리라는 주제에 관해 마지막으로 한 마디 더 드리겠습니다. 말씀드렸다시피 니콜르는 이렇게 말했습니다. 종기를 "파들어 가거나(creuser)" 아니면 "터뜨려야(crever) 하는데, 잘 모르겠어요." 프랑스어에서 "파들어 가다"와 "터뜨리다"는 발음상으로 유사하고 환유적으로 연결되는 단어들입니다. 우리는 환자의 말을 면밀히 들음으로써 기표의 논리에 대해 감을 잡을 수 있습니다. 가령 여기서 우리는 소리의 유사성에 의한 연결을 들을 수 있으며, 기표의 물질성이 우위에 놓입니다. 의미는 나중 문제이며, 여기서 우리는 의미가 떠다니는 것을 봅니다. 그녀는 우리에게 말합니다. "잘 모르겠다"고 말입니다. 이제 니콜르가 병원에 입원해 있던 시절로 되돌아 가봅시다. 그녀의 처음이자 마지막이었던 입원 시절로 말입니다.

입원

병원의 보고서에 따르면 니콜르는 유사-신경증적인 조현병으로 진단받았습니다. DSM의 기준에 따를 때 우리는 불가피하게 그런 진단을 내리게 됩니다. 그러나 정신분석적 관점에서 관건은 연애망상적 테마를 동반한 편집증적 정신증입니다. 앙투안에 비해 니콜르는 매우 강한 인격을, 즉 뚜렷한 자아와 상상의 일관성을 갖고 있었습니다. 또 그녀는 트라우마적인 요소가 있는 히스토리를 갖고 있었고, 이에 대해 자기 나름의 관점으로 접근할 수 있었습니다. 이것이 그녀의 첫 번째 심리치료사가 그녀를 신경증자로 생각한 이유입니다. 병원에서 니콜르가 받은 심리 검사의 결론은 다음과 같습니다.

"그녀의 언어 능력 점수는 그녀와 비슷한 사회적, 직업적 위치를 가진 사람들에게 기대되는 수준보다 더 높았다. 그러나 그녀는 집중하는 데에 어려움이 있었고, 이것은 그녀의 기억력에 지장을 주었다. 집중력 문제는 현재의 약물 치료에 의한 것일 수도 있고 기능적인 원인을 가진 것일 수도 있다. 성격 검사 결과에 따르면 환자는 내면세계와 외부세계 모두에 관련되는, 강렬하고 파괴적인 불안에 종속되어 있다. 그녀의 대인관계는 무감각이나 뿌리 깊은 공격성으로 특징지어 지는데, 이런 공격성 때문에 혼미한 순간과 현실감각의 저하가 유발되었다. 그녀의 몇몇 답변에는 터무니없이 이상한 내용이 있었다. 그 답변은 종종 매우 거칠었고, 심각한 정체성장애를, 나아가 육체의 파편화를 시사했다.

강박증적인 유형의 방어를 통해 인격을 재구성하려는 시도가 있었던 한편, 그러한 방어는 해리를 유발하는 압박과 은밀히 드러나는 해석 활동에 마주해서는 취약하고 비일관적이었다. 전체적으로 심리 측정 검사는 이 사례가 조현병임을 보여준다."

퇴원 후

니콜르가 병원을 떠났을 때도 그녀는 여전히 같은 테마의 망상을 겪고 있었습니다. 약물 복용량이 늘어났음에도 불구하고 그녀의 망상은 수개월 지속되었습니다. 그녀는 가족과 자기 히스토리에 대해 많이 말했고, 망상에 대해서도 많이 말했습니다. 어린 시절과 관련해서 그녀는 그녀의 어머니가 여동생을 돌보는 데에 많은 시간을 보냈는데, 여동생은 많이 아팠고 병원 치료를 받기 위해 자주 파리까지 가야 했다고 말했습니다. 어머니와 여동생이 집에 없을 때 집을 책임져야 했던 것은 니콜르였습니다. 그녀는 저에게 "저는 꼬마 가정부였어요"라고 말했습니다. 또 그녀는 오빠들에 대해서도 많이 말했는데, 오빠 한 명은 그녀를 자주 때렸습니다.

그녀의 망상과 관련해서 그녀는 9월이 끝나갈 무렵에 이렇게 말했습니다.

"제가 28살에 횡설수설했을 때 저는 어떤 놈이랑 헤어진 상태였어요. 저는 그가 저를 사랑하고 우리가 결혼할 거라고 믿었어요. 알랭은 다릅니다. 저는 그가 저를 사랑하고 돌아올 거라는 걸 알아요. 남들은 그가 돌아오지 않을 거라고, 그는 저에게 아무 관심이 없다고, 저에게 호텔 비용을 지불하게 했다고 말해요. 알랭은 라 로셸(La Rochelle)의 바다가 보이는 아름다운 집에 살아요. …… 그는 제 치료를 끝나길 기다리고 있어요. 프랑수아즈랑 있을 때 저는 실수하지 않았어요. 저에게는 아무 문제가 없었어요."

여기서 니콜르는 그녀가 25살쯤이었을 때 만난 동성애 관계를 말하고 있습니다. 12월에 그녀는 이렇게 말했습니다.

"저는 알랭에 대해 더 이상 생각하지 않았어요. 그러나 저는 그가 돌아올 거라고 믿는 걸 멈출 수 없어요. 그가 돌아오지 않는다는 건 말이 안 돼요. 저는 그가 내 치료가 끝나길 기다리고 있다고 생각해요. 저는 그가 저에게 도움이 필요하다는 걸 이해했다고 생각해요.
저는 라 로셸에 있는 그에게 편지를 두 통 보냈어요. 두 번째 편지는 "수취인 불명"으로 되돌아왔어요. 하지만 첫 번째 편지는 그에게 전달되었다고 생각해요. 제가 방금 말한 건 말이 안 되네요. 저는 라 로셸에 가서 알랭이 거기 사는지 알아보고 싶어요.
제 여동생 아파트에 신호가 왔을 때, 저는 창문을 열었다 닫았다 하면서 맞은 편 아파트를 쳐다봤는데 응답이 있었어요. 저는 창문이 열렸다 닫히는 걸 봤어요."

퇴원한 지 6개월 뒤에 니콜르는 직장으로 되돌아가려고 했지만 뜻대로 되지 않았습니다. 그녀는 알랭에 대해 더 이상 말하지 않았고, 자신이 그에 대해 생각하지 않는다고 말했습니다. 그녀는 심한 우울감을 느꼈고 직장으로 되돌아갈 수 없게 되자 결국 약물 치료를 그만하기로 결정했습니다. 그리고 그녀는 다른 어려움에 대해서도 털어놓았습니다.

- 그녀는 늘 식이장애에 시달렸습니다. 청소년 시절에 그녀는 먹고 토하는 폭식증을 겪었습니다. 그녀가 어릴 때 그녀의 어머니는 거식증이었는데 니콜르와 여동생에게 먹을 것을 강요했고 그 이후에도 계속 강요했습니다.
- 그녀는 자주 병에 걸릴 것을 걱정했습니다. 비뇨기과, 산부인과 질환이나 좀 더 심각한 병에 걸릴 까봐 두려워했습니다. 그녀의 어머니는 늘 몸이 안 좋았고 늘 무언가에 대해 불평을 했으며 거의 먹지 않았고 늘 약했습니다.

정신증자의 말을 주의 깊게 들어보면 여러분은 육체와 육체의 기능이 늘 가장 중요한 곳에 있음을 알게 될 겁니다. 정신증의 발병에는 늘 약간의 건강염려증이 동반됩니다. 또 니콜르는 돈을 아끼기 위해서 가게에서 음식을 훔쳤다고 말했습니다. 그녀는 이렇게 덧붙였습니다. "저도 제 아버지처럼 구두쇠가 된 거죠." 그녀는 훔치는 걸 매우 즐겼습니다. 동시에 그녀는 아버지가 집에서 한 번도 법을 설정한 적이 없고, 아버지는 오빠가 자신을 때리는 걸 막지 않았고, 학교에서 잘못을 저질렀는데도 아버지에게 벌을 받지 않았다는 사실과 관련해서 연상을 이어나갈 수 있었습니다. 그녀는 자신의 도둑질을 사회의 그 누구도 정직하지 않다는 생각으로 정당화했습니다. 정치인들도 정직하지 않았고, 그녀의 옛 상사도 정직하지 않았습니다. 상사는 2차 대전 동안 독일군과 공모

함으로써 사업을 시작한 인물이었습니다. 여기서 우리는 법에 대한 그녀의 관계가 잘 설립되지 않았음을 알 수 있습니다. 즉, 그녀에게는 정신증적 구조에서 드러나는 특징이 있었습니다.

니콜르는 직장으로 되돌아가려고 몇 번 더 노력했지만 실패했습니다. 그녀는 다시 망상을 겪었고 항정신증 약물을 다시 복용해야 했습니다. 첫 번째 상담을 한지 1년 뒤에 그녀는 작은 회사를 운영하고 있는 남자를 만났는데, 그녀는 점차적으로 그와의 관계에 모든 것을 쏟아 부었습니다. 그녀는 그의 비서이자 연인이자 점차 그 회사의 진짜 주인이 되었습니다.

6개월 뒤에 그녀는 임신을 했지만 6주 뒤에 자연 유산을 했습니다. 또 그녀는 회사 운영이 잘 되지 않는다는 걸 알게 되었고 회사가 파산할 지도 모른다는 두려움을 느꼈습니다. 이러한 상황적인 어려움에도 불구하고 그녀의 망상은 재발하지 않았습니다. 어느 날 그녀는 그녀의 주치의가 처방한 감마글로불린 주사를 맞은 뒤에 심한 정신증적 불안에 휩싸여 급하게 진료소에 찾아왔습니다. 그녀는 육체 내부로 무언가가 침입하는 것에 대한 공포를 표현하면서 두 시간 동안 울었습니다. 그렇지만 이 위기는 무사히 지나갔고 다시 약물 치료를 시작할 필요는 없었습니다.

그 남자와 교제한지 3년이 지났을 무렵 그녀는 임신을 하고 싶은 욕망에도 불구하고 임신을 할 수 없었기 때문에 수술을 받아야 했습니다. 그녀는 난소 유착을 제거하는 수술을 받았고 곧 임신했습니다. 그녀는 회사에서 점점 더 많은 책임 있는 역할을 하게 되었습니다. 저는 그녀가 임신했을 때 더 자주 그녀를 만났습니다. 모든 것이 순조로웠고, 어떤 약도 필요 없는 상태였습니다. 그녀는 제 조언에 따라 정신과 의사가 입회한 상태에서 출산을 했습니다. 그녀는 딸을 낳았습니다.

임신 기간 동안에 저는 니콜르가 어린이집에 딸의 자리가 있는지 알아볼 것을 강하게 권유했습니다. 그녀는 그렇게 하기를 원하지 않았고, 자신이 아이를 잘 돌볼 수 있고 동시에 사업도 잘 꾸릴 수 있다고 말했습니다. 그녀는 유아용 침대를 직장에 가지고 갈 수 있을 거라고 생각했습니다. 이로 인해 생길 수 있는 문제를 고려하지 않으면서 말입니다. 저는 그녀가 딸을 어린이집에 맡길 수 있도록 온갖 방법으로 그녀를 설득해야 했습니다. 그녀는 마지못해 제 말을 따랐습니다.

　아기가 태어나자 그녀는 욕동에 대한 두려움과 공포를 느끼기 시작했습니다. 그녀는 자기가 아기를 다치게 만들고 싶어지게 될까봐 무서워했습니다. 그녀는 사람들이 아기를 본인에게서 빼앗아 가기를 원하지 않았기 때문에 저에게만 이런 얘기를 할 수 있었습니다. 아기를 어린이집에 맡길 수 있다는 사실이 그녀를 안심시켜 주었고, 그녀는 저의 조언을 따랐던 것이 정말 다행이었다고 말했습니다.

　신경증자에 대한 정신분석은 분석가로 하여금 일종의 모조품처럼 기능할 것을 요구합니다. 즉, 분석가는 결코 실재의 차원에서 개입하지 않아야 하고, 의견이나 충고를 주지 않아야 하고, 자기 성격이나 개인사에 관한 그 어떤 것도 환자에게 알려주어서는 안 됩니다. 반대로 정신증 환자의 경우에는 종종 실재의 차원에서 개입하는 것이 받아들여질 수 있는 것 같습니다. 가령 "당신의 딸을 어린이집에 맡기세요"라는 말과 같은 것 말입니다. 정신증자와의 작업에는 불가피하게 상상의 차원이 있습니다. 치료사의 이미지를 거울로 비춰줌으로써 상황을 포착하는 것 말입니다. 그러나 이 이미지와 그 영향 및 효과에 주의를 기울이고 조심해야 합니다. 가령 니콜르로 하여금 딸을 어린이집에 맡기라고 설득하기 위해 저는 제 딸 얘기를 하게 되었고 제 딸이 어릴 때 어린이집에 갔던 것이 얼마나 도움이 됐는지 말하게 되었습니다. 만약 제가 니콜르에게 이에 관해 얘기했다면, 이것은 제 얘기를 하는 즐거움을 위해서가 아니라 니콜르가 제가 제안하는 것에 대한 상상의 지지물을 찾을 수 있도록 하기 위해서였습니다. 달리 말해 저는 그녀에게 유용할 수 있는 것만 말했습니다. 동시에 우리가 이런 말을 할 때 그 말은 만들어진 것이 아니라 진실 된 것이어야 합니다. 비록 정신증자와의 작업에서 치료사의 행동이 현실에서의 개입 — 상상 수준에서의 행동을 동반한 — 을 포함할 수 있다 하더라도, 상징의 수준에서 일어나는 것이 여전히 가장 중요합니다. 그녀의 삶에서 어떤 사건이 일어나거나 어떤 어려움이 생길 때마다 니콜르는 그에 대해 저에게 이야기하러 왔습니다. 그녀에게는 자기 말을 등록할 장소, 자기 말이 경청되는 한편 종종 답변도 얻을 수 있는 장소가 있었던 것입니다. 이러한 장소는 그녀가 자기 딸과 맺는 관계에서나 연인과 맺는 관계에서 제3자의 역할을 했습니다.

12년 뒤

그 해가 시작할 무렵 니콜르의 아버지는 뇌종양 치료를 받았고, 니콜르의 어머니는 많이 지쳐서 남편을 돌볼 수 없었습니다. 니콜르는 두 사람이 일정 시간 동안 체류할 수 있는 곳을 찾아봤습니다. 또 그녀는 두 사람이 장기적으로 머물 양로원도 알아봤습니다. 니콜르의 딸은 학교에서 좋은 성적을 거두었습니다. 사업도 잘 되었습니다. 한편으로는 고객의 고발을, 다른 한편으로는 회사 회계사와의 갈등을 헤쳐 나가야 했지만 말입니다. 그녀는 이 모든 것에 잘 대처했습니다. 저는 그녀에게 약을 처방했지만, 그녀는 약을 먹지 않기로 했습니다. 7월에 그녀의 아버지가 돌아가셨습니다. 니콜르는 아버지의 장례식을 치렀고 어머니를 자기 집에 모셨습니다. 9월에 여동생이 세 번째로 장기 이식 수술을 받앉습니다. 니콜르는 여동생을 보러 병원에 많이 왔다 갔다 했고, 어머니를 보살폈으며, 회사일도 맡아서 했습니다.

9월이 끝날 때쯤 그녀의 어머니가 작은 수술을 위해 입원했습니다. 저는 이 시기 동안에 매주 니콜르를 만났고 그녀의 방어기제가 무너져 발병(décompensation)하는 것은 아닌지 살피기 위해 그녀의 말을 주의 깊게 들었습니다. 그녀가 감당하던 압박감을 고려할 때 충분히 걱정스러운 상황이었습니다. 그녀는 저에게 "마치 병목 현상처럼 머릿속에서 경련이 일어나는 느낌"이라고 말했습니다. 그녀는 기억력에도 문제가 있는 것 같다고 말했습니다. 니콜르의 여동생은 한 달 동안 중환자실에 있다가 사망했습니다. 이번에도 여동생의 장례식과 시골에 동생의 시신을 매장하는 일은 니콜르의 몫이었습니다. 여동생의 시신을 매장하기 위해 시골로 향하면서 니콜르는 매우 불안한 목소리로 전화를 했습니다. 그녀는 자기가 무너지고 있으며 자기를 때린 오빠를 볼 자신이 없다고 생각했고, 우연의 일치에 주목했습니다. 그러나 그녀는 평정을 되찾았고 약간의 약물의 도움으로 상황을 다룰 수 있었습니다. 그녀는 며칠 동안만 약을 먹고 그만 먹기로 했습니다. 저는 그녀의 상태를 매우 면밀히 지켜보았습니다. 1월에 그녀의 어머니의 건강이 나빠졌고 그녀는 저에게 더 강한 약물을 처방해달라고 부탁하러 왔습니다. 얼마 뒤 그녀의 어머니는 돌아가셨습니다. 다음 주에 그녀는 자기에게 다시 우연의 일치 같은 일들이 일어나고 있고 모든 곳에서 죽음에 관한 대화를 듣는다고 말했습니다. 그녀는 한 달 동안 약을 계속 복용했습니다.

2월이 끝날 때쯤 니콜르는 자기가 의기소침하고, 잃어버린 가족을 생각하며 많이 울고, 이제 그녀의 삶에는 딸과 애인밖에 없다고 말했습니다. 그녀는 몸의 불편함 때문에 여러 명의 의사들과 상담을 했습니다.

그녀는 이렇게 덧붙였습니다. "내 얼굴이 변하고 있어요." 우리를 이를 추형공포증(dysmorphophobie)으로 이해할 수 있습니다. 몇 년 전에 그녀는 코 성형 수술을 받고 싶어 했는데, 저는 단호히 그 계획에 반대했습니다. 봄 즈음에 그녀의 상태는 호전되었습니다. 그녀는 매우 간헐적으로 상담에 왔고 저는 그녀를 여름 내내 보지 못했습니다. 9월에 니콜르는 성형 수술, 유방 축소술을 받았습니다. 그녀는 실제로 매우 큰 가슴을 갖고 있었습니다. 그녀는 이에 관해 제 의견을 묻지 않았습니다. 만약 그녀가 제 의견을 물었다면 저는 수술을 연기하라고 제안했을 것입니다. 정신증 환자가 자신의 육체적 통일성이 침해될 때 어떻게 반응할지 알 수 없을 뿐만 아니라 수술 날짜가 일 년 전에 그녀의 여동생을 죽음에 이르게 한 수술 날짜와 하루밖에 차이가 나지 않았기 때문입니다. 그러나 그녀가 저에게 수술 사실에 대해 말했을 때 수술은 이미 진행되었고, 그래서 저는 이 주제에 관한 저의 신중함을 드러내지 않았습니다. 반대로 저는 그녀가 수술로 인해 좀 더 몸이 가벼워져서 자기가 오랫동안 하고 싶었던 체조 운동을 할 수 있을 것 같다고 말할 때 그녀의 말에 동의했습니다. 우리의 염려처럼 그녀는 수술 결과에 만족하지 않았습니다. 그녀는 수술 자국이 너무 눈에 띄고 자기 가슴이 예쁜 형태가 아니라고 생각했습니다. 연인에게 가슴을 보여주기 힘들 정도로 말입니다.

11월 1일 만성절에 그녀는 해외 산악 지방에 살고 있는 친구네로부터 초대를 받았습니다. 니콜르가 이 친구를 알게 된 것은 니콜르의 딸과 친구의 딸이 같은 반이었기 때문이었습니다. 니콜르는 이 친구와 일 년 동안 규칙적으로 자주 만났습니다. 친구 집에 머무는 동안 니콜르는 저에게 울면서 전화를 했습니다. 그녀는 자기가 무너질 것 같다고 했습니다.

그녀는 너무 많이 울어서 무슨 일이 일어나고 있는지 저에게 설명할 수도 없었습니다. 친구 집에서 돌아온 뒤에 그녀는 저를 보러 와서 무슨 일이 일어났는지 설명했습니다. 할로윈 축제를 기념해서 니콜르의 딸과 친구의 딸이 코스튬을 사고 싶어 했습니다. 친구는 이렇게 말했습니다. "얘들아 아니? 니콜르와 내가 어린 시절에 우리는 코스튬을 사지 않았고 직접 만들었단다." 이 한 마디가 모든 것의 트리거가 되었던 것 같습니다. 그 말은 니콜르에게 자신이 가져 보지 못한 유년기를 상기시켰습니다. 그녀는 꼬마 가정부였고, 그녀의 오빠에게 맞았고, 그녀의 부모님은 부재했습니다.

그 다음에 니콜르는 친구의 차를 씻으려 했습니다. 그녀는 차에서 청소 막대기를 찾았습니다. 그리고 두 번째 막대기, 세 번째 막대기를 찾았습니다. 그녀는 이 막대기를 차에서 꺼내 벽에 기대서 세워두었습니다. 그런데 친구의 남편도 그의 차를 씻기 시작했고, 그 역시 차에서 막대기를 찾았고, 그 역시 막대기를 벽에 기대서 세워두었습니다. 이 모든 것은 니콜르에게 매우 이상하게 보였고, 그녀는 이것이 무엇을 의미하는지 의문에 빠졌습니다. 여기서도 우리는 해석 망상을 동반한 정신증이 발병했음을 알 수 있습니다. 그리고 이번에도 그녀의 상태는 일주일에 걸쳐 회복되었습니다. 그녀는 저에게 이렇게 말했습니다. "저는 할 일이 너무 많아서 생각하고 망상에 빠질 시간이 없었어요. 실제적인 업무에 집중하는 편이 저에게 더 좋은 것 같아요."

그 해 내내 니콜르는 규칙적으로 저를 보러 왔고 실질적인 조언을 부탁했습니다. 또 그녀는 아버지의 죽음, 여동생의 죽음, 어머니의 죽음에 대해 말했습니다. 매번 그녀는 이에 대해 저에게 말하는 것이 본인에게 매우 중요하다고 말했습니다. 저는 그녀가 저에게 무엇을 기대했는지 늘 알지 못했고, 그녀에게 어떻게 반응해야 할지 늘 알지 못했다는 말씀을 드려야 할 것 같습니다. 그 해에 여러 차례 저는 그녀의 병이 재발할까봐 걱정했고 저는 그녀에게 가벼운 약물을 처방했습니다. 그녀에게 너무 많은 일들이 일어났고 그녀가 스스로를 보호해야 한다고 말하면서 말입니다. 그러나 저는 가능한 한 빨리 약을 그만 먹고 싶고, 또 정신증에 대항하는 다른 방어 방식이 더 중요하다는 그녀의 생각에 동의했다. 그녀가 아주 잘 말해준 것처럼, 실제적인 업무에 집중하는 편이 그녀에게 도움이 되었습니다. 또 저는 친구와의 관계가 그녀로 하여금 상상의 층위에서 자기 방향을 탐색하는 데에 도움을 줄 수 있었다고 생각합니다.

몇 가지 이론적 고찰

1) 병원에 입원해 있을 때 니콜르는 의미에 관심을 기울인 어떤 심리학자와 상담을 한 적 있습니다. 반면에 라캉의 이론은 기표의 논리를 강조합니다. 저는 이러한 접근 방식의 차이를 특징적으로 보여주는 일화를 인용해 보겠습니다. 이 일화는 니콜르의 혈역형에 관련됩니다. 니콜르는 자기가 어릴 때 행복하지 않았다고, 어머니 대신 집안일을 해야 했기 때문에 놀 시간이 없었다고 설명했습니다. 그리고 그녀는 자기에게 늘 인상 깊었던 것을 연상했습니다. 그녀는 "가족 중에 자기만 RH-O형 [마이너스 제로형](Zéro moins)"이라고 말했습니다. 심리학자는 그녀에게 물었습니다. 그녀 자신이 부모님의 친딸이 아니라고 생각하는지 말입니다. 그녀는 자신은 한 번도 그렇게 생각해 본 적이 없다면서 이렇게 덧붙였습니다. "-0는 제로보다 적은 거죠." 즉, 니콜르는 기표를 문자 그대로 취했고 거기에 의미를 부여했습니다. 그러나 이 의미는 신경증자의 가족 로맨스와 아무런 관련이 없었습니다. 그녀는 그와 같은 것을 전혀 염두에 두

지 않았습니다. 문제는 그저 "-0, 제로보다 적은 것"이었습니다.

  신경증자와 작업할 때 라캉적 해석은 늘 기표의 물질성에 관련되는 이러한 층위를 다룹니다. 의미의 모호성이 들릴 수 있도록 말입니다. 즉, 라캉적 해석은 의미를 다루지 않습니다. 정신증자와 관련해서 우리는 환자가 자신이 말하는 것에 부여하는 의미를 해명해 주고 환자의 입장에서 의미를 상상하지 않는 편이 좋습니다. 왜냐하면 우리는 불가피하게 우리 자신의 신경증적 프레임, 달리 말해 우리 자신의 환상을 통해 이해해버릴 수 있기 때문입니다. 그리고 이런 방식은 정신증자와의 작업을 필연적으로 실패하게 만듭니다.

  2) 두 번째로 정신증에서는 동성애의 의미라는 문제가 있습니다. 이것은 정신증에게 성 간의 변별이 없음을 보여줍니다. 성차가 상징계에서 올바르게 확립되기 위해서는 팔루스 함수(fonction phallique)가 있어야 합니다. 즉, 상징적 팔루스가 인정되어야 합니다. 달리 말해 이것은 주체가 오이디푸스 콤플렉스, 즉 거세를 통과했어야 함을 뜻합니다. 팔루스 함수는 여러 가지 방식으로 설명될 수 있습니다. 상상계, 실재계, 상징계라는 세 영역을 구분하지 않았던 프로이트는 어머니를 사랑하는 소년은 어머니를 포기해야 하고 어머니가 아버지에게 속한다는 점을 인정해야 함을, 그래야 나중에 자기 또래의 소녀에게 리비도를 투자할 수 있음을 발견했습니다. 근친상간 금지가 있으며, 이것은 근본적입니다. 라캉은 오이디푸스 콤플렉스의 근거를 타당한 것으로 여겼지만 실재계, 상상계, 상징계의 구분에 근거해서 훨씬 더 근본적인 방식으로 오이디푸스 콤플렉스를 설명합니다. 라캉은 프로이트가 묘사한 오이디푸스 콤플렉스를 상징적 층위에서 일어난 것의 상상적 결과로 여겼습니다. 정신증자는 이런 단계에 도달하지 못하는데, 이것은 아버지의 이름

(Nom-du-Père)이 폐제(forclusion)되었기 때문입니다.

우리는 정신증에서 동성애의 억압을 말할 수 없습니다. 왜냐하면 정신증에는 억압이 없기 때문입니다. 주체로 하여금 성차 도식에서 남자 쪽이나 여자 쪽에 위치하도록 해주는 것은 팔루스 함수입니다. 이로 인해 정신증에서는 성차에 관한 어려움이 있습니다. 동성애는 반대 성보다는 자기 자신의 성을 선호한다는 것을 의미합니다. 이것은 두 성 간의 구분이 일어났음을 전제합니다. 그러나 정신증에서는 이런 구분이 결코 자명하게 여겨지지 않습니다.

여러분은 이 점을 니콜르에게서 보실 수 있습니다. 그녀는 남자들과 연인 관계를 맺었다가, 그 다음에는 한 여자와, 그 다음에는 다시 한 남자와 연인 관계를 맺었고, 그와 가정을 이루었습니다. 그녀는 다음의 사실을 알아차렸습니다. 여자와의 관계는 남자들과의 관계가 그랬던 것처럼 자신에게 발병을 유발하지 않는다는 것을 말입니다. 달리 말해 팔루스 함수가 관여하지 않을 때 그녀는 안전했습니다.

3) 세 번째로 정신증은 "여자 쪽으로의 추동(pousse-à-la-femme)"을 포함합니다. 이것은 라캉이 정신증과 관련해서 사용한 용어입니다. 프로이트는 슈레버의 『한 신경병자의 회상록』에 대한 연구에서 편집증에서의 동성애를 지적합니다. 라캉이 프로이트와 슈레버를 다시 읽을 때 그는 아버지의 이름의 폐제, 즉 팔루스 함수가 설정되지 않았다는 사실이 상상계에서 유발하는 결과에 초점을 둡니다. 좀 더 도식적으로 말하자면 폐제 때문에 어떤 남자가 팔루스에 관한 권리를 주장할 수 없다면, 이것은 그를 자동적으로 여성화할 것입니다.

4) 네 번째로 급성 정신증의 발병을 유발할 수 있는 상황들에 주목할

필요가 있습니다. 정신증 환자와 상담할 때는 무엇이 정신증 발병을 유발할 수 있었는지 알아보기 위해 매우 조심스레 질문해야 합니다. 환자가 그에게 발병을 유발할 수 있는 것을 멀리할 수 있는 법을 배우는 것이 중요합니다. 물론 그런 상황들은 개인마다 다양합니다. 그러나 우리는 니콜르의 사례에 의거하여 그런 상황들의 일반적인 특징을 추출해 낼 수 있습니다.

- 그녀가 남자와 연인 관계를 맺을 때, 즉 그녀에게 설립되지 않았던 팔루스 함수가 작동할 때
- 가까운 이들의 죽음이 닥쳤을 때
- 출생의 순간. 니콜르는 이 순간을 무사히 통과했지만 우리는 환자가 부모가 되는 순간에 주의를 기울여야 합니다.
- 그녀가 해외에 갔을 때. 국경을 넘는 경험은 종종 급성 정신증의 발병으로 이어질 수 있습니다. 왜냐하면 해외로 가는 것은 환자를 지켜주던 익숙한 환경을 떠나는 것을, 특히 익숙한 언어를 쓰지 못하는 것을 가리키기 때문입니다. 니콜르가 해외에 갔을 때 그녀는 어린 시절에 대해 거짓말을 할 수 없었고 사회적인 겉치레를 유지할 수 없었습니다. 어릴 때 할로윈 코스튬(déguisements)을 직접 만들었다는 친구의 말은 니콜르에게는 해당되지 않았고, 니콜르는 무너졌습니다. 문자 그대로 그녀는 위장할[코스튬을 입을](se déguiser) 수 없었습니다. 이것이 그녀의 문제였습니다. 상블랑(semblant)[18] 안에 있는 것은 신경증의 영역이며, 니콜르의 영역이 아니었습니다.

---

18 "상블랑(semblant)"은 외관, 유사물, 가장 등으로 번역되는 용어로, 주체가 자신의 결핍을 메우기 위해 의존하고 활용하는 매력적이고 기만적인 대상을 가리킨다(역주).

5) 다섯 번째로 니콜르의 사례는 정신증에서 육체의 중요성을 보여줍니다. 그녀가 경험한 마지막 발병은 성형 수술 직후에 일어났고, 그것은 예견 가능하고 논리적인 결과였습니다. 왜 그럴까요? 니콜르의 정체성에는 균열이 있었기 때문입니다. 그녀의 정체성은 정신증적 구조 때문에 견고하게 설립되지 않았습니다. 그 균열은 상징계 안의 균열이었고, 이러한 균열은 그녀의 정체성을 하나로 잘 유지되게 하는 보철물, 보청물에 의해 보상되었습니다. 즉, 니콜르는 자신의 이미지, 신체 이미지와 관련하여 그 이미지가 파편화되지 않도록 해주는 무언가를 발견했습니다. 그녀가 발견한 것들은 어머니로서의 자신의 이미지, 회사의 주인으로서의 자신의 이미지, 그녀가 자기 연인과 새로운 친구에게서 얻은 지지, 10년 넘게 저에게서 얻은 지지, 가족의 대들보가 되는 것에 관한 이상향이었습니다. 아마 제가 찾아내지 못한 다른 것들도 있을지 모릅니다. 이러한 상상적 정체성이 유지되려면 그녀의 육체를 건드려서는 안 됩니다. 정신증적 구조에 대한 그와 같은 개입은 심각한 망상을 유발할 수 있습니다. 가령 멜랑꼴리적 망상이나 심지어 코타르 증후군을 말입니다.

이번 수업을 마무리하면서 저는 상상적 수준에서 일어나는 것과 상징적 수준에서 일어나는 것을 포착하는 문제와 관련되는 또 다른 임상 사례를 여러분께 소개해드리고자 합니다. 어떤 환자가 광고 한 뭉치를 가지고 왔습니다. 거기에는 매 페이지마다 컬러로, 점자로, 흑백으로 환자가 행운의 제비뽑기 당첨자이며 7000유로의 수표를 받을 것이라고 적혀 있었습니다. 그는 저에게 이렇게 물었습니다. "선생님은 이런 걸 받으면 어떻게 하세요?" 여러분은 여기서 상상의 축이 잘 형성되는 것을 보실 수 있습니다. 우리는 자아와 자아, 자아와 타자의 관계에 있고, 그의 요구는 "내가 어떻게 해야 할지 알 수 있도록 나에게 올바른 태도를, 일종의 모델을 보여 달라"는 것입니다. 그러나 이 환자가 저에게 이 질문을 하는 것은 결코 그가 저의 자아가 그의 자아보다 더 믿을 만할 것이라고 생각해서가 아닙니다. 그가 저에게 질문을 하는 것은 제가 그에게 저의 자아 — 이것은 삭제되는 편이 이로울 것입니다 — 가 아니라 대타자의 위치에서 답변하리라고 기대하기 때문입니다. 명시적인 상상적 축 뒤에는 언제나 이러한 상징적 축이 있고, 답변이 요구되는 것은 이러한 위치에서입니다. 그래서 저는 환자에게 이렇게 답변했습니다. "저는 그런 광고를 열어보지 않고 버려요. 예전에는 저도 그걸 열어 보곤 했고, 속임수에 넘어간 적도 있었어요." 환자는 말했습니다. "작년에 저도 속은 적 있어요. 저는 120 유로를 주고 물건 두 개를 샀는데, 포장물에 수표가 있어야 했지만 당연히 수표는 없었어요. 저는 증거를 모아둬요. 가짜 광고를 고발할 수 있도록 말이에요." 저는 그의 말이 완전 옳다고, 이런 거짓 광고를 받는 것은 너무 불쾌한 일이라고 말했습니다. 그리고 저는 이렇게 덧붙였습니다. 그가 만약 광고지에 작은 활자로 적힌 부분을 자세히 읽어보면 비록 그가 고발한다 하더라도 소송에서 이길 수 없다는 걸 알게 될 거라고 말입니다. 그러니까 거기에 시간을 소비할 가치가 없다고 말입니다!

만약 처음에 제가 그런 광고에 속을 수 있다는 말을 꺼내지 않았다면, 그는 저에게 그가 실제로 속은 적 있다고 말할 엄두를 내지 못했을 거라고 생각합니다. 여기서 우리는 상상의 축에 위치합니다. 그러나 더 중요한 것은 그 다음, 즉 우리가 다음과 같은 근본적인 질문에 마주할 때입니다. 우리는 타자의 말을 어디까지 믿을 것인가? 우리가 그런 거짓 메시지를 받을 수 있다는 사실은 무엇을 함축하는가? 1989년에 샤를 멜만은 강박 신경증에 관한 세미나에서 역사가 장 보테로(Jean Botero)의 저서 『죄의 탄생(La naissance du péché)』을 인용합니다. 거기서 장 보테로는 히브리 민족과 유일신교 이전의 어떤 셈족 종교가 설정한 250가지 죄의 목록을 언급합니다. 이 중에는 거짓말도 포함됩니다. 샤를 멜만은 이렇게 지적합니다.

"거짓말은 기표에 대해 저질러진 죄, 상징적 질서 고유의 계약이라 불릴 법한 것에 대해 저질러진 죄이다. 오늘날 우리에게 있어서도 이 계약은 거짓말을 죄로 만든다. 만약 제가 거짓말이 왜 죄인지 물으면 여러분은 뭐라고 답할까? 거짓말은 왜 죄일까?
어떻게 생각하는가? 거짓말에 무슨 문제가 있는 걸까? 여러분은 왜 진리라고 불리는 것을 선호하는가? 거짓말은 상징계 고유의 계약, 상징계라는 계약을 위반하는 것이다. 거짓말을 하는 순간, 우리는 계약을 어지럽힘으로써 토대 자체를, 세계와 실존의 질서가 갖는 토대 자체를 건드리는 것이다. …… 비록 기표가 본질적으로 거짓말을 한다 하더라도, 기표는 계약을 포함한다. 만약 여러분이 이 계약을 믿지 않는다면, 실존에 관한 그 어떤 것도 가능한 것으로 남아 있지 않을 것이다."

거짓 광고로 되돌아가 보자면 저는 그런 광고를 받는 것이 정신증자에게 미치는 영향에 대해 살펴봐야 한다고 봅니다. 정신증자에게는 상징계와의 계약이, 좋게 말한다 하더라도, 문제적인 것이기 때문입니다.

수업 5 | 「도둑맞은 편지」에 관한 세미나 연구

상징적 축
반복

　자크 라캉의 『에크리』에 실린 텍스트 "「도둑맞은 편지」에 관한 세미나"는 문학적인 부분과 수학적인 부분으로 나뉩니다. 문학적인 부분에서 라캉은 에드거 앨런 포(Edgar Allan Poe)의 단편 「도둑맞은 편지」를 다룹니다. 이번 수업에서 우리는 수학적인 부분을 살펴보고자 합니다. 그 두 부분은 같은 목적을 갖고 있습니다. 그것은 어떻게 주체가 기표에 의해 규정되는지를 보여주는 것입니다. 「도둑맞은 편지」를 다루면서 라캉은 우리에게 어떻게 편지의 소유가 주체의 행동을 결정하는지 보여줍니다.
　「도둑맞은 편지」는 두 가지 장면의 연속으로 이루어집니다. 각각의 장면에는 세 명의 등장인물과 도둑맞은 편지가 나옵니다. 여기서 중요한 것은 편지는 주체로 하여금 특정한 방식으로 행동하게 만든다는 것입니다. 편지는 주체를 규정하는 것이 기표라는 사실을 보여줍니다. 이 이야기에서 편지는 기표입니다. 저는 이 부분에 대해서는 다루지 않겠습니다. 여러분이 포의 단편을 읽어보시고 그 다음에 라캉의 텍스트를 읽어보십시오. 이 부분은 어려운 부분이 아닙니다. 이번 수업에서 저는 여러분과 함께 수학적인 부분에 대해 살펴보려고 합니다. 제가 보기에는 이 부분이 훨씬 더 설득력 있습니다. 우선 세미나의 맨 처음을 읽어 봅시다. 라캉은 이렇게 말합니다.

"우리 연구는, 자동반복[반복강박](Wiederholungszwang)이 우리가 의미작용적인 사슬의 자기주장(insistence)이라고 불러온 것에 근원을 갖고 있음을 알게 해주었다. 자동반복이라는 이 개념 자체는 탈-존(ex-sistence)(즉 중심에서 벗어난 곳)의 상관항으로 끌어낸 것으로, 프로이트의 발견을 진지하게 받아들일 생각이라면 무의식의 주체는 이 탈-존 속에 위치시켜야 한다. 잘 알려진 대로 어떤 완곡한 상상적 수단을 통해 상징적인 것이 인간이라는 유기체의 가장 내밀한 곳에까지 어떻게 작용하는지를 파악할 수 있게 된 것은 정신분석에 의해 개시된 경험 속에서이다.
이 세미나의 가르침은, 상상적인 것의 영향은 분석 경험의 핵심을 나타내기는커녕 그러한 영향을 결부시키고 그것에 방향을 부여하는 상징적인 것의 사슬과 관련되지 않는다면 일관성 있는 것을 하나도 가져올 수 없음을 주장하기 위해 마련된 것이다."[19]

조금 뒤에 라캉은 이렇게 말합니다.

"…… 우리는 주체에게 결정적인 정신분석적 효과를 지배하는 것은 이 사슬의 고유한 법칙이라고 주장한다. 예를 들어 폐제(Verwerfung), 억압(Verdrängung), 부인(Verneinung) 자체와 같은 효과가 그것이다. 그리고 그와 같은 효과는 시니피앙의 치환(Enstellung)을 너무나 충실히 따르기 때문에 상상적 요소들은 관성적임에도 불구하고 거기서는 그저 그림자나 반영

19　라캉, 『에크리』, 17쪽.

으로밖에는 드러나지 않는다는 사실을 강조해서 덧붙이는 게 적절할 것이다."[20]

그리고 나서 라캉은 이렇게 덧붙입니다.

"프로이트적 무의식에서 문제가 되는 상기(mémoration)는, 기억(mémoire)이 살아 있는 존재의 특성으로 간주되는 한 기억에 속한 것으로 추정되는 영역에는 속하지 않는다는 것이다. …… 반면 굳이 앞의 조건을 따르고자 하지 않는다면 형식 언어의 질서정연한 사슬 속에서 상기, 아주 구체적으로는 프로이트의 발견에 의해 요구되는 것과 같은 종류의 상기의 온전한 출현을 발견할 수 있다는 것은 명백하다. 따라서 누군가 증거를 제시해야 한다면, 그것은 오히려 상징적인 것을 구성하는 질서만으로는 이 모든 것을 설명하기에는 충분치 않다고 주장하는 사람들 몫으로 돌아가야 한다고까지 말할 수 있을 것이다."[21]

이어서 라캉은 이렇게 말합니다.

"……우리는 a, β, γ, δ 들을 통해 실재로부터 실재로 주어진 것 속에 들어 있는 것으로 가정했던 것 이상의 것 — 여기서는 무(無) — 을 끌어내려는 것이 아니라 그와 같은 부호들은 단지 실재를 임의의 것으로 만듦으로써 이미 통사론을 갖게 된다는 것을 보여주려고 할 뿐이기 때문이다.

이와 관련해 프로이트가 '자동운동'이라고 부르는 반복성 효과들은 다른 어

---

20 라캉, 『에크리』, 17-18쪽.
21 라캉, 『에크리』, 55쪽.

디서 유래하는 것이 아니라고 주장하고 싶다."[22]

이어서 라캉은 상징의 질서는 인간에 의해 구성되는 어떤 것이 아니라 인간을 구성하는 것 자체로 인식되어야 한다는 사실을 강조합니다. 이것은 언어란 사람들이 흔히 생각하는 것처럼 인간이 서로 생각을 소통하기 위해 창안한 도구가 아니며 반대로 언어가 있기 때문에 사유하는 존재들이 있을 수 있다는 것을 뜻합니다. 주체가 존재하도록 해주는 것은 언어입니다. 이런 점에서 라캉은 "우리 세미나 참가자들에게 앞의 프로이트의 저서에 함축되어 있는 상기 개념을 실제로 검토하도록 촉구해야겠다고 느꼈다"[23]고 말합니다.

1920년 『쾌락원칙을 넘어서』에서 프로이트는 죽음욕동 개념을 고안했습니다. 그는 세 가지 차원의 자료에 대한 관찰에서 출발했습니다. 트라우마를 겪는 사람들의 반복되는 꿈, 아이들의 반복적인 게임, 그리고 무엇보다도 분석자가 전이에서 이미 경험한 상황을 반복하는 것. 이런 자료들은 이전의 상황을 반복하려는 강박이 있음을 보여줍니다. 비록 그 이전 상황이 만족스럽지 않다고 하더라도 말입니다. 프로이트가 말하듯, 이러한 반복강박은 "그것이 **등한시하는** 쾌락원칙보다 더 원초적이고, 더 기본적이고, 더 **욕동적**"이다.

정신분석학계에서 부딪히는 반대에도 불구하고 프로이트는 평생 동안 죽음욕동의 개념을 견지했습니다. 그럼에도 불구하고 그는 자신이 이 개념을 공식화한 방식에 대해서는 반신반의했습니다. 즉, 유기물이 예전의 무기물 상태로 되돌아가기를 바란다는 생물학적인 신화에 의존

---

22 라캉, 『에크리』, 57쪽.

23 라캉, 『에크리』, 60쪽.

한 방식에 대해서 말입니다. 프로이트 자신이 말하듯, 그는 이러한 생물학에 대한 의존에 확신이 없었고, 다른 사람들에게 이를 믿으라고 하지도 않았습니다.

그렇다면 우리는 프로이트에게 그의 가설에 대한 확신이 없다는 사실과 프로이트가 죽음욕동의 개념 자체를 옹호했고 그의 후기 저술에서 그 개념이 부인된 적이 없다는 사실이 공존한다는 점을 어떻게 해석할 수 있을까요? 그런데 프로이트는 이 질문에 대한 답변을 제공하고 있습니다. 그가 우리에게 비유적인 언어에 의존해야 하는 것에 대한 아쉬움을 표하면서 보다 과학적인 언어를 사용하고 싶다고 말할 때 말입니다. 죽음욕동 가설의 발전은 라캉의 공식과 함께 보다 명확히 이루어집니다. 라캉과 더불어 죽음욕동 가설이 불확실한 생물학 이론이 아니라 보편적 가치를 갖고 있는 신화로 간주된다는 점을 고려한다면 말입니다. 죽음욕동은 삶 너머에서 반복강박으로서 개입하는 어떤 것입니다.

라캉을 인용해 보겠습니다. "프로이트가 자기 경험에서 삶의 저편에서 이 경험을 지배하는 요소를, 즉 그가 죽음본능이라고 부르는 요소를 환기시키지 않을 수 없도록 강제되는 것을 우리가 볼 수 있는 그가 그와 같은 경험의 원형에 대해 조금도 양보하지 않기 때문이다."[24] 그러므로 라캉이 죽음욕동을 반복으로, 나아가 기표 연쇄에 의해 주체를 규정하는 것으로 이해한다는 점을 파악하는 것이 중요합니다. 「도둑맞은 편지」에 대한 세미나에서 라캉이 제기한 증명을 살펴봄으로써 말입니다.

라캉의 설명은 프로이트가 『쾌락원칙을 넘어서』에서 언급한 일화에서 시작됩니다. 거기서 프로이트는 그의 손자가 "포르트-다[있다-없다](fort-da)"라고 말하면서 실패를 갖고 하는 게임에 대해 말합니다. 라캉

---

[24] 라캉, 『에크리』, 60쪽.

은 아이가 실패를 던져서 나오는 결과가 마치 동전을 던져서 나오는 결과처럼 엄밀하게 우연적일 수밖에 없다는 점에 주목하자고 제안합니다. 아이의 게임은 어머니의 현존과 부재를 상징화합니다. 실패를 나타나게 했다가 사라지게 했다가 하면서 말입니다. 여기서 중요한 것은 아이가 "포르트-다"를 모두 말한다는 것입니다. 즉, 그는 부재할 수도 있는 것으로서의 어머니를 상징화하고 있습니다. 기표가 바로 이러한 기능을 합니다. 기표는 부재할 수도 있는 것으로서의 어떤 것을 상징화합니다. 라캉은 이렇게 씁니다. "현존과 부재의 유일한 기본적 교대 운동을 놓고 벌이는 놀이의 연속적 결과를 (+)와 (-)로 단순하게 표시해보면 가장 엄밀한 상징적 결정 작용이 어떻게 [동전] 던지기의 연속되는 수 ― 이것은 현실적으로는 '임의로[우연에 의해]' 배분된다―를 받아들이는지를 보여줄 수 있을 것이다."25 +와 -가 우연한 방식으로 배치된 연쇄를 상정해 봅시다. 그리고 몇몇 규칙에 따라 세 가지 그룹으로 분류해 봅시다.

1) 첫 번째 그룹은 대칭적이고 일관된 방식으로 +나 -를 포함합니다(+++, ---). 이 그룹을 1이라 합시다.

2) 두 번째 그룹은 대칭적이지만 일관되지 않은 방식으로 +와 -를 포함합니다(+-+, -+-). 이 그룹을 3이라 합시다.

3) 세 번째 그룹은 비대칭적입니다(++-, --+). 이 그룹을 2라 합시다.

그렇다면 다음과 같은 연쇄가 가능합니다.

예:　＋＋＋－＋＋－－＋－
　　　1 2 3 2 2 2 2 3

25　라캉, 『에크리』, 61쪽.

이런 규칙이 있다고 할 때 1로 시작하면서 일관되게 2의 연속을 포함하는 연쇄를 상정해봅시다. 가령 다음과 같은 연쇄가 가능합니다.

++ + – – + + – – + + – –
1 2 2 2 2 2 2 2 2 2 2

이제 이 연쇄의 끝에 우리가 그룹 2가 아니라 그룹 1이나 그룹 3을 추가하고 싶다고 합시다. 이렇게 하는 데에는 두 가지 방식만 가능합니다. 만약 2의 숫자가 홀수면, 우리는 필연적으로 그룹 3을 추가하게 될 것이며, 만약 2의 숫자가 짝수면, 우리는 필연적으로 그룹 1을 추가하게 될 겁니다. 가령 다음과 같은 연쇄가 가능합니다.

++ + – – + + – – + + – – –
1 2 2 2 2 2 2 2 2 2 2 1

이 사례에서 그룹 2는 10번, 즉 짝수의 횟수만큼 등장합니다. 이 경우 이어지는 그룹은 그룹 1이 됩니다. 왜냐하면 두 개의 – 뒤에 –가 이어지기 때문입니다. 만약 우리가 두 개의 – 뒤에 +를 추가한다면 우리는 또 다른 그룹 2를 얻게 됩니다.

이제 만약 그룹 2가 5번, 즉 홀수의 횟수만큼 등장하는 연쇄가 있다면, 우리는 제일 마지막에 그룹 3을 얻게 됩니다.

++ + – – + + – +
1 2 2 2 2 2 3

이렇듯 +와 -가 무작위로 일어난다 하더라도 그것들이 분류되는 그룹은 무작위가 아니라 특정한 방식으로 규정됩니다. 우리는 그룹 1, 그룹 2, 그룹 3에 대한 규정을 하나의 네트워크로 간주할 수 있습니다. 다음의 도식은 그룹들이 배치되는 모든 규정된 가능성을 보여줍니다.

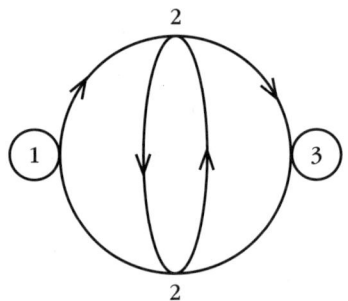

네트워크 1, 2, 3

이 네트워크는 특정한 방향으로 움직이는 경로들과 벡터들로 이루어집니다.

- 그룹 1로 시작하고 그룹 2로 이어지는 연쇄의 경우, 만약 그룹 2의 숫자가 홀수이면 그 다음 그룹은 그룹 3이 될 것이며, 만약 그룹 2의 숫자가 짝수이면, 그 다음 그룹은 그룹 1이 될 것이다.
- 그룹 3으로 이어지는 연쇄는, 그룹 3의 숫자가 짝수든 홀수든 무관하게, 오직 그룹 2에 의해서만 중단될 수 있으며, 그룹 1에 의해서는 중단될 수 없다.
- 그룹 1로 이어지는 연쇄는, 그룹 1의 숫자가 짝수든 홀수든 무관하게, 오직 그룹 2에 의해서만 중단될 수 있으며, 그룹 3에 의해서는 중단될 수 없다.
- 그룹 1과 그룹 3 사이에는 언제나 적어도 하나의 그룹 2가 있다.

이에 관해 라캉의 발언을 인용해 보겠습니다.

"예를 들어 기호 1, 2, 3으로 연속적으로 이어지는 것에서 1 이후에 시작된 2가 동일한 형태로 연속적으로 이어지는 한 그와 같은 연속은 2들 각각이 짝수열인지 아니면 홀수 열인지를 기억할 것이다. 그와 같은 열에 따라 2가 짝수 번 나온 뒤 1이 나오거나 아니면 2가 홀수 번 나온 뒤 3이 나올 때만 그와 같은 연속은 끊어질 수 있기 때문이다.

이처럼 최초의 기호가 처음 자기를 구성할 때부터 …… 구조는 여전히 이 구조의 소여들에게 뻔히 비치더라도 기억과 법칙 사이의 본질적인 연결 관계를 드러낸다.

하지만 단지 우리의 통사법의 요소들을 재결합시킴으로써 그와 같은 2항적 관계에 4항적 관계를 적용시키기 위해 한 항을 건너뛰면서 시니피앙의 본질이 드러나는 동시에 어떻게 상징적 결정 작용이 좀 더 불투명해지는지를 볼 수 있을 것이다."[26]

요소를 재조합하기

네트워크를 가지고 오직 다섯 가지 요소로 이루어진 연쇄, 즉 다섯 개의 +와 -로 이루어진 연쇄에 근거해서 그룹 1, 그룹 2, 그룹 3의 모든 가능한 조합을 구성해봅시다. 그리고 이러한 조합을 4열로 정리해봅시다. 위에서 그룹을 대칭성과 일관성에 의해 정의했다면, 이번에는 하나의 열을 첫 번째 항과 세 번째 항이 대칭적인지 아닌지에 따라서 정리해봅시다. 다음과 같은 경우가 가능합니다.

---

[26] 라캉, 『에크리』, 63쪽.

123 122 222 221
321 322 232 211
111 112 212 233
333 332 222 223
 α   β   γ   δ

이러한 네 가지 그룹에서 중간 항은 고려되지 않을 것입니다. 우리는 오직 첫 번째 항과 세 번째 항이 대칭인지(1 혹은 3) 아니면 비대칭인지(2)만 고려할 것입니다.

첫 번째 열에 있는 그룹 a은 1-3, 3-1, 1-1, 3-3이므로 대칭과 대칭의 관계로 이루어집니다. 두 번째 열에 있는 그룹 $β$는 1-2, 3-2이므로 대칭과 비대칭의 관계로 이루어집니다. 세 번째 열에 있는 그룹 $γ$는 2-2이므로 비대칭과 비대칭의 관계입니다. 네 번째 열에 있는 그룹 $δ$는 2-1, 2-3이므로 비대칭과 대칭의 관계입니다.

이제 이러한 네트워크를 존중해서, 즉 네트워크의 내적인 법칙(그룹 1에서 시작해서 그룹 2가 이어지는 연쇄는, 만약 그룹 2의 개수가 홀수이면 그룹 1에 의해서만 중단될 수 있고, 만약 그룹 2의 개수가 짝수이면 그룹 3에 의해서만 중단될 수 있게 하는 법칙)을 존중해서 그룹 1, 그룹 2, 그룹 3이 어떤 식으로든 결합된 연쇄를 가정해봅시다. 그리고 이 연쇄를 위에서 정의한 a, $β$, $γ$, $δ$에 따라서 써봅시다. 그러면 가령 다음과 같은 경우가 있을 수 있습니다.

1 2 2 2 3 3 3 3 2 1 1 1 2 2 2 2 1
 β γ δ δ a a β a δ a β β γ γ δ

여기서 우리는 α, β, γ, δ 중 그 어떤 문자가 첫 번째로 오더라도 아무 문자나 그 뒤에 올 수 있음을 알 수 있습니다. 네 번째 문자도 마찬가지입니다. 그러나 세 번째 문자의 경우 우리는 오직 둘 중에 하나만 올 수 있습니다. 가령 우리가 첫 번째에 α가 오고 세 번째에 γ가 오게 만들고 싶다고 합시다. 그런데 γ는 첫 번째와 세 번째 모두 2가 오는 걸 가리킵니다. 그러나 어떤 α도 2에서부터 시작하지 않습니다. 따라서 첫 번째에 α가 오고 세 번째에 γ가 오는 경우는 불가능합니다. 그러므로 여기에는 어떤 배제의 법칙이 있습니다. 이 법칙은 α나 δ가 첫 번째로 올 경우 세 번째는 오직 α나 β만 올 수 있도록 강제합니다. 아래의 경우는 불가능합니다.

```
-     -     2     -     2     -
      α?    -           γ     -
```

라캉은 그룹 1, 그룹 2, 그룹 3에 관한 규약에서는 "2가 나올 기회를 다른 두 기호[1과 3]가 나올 기회와 동일한 것으로 만드는 조합 상의 애매함"[27]이 있었음을 지적합니다. 반대로 그룹 α, 그룹 β, 그룹 γ, 그룹 δ에 관한 새로운 규약은 네 가지 문자의 조합 기회를 엄밀하게 동등한 것으로 복원합니다. 그러나 라캉이 말하듯, "α, β, γ, δ들이 연속해서 이어지는 것을 지배하는 새로운 통사법이 한편으로는 α와 γ, 다른 한편으로는 β와 δ 사이의 완전히 비대칭적인 분배 가능성을 규정"합니다.[28] +와 −가 우연적으로 조합된 연쇄를 만들고 그것들을 1, 2, 3으로 배열하는

---

27 라캉, 『에크리』, 63쪽.
28 라캉, 『에크리』, 63쪽.

것, 그리고 1, 2, 3의 연쇄를 a, β, γ, δ로 배열하는 것으로 충분합니다. a, β, γ, δ 중에 특정 문자가 세 번째 위치에 오는 것을 배제하는 법칙을 밝히기 위해서는 말입니다.

- 첫 번째에 a나 δ가 오면, 세 번째에는 a나 β만 올 수 있고,
- 첫 번째에 β나 γ가 오면, 세 번째에는 γ나 δ만 올 수 있다.

라캉은 이것을 아래와 같은 형태로 쓰고, "AΔ 분배식"라 부른다.

$$A \Delta : \quad \frac{a, \delta}{\gamma, \beta} \quad \rightarrow \quad a, \beta, \gamma, \delta \quad \rightarrow \quad \frac{a, \beta}{\gamma, \beta}$$

우리는 이것을 이렇게 읽을 수 있다.
- 첫 번째에 a나 δ가 오면, 세 번째에는 a나 β만 올 수 있고,
- 첫 번째에 β나 γ가 오면, 세 번째에는 γ나 δ만 올 수 있다.

라캉은 이렇게 말합니다.

"그와 같은 결합 관계는 방향을 고려할 때 사실 서로 위치를 바꿀 수 있다. 즉 역은 성립하지 않지만 소급적으로 작용한다. 예를 들어 넷째 판에 어떤 항이 나올지를 결정하기 위해서는 둘째 판의 항을 무시할 수 없다.
어떤 연속의 첫째 항과 넷째 항을 정하는 데서 항상 중간의 두 항으로부터 제외될 가능성이 있는 문자가 하나 항상 존재하며 또한 이 하나는 그와 같은 중간 항들의 첫째 중간 항으로부터, 다른 하나는 둘째 중간 항으로부터 항상

배제되는 다른 두 문자가 있다는 것을 증명할 수 있을 것이다. 이 문자들은 아래의 두 도표 Ω와 O에 이렇게 분포된다."[29]

이어서 라캉은 도표 Ω와 도표 O를 제시합니다. 이 도표가 구성되는 서로 다른 단계에 주목하시길 바랍니다. 우리는 AΔ 분배식을 소급적으로 사용함으로써 네 번째 항이 고정되어 있을 때 무엇이 두 번째 항으로 올 수 있는지 규정할 것입니다. 다음의 도표를 참고해 봅시다. 처음에 오는 문자가 각각 a, δ, β, γ일 때 가능한 모든 경우의 수를 써봅시다. 그리고 그 아래에는 불가능성을 써봅시다. 즉, 두 번째와 세 번째 그 어디에도 올 수 없는 문자를 쓰고, 그 아래에는 두 번째에 올 수 없는 문자와 세 번째에 올 수 없는 문자를 써봅시다.

---

[29] 라캉, 『에크리』, 64쪽.

$$a \dashrightarrow \begin{smallmatrix} a \\ \delta \\ \beta \end{smallmatrix} \dashrightarrow \begin{smallmatrix} a \\ \beta \\ \gamma \\ \delta \end{smallmatrix} \dashrightarrow \beta \qquad\qquad \delta \dashrightarrow \begin{smallmatrix} a \\ \delta \\ \beta \end{smallmatrix} \dashrightarrow \begin{smallmatrix} a \\ \beta \\ \gamma \\ \delta \end{smallmatrix} \dashrightarrow a$$

$$a \dashrightarrow \begin{smallmatrix} \gamma \\ \beta \\ \delta \\ a \end{smallmatrix} \dashrightarrow \begin{smallmatrix} a \\ \beta \\ \gamma \end{smallmatrix} \dashrightarrow \gamma \qquad\qquad a \dashrightarrow \begin{smallmatrix} a \\ \delta \\ \beta \end{smallmatrix} \dashrightarrow \begin{smallmatrix} a \\ \beta \\ \gamma \\ \delta \end{smallmatrix} \dashrightarrow \beta$$

$$a \dashrightarrow \begin{smallmatrix} \gamma \\ \beta \\ \delta \\ a \end{smallmatrix} \dashrightarrow \begin{smallmatrix} a \\ \beta \\ \gamma \end{smallmatrix} \dashrightarrow \delta \qquad\qquad \delta \dashrightarrow \begin{smallmatrix} \gamma \\ \beta \\ \delta \\ a \end{smallmatrix} \dashrightarrow \begin{smallmatrix} a \\ \beta \\ \gamma \end{smallmatrix} \dashrightarrow \gamma$$

$$a \dashrightarrow \begin{smallmatrix} a \\ \delta \\ \beta \end{smallmatrix} \dashrightarrow \begin{smallmatrix} a \\ \beta \\ \gamma \\ \delta \end{smallmatrix} \dashrightarrow a \qquad\qquad \delta \dashrightarrow \begin{smallmatrix} \gamma \\ \beta \\ \delta \\ a \end{smallmatrix} \dashrightarrow \begin{smallmatrix} a \\ \beta \\ \gamma \end{smallmatrix} \dashrightarrow \delta$$

$$\beta \dashrightarrow \begin{smallmatrix} \gamma \\ \beta \\ \delta \end{smallmatrix} \dashrightarrow \begin{smallmatrix} \gamma \\ \delta \\ a \\ \beta \end{smallmatrix} \dashrightarrow \gamma \qquad\qquad \gamma \dashrightarrow \begin{smallmatrix} a \\ \delta \\ \beta \\ \gamma \end{smallmatrix} \dashrightarrow \begin{smallmatrix} \gamma \\ \delta \\ a \end{smallmatrix} \dashrightarrow \delta$$

$$\beta \dashrightarrow \begin{smallmatrix} \gamma \\ \beta \\ \delta \end{smallmatrix} \dashrightarrow \begin{smallmatrix} \gamma \\ \delta \\ a \\ \beta \end{smallmatrix} \dashrightarrow \delta \qquad\qquad \gamma \dashrightarrow \begin{smallmatrix} a \\ \delta \\ \beta \\ \gamma \end{smallmatrix} \dashrightarrow \begin{smallmatrix} \gamma \\ \delta \\ a \end{smallmatrix} \dashrightarrow \beta$$

$$\beta \dashrightarrow \begin{smallmatrix} a \\ \delta \\ \gamma \end{smallmatrix} \dashrightarrow \begin{smallmatrix} \gamma \\ \delta \\ \beta \\ a \end{smallmatrix} \dashrightarrow a \qquad\qquad \gamma \dashrightarrow \begin{smallmatrix} \gamma \\ \beta \\ a \\ \delta \end{smallmatrix} \dashrightarrow \begin{smallmatrix} \gamma \\ \delta \\ \beta \end{smallmatrix} \dashrightarrow \gamma$$

$$\beta \dashrightarrow \begin{smallmatrix} a \\ \delta \\ \gamma \end{smallmatrix} \dashrightarrow \begin{smallmatrix} \gamma \\ \delta \\ \beta \\ a \end{smallmatrix} \dashrightarrow \beta \qquad\qquad \gamma \dashrightarrow \begin{smallmatrix} \gamma \\ \beta \\ a \\ \delta \end{smallmatrix} \dashrightarrow \begin{smallmatrix} \gamma \\ \delta \\ \beta \end{smallmatrix} \dashrightarrow \delta$$

이 도표를 보면 각각의 그룹에서 불가능한 문자는 네 차례 있습니다. 그리고 두 번째와 세 번째 어디에도 올 수 없는 문자가 표시되는 경우는 오직 네 가지 그룹만 있을 수 있습니다. 그러면 이제 이 도표를 4가지 문자로 이루어진 연쇄를 불가능성의 측면에서 정리함으로써 이 도표를 아래와 같이 매우 명확하게 요약해봅시다. 아래에서 화살표는 첫 번째에서 네 번째로의 이동을 가리킵니다.

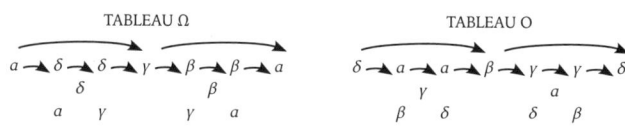

그러면 우리는 오른쪽에 놓인 네 개의 도표를 얻게 됩니다. 위의 두 개와 아래의 두 개가 대칭적이지 않다는 점에 주목하십시오. 위의 두 개의 도표에서는 동일한 문자가 두 번째와 세 번째 그 어디에도, 중간 그 어디에도 올 수 없습니다. 그러나 아래의 두 개의 도표에서는 사정이 다릅니다. 이러한 구분은 네 개의 도표를 재차 도표 Ω와 도표 O로 나뉘게 합니다.

도표 Ω와 도표 O는 기초적인 기표 연쇄를 쓸 수 있게 해줍니다. 가령 우리는 첫 번째에 a가 오고 네 번째에 δ가 오는 연쇄를 쓰고 싶다고 합시다. 도표 Ω에 따르면 δ는 두 번째와 세 번째에 올 수 없고, a는 두 번째에 올 수 없고, γ는 세 번째에 올 수 없습니다. 그러므로 두 번째에는 β나 γ만 올 수 있고, 세 번째에는 β나 a만 올 수 있습니다.

다섯 개의 문자로 이루어진 연쇄를 구성한다해도 다섯 번째에 오는 문자는 똑같은 방식으로 도표 Ω와 도표 O에 따를 수밖에 없을 것임이 명확합니다. 우리는 아무 문자나 막 쓸 수 없습니다. 기표 연쇄는 어떤 결정론을 따릅니다. 그러나 처음에 우리는 +와 -를 무작위로 배치하기를 선택했습니다. 즉, 실재계의 수준에서는 우연만 존재합니다. 실재계에 결정론이란 없습니다. 그러나 상징계가 도입되자마자 곧바로 어떤 결정론이 존재하게 됩니다. 이러한 기초적인 연쇄는 말하는 주체에게 무슨 일이 일어나는지를 보여줍니다. 즉, 주체가 상징계 안에 있고 말을 하기 때문에 주체는 기표 연쇄에 의해 결정되고 기표 연쇄에 붙잡힙니다. 라캉은 말합니다.

"이것은 주체의 여정이 현재 시제 속에서 전미래 시제를 갖는 현실성에 기초하고 있음을 보여줌으로써 초보적인 주체의 여정을 예시할 수 있을 것이다. …… 주체성은 원래부터 실재와는 아무런 관련도 없으며, 오히려 의미작용을 나타내는 표시가 실재 속에서 만들어내는 통사법과 관련되어 있다. α, β, γ, δ들로 만들어지는 망상도[네트워크]의 구성은 실재의 것, 상상의 것, 상징의 것이 어떻게 3단으로 구성될 수 있는지를 암시하는 특성(또는 불충분성)을 가진다. 비록 상징적인 것만이 내재적으로 앞의 두 단을 대표하는 역할을 할 수 있지만 말이다."**30**

달리 말해 +와 -의 연쇄는 실재의 연쇄, 가령 엄밀하게 우연적인 주사위 던지기의 연쇄와 같습니다. 만약 제가 1, 2, 3의 형식을 통해 특정한 연쇄를 쓰면, 저는 물론 상징을 쓰고 있지만, 상상의 층위에 남아 있습니다. 여기서 상상적인 것의 관념이 지배적인 까닭은 세 가지 상징 1, 2, 3이 대칭이나 비대칭에 의해 선택되었고, 거울과 거울에 반사된 것과 관련이 있기 때문입니다. 어떤 것이 대칭적이라면, 우리가 그 절반을 숨기고 나머지 절반을 거울 앞에 비출 경우 거울 속 이미지는 숨겨진 절반과 동일할 것입니다.

그러나 1, 2, 3 시스템이 상상의 층위를 재현하는 것은 이런 이유 때문만은 아닙니다. 또 다른 이유가 있습니다. 라캉은 이 점을 지나가는 식으로 언급합니다. 마크 다르몽(Marc Darmon)은 『라캉적 위상학에 관한 에세이(Essais sur la Topologie lacanienne)』는 이 점을 이렇게 설명합니다.

"1-2-3 네트워크는 가역적이다. 즉, 1-2-3 네트워크는 시간의 화살표가 거꾸로 되어 과거로 흐를 때도 똑같은 방식으로 작동한다. 여기서 문제가 되는 것은 논리적 시간, 항들이 이어지는 순서입니다. 기표 연쇄는 1-2-3 네트워크처럼 가역적이지 않지만 소급적이다. 즉, 미래에 고정될 어떤 선택이, 가령 어떤 문장의 구성이, 현재와 미래 간의 또 다른 선택을 배제할 것이며, 이러한 배제는 우리가 다른 방향으로 움직이고 있다면 동일하지 않을 것이다. 기표 연쇄에는 특정한 방향이 있는 것이다. 그러므로 1, 2, 3이라는 계열은

---

30   라캉, 『에크리』, 65-66쪽. "주관성"을 "주체성"으로 바꾸어 옮김(역주).

진정한 의미의 상징적 연쇄일 수 없다."[31]

반대로 우리는 a, β, γ, δ 네트워크에서, 가역적이지는 않지만 소급적인 기표 연쇄의 한 가지 모델을 얻게 됩니다. 그러므로 a, β, γ, δ 네트워크의 구성에는 실재계, 상상계, 상징계의 세 가지 영역이 관여합니다.

- +와 -의 연속은 실재의 영역이며,
- 1, 2, 3의 네트워크는 상상계의 영역이며,
- a, δ, β, γ의 연쇄는 상징계의 영입니다.

그런데 사실 여기서 문제가 되는 실재는 오직 사후적으로만, 즉 실재가 더 이상 실재가 아닐 때에만 파악될 수 있습니다. 즉, 우리가 어떤 연쇄를 구성한 이후에만, 우리가 어떤 연쇄를 조직하는 상징적 법칙을 찾아낸 이후에만 우리는 비로소 실재가 이전에 있었다고 말할 수 있습니다. 우리는 상징계 없이 실재에 접근할 수 없습니다.

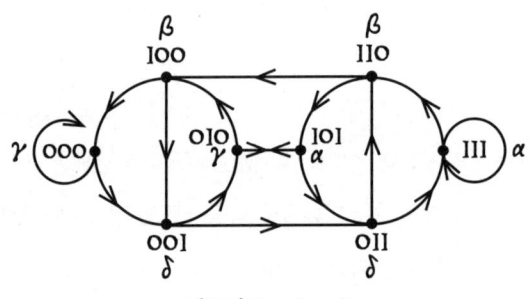

네트워크 a, β, γ, δ

---

31 M. Darmon, *Essais sur la topologie lacanienne*, 2ᵉ édition revue et corrigé, Éditions de l'ALI, p. 118.

라캉은 a, β, γ, δ 연쇄에서 일어날 수 있는 모든 것을 검토합니다. 그리고 조금 뒤에 그는 각주에서 a, β, γ, δ 네트워크의 수학적 구성은 1, 2, 3 네트워크에서 시작함으로써, 그리고 첫 번째 네트워크의 조각들을 두 번째 네트워크의 절단된 부분들로 변형시킴으로써 가능하다고 말합니다. 수학자가 아닌 우리로서는 라캉의 발언을 신뢰하고 라캉이 이미 만들어 놓은 네트워크를 사용해 보겠습니다. 라캉은 아래와 같은 네트워크를 제시합니다.

이 네트워크는 모든 기표 연쇄에 내재되어 있는 상징적 중층결정(surdétermination)에 관해 구체적인 경험을 제공합니다. a, β, γ, δ 연쇄가 보여주는 기억은 반복과 중층결정에서 쟁점이 되는 것과 동일합니다. 만약 연쇄의 어떤 지점에 오류가 생기면, 어떤 사후 작용의 효과가 이전에 일어났던 것을 변경시킵니다. 『세미나 2권: 프로이트의 이론과 정신분석 기술에서의 자아』에서 라캉은 이렇게 말합니다.

> "상징의 게임은 그 자체로, 그 상징의 인간적 지지대의 특수성과 무관하게, 주체라 불리는 이것을 재현하고 조직한다. 인간 주체가 이 게임을 만드는 것이 아니다. 그는 그 게임 안에 자리를 잡고 +와 −의 역할을 할 뿐이다. 그 자신이 기표 연쇄 안의 한 가지 요소이다. 그 연쇄는 펼쳐지자마자 특정 법칙들을 따라 조직된다."[32]

아울러 『에크리』의 한 구절을 인용해 보겠습니다.

---

32 Jacques Lacan, *Le Séminaire, Livre II, Le moi dans la théorie de Freud et dans la technique de la psychanalyse*, Paris: Seuil, p. 263.

"프로이트가 우리에게 가져다준 개념인 의미작용적인 중층결정이 위치할 수 있는 곳은 앞의 상징적 결정 작용이라는 관계 밖에는 없는데, 그것은 프로이트와 같은 사고로는 결코 실재의 중층결정으로 생각될 수 없었기 때문이다. …… 상징적인 것의 자율성과 관련해 그와 같은 입장만이 정신분석에서 자유연상 이론과 실천이 애매함에서 벗어날 수 있도록 해주는 유일한 입장이다. …… 사실 우리가 제시한 것과 같은 예들, 즉 상징 사슬의 요구 사항들에 기반한 항존(이것이 어떻게 중단될지에 대해서는 분명히 규정되어 있지 않다)의 사례들만이 무의식적 욕망의 불멸의 존속이 어디에 위치하는지를 개념적으로 파악할 수 있도록 해주는데 …… 우리가 자동반복이라는 현상의 본질적 특징으로 간주하는 자기주장은 오직 생명 이전의 어떤 초생물학적인 것에 의해서만 설명 가능한 것처럼 보임을 지적하기 위해 프로이트가 『쾌락원리를 넘어서』에서 또 다시 되돌아갔던 질문이 바로 이것이었다."[33]

여기서 라캉은 프로이트가 유심론에 의지하기보다는 결정론의 구조를 탐색하고 있다고 주장합니다.

"인간이 상징적 질서에 대해 생각하게 된다면 그것은 이미 인간 존재가 이 질서에 사로잡혀 있기 때문이다. 인간이 의식을 통해 이 질서를 만들어냈다는 착각은, 그가 주체로서 이 질서 속에 들어갈 수 있었던 것은 동류와의 상상적 관계에 특수한 간극이라는 길을 통해서였던 사실에서 유래한다."[34]

이 도식의 독해를 위해서는 좀 더 해명이 필요합니다. 새로운 규약을

---

33 라캉, 『에크리』, 67-68쪽.
34 라캉, 『에크리』, 68쪽.

도입해 봅시다. 일련의 +, -가 이어지는 어떤 수열에서 1이 대칭을, 0이 대칭의 부재를 지칭한다고 합시다. 즉, 이전에 1이나 3에 의해 표기된 대칭을 이번에는 1로 지칭해 봅시다.

1 : + + + 또는 - - -
3 : + - + 또는 - + -

그리고 이전에 2에 의해 표시된 비대칭을 이번에는 0으로 지칭해 봅시다.

2: + - - , - + +, + + -, - - +

새로운 규약에 따라 a, β, γ, δ를 다음과 같이 새롭게 써봅시다. 이전 도표는 아래와 같았습니다.

a	β	γ	δ
1 2 3	2 2 2	1 2 2	2 2 1
3 2 1	2 3 2	3 2 2	2 3 2
1 1 1	2 1 2	1 1 2	2 3 3
3 3 3	2 2 2	3 3 2	2 2 3

이제 도표는 아래처럼 쓰입니다.

1 0 1	0 0 0	1 0 0	0 0 1
1 0 1	0 1 0	1 0 0	0 1 1
1 1 1	0 1 0	1 1 0	0 1 1
1 1 1	0 0 0	1 1 0	0 0 1

중간 항을 고려하지 않고 도표를 단순화하면 우리는 다음의 결과를 얻게 됩니다.

a: 1.1 / β: 1.0 / γ: 0.0 / δ: 0.1

그러나 여전히 다음과 같은 사실이 남아 있습니다.
- 두 종류의 a, 즉 1.0.1 혹은 1.1.1이 있다.
- 두 종류의 β, 즉 1.0.0 혹은 1.1.0이 있다.
- 두 종류의 γ, 즉 0.1.0 혹은 0.0.0이 있다.
- 두 종류의 δ, 즉 0.0.1 혹은 0.1.1이 있다.

이것이 a, β, γ, δ 네트워크에서 각각의 문자가 두 가지 장소에 놓인 이유입니다.

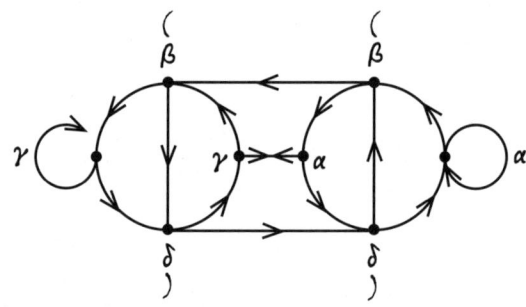

a, β, γ, δ 네트워크와 연쇄 안의 경로

이제 이 네트워크를 갖고 여러분은 오류에 빠질 위험 없이 어떠한 a, β, γ, δ 연쇄도 쓸 수 있을 겁니다. 나아가 라캉은 이 연쇄를 다른 형태로 쓸 것을 제안합니다. 실제로 경로의 방향을 따라가 보면 β가 괄호를 여는 반면에 δ는 괄호를 닫는다는 점을 고려할 때 β와 δ가 문자의 연쇄 안

에서 괄호의 역할을 한다는 점에 주목합시다. 여기서 라캉은 a를 1로, γ를 0으로 표기할 것을 제안합니다.

여기서 1과 0의 의미가 이전의 규약에서와는 다르게 변화한다는 점에 주목해야 합니다.

위의 새로운 도식 덕분에 우리는 이러저러한 방향으로 나아가는 벡터들을 따라감으로써 모든 가능한 조합을 쓸 수 있습니다. 만약 우리가 오른쪽 위에 있는 β에서 시작한다면, 우리는 이렇게 쓸 수 있습니다.

{10 10… (0000…) 010101… 1} 1111… (1010… 1) 111…

" …… 거기서는 이중 괄호가 기본적임을 쉽게 볼 수 있다. 후자를 인용부호 [" "]라고 부르자. 우리는 그러한 이중 괄호를 어떤 이중화 작용 또는 오히려 안감(doublure) 기능을 하는 것과 같은 종류의 분할을 포함하는 한 주체(우리의 L도식에서의 S)의 구조를 포함하는 것으로 사용한다.……

그렇게 되면 인용부호들 안에 있는 것은 우리의 L도식에서 S(Es)의 구조를 나타낼 수 있는데, 그것은 프로이트의 Es에 의해 보충되는 것으로 가정되는 주체, 예를 들어 정신분석 상담의 주체를 상징한다. 따라서 Es는 거기서 프로이트가 그것에 부여한 것과 같은 형태로 출현한다. 즉 프로이트가 Es를 무의식과 구별하는 한 기호논리학적으로는 분리되어 있고 주관적으로는 침묵(욕동들의 침묵)하는 것으로 출현한다 …….

따라서 L도식의 상상적 격자(*aa'*)를 나타내는 것은 0과 1의 교대이다 …….

인용부호들 밖에 있는 것은 대타자(L도식의 A)의 장을 나타낼 것이다. 거기서는 반복이 단항적 표지(trait unaire)인 1이라는 형태로 지배력을 갖고 있는데, 이것은 (앞의 규약의 보충으로서) 상징적인 것 그 자체에 의해 표시되는 시간을 나타낸다.

주체 S 또한 대타자로부터 전도된 형태(해석)로 메시지를 받는다. (1010⋯1)을 포함한 괄호는 그러한 사슬로부터 고립된 채 심리학적 코기토의, 즉 허울뿐인 코기토의 자아를 나타내는데, 그러한 자아만으로도 그야말로 도착을 충분히 지탱할 수 있다."**35**

각주에서 라캉은 이렇게 덧붙입니다. "슈와지 신부(l'abbé de Choisy)**36**를 참조하라. 그의 유명한 회상록은 '나는 여장한 사람일 때 생각한다'라고 번역된다."**37** 이러한 기본적인 기표 연쇄에 대한 형식화에서 유념해야 할 점은 우리가 여기서도 L도식에서 나타나는 것과 같은 주체의 구조를 발견한다는 사실입니다. 라캉은 이것이 단순히 우연의 일치가 아니라 그 반대로 주체의 구조가 기표의 작용에 근거해서 만들어지기 때문이라고, 따라서 우리가 기표 연쇄를 연구하든 주체를 연구하든 간에 이 동일한 구조를 다시 발견해야 한다고 주장합니다.

마크 다르몽이 지적하듯, 주체에 대해 라캉이 제기한 이러한 최초의 형식화에서 극히 흥미로운 점은 주체에 대한 차후의 형식화 — 욕망의 그래프, 사영평면(크로스캡), 심지어 보로메우스 매듭 — 에서도 늘 동일한 구조가 발견된다는 사실입니다.

---

35 라캉, 『에크리』, 70-72쪽. "단항적 필적"을 "단항적 표지"로, "수와지"를 "슈와지"로 고쳐서 옮김(역주).

36 프랑수아 티몰레옹 아베 드 슈와지(François Timoléon, abbé de Choisy, 1644-1724): 프랑스의 크로스드레서, 신부, 작가(역주).

37 라캉, 『에크리』, 72쪽.

수업 6 | 에밀리

마약 유발성 망상 삽화
신경증, 정신증, 도착증

 오늘 제가 말씀드릴 사례는 무엇보다 신경증과 정신증의 변별적 임상에 관한 사례입니다. 신경증과 정신증을 명확히 구분하는 것이 늘 쉬운 일은 아닙니다. 그렇지만 구조적인 좌표를 찾아내는 것은 매우 중요합니다. 그것이 치료를 어떤 방향으로 이끌지 결정하기 때문입니다.
 말과 함께 그의 아내를 향한 박해망상적인 말을 했습니다.

망상 삽화
 33살의 에밀리가 제가 일하고 있는 CMP(Centre médico-psychologique, 정신건강치료센터)에 처음 방문한 것은 2월이었습니다. 에밀리의 오랜 친구들 중 한 명의 남편이 클리닉에 연락을 했습니다. 간호사가 그를 맞이했고, 그의 말을 기록했습니다. 그는 그의 아내가 에밀리를 4년 동안 알고 지냈다고 했습니다. 그와 그의 아내에게는 아이 한 명이 있는데, 에밀리는 종종 그들의 아이를 돌보러 왔습니다. 얼마 동안 에밀리는 소아성애에 관해 망상적인 말과 함께 그의 아내를 향한 박해망상적인 말을 했습니다. "그녀는 직장 일을 계속해야 하지만, 나는 그렇지 않다. 그녀에게는 가족이 있지만, 나에게는 없다"라는 식으로 말입니다. 에밀리는 친구의 사무실에 가서 그녀를 위협했습니다. "오늘은 봐줄게. 그렇지만 이제 곧 어떤 일이 일어나는지 보게 될 거야." 또 그녀는 친구에게 욕을 했고 친구가 자기 아이를 학대한다고 비난했습니다.

그 다음 2주일 동안 이러한 위협의 강도가 점점 심해졌습니다. 친구의 남편은 이 점이 매우 걱정스러웠고, 우리에게 조치를 취할 것을 요구했습니다. 간호사는 그에게 경찰서에 가서 에밀리의 위협에 대해 보고할 것을 권유했습니다. 또 간호사는 에밀리에게 CMP에 있는 정신과의사와 만나 볼 것을 권하기 위해서 센터에서 그녀에게 편지를 보낼 것이라고 설명했습니다. 친구의 남편은 이런 생각에 반대했습니다. 그는 에밀리가 경찰 고발을 이유로 자기 아내에게 복수할까봐 두려워했습니다.

3일 뒤에 에밀리의 아버지가 CMP에 왔으며, 그 역시 간호사를 만났습니다. 에밀리의 아버지는 본인이 자기 딸과 많은 문제로 늘 다투었다고 말했습니다. 이미 7년 전에 에밀리는 자기 부모님의 아파트에 있는 것들을 뒤지면서 성질을 부리고 화를 내곤했습니다. 경찰이 개입해야 했고, 그녀는 어떤 정신의학적 치료도 받지 않았습니다. 에밀리의 아버지인 I씨는 그녀가 아파트에 가한 피해 액수만 천만 프랑에 이른다고 말했습니다.

그 이후에 에밀리는 5년 동안 스페인에 가 있었습니다. 거기서 그녀는 프랑스어를 가르치는 일을 했습니다. 5년이 지날 무렵, 자기 연인과 헤어진 그녀는 부모님과 함께 살기 위해서 프랑스로 돌아왔습니다. 그들은 그녀가 집을 구하는 것을 도와주었고, 그 이후에 그녀는 직장도 구했습니다. 그녀의 아버지는 그녀의 직장 생활이 늘 매우 불안정했다고 덧붙였습니다. 또한 2년 전 에밀리는 어머니를 공격하면서 목을 조르려 했다고 말했습니다.

집에서의 에밀리는 긴장되고 근심 가득한 상태였고, 감정 기복이 심해서 기분 좋은 상태에 있다가도 갑자기 공격적인 행동을 하곤 했다고 합니다. 4달 동안 상황은 점점 더 악화되었습니다. 그녀는 안정적일 때가 없었고, 사람들에게 위협적인 전화를 걸었고, 자신의 불행한 어린 시절에 사로잡혀 있었고, 그녀가 보기에 아동학대를 하고 있는 어떤 부인을 공격했습니다. 그녀의 아파트는 난장판이었습니다. 그녀의 아버지는 에밀리가 마약 중독자와 함께 살았고 경찰서에 몇 차례 불려가기도 했다고 덧붙였습니다.

문제가 긴급하고 심각하다고 생각한 간호사가 저에게 에밀리의 아버지를 직접 만나보라고 했습니다. 그는 그가 방금 설명했던 모든 것을 확언했습니다. 그 분은 자기 딸에게 아주 많은 불만을 가지고 있었습니다. 그는 딸을 입원시키기를 원했고, 경찰서에 딸을 고발했습니다. 그는 에밀리가 가족에게 욕설을 하고 위협적이었으며. 심지어 자살하겠다는 위협을 했다고 말했습니다. 경찰서장은 CMP에 보낸 서류에서 건물 관리인에 따르면 에밀리가 지금까지 주변 환경에 직접적인 문제를 끼친 적은 없었다고 썼습니다.

첫 번째 만남

저는 에밀리에게 다음과 같은 편지를 썼습니다.

> 에밀리 양
> 당신이 최근에 여러 가지 문제를 겪고 있다고 전해 들었습니다. 괜찮으시면 X일 4시에 현재 상황에 대해 저와 함께 이야기해 보면 좋겠군요. 부디 만나 뵐 수 있기를 바랍니다. 건강하세요.

에밀리는 답장을 하지 않았고 약속 시간에 오지도 않았습니다. 저는 두 번째 편지를 보냈습니다.

> 에밀리 양
>
> 당신의 주변 사람들이 당신에 대해 점점 더 많이 걱정하고 있습니다. 저는 당신이 현재 심리적인 어려움을 겪고 있으며, 그것이 당신을 괴롭게 만들고 있다고 생각합니다. 저는 당신이 입원하지 않도록 도와주고 싶습니다. 괜찮으시면 X일 2시에 제 상담실에서 뵈었으면 합니다. 그때 어떻게 우리가 당신을 도와줄 수 있을지 같이 얘기해보도록 합시다.

이번에 에밀리는 상담실에 왔습니다. 그녀는 날씬하고 젊은 여성으로, 옷을 잘 차려 입었고, 호감 가는 인상이었습니다. 처음에 그녀는 저를 그렇게 신뢰하지 않았습니다. 그녀는 저에게 자신이 "정신과의사"를 좋아하지 않는다고 말했지만 자신에게 문제가 있음을 인정했습니다. 만남은 순조로웠고, 그녀는 풍부하고 섬세한 어휘를 통해 자기 자신에 대한 이야기를 잘 했으며, 지적 수준도 높았습니다. 에밀리에게는 급성 정신증에서 드러나는 어떤 특징도 드러나지 않았습니다. 그녀는 제 말을 저와 똑같은 의미로 이해하는 것처럼 보였고, 제가 듣기에 완벽하게 명확한 방식으로 말했습니다. 보다 정확히 말해 그녀의 말에는 은유적인 성질이 있었다고 할 수 있겠습니다. 그러한 은유적인 성질은 신경증자들 간에 서로 뜻이 통한다는 느낌을 갖게 합니다. 반면, 정신증자의 말에 은유적인 의미가 늘 있는 것은 아닙니다. 정신증자의 말은 흔히 문자 그대로 취해지는 것 같습니다. 달리 말해, 정신증에서 우리는 신경증에서보다 더 급진적인 종류의 오해를 경험합니다. 비록 우리가 신경증 역시 늘 오해 안에 있음을 알고 있지만 말입니다. 서로 다른 두 가지 유형의 오해가 있는 것입니다.

그러나 그녀의 아버지가 강조하는 망상적인 테마들이 그녀의 말에서 매우 빠르게 등장했습니다. 그녀는 자기 친구의 아들이 위험에 처해 있음을 확신했고, 친구네 부부를 미성년자 보호센터에 고발했습니다. 그녀 자신이 아동 학대 방지 협회에서 활발히 활동하는 멤버였습니다. 그녀의 말은 종종 혼란스러웠고, 아이가 위험에 처해 있다는 확신에 관한 그녀의 설명은 명료하지도 않았고 일관적이지도 않았습니다. 그녀는 매우 감정적이었고, 그녀의 눈에는 쉽게 눈물이 맺혔습니다. 그녀는 저에게 아무런 의욕이 없는 것처럼 보였고, 그녀에게는 [자살과 같은] 행위로의 이행(passage à l'acte)의 조짐이 보이지 않았습니다. 제가 그녀에게 물었을 때 그녀는 자신이 하시시를 많이 피웠음을 인정했습니다.

그녀는 저에게 자기가 어릴 때 일 년에 걸쳐 아버지 친구에게 강간을 당했다고 했고, 자기가 15살이 되기 전에는 이 사실에 대해 아무에게도 말하지 않았다고 했습니다. 그녀가 아버지에게 마침내 이 이야기를 하자 아버지는 그녀에게 이렇게 말했습니다. "그가 너에게 성병을 안 옮겼기를 바란다." 에밀리는 아버지의 말을 불쾌하게 여겼고, 격분했습니다.

그녀는 자기 부모가 결코 그녀를 이해하지 못했고, 모든 것에 대해서 그녀를 비난했다고 말했습니다. 그녀는 자기가 아동 학대에 그토록 열정적인 것은 자신의 성적 트라우마 때문이라고 말했습니다. 그녀는 자기가 아동 학대와 관련된 어떤 것을 목격하게 되면 즉각적으로 반응하지 않을 수 없다고 덧붙였습니다. 이렇게 이루어진 첫 번째 상담에서는 정신증 증세를 시사하는 재료들이 있었습니다. 임상적인 그림 안에 편집증적이고, 이타주의적이며, 열광적으로 관념론적인 구조를 가진 어떤 망상적인 영역이 있었기 때문입니다. 그러나 그녀와 좋은 관계를 맺는 것은 어렵지 않았습니다. 대화에 참여하는 그녀의 능력은 그녀를 히스테리증적인 신경증자에 가깝게 만드는 것 같았습니다. 에밀리가 저에게 말한 것에는 두 가지 중요한 요소들이 있으며, 이 요소들은 제각기 다른 문제를 제기합니다.

우선 그녀가 말하는 유년기 트라우마의 성격에 관한 문제가 있습니다. 이에 대해 저는 최초의 상담을 통해서는 그 가치를 평가할 수 없었습니다.

- 그 사건은 실제로 일어났는가?
- 아니면 히스테리적인 환상이었는가?
- 그것도 아니면 관건은 어떤 특수한 망상적인 요소가 보다 커다란 망상의 일부로 드러난 것인가?

여기서 문제는 망상이 일어난 것이 에밀리가 아이를 돌보고 있을 때였다는 점입니다. 갑자기 그녀는 아이가 위험에 처했다는 생각에 사로잡혔습니다. 마치 그녀 자신이 어릴 때 위험에 처했을 때처럼 말입니다. 적어도 그녀가 어린 시절의 성적 트라우마를 언급하면서 저에게 말한 것을 믿는다면 말입니다. 물론 우리는 이 트라우마 역시 하나의 망상적인 요소인지에 관해 질문할 수 있습니다. 그러나 저는 그것이 실제로 일어났다는 인상을 받았습니다. 그럼에도 저는 그것이 히스테리적 환상일 수도 있다는 점을, 또 만약 그것이 환상이라면 그녀로 하여금 환상을 발전시킬 것을 권장하지 말아야겠다는 점을 염두에 두었습니다. 따라서 제가 이 주제에 관한 그녀의 말을 들을 때 저는 매우 신중했습니다. 저는 그녀가 말하는 것에 찬성하거나 의문을 표하는 것을 자제했습니다. 당연히 약간의 의심도 표현하지 않았습니다. 끝내 저는 그녀가 어린 시절의 트라우마에 관해 말한 것을 믿게 되었습니다. 비록 가능한 한 이를 표출하지 않으려고 했음에도 불구하고 말입니다.

그녀의 두 번째 문제는 친구 아이에 대한 망상이었습니다. 이 망상은 어떻게 구축된 것일까요? 내용상 이 망상이 그녀 자신이 어릴 때 겪었던 트라우마의 요소를 계속해서 이어나가고 있다는 점에 주목해 봅시다. 그녀가 그 장면을 상연하면서 엔딩을 변경하고자 한다는 점만 제외한다면 말입니다. 현실에서 그녀의 부모는 아무런 개입도 하지 않았고, 아무도 그녀를 구해주러 오지 않았습니다. 그러나 이제 상황은 똑같은 식으로 일어나지 않습니다. 에밀리는 상황에 개입했고, 그녀의 친구를 때렸고, 친구와 친구의 남편을 아동 학대 방지 협회에 고발했습니다.

"상징계에서 폐제된 것은 실재 안에서 되돌아온다(ce qui est forclos du symbolique revient dans le réel)"는 라캉의 공식을 상기해보면, 우리는 한 가지 문제에 부딪히게 됩니다. 에밀리는 외상적인 사건을 결코 폐제하지 않았습니다. 심지어 그녀는 그것을 억압하지도 않았습니다. 반대로 그녀는 그에 대해 말하고, 공개적으로 목소리를 높이고, 아동 학대 방지 협회에서 활발하게 활동합니다. 그렇다면 왜 그 사건이 망상의 형태로 되돌아온 것일까요? 폐제(forclusion)는 어디에 있었을까요? 아마도 문제는 폐제한 사람이 누구인가일 것입니다. 이 문제는 뒤에 가서 살펴보기로 하겠습니다.

최초의 상담에서 에밀리는 약물 치료는 안 해도 다음 번 상담은 한다고 했습니다. 그 다음 주에 에밀리는 자신은 심리치료에 큰 관심이 없지만 그것을 하는 것에 반대하지도 않는다고 말했습니다. 그녀는 자신이 급성 우울증을 겪었다고 말했고, 자책, 자기비하, 무의지, 무의욕이 동반된 급성 우울증에 대해 묘사했습니다. 이 주간에 그녀는 자기가 초등학교 때 다녔던 가톨릭 학교에서 열리는 자선 바자회에 갔습니다. 거기서 그녀는 자기가 알았던 수녀를 만났고, 가톨릭 교육에 대해 자신이 생각하는 모든 나쁜 점을, 가령 성에 대한 불미스러운 태도를 거론하면서 수녀에게 이의를 제기하려고 했습니다. "아이에게 처녀란 어떤 존재일 수 있을까요? 그리스도가 십자가에 매달린 모습을 보는 것은 아이에게 트라우마에 해당하지 않을까요?" 결국 그녀는 수녀에게 이런 질문을 하지 않았고 그저 인사만 하는 데에 그쳤습니다. 그녀는 가톨릭 교육에 대한 불만을 발설하지 않았으나 그러한 불만은 강력하게 지속되었습니다.

에밀리는 다음 번 상담에 오지 않는 대신 저에게 전화를 했습니다. 저는 그녀를 2주 뒤에 다시 봤습니다. 그녀는 자기가 아프고 도움이 필요한 상태임을 깨달았으며 자신의 삶이 엉망진창이라고 했습니다. 아동 학대에 관한 망상적인 테마도 여전히 남아 있었습니다. 저는 그녀에게 하시시를 끊을 것을 요구했으며, 그녀는 하시시를 끊기로 약속했고, 약물 치료를 받는 데에 동의했습니다. 비록 그녀가 망상적인 관념을 표현하고 있었지만, 저는 그녀에게 어떤 항정신증 약물도 처방하지 않았고 그저 가벼운 항우울제인 티아넵틴(tianeptine)만 처방했습니다. 티아넵틴의 상표명은 스타브론(Stablon)으로, 이 상표명은 "안정성(stabilité)"을 연상시킵니다. 저는 왜 이렇게 했을까요?

- 에밀리는 정신증적 구조가 아니라 신경증적 구조를 갖고 있는 것으로 보였습니다. 그녀의 말은 실제로 저에게 건네졌고, 우리 사이에는 말의 교환이 있었으며, 그녀는 제가 그녀에게 했던 말을 듣고 경청했습니다. 변증법이 가능했던 것입니다. 상담이 진행됨에 따라 그녀는 저를 점점 더 많이 신뢰했고, 자신에 대해 점점 더 많은 이야기를 했습니다.

- 하시시가 매우 심각하게 유독한 요소로 작용하면서 그녀의 망상적

인 관념을 촉발한 것처럼 보였습니다. 따라서 논리적으로 그녀가 하시시를 끊게 하는 것이 우선이었습니다. 게다가 경험적으로 저는 한편으로는 항정신증 약물이 열광적으로 관념론적인 유형의 고착된 망상에 큰 효과가 없다는 점을, 다른 한편으로는 환자가 약물의 부작용을 잘 견디지 못한다는 점을 알고 있었습니다.

- 저는 이웃에게 강간을 당했다는 그녀의 말을 믿었습니다. 그래서 그녀의 망상이 실재의 사실을 바탕으로 하시시와 부모가 그녀의 말을 듣지 않았다는 악조건 하에서 발전했다고 생각합니다. 그녀는 재차 저에게 청소년기에 이웃남자가 건물 지하로 그녀를 따라와서 그녀의 몸을 더듬은 일이 있었던 후에 아버지의 도움을 얻으려 했다고 말했습니다. 그런데 그녀의 아버지는 그녀에게 외설적인 답변을 했습니다. "그래서 좋았니?" 이 답변은 그녀의 마음에 늘 깊은 상처로 남아 있었습니다.

물론 저는 약간의 항정신증 약물을 그녀에게 처방할 수 있었고, 이는 분명 그녀의 망상적인 관념과 불안을 가라앉히는 데에 도움이 되었을 것입니다. 그러나 에밀리가 당시에 무엇보다 필요로 했던 것은 누군가 그녀의 말을 들어주고 그녀의 말을 진지하게 받아들이는 것이었습니다. 만약 제가 그녀에게 항정신증 약물을 처방했다면, 그녀는 약 설명서를 보고나서 제가 그녀를 믿지 않는다고, 제가 그녀를 망상적인 인물로 생각한다고 결론 내렸을 것입니다. 이것은 상담에서 진행되고 있던 모든 전이의 정립을 의문시하게 만들었을 것입니다. 저에게는 항정신증 약물을 처방하기를 자제함으로써 제가 그녀를 정신증자로 여기지 않는다는 메시지를 그녀에게 전달하는 것이 보다 중요했습니다. 매 세션 마다 저는 그녀가 하시시를 흡입하지 않았더라면 그녀가 "미치지[퓨즈가 끊기지](disjoncté)" 않았을 것이라는 의견을 반복해서 말했습니다.

항우울제 처방에서 얻는 이익에 관한 논의

제가 처방한 약물이 효과가 있기 전에 에밀리의 상태가 실질적으로 호전되었기 때문에 혹자는 항우울제 처방이 불필요했다고 생각할지도 모릅니다. 그러나 3개월 뒤인 6월에 그녀는 저에게 항우울제가 하시시를 끊는 데에 도움이 된 것 같다고 말했습니다. 그녀의 히스테리적인 구조를 감안할 때 저는 제가 처방한 약물의 이름(스타브론)이 안정성을 가리키기 때문에 좋은 기표로 작용했다고 생각합니다. 부작용도 거의 없었기 때문에 그 약은 이상적인 선택이었습니다. 제가 그녀에게 처방한 대로 매일 약을 먹는 것은 그녀에게 자신이 매주 누군가가 그녀의 말을 듣는 곳에 간다는 사실을 환기시켜 주었습니다.

일주일 뒤에 그녀는 하시시를 흡입하지 않았고, 상담은 잘 흘러갔으며, 그녀는 예전보다 더 자신감 있어 보였습니다. 그녀의 생각은 더 잘 정리되어 있었고, 그녀는 자기 삶의 역사에 대해 더 잘 설명할 수 있었습니다. 그녀는 친구의 아이가 위험에 처해 있다는 믿음을 예전보다 더 의아하게 여겼습니다. 더 이상 어떤 행위로의 이행과 관련된 위험도 보이지 않았습니다. 에밀리는 부모의 친구이기도 했던 이웃남자에게 받은 성적 학대에 관한 이야기를 계속 이어갔습니다. 그 이후에 그녀는 계속해서 일주일에 한 번씩 저를 만났고, 총 8개월 동안 저를 만나러 왔습니다.

그녀의 친구는 에밀리가 자신을 때리고 욕한 것에 대해 고소를 했고, 에밀리는 법정에 나오라는 소환장을 받았습니다. 이 공판에 대해 논의할 때 에밀리는 자기가 죄를 인정하고 용서를 구할 계획이라고 말했습니다. 그녀는 자기가 저지른 일에 대한 책임이 있으며 보상금을 지불해야 할 것이라는 점을 전적으로 받아들였습니다. 그녀의 요구에 따라 저는 현재 그녀가 정기적으로 상담을 하고 있고 그녀의 심리학적 문제가 범죄의 원인이며 그럼에도 그녀가 자신의 행동에 책임이 있음을 밝히는 의학적인 소견서를 썼습니다. 그녀는 유죄판결을 받았고 보상금을 지불해야 했습니다.

이런 일이 있은 지 4개월 이후에도 에밀리는 여전히 하시시를 흡입하지 않았고, 항우울제를 끊었으며, 남자친구를 만났고(나중에 이 관계는 장기적인 관계로 발전합니다), 그녀의 부모와도 정상적인 관계를 이어갔습니다. 그녀는 11월에 상담을 그만두었습니다. 그녀의 상태는 매우 좋았습니다. 상담은 그녀로 하여금 하시시에 의해 촉발된 망상과 부모에 관한 문제 간의 연관성을 자각하게 해주었습니다. 주목할 점은 에밀리에게 견딜 수 없는 것으로 남아 있던 것은 성적인 트라우마라기보다는 부모의 태도였다는 사실입니다. 그러나 에밀리는 이제 와서 부모를 바꿀 수는 없으며 문제를 다루는 것은 그녀의 몫이라고 생각했습니다. 그렇지만 그녀는 정신분석을 시작하기를 원하지는 않았습니다. 그녀는 새 남자친구와 잘 만나고 있었고, 일하는 것을 즐겼고, "안 좋은 일을 굳이 들추고" 싶어 하지 않았습니다.

부모의 도착증

2년 뒤에 에밀리의 아버지가 저에게 전화를 걸어 딸의 정신 건강에 다시 문제가 생기기 시작했다고 했습니다. 재차 에밀리는 부모를 만나기를 거절했고 망상에 빠져 있었습니다. 그는 아마 딸이 다시 마약을 하기 시작한 것 같다고 말했습니다. 그리고 이번에는 강력한 치료를 받을 수 있도록 딸을 입원시키기로 결정했다고 덧붙였습니다. 저는 에밀리에게 짧은 메시지를 보냈고 그녀는 즉각 저를 보러 왔습니다. 그녀의 상태는 좋았고, 침착했으며, 그녀의 말은 일관적이고 균형적이었습니다.

그녀는 여전히 남자친구와 함께 살고 있었습니다. 그녀는 직장에서 승진도 했습니다. 지난 해 여름 이래로 그녀는 부모를 만나고 싶지 않았습니다. 그녀는 그들이 그녀의 말을 들을 수 없는 한에서 그들과의 인연을 끊기로 했습니다. 그들이 여름휴가를 떠난 어느 날 저녁 그녀는 전화를 걸어 그들이 잘 도착했는지 확인하고는 그들에게 관계 단절을 암시하는 편지를 보냈습니다.

어머니, 아버지께

저에게는 제 침묵에 대해 설명해야 할 이유가 없어요. 당연히 제 침묵이 두 분을 아프게 했지만 말이에요. 저는 두 분을 불행하게 만들고 싶지 않았지만, 가족 안에 위선의 자리와 같은 건 없어요. 저는 우리의 건강하지 못한 관계가 지겨워요. 저는 S가 겨우 열 살밖에 안 된 저를 자기 침대에서 마음대로 하는 걸 그토록 오래(적어도 일 년 동안) 방관한 두 분을 결코 용서할 수 없을 거예요. 제가 그렇게 힘든 시간을 보내기 전에도 그리고 그 후에도 제 옆에 있었던 어머니를 결코 용서하지 못할 거예요. 어머니는 제가 태어난 이래로 줄곧 어머니의 루틴만 고수하면서 규율과 본인의 이익을 선택하셨죠.
아버지께 저는 경멸의 감정밖에 없어요. 왜냐하면 아버지는 당신 자신이 그날 잃어버릴 수밖에 없었던 체면을 위해 이 수치스러운 사건을 은폐하실 것이기 때문이에요. 아버지께서는 ― 이 사건의 주모자 혹은 목격자로서 ― 식민지에서의 좋은 시절에 자신의 성적 위용을 이미 뽐냈던 적 있던 더러운 돼지 같은 놈의 손에 저를 내맡겨버리셨죠.
저는 더 이상 얼굴을 마주보고 싸우지 않을 것이며 그저 기다릴 겁니다. 저는 두 분이 생을 마감하기 전에 무엇이 두 분으로 하여금 부모가 되는 것을 포기하게 만들었는지 설명하려고 하실 때까지 기다릴 겁니다.

이 편지는 제가 제 삶을 한 점 부끄러움 없이 만들어 가기를 욕망한다는 점을 알려드리려는 의도밖에 없어요. 어머니, 아버지께서 두 분의 입장에 대해 아무런 설명도 하지 않으셨기 때문에 저는 더 이상 두 분을 만나거나 두 분과 이야기하거나 어떤 식으로든 마치 제가 부모로서의 두 분께 불가피하게 종속되어 있는 것처럼 행동하고 싶지 않습니다.

어머니, 아버지께서는 오래 전부터 두 분의 죽음을 준비해 오셨죠. 이제 저는 제 자신의 삶을 바라보고자 합니다.

에밀리는 저에게 자기 부모가 자신을 이웃 남자의 손에 방치했다는 점에 대해 여전히 극도로 화가 난다고 설명했습니다. 동시에 그녀는 이 점에 대해 자기 부모가 귀머거리와도 같다는 사실이 그들 자신에게 문제가 있음을 보여준다고 생각했습니다. 그녀는 그들과 그들의 고통에 대해 동정을 느끼지만 더 이상 그들의 위선을 견딜 수 없고 그들을 보지 않는 편이 더 낫다고 했습니다. 상담실을 나가면서 그녀는 제가 그녀의 부모에게 무언가 해줄 수 있는 것이 있는지 물었습니다.

그녀의 아버지는 제가 자기 딸을 만났는지 그리고 언제 제가 그녀를 병원에 입원시킬지 물어보려고 저에게 연락을 했습니다. 저는 그와 면담 약속을 잡았고, 그 다음 주에 만났습니다. 그때 저는 그에게 그가 에밀리와 이웃 남자 간의 관계에 대해 알고 있는 것에 대해 이야기해달라고 했고, 그가 하는 말 전부를 다음과 같이 기록했습니다.

"S씨는 동료였는데 거주할 아파트를 찾고 있었다. 에밀리의 아버지

(이하 I씨)는 그에게 자신이 사는 건물에 빈 방이 하나 있다고 말했고, 그와 그의 아내는 아래층으로 이사를 왔다. S씨는 인도차이나에서 학교 선생님이었는데, 선생의 지위를 이용해 얼마나 쉽게 아이들과 성적인 접촉을 할 수 있었는지 의기양양하게 말하곤 했다. 그러니까 I씨는 S씨가 소아성애자였다는 사실을 잘 알고 있었다.

또 S씨는 I씨가 싫어하는 것들을 하기도 했다. 그는 에밀리를 만지작거리는 버릇이 있었을 뿐만 아니라 I씨가 딸을 돌보는 동안 I씨 부인과 같이 영화를 보러 가자는 제안을 했다. I씨는 S씨와 친구 관계로 지내고 싶지 않았다.

그러나 에밀리의 부모는 S씨네 부부를 저녁에 초대했고, 그들은 서로의 아파트에서 자주 술을 마셨다.

I씨는 S씨가 사진을 활용해서 에밀리를 함정에 빠트렸다고 덧붙였다. S씨의 아내가 올라와서 자기 남편이 에밀리에게 보여줄 사진이 있다고 말했다. 그래서 에밀리의 부모는 에밀리에게 S씨네 부부를 보러 아래층으로 내려가라고 했다. 에밀리는 아래층에 내려갔다가 곧장 다시 올라왔다.

I씨는 이렇게 말했다.

"에밀리가 10살 아니면 12살 때 제 부모님이 매우 아프셨어요. 그래서 우리는 주말마다 부모님을 돌보러 가야 했어요. 그래서 우리는 에밀리를 집에 혼자 남겨 두었어요. S씨가 에밀리를 성적으로 이용한 것은 아마 이때일 거예요. 저는 그가 '루두두(roudoudou, 딱딱한 캐러멜)'라고 불린 어린 소년을 성적으로 학대했다는 걸 알고 있었죠. 그 소년은 부모에게 거의 버림받은 상태였고, 에밀리와 같이 놀곤 했죠. 하지만 우리는 에밀리를 잘 돌봤어요. 한 번은 에밀리가 15살 때 클럽에 가고 싶어 했죠. 우리는 에밀리를 엄하게 가르쳤고, 나가서 노는 걸 금지했어요.

15살 즈음에 에밀리는 저에게 S씨가 지하실로 따라왔다고 말했어요. 그런데 에밀리는 지하실에서 뭘 하고 있었을까요? 에밀리는 지하실에 있어서는 안 됐어요. 그게 아니더라도 에밀리는 아무 말도 하지 않았고, 우리로서는 무슨 일이 일어났는지 알 길이 없었을 거예요." 에밀리에게 문제가 생기기 시작하자 S씨는 하룻밤 만에 이사를 가기로 결정을 내렸다. 그는 사람들이 무슨 일이 있었는지 알게 될까봐 두려워했음이 틀림없다.

그러자 에밀리는 S씨 부인에게 편지를 썼는데, S씨 부인은 답장을 보내지 않았고 에밀리의 부모와도 완전히 연락을 끊었다. 따라서 S씨 부인에게도 책임의 소지가 있다. 그녀는 공범이었고, 자기 남편을 보호했다.

I씨는 또 이렇게 말했다. "에밀리가 12살 때 쯤 학교에서 무례하게 굴기 시작했던 게 기억나요. 그 전에 에밀리는 아주 착한 아이였고 공부도 잘했어요. 분명 그 사건이 그녀를 엇나가게 만든 거예요."

저는 I씨가 자신이 완벽히 잘 알고 있었던 명백한 사실을 부인하고자 했다고 결론 내렸습니다. 문제에 마주하는 것을 피하기 위하려고 말입니다. 딸이 자신과 완전히 연을 끊을 지도 모른다는 가능성이 그로 하여금 전략을 바꾸게 했던 것입니다. 그는 그 다음 주에 저를 만나러 와서 그가 기억하는 내용을 요약해서 써보는 데에 동의했습니다. 자신이 에밀리를 이해하고 그녀의 도움이 필요할 때 그녀를 도와주지 않았다는 점을 인정한다는 말을 에밀리에게 전하기 위해서 말입니다. 3주 뒤에 그는 아내와 함께, 그리고 다음과 같은 편지와 함께 저를 찾아 왔습니다.

화해에 대한 해명

에밀리에게

네가 10월 27일에 보낸 편지에 대한 답장을 쓴다. 편지에서 드러나는 너의 습관적인 공격성은 놀라운 일이 아니었다. 우리는 네가 제정신이 아닐 때 종종 그렇게 한다는 것을 잘 알고 있으니 말이다. 나는 네가 그리 멀지 않은 과거를 다시 살아보았으면 싶구나. 그렇게 하면 네가 너의 양심이나 기억을 해명하는 데에 도움이 될 거다. 네가 부모에 대해서나 부모가 너를 키운 방식에 대해서 판단을 내리기 전에 말이야. 네가 얼마 전부터 우리를 향해 가하는 끔찍한 비난에 대해 말하자면, 너는 비난이 너 자신에게 되돌아올 수 있다는 걸 알아야 한다. 이것은 협박이 아니라 네가 절제하고 인내하기를 바란다는 조언일 뿐이다.

우선 상황을 요약해보자. 네가 21살인가 22살이었을 때, 그러니까 네가 석사학위과정이 끝날 때 쯤, 너는 네가 스페인에 사는 어떤 남자와 사랑에 빠졌고 너의 행복을 위해서 그와 함께 해야 한다고 말했다. 너 자신에게는 학위를 끝마치는 게 더욱 현명한 처사였지만 말이다. 그렇게 했더라면 너는 충분한 학벌로 인해 성공적인 삶을 시작할 수 있었을 거다. 그런데 너는 정반대의 길로 가서 남자친구와 함께 하기를 선택했다. 그러는 동안 네 남자친구는 기사 자격증을 따기 위해 공부를 계속 했다. 너는 약간의 돈을 갖고 마드리드로 가는 비행기를 탔고, 지체 없이 그 나라의 말을 배웠고, 네 말에 의하면, 나름 잘 살 수 있을 만큼 벌이가 되는 일을 구했다. 이렇게 4년이 흘렀고, 8월이 지나가면서 모든 게 산산 조각났다.…… 나는 마드리드에서의 네 마지막 날들을 기억하고 있다. 그때 너는 전화로 네가 미셸을 떠날 거라고 말했다. 왜냐하면, 너의 설명에 따르자면, 너희 두 사람은 이제 더 이상 서로 말할 것이 없었고, 이 시기에 그는 직장 때문에 너에게서 떨어져 있었던 반면에 너는 약간의 하시시가 가미된 데킬라를 마시면서 그의 친구들과 달콤한 말을 속삭였기 때문이었다. 이 폭풍 같은 시기가 지나자 너는 파리로 돌아오겠다고 했고, 8월에 프랑스로 휴가를 왔고, 새 안경을 사는 데에 필요한 돈을 줄 수 있는지 물었다. 나는 너에게 안경 값으로 2500프랑을 주었는데, 나는 네가 이 돈의 일부를 네덜란드에서 이사하는 데에 썼고 나머지를 만화책을 사는 데에 썼다는 것을 나중에야 알게 되었다. 우리는 너에게 아파트 열쇠를 주었고, 파리에서의 며칠이 지난 후에 너는 우리 집으로 들어왔다. 매우 격앙되고 불안한 상태로 말이다. 우리 집에서 3일을 보낸 뒤에 너는 우리에게 한 마디도 하지 않고 서둘러 파리로 돌아갔다. 나는 네가 원하는 대로 너를 기차역으로 데려다 주었는데, 플랫폼에서 너는 우리에게 작별 포옹조차 하지 않았다. 이틀 뒤 11시 즈음에 나는 경찰서에서 전화를 받았다. 계단에서 시끄러운 소리가 나는 걸 들은 이웃 주민의 신고로 경찰이 우리 아파트에 와서 네가 아파트를 마구잡이로 훼손해 놓은 걸 확인했다. 경찰은 네가 우리 아파트를 완전 훼손하고, 유리와 비품을 깨트리고, 식기류를 파괴한 것 등의 범죄와 그로 인한 손실에 대해 너를 고소하고 싶은지 물었다. 현장에 관한 경찰서의 보고서에 따르면, 너는 제3자와 함께 있었다. 그의 이름은 H씨였고 너는 분명 그와 잘 아는 사이였을 거다.

그 다음날 나는 손해를 산정하기 위해 파리로 돌아왔는데, 내 유일한 걱정은 너의 마음을 달래고, 가능하다면 너에게 도움을 주기 위해 너를 다시 만나는 것, 네가 왜 그렇게 했는지를, …… 너의 무익하고 너무나도 고통스러운 공격성이 어디서 나왔는지를 이해하는 것이었다. 나는 일주일 뒤에 너의 거처를 알아낼 수 있었는데, 네가 우리 아파트에서 100미터 떨어진 거리에 있는, 어떤 남자의 아파트에 살고 있다는 걸 알게 되었다. 그 남자는 유명한 마약 중독자였고, 너는 거기서 우리를 전화로 괴롭혔다. 매일 밤 다른 시간대에 이해할 수 없는 말을 하면서, 너를 구하러 올 수 있도록 네가 어디에 있는지 알려주지도 않으면서 말이다.

며칠 뒤에 너는 H씨를 우리 집으로 데리고 왔고, 우리는 너에게 무슨 일이 일어났는지 한 마디도 묻지 않고 아침을 대접했다. 그리고 너는 아무 일도 없었던 것처럼 되돌아갔다. 9월 말에 네가 일하고 있었던 마드리드의 대학에서 수업이 다시 시작할 거라는 걸 알게 된 나는 너와 네 짐을 찾으러 갔고, 나는 네가 비행기를 탈 수 있도록 오를리 공항까지 데려다 주었다.

공항 터미널에서 나는 너에게 부끄러움과 동정심을 느꼈다. 너는 행복한 감정에 들떠 있어서 네 주변 사람들이 네 비정상적인 행동에 얼마나 놀라고 경악했는지 알지 못했다. 두 달이 지나 크리스마스가 되자 너는 대학과 맺은 계약을 깨트리고 프랑스로 완전히 돌아오기로 결정했다. 네 말에 따르자면, 안식년을 보내기 위해 말이다.

너는 약간의 돈을 갖고 있었지만 친구와 함께 레스토랑에 가고 파티에 가고 영화를 보고 담배를 피우는 데에 다 써버렸다. 너는 우리 집에 머물렀고, 때로는 다른 곳에도 머물렀다. 그리고 최악의 위협을 하면서 너는 우리가 너만의 독립된 주거지를 지원할 것을 요구했고, 보증인이 되어줄 것과 집세 12000프랑을 줄 것을 부탁했다. 네가 직장을 구할 때까지 기다려달라고 하면서 말이다. 우리는 네가 요구하는 대로 해주었다. 나는 인맥을 통해 공공주택 하나를 구할 수 있었고 너를 위해 주택관리사무소와 6년간의 보증 계약을 서 주었다. 나는 세달 치 월세를 냈고, 그렇게 너는 리모델링되어 있고 네가 원하는 가구가 갖춰져 있는 스튜디오 아파트에 살게 되었다. 1992년 8월에 너는 네가 미셸과 헤어졌다고 말했고, 이때부터 지옥 같은 시절이 시작되었다. 너는 피에르, 폴, 자크 등과 함께 그 시절을 보냈고 결국 에릭이라는 사람을 만나게 되었는데, 그는 네가 가진 나머지 돈을 다 써버렸을 뿐만 아니라 마약을 사기 위해 너를 신용카드 사기사건에 휘말리게 만들었고, 너로 하여금 지하철에서 구걸을 하게 만들기도 했다.

너는 그에게 우리 집으로 와서 나를 만날 것을 제안했다. 그가 최근에 직장을 구해서 새 옷을 사 입어야 한다는 이유로 말이다. 그는 우리에게서 2000프랑을 강탈했다. 너의 축복과 함께 말이다. 너를 행복하게 만들기 위해 내가 하지 않은 일이 뭐가 있니! 그가 어떤 종류의 인간인지 너무 늦게 깨달았던 거지. …… 여러 사건사고가 있었지만 마약 과다 복용 때문에 에릭을 병원으로 호송하기 위해 너희 집으로 소방관과 경찰관이 출동해야 했던 적도 있었다. 나는 그 이후 몇 달 동안 일어난 사건 전부를 언급하지는 않겠다. 네가 직장을 잃었고, 끝마친 공부와 관련된 영역에서 진지하게 일할 생각을 하지 않았으며, 우리 아파트 및 복도에서 불미스럽게 행동했고, 우리를 공격하고 상처 입히려는 시도를 했다는 것 등에 대해서 말이다. 네가 길거리에서 이자벨을 가격해서 그녀의 어머니가 너를 고발했던 일도 잊을 수 없구나.

그런데 어느 날 희망의 빛이 보였다. 너는 커피를 마시자고 하면서 우리를 초대했다. 우리 셋은 너희 집에서 만났고, 너는 우리에게 상황이 예전처럼 계속될 수 없고 우리가 과거를 잊어버려야 한다고 말했다. 우리는 즉각 너의 말에 동의했고, 너와 화해를 했고, 네가 겪는 어려움을 도와줄 수 있는 의사와 상담을 해보는 것이 어떤지 제안했다.

우리 모두는 눈물을 흘렸고 서로 끌어안았고 평화롭게 헤어졌다. 몇 달 간 상황은 좋아졌다 나빠졌다 했고, 실업 수당, 주택 보조금, 우리에게 받는 약간의 지원금으로 인해 너는 다시 자신감을 찾는 것처럼 보였다. 적어도 우리가 보기에는 말이다. 너는 여전히 우리 집에 오기를 주저했고, 여전히 나쁜 기억들에 사로잡혀 있었지만, 그래도 정기적으로 우리를 보러 오고 식사를 함께 했다. 그러나 네 안의 오래된 악마가 다시 깨어났고, 너는 수상한 인물들과 자주 시간을 보내기 시작했다. 꾸준히 어떤 일을 하지도 않고 우울한 표정을 지닌 채 ……. 네가 우리에게 너보다 나이가 많지만 너를 사랑하고 너의 말을 잘 들어주는 어떤 남자와 만나고 있다고 우리에게 말하기 전까지는 말이다. 물론 우리는 또 한 번 너와 네 남자친구를 환영해 주었다. 아무런 어려움 없이 그리고 상호 간의 크나큰 존중과 더불어 말이다. 이렇게 몇 달이 지났고, 7월 1일 토요일에 너는 재차 우리를 향한 불쾌감과 경멸감을 표시했다. 우리에게 부모가 될 자격이 없다고 하면서…… 네가 우리에게 보낸, 욕설과 거짓말로 이루어진 메시지를 다시 읽어 보거라.

이런 일들이 일어나는 동안 너의 엄마와 나는 적어도 10살 아니면 15살 더 나이가 든 것 같구나. 이제 70세가 된 내게는 더 이상 너를 갉아먹고 있는 악마와 싸우거나 우리가 겪은 일을 다시 겪을 힘이 없는 것 같다. 네가 이 점을 알고 있었든 모르고 있었든 간에 너는 우리를 파괴했고, 너 스스로를 파괴할 것이다. 네가 180도 달라지지 않는 이상 말이다.

내가 여기서 너의 어린 시절에 대해 말하지 않는다면, 그건 네가 희생자인 동시에 유일한 목격자에 해당되는 그 고통스러운 과거 경험을 더 해명해 줄 그 어떤 것도 덧붙일 게 없기 때문이다. 나는 필요한 경우 이 경험에 관한 너 자신의 입장을 말해달라는 부탁을 충분히 했다. 너는 여전히 이 사건에 관해 나를 공공연히 비난하고 있다. 나는 네가 마땅히 훈육을 받아야 할 때(가령 네가 보르도로 도망갔던 때나 학교 성적표에 부모의 서명을 위조했을 때) 몇 번 훈육을 한 적이 있다. 밥상머리 예절을 가르치거나 우리가 루앙으로 갔을 때 충고했듯이 말이다. 우리는 네가 우리에게 네가 겪었던 성적인 학대에 대해 말을 했을 때에야 비로소 문제의 인물이 너와 우리에게 갖는 태도뿐만 아니라 다른 아이들이나 어른들에게 갖는 태도를 이해하게 되었다.

안타깝게도 그의 죽음은 우리가 그에게 어떤 물리적이거나 형사적인 조치도 취하지 못하게 했다. 우리는 그와 같은 사람들이 계속해서 악을 저지르지 않도록 하기 위해 힘을 모아야 한다. 나는 그를 저주한다.

우리는 너를 그 누구보다 존중했고, 모든 상황에서 너에 대한 존중을 보여주었다. 시계를 되돌리고 과거를 묻어둘 기회가 여전히 남아 있다. 그러나 이것은 전적으로 너에게 달려 있다. 만약 네가 너 하고 싶은 대로 인생을 살고 싶다면, 우리가 너의 생각에 반드시 따라야 하는 것은 아니다. 우리는 네가 행복하기를 바란다. 오직 시간만이, 우리에게 남은 시간이 얼마든지 간에, 알려줄 것이다.

너를 매우 사랑하는 아빠, 엄마가.

저는 그들에게 이런 편지로는 결코 상황이 해결되지 않을 거라고 말했습니다. 우리는 한 시간 동안 이야기를 나눴고 저는 그들에게 편지를 다시 써볼 것을, 특히 위의 편지를 보내지 말 것을 부탁했습니다. 3주 뒤에 그들은 여전히 같은 말을 귀머거리처럼 되풀이했습니다. 어머니는 눈물을 흘렸고 저에게 좀 더 울림이 있는 편지를 보여주었습니다. 거기서 그녀는 맹세코 자신이 아무 것도 보거나 감지하지 못했고, 어떤 일이 일어나는지 알지 못했으며, 사건을 보지 못한 점에 대해 후회한다고 썼습니다. 아버지는 에밀리가 환자이자 마약 중독자이고 병원에 입원되어야 한다고 말하면서 자신의 입장을 고집했습니다. 저는 포기했고 그들에게 가족상담사를 찾아 가서 문제를 상세히 얘기해 볼 것을 제안했습니다. 3년 뒤에 저는 에밀리로부터 전화를 받았는데, 그녀는 정신분석을 시작하기로 결정했으며 분석가를 소개해 달라고 했습니다.

논의와 이론화

아버지의 도착증에 주목합시다. 저는 에밀리 아버지의 편지를 읽는 것이 분명 여러분께 폭력적인 효과를 유발했을 것이라고 생각합니다. 제 경우에는 그랬습니다. 이 편지에서 우리는 무엇을 읽을 수 있을까요? 우리는 이 편지에서 다음의 사실을 알 수 있습니다. 에밀리의 아버지는 이웃이 소아성애자였음을 완벽하게 알고 있었고, 에밀리에 대한 이웃의 학대는 적어도 부모의 암묵적인 공모 속에서 이루어졌습니다. 아버지는 알고 있었고, 심지어 알고 있었다고 말할 수도 있었지만, 이 모든 것을 부정하려고만 했습니다. 그는 그가 말한 것을 부인했습니다. 이것은 그가 부인이라는 메커니즘을 갖는 도착증의 영역에서 살아가고 있음을 뜻합니다.

**신경증적 망상과 신경증적 망상이
부모의 도착증과 갖는 관계**

저는 제가 여러분께 다음과 같은 사실을 보여드렸기를 바랍니다. 에밀리는 정신증자가 아니었고, 그녀의 망상 삽화는 하시시 복용, 성적인 트라우마, 부모의 태도에 의해 유발되었습니다. 성적인 트라우마에 관해 우리는 섹슈얼리티와의 만남은 언제나 외상적임을 인정해야 합니다. 그리고 우리는 굳이 이 트라우마를 악화시킬 이유가 없습니다. 동정을 표시하거나 고소를 권장하거나 고소장이 정신과의사나 판사 앞에서 읽히기를 권장함으로써 말입니다. 제가 보기에 성적인 학대를 당한 주체에게 보다 치료적인 효과를 갖는 것은 주체로 하여금 다음과 같은 점을 고려하게 하는 것입니다. 요컨대 주체가 경험한 것은 모든 인간 존재의 공통된 운명이고, 인간 존재에게 섹슈얼리티와의 만남은 외상적입니다. 그리고 우리는 그것을 다룰 방법을 찾아낼 수 있습니다. 어쨌든 이것이 제가 에밀리와 대화를 나눴을 때 가졌던 관점입니다. 그녀는 매우 빠르게 망상과 우울 상태에서 빠져 나올 수 있었고, 일을 하는 데에도 다시 집중할 수 있었습니다. 반대로, 만약 그녀가 성적인 트라우마를 다룰 수 있었다면, 그녀는 또한 부모와의 관계에서도 변화할 수 있었습니다. 물론 그들은 이것이 올바른 방향이라고 여기지 않았지만 말입니다.

저는 신경증적 망상 삽화를 지녔던 또 다른 환자를 오래 지켜본 적 있습니다. 그녀의 아버지 역시 도착증적이었고, 그는 그녀를 매우 모호한 태도로 다루었습니다. 또 저는 도착증적인 아버지를 둔 또 다른 환자가 생각나는데, 이 젊은 여성에게는 아무런 망상도 없었지만 자살 시도나 반복적인 자해 같은 행동 상의 심각한 문제가 있었습니다. 이 두 사례에서 아버지들은 그들의 딸들이 미친 사람으로 간주되어야 하고 병원에 강제 입원되어야 한다고 주장했으며, 이는 그들 스스로를 보호하는 방식이었습니다.

제가 오늘 말씀드리고 싶은 가설은 에밀리 같은 히스테리증자에게 망상은 그녀에게 있는 폐제가 아니라 그녀의 아버지의 부인을 입증한다는 것입니다. 그녀의 아버지가 그녀가 겪은 트라우마를 부인하는 상황과 마주하는 것이 그녀의 망상의 출현 조건을 결정합니다. 에밀리는 수년간 부모와 대화를 하려고 시도했지만, 그녀가 부모의 "몰이해"라 부르는 것에 부딪혔습니다. 그러나 문제는 몰이해의 차원을 넘어서서 도착증적인 부인의 차원에 있었습니다. 그들은 알았지만 동시에 알고 싶어 하지 않았으며, 이에 대해 딸의 희생이라는 가장 값비싼 대가를 지불해야 했습니다. 우리가 도저히 참을 수 없는 것은 알기를 원하지 않는 이러한 완고함입니다. 왜냐하면 이것은 에밀리의 말이 중요하지 않음을 뜻하기 때문입니다. 법을 재현해야 했던 타자에 대한 전적인 불신에 시달린 어린 딸에게는 상연된 망상을 통해, 행동화(acting out)를 통해 그 장면을 다시 살아내는 것밖에 달리 길이 없었습니다. 그리고 그 망상과 행동화에서 그녀의 말은 마침내 정당한 대우를 받을 수 있었습니다. 망상은 아버지가 부인한 것이 실재 안에서 되돌아오는 형태로 출현합니다. 달리 말해, 어린 딸의 보로메우스 매듭에서 매듭의 결속을 지탱하는 아버지의 이름이라는 은유가 무너졌습니다. 왜냐하면 실재의 아버지 자신이, 그의 역사의 이 시점에, 스스로 법을 무시하고 더 이상 법을 재현하지 않기 때문입니다. 이 사례에서 매듭의 풀림은 일시적이었는데, 이러한 매듭의 풀림은 신경증자가 해석 망상을, 심지어 어떤 경우에는 박해 망상도 경험할 수 있는 가능성이 있음을 보여 줍니다.

수업 7 | 카치, 드리스, 자키

건강염려증: 대상 a의 감금
욕동

 이번 수업에서 계속해서 우리는 주체의 구조에 대해 살펴보려고 합니다. 라파엘르의 사례와 함께 우리는 거울단계와 거울 이미지를 살펴봤습니다. 최초의 자아 정체성이 거울 이미지에 근거해 있는 한에서 말입니다. 두 번째 수업에서는 아리망의 사례를 상호변신 증후군으로 다루면서 거울 이미지 i(a)가 어떻게 광학모델에 근거해서 구성되는지 살펴봤습니다. 니콜르와 더불어 우리는 L도식, 즉 어떻게 상상의 축과 상징의 축이 네 개의 지점에서 주체의 구조를 유지하는지 살펴봤습니다. 주체와 대타자가 상징적 축에 위치한다면, 자아와 소타자는 상상적 축에 위치합니다.

 이번 수업에서 우리는 욕동을 다루고자 합니다. 라캉은 프로이트의 욕동 관념을 재구성했습니다. 저는 두 가지 완전히 반대되는 측면에서 욕동에 접근해보려고 합니다. 한편으로 욕동이 고장 나면 무슨 일이 일어나는지가 쟁점이라면, 다른 한편으로 어떻게 욕동이 작은 인간 존재를 언어에 연결시키고 또 어떻게 육체와 언어의 연결이 우리를 인간화하는 데에 필요 불가결한지가 쟁점입니다. 후자의 쟁점에 관해 우리는 아동 자폐증 전문가인 마리-크리스틴 라즈닉(Marie-Christine Laznik)의 인터뷰를 참고할 것입니다.

우선 저는 세 명의 건강염려증 환자들에 관한 임상 사례를 제시하고자 합니다. 대상 *a*가 육체에 "감금(incarcération)"되는 것이 무엇인지 설명하기 위해 말입니다. 진행과정의 측면에서 건강염려증의 두 가지 형태를 구분해 봅시다. 우선 안정적인 건강염려증이 있는데 여기서 환자의 건강염려증은 아무 변화 없이 그대로 유지됩니다. 한편, 멜랑꼴리나 편집증 이전에 출현하는 하나의 국면으로서의 건강염려증이 있습니다. 이제 살펴볼 세 가지 사례는 우리가 임상 작업에서 자주 목격하는 건강염려증을 전형적으로 보여주고 있습니다. 여러분은 마르셀 체르막의 『대상의 정념(Passions de l'objet)』에 나온 '말라라 부인(Madame Malala)'의 사례에서 건강염려증에 대해 훨씬 더 완전하고 잘 전개된 논의를 접할 수 있을 겁니다. 다음의 세 가지 사례에 대한 소개가 여러분으로 하여금 말라라 부인의 사례를 읽고 싶게 만들기를 바랍니다.

카치

첫 번째 사례는 안정적인 건강염려증입니다. 이 경우 증상이 발전할 가능성은 잠재적인 상태로 남아 있습니다. 제가 카치를 처음 만났을 때 그는 3년 동안 증상을 앓고 있었습니다. 그는 지금까지 다섯 군데의 병원에 입원한 적 있었습니다. 자기 문제의 유기적인 기원을 찾아서 말입니다. 그러나 그는 여태 아무런 결과도 얻지 못했습니다. 카치는 1959년에 프랑스로 온 알제리인이었습니다. 그의 나이는 60대였습니다. 그는 1959년부터 1996년까지 일을 했고 어떤 건강상의 문제도 없었습니다. 그의 아내와 일곱 명의 자녀들은 알제리에 살고 있으며, 카치는 휴가 때 그들을 방문했습니다. 파리에서 그는 공공 주택에서 살았고, 남동생과 방을 같이 썼습니다. 그의 사촌 중 한 명은 근처에 살고 있었습니다.

카치는 그를 고용한 회사가 문을 닫았을 때부터 일을 하지 않았습니다. 그는 즉시 아프기 시작했습니다. 그는 얼마 후에 다른 직장을 제안받았지만, 일을 할 수 있는 상태가 아니었습니다. 그의 남동생이 카치의 걸음을 부축하며 그와 함께 상담을 하러 왔습니다. 카치는 매우 피곤하고 야위어 보였고, 경직된 표정이었습니다. 그의 숨소리는 매우 거칠었고 얕았습니다.

그의 남동생은 카치의 병이 양 다리의 경련을 동반한 복부 통증에서부터 시작됐다고 말했습니다. 그는 식욕을 잃었고 체중이 빠졌으며, 자주 토했고, 불면에 시달렸고, 고통스러운 경련 때문에 다리를 꼼짝할 수도 없었습니다. 그는 더 이상 설 힘이 없었고, 씻지도 못했고, 하루 종일 누워 있었습니다. 카치는 남동생의 설명에 동의하면서 이렇게 덧붙였습니다. "제 피가 더 이상 돌지 않아요." 그는 오직 자신의 신체 증상에 대해서만 말을 했습니다. 그의 피가 더 이상 돌지 않았고, 그의 말도 돌지 않았습니다. 모든 것이 굳어 있었습니다.

정신과 병동에 2개월 동안 처음으로 입원했을 때 그는 항우울제와 항정신증 약물을 처방받았고, 이것은 그의 상태를 약간 호전시켰습니다. 3개월 뒤에 그는 다시 심하게 아프기 시작했고, 전기충격치료를 받기 위해 새 병원으로 옮겼습니다. 이 시기 후에 그의 상태는 많이 회복되었고, 알제리에 있는 가족을 보러 비행기를 탈 수 있는 수준이 되었습니다. 그는 알제리로 떠나면서 치료를 받으러 프랑스로 되돌아오겠다고 했지만, 그때 이후로 저는 그를 보지 못했습니다. 그의 사례에서 인상적이었던 것은 그의 말과 그의 육체가 모두 경직되고 있었고 폐쇄적이었다는 점입니다. 그는 잠을 잘 수 없다고 말하는 한편, 간호사들은 그가 잠을 잘 잔다고 했습니다. 그러나 이것은 그가 거짓말을 했음을 뜻하지 않습니다. 오히려 그가 잠의 주이상스를 상실했음을 뜻합니다. 이것은 건강염려증 환자들에게서 자주 보이는 특징입니다.

자키

자키는 40살 때 지하철 아래로 뛰어내려서 자살했습니다. 그는 파리 외곽의 정신증원에서 알코올 중독으로 오랫동안 치료를 받았습니다. 그는 경계선 성격장애 진단을 받았고 병원에 몹시 의존하게 되었습니다. 의사들이 그를 퇴원시키려고 시도할 때마다 몹시 불안에 빠지면서 말입니다. 자키는 3개월 동안 병원 밖에서 그럭저럭 살 수 있었지만 불안 발작이 즉시 재발했고, 그는 다시 병원에 입원해야 했습니다. 그는 일 년 조금 넘게 병원이나 개인 병원에 입원해 있었습니다. 그리고 퇴원한지 한 달 뒤에 자살했습니다. 그의 진료 기록에는 히스테리, 의존성 성격장애, 알코올 의존을 포함하여 온갖 다양한 진단명이 적혀 있었습니다. 그러나 그의 기록을 다시 읽어보면, 그의 담화는 그에게 건강염려증을 동반한 정신증적 구조가 있었음을 보여줍니다. 알코올 중독은 그의 심각한 정신증적 불안을 막는 매개일 뿐입니다.

그는 여러 가지 건강 관련 문제를 토로했습니다.

그에게는 심장성 흉통이 있었고, 자기 심장이 차갑다고 느꼈고, 숨을 쉬기 어려워했고, 체중이 감소했습니다(그의 체중은 원래 130kg이 나갔는데 2년 사이에 거의 70kg가 빠져서 당시 63kg이 나갔습니다). 그에게는 축농증, 턱 통증, 가슴과 생식기에 난 뾰루지가 있었습니다. 그는 자신이 헤르페스나 매독에 걸렸는지 알아보기 위해 검사를 받았지만 검사 결과는 음성이었습니다. 내시경 검사에서도 아무 것도 발견되지 않았습니다. 자신의 면역이 억제되고 있다고 느꼈습니다. 소변을 볼 때 요도가 타는 것 같은 느낌을 받았고, 구토를 했습니다. 그는 소변에 혈액이 있다고 생각했습니다. 그는 자기에게 백혈구가 너무 많다고 했습니다. 그는 하루에 담배를 세 개비를 피웠는데 흡연은 두통을 유발했고 언젠가부터 그는 담배가 지겨워졌습니다.

그는 자신이 결핵에 걸렸다고 생각해서 파리의 코친 병원 응급실에 갔습니다. 그는 숨을 헐떡거렸는데 숨 가쁨 없이 걸을 수 있기를 늘 원했습니다. 그에게는 저혈압으로 인한 어지럼증이 있었습니다. 그의 다리에는 경련이 있었습니다. 또 그는 설사로 힘들다고 했고, 주근깨를 특히 염려했습니다. 그는 주근깨에 대해 오랫동안 말했습니다. 그는 주근깨를 정신과의사에게 보여주었습니다. 그는 아마도 자기 몸에 늘 있었을 것이며 지극히 평범하고 정상적인 이 작은 흔적들로 인해 공포에 휩싸였습니다. 그는 자신이 우울하거나 불안한 것이 아니며 자신의 병은 신체적인 것이라고 확신했습니다. 그는 의사들이 자기의 문제를 밝혀내지 못할까봐 불안해했습니다. 그는 이렇게 덧붙였습니다. 자신이 입맛을 완전히 잃었다고, 예전에는 오믈렛이 맛있었고 오믈렛의 맛을 기억했지만 이제는 오믈렛에서 어떤 맛도 느낄 수 없다고 말입니다. 이러한 하소연에서 우리는 코타르 증후군과 유사한 건강염려증을 들을 수 있습니다.

드리스

세 번째 사례는 건강염려증의 두 번째 형태를 보여줍니다. 즉, 이 사례는 일련의 편집증 국면과 멜랑꼴리 국면에 대한 전조입니다. 이 환자의 정신의학적 문제는 1983년에 시작되었습니다. 그때 그는 직장에서 휴직하여 우울증으로 입원하기를 반복했습니다. 그의 우울증에서 건강염려증은 제일 중요한 위치에 있었습니다. 작년에 연인과 이별하고 나서 그는 이사를 했습니다. 연인과 이별한 이유는 여자친구의 부모님이 둘의 관계를 반대했기 때문이었습니다. 같은 해에 그의 아버지가 돌아가셨습니다. 그는 자기의 말은 언제나 자기 몸에 관련된다고 속삭이듯 말했습니다. 그는 불면이 있었고, 식욕을 잃었고, 가슴 쪽에 통증을 느꼈고, 두통이 있었고, 구토를 했고, 목에 무언가 공 같은 것이 걸려 있다는 느낌을 받았고, 위경련이 있었고, 늘 심한 피로감을 느꼈습니다. 다른 때에 그는 자기 눈이나 이빨에 대해 말하면서 전문가에게 진찰과 검사를 받고 싶다고 했습니다.

드리스로 하여금 말하게 하는 것은 쉬운 일이 아니었습니다. 그는 자신의 과거를 돌아보는 데에 아무런 흥미를 보이지 않았습니다. 그는 겉으로는 고통에서 벗어나고 싶다고 요구하는 것 같았습니다. 그러나 저는 이런 질문을 제기하지 않을 수 없었습니다. 누가 말을 하고 있는가? 여기서 관련되는 것은 어떤 몸인가? 그가 벗어나길 바라는 고통은 어떤 것인가? 그는 말했습니다.

"제가 파리에 도착하면서 경험했던 것은 죽음이었어요. …… 저는 낙심했고, 낙심한 게 아니라 거의 뇌사상태였어요. …… 저는 집중을 할 수 없고, 현실을 살 수 없고, 저에게는 미래가 없고, 제 앞에 어떤 장막이 드리워져 있는 것 같아요. …… 저는 제가 어떤 것도 통제할 수 없다는 느낌을 받아요. 제 생각은 훤히 다 보이는 채로 빙글빙글 제자리를 돌고, 제 입은 바싹 말라버려요. 마치 제 말이 먼지나 돌이 된 것처럼 말이에요."

10년 동안 드리스는 멜랑꼴리 상태와 호소망상적 편집증(revendication paranoïaque) 상태를 계속해서 오락가락 했습니다. 물론 그가 복용한 약물이 멜랑꼴리 상태와 편집증 상태를 오락가락 하는 것에 영향을 주었지만, 이것은 멜랑꼴리와 편집증 간의 반복적인 출현과 그의 심리적 구조 간의 연관성을 살펴보지 못하게 했습니다. 편집증적 국면에서 그는 여러 가지 문제에 대해 호소했고, 사회 서비스 측면에서 많은 요구를 했으며, 자신을 희생자로 만든 인종주의를 규탄했습니다. 1984년에 그는 자기를 돌봐주던 의료팀에 속한 두 사람을 폭행했습니다. 처음에는 간호사를, 그 다음에는 그를 담당한 레지던트를 말입니다. 드리스는 멜랑꼴리 상태에서는 그 누구도 그를 위해 해줄 수 있는 것이 없다는 생각이 들고, 그의 존재는 모든 사람에게 민폐이며, 자기가 죽는 편이 더 나을 것이라고 말했습니다. 그는 끝내 자살을 했습니다.

이 임상 사례와 관련하여 몇 가지 중요한 점을 지적하고자 합니다. 첫째, 건강염려증은 이 사례에서 어떤 배경으로 작용합니다(비록 제가 여러분께 이 사례의 얼개만 보여드렸음에도 불구하고 말입니다). 드리스는 그의 육체에서 아무 것도 작동하지 않음을 발견했습니다. 욕망에 관한 그 어떤 것도 표현되지 않았습니다. 그가 우리에게 "제 입은 바싹 말라버려요. 마치 제 말이 먼지나 돌이 된 것처럼 말이에요"라고 말할 때 여기서 우리는 건강염려증에서 어떻게 그의 육체와 언어가 조직되고 결합되는지 ― 더 정확히 말하자면 "분리되는지" ― 들을 수 있습니다. 육체의 수준뿐만 아니라 언어의 수준에서도 무언가가 석화됩니다. 그의 발언에서 우리는 어떻게 실재계가 상징계와 연속적인지 알 수 있습니다. 그의 입이 바싹 말라버리는 한편, 그의 말은 먼지나 돌이 되어 버립니다.

두 번째로 지적하고 싶은 것은 멜랑꼴리 국면과 편집증 국면이 교차하는 현상입니다. 만약 우리가 라캉의 환상의 공식 "$\$ \Diamond a$"를 고려한다면, 우리가 드리스에게서 목격하는 것은 주체가 빗금 쳐지지 않고, 마름모가 탈락되고, 주체가 대상 a와 동등해진 상황입니다. 달리 말해 그는 주체성을 대타자 쪽으로 던져 버림으로써 어떤 일관성을 유지했습니다. 멜랑꼴리의 입장에서 드리스는 하나의 대상이 되었는데 이 대상은 대타자의 영역에서 제거되어야 할 달갑지 않은 대상입니다. 편집증의 입장에서 드리스는 자신이 대타자에 의해 박해를 받는 대상이라고 말하면서 보상을 요구하거나 정의를 직접 실현하고자 합니다.

다음 수업에서 우리는 코타르 증후군을 지닌 환자와의 인터뷰를 살펴볼 것입니다. 거기서 여러분은 더 이상 주체가 아니라 대상이 되어버린 환자의 말을 텍스트로 접할 수 있을 겁니다. 우리는 이런 상황을 다음과 같이 쓸 수 있습니다. S ⇔ a. 여기서 빗금 쳐지지 않은 주체 S는 대상 a와 같습니다. 이러한 공식은 결코 일종의 지적인 유희가 아닙니다. 이것은 우리가 멜랑꼴리 환자에게서 실제로 마주하는 임상 상황입니다.

세 번째는 어떻게 건강염려증이 발병하는가라는 문제에 관련됩니다. 앞서 살펴본 두 개의 사례에서 다음과 같은 점을 알 수 있었습니다. 건강염려증은 지금까지 자신의 일관성을 유지해 왔던 주체가 실재의 상실이나 단절을 경험한 직후에 발병합니다. 드리스의 발병은 그가 직장을 그만두고 애인과 헤어지고 그의 아버지가 돌아가셨을 때 일어났습니다. 카치의 문제는 그가 직장을 잃었을 때 나타났습니다. 제가 만난 다른 환자들의 경우 그들의 구조가 무너진 것은 직장과 관련된 사건사고 직후였습니다.

『증환』세미나에서 라캉은 제임스 조이스의 경우 — 그에게는 글쓰기가 매우 중요했는데 — 에 어떻게 조이스의 자아가 정신증적인 세잎매듭(nœud de trèfle)을 유지하고 수선할 수 있었는지 지적합니다. 마찬가지로 우리가 살펴본 건강염려증 사례에서 작동하고 있는 구조 역시 세

잎매듭이며, 이 매듭에서는 실재계, 상징계, 상상계가 연속적입니다. 우리는 발병 전에 이 매듭이 그 매듭을 수선하는 어떤 요소에 의해 유지되고 있었다고 추정할 수 있습니다. 저는 카치, 자키, 드리스가 일이나 여자에 의해 어떤 장소를 배정받았다고 생각합니다. 매듭을 수선하는 조각이 사라졌을 때 매듭은 완전히 파괴되며, 하나의 고리만 남게 됩니다.

건강염려증은 정신증의 발병을 알려줍니다. 그것은 그 자체로는 "증환(sinthome)"이나 수선조각이 아닙니다. 비록 그것이 멜랑꼴리나 편집증으로 이어질 수는 있지만 말입니다. 이미 건강염려증에서 주체는 기표 연쇄와 관련해서 탈-존할(ek-sister) 수 없습니다. 건강염려증의 주체는 순수한 주체, 빗금 쳐져 있지 않은 주체, 욕망이 없는 주체로 등장합니다. 건강염려증에서 특징적인 것은 주체의 육체가 욕동의 자유로운 유희를 제지하는 무언가에 의해 지장을 받는다는 것입니다. 무언가가 피, 호흡, 음식의 순환을 제지하는 것입니다.

여기서 우리는 네 번째 쟁점으로 넘어갈 수 있습니다. 욕동은 육체의 구멍 주변에서 조직되고 대상 *a* 주변을 맴돈 다음에 육체로 돌아오는 경로를 따라 흘러갑니다. 그러나 건강염려증에서는 대상 *a*가 육체에 감금되어 육체의 구멍을 막는 것처럼 보입니다. 저는 나중에 욕동의 문제로 되돌아올 것입니다.

다섯 번째는 전이에 관련됩니다. 건강염려증 환자의 말을 듣는 것은 힘든 경험입니다. 카치와의 상담을 기록한 일지에서 저는 환자가 불안해 보였다고 썼습니다. 그러나 돌이켜보면 불안했던 것은 오히려 제 쪽이었습니다. 그것은 제가 하나의 주체로 가정한 누군가의 말을 듣고 나서 아마도 주체는 존재하지 않으며 그저 언어에 의해 가로질러진 육체만 있음을, 다시 말해 대타자가 환자의 입을 통해 말하고 있음을 알게 된 저 자신의 반응이었습니다. 이것이 제가 주체의 구조를 다시 살펴보고자 하는 이유입니다. 라캉의 가르침은 이 문제를 다루는 데에 어떻게 도움이 될까요?

주체의 구조

우리가 "말하는 존재(parlêtre)"³⁸의 실재한 육체에서부터 시작한다면, 우리는 거울단계에서 말하는 존재가 거울 이미지에서 자신의 통합성을 선취한다는 점을 알 수 있습니다. 자아를 구성할 상상적 동일시는 이러한 최초의 정체성에 근거해서 구축될 것입니다. 그러나 미래의 주체의 상상적 수준이 구축될 수 있는 것은 또한 말[담화](discours)이 있기 때문입니다. 아기는 언어라는 욕조에서 태어나고, 어머니는 아이에게 동의하면서 아이가 거울 속에서 알아보는 자신의 이미지를 승인할 것입니다.

즉, 주체가 무엇인지 해명하기 위해서는 처음부터 네 개의 지점이 있어야 합니다. 상상적 축 위에 있는 두 개의 지점, 즉 자아와 그의 거울 이미지와, 상징적 축 위에 있는 두 개의 지점, 즉 주체의 이편과 대타자의 저편 말입니다. 두 축은 L도식에서 교차합니다(네 번째 수업을 보십시오). 네 개의 지점은 라캉이 절단(coupure)³⁹을 상징화하기 위해 사용하는 마름모를 형성합니다.

우리는 습관적으로 주체에게는 어떤 경계를 지닌 내부가 있다고 믿는 경향이 있습니다. 이상한 점은 정신증자들이 우리에게 보통 숨겨져 있는 어떤 지식에 접근하면서 우리에게 그 생각만큼 불확실한 것은 없다고 늘 말한다는 점입니다. 일전에 저는 짧은 시간 안에 두 명의 조현

---

38 말하다(parler)와 존재(être)를 합성한 라캉의 신조어로, 인간과 그의 무의식이 말하는 행위에 의해 구성됨을 시사한다(역주).

39 주체가 자기 욕망의 원인이 되는 대상에 의해 분열되고 쪼개져 있음을 뜻한다(역주).

병자를 입원시켜야 했는데 그들은 이러한 진리를 명확히 말했습니다. 한 명은 "저는 괜찮긴 하지만 다른 사람들을 뚫고 들어가요, 그러니 저를 입원시켜 주세요"라고 했고, 다른 환자는 "저는 제 안의 모든 것을 들어요"라고 했습니다. 그들 각각은 어떻게 내부와 외부가 연속적인지 증언했습니다. 둘 간의 경계선을 넘어갈 필요가 없는 상태에서 말입니다.

신경증자는 이러한 지식을 억압하고 어떤 내부가 있다는 믿음을 남겨둡니다. 신경증자는 주체가 상징적 수준에서 가방과 같은 형태를 갖고 있으며 그 내부의 깊은 속에는 무의식이 있고 그 표면은 지각과 의식의 시스템으로 이루어져 있으며, 이 표면이 주체를 대타자와 분리한다는 환영을 갖고 있습니다. 이러한 환영은 분명 우리의 실재 육체가 구성되는 방식에서 유래합니다. 육체는 피부가 있으며, 피부는 우리가 육체에 대해 갖는 이미지를 만들어 냅니다. 그러나 육체의 수준에서 일어나는 이러한 상황이 우리로 하여금 육체의 수준과 주체의 수준이 같다는 결론을 내리게 해서는 안 됩니다.

라캉이 증명하는 것은 주체의 구조가 가방의 형태도, 구의 형태도 아니며, 오히려 비구체(asphère)의 형태라는 점입니다. 즉, 우리는 주체의 내부와 외부가 연속적임을 해명해주는 구조를 발견해야 합니다. 크로스캡(cross-cap)이 그러한 구조를 갖고 있습니다. 크로스캡은 뫼비우스의 띠와 원반의 끝을 이어 붙임으로써 만들어집니다. 이러한 비구체의 모양을 상상하기는 쉽지 않습니다. 왜냐하면 그것은 3차원 공간에서 구축될 수 없기 때문입니다. 크로스캡은 4차원 공간에 속하는 위상학적 대상입니다. 축구공 같은 공을 잡고 거기에서 둥근 조각을 잘라냈다고 상상해 보십시오. 그리고 외부 표면의 모든 선이 같은 방향으로 이어지되 구멍을 통과해서 내부 표면으로 이어진다고 상상해 보십시오. 이런 방식으로 만약 여러분이 어떤 특정한 선의 궤적을 계속 따라간다면, 여러분은 어떠한 경계도 넘어가지 않으면서 외부에서 내부로 이동할 것입니다. 즉, 크로스캡은 내부도 없고 외부도 없는 공간입니다.

여기서 우리는 환자가 세션에서 말을 할 때 그의 무의식 — 억압된 요소 — 이 출현하며, 이것은 환자가 알지 못한 채로 의식적인 담화의 나머지에서 드러납니다. 여기서 재차 어떤 경계를 넘어가는 일이 일어나지 않는다는 점이 드러납니다. 왜냐하면 환자가 듣거나 이해하지 못하는 연속성이 있기 때문입니다. 분석가가 세션의 이 시점을 부각하거나 혹은 세션을 중단함으로써 절분(scansion)을 하는 것은 절단(coupure)을 생산하는 방식이며, 이 절단은 안과 겉을 생산하는데, 이러한 안과 겉 사이에는 둘을 분리하는 경계가 있습니다.

욕동의 도식

프로이트는 "욕동과 욕동의 운명"이라는 텍스트에서 욕동을 네 가지 요소로 정의합니다.

- 추동력. 프로이트에 따르면 추동력은 항구적입니다. 여기서 우리는 욕동이 욕구와 아무런 관계가 없음을 즉각 알 수 있습니다.
- 원천. 원천은 성감대로서, 경계가 있는 구조를 갖고 있습니다.
- 대상. 욕동의 궤적은 대상 주변을 맴도는데, 이때 대상은 라캉이 대상 a라고 부르는 어떤 구멍의 현존일 뿐입니다.
- 목적. 목적은 욕동의 궤적이 다시 성감대로 되돌아가는 것을 말합니다.

욕동의 운명을 고려하면서 프로이트는 몇 가지 메커니즘을 고찰합니다. 억압, 승화, 반대방향으로의 전환, 주체 자신으로의 회귀가 그것입니다. 제가 주목하고 싶은 것은 프로이트가 욕동이 무엇인가를 설명하기 위해 기표의 결합을 강조한다는 사실과 문법에서부터 출발한다는 사실입니다. 무엇보다 중요한 것은 문법이 프로이트로 하여금 욕동의 전환을 개념화하도록 해준다는 점입니다. 가령 "응시하다/응시되다[능동태/수동태]"를 생각해 보십시오. 여기서 프로이트는 도착증을 언급합니다.

라캉이 프로이트에게서 취하는 것이 욕동의 이러한 전환이며, 이것은 근본적인 지점입니다. 욕동의 전환은 다음을 뜻합니다. 우리는 성감대가 주체에게 속하는지 대타자에게 속하는지 알지 못합니다. 성감대는 경계에 있습니다. 성감대는 욕동이 대상 주변을 맴돌고 되돌아오기 위해 의존할 경계입니다. 욕동이 대상 a, 부분 대상을 주변을 맴돌 때, 거기에는 아직 주체가 존재하지 않습니다. 욕동의 궤적의 반복은 영원히 결여되어 있는 이 대상의 윤곽을 그릴 것이며, 이것이 환상이 구성되도록, 즉 주체가 출현하도록 해줍니다. 우리는 대상 a가 잘려져 나올 때 혹은 달리 말해 주체가 하나의 기표에 의해 다른 기표에게 재현될 때 주체가 기표 연쇄에서 실존한다고 말할 수 있습니다.

『정신분석의 네 가지 근본 개념』 세미나에서 라캉은 욕동의 급진적인 표명에서 관건이 되는 머리 없는 주체에 대해 논의합니다. 해당 세미나의 1964년 5월 29일 수업에 제시된 욕동 도식을 보면, 왼쪽에는 주체가 "무(無)"로서 위치해 있고, 오른쪽에는 무의식이 "대타자의 장"으로서 위치해 있으며, 성감대가 둘 간의 경계라는 점을 알 수 있습니다.

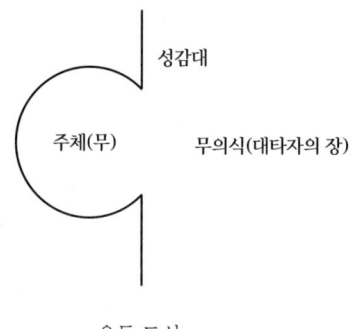

욕동 도식

    욕망의 대상인 대상 a는 무엇보다 주체가 기표에 의해 분열되는 작용에서 유래하는 잔여물입니다. 주체가 기표 연쇄로부터 출현할 수 있는 것은 어떤 기표가 주체를 다른 기표에게 재현할 때입니다. 주체는 가정되고 재현될 뿐이며, 기표 연쇄로부터 출현할 뿐입니다. 동시에 주체의 출현은 대상 a의 추락과 상관적입니다. 왜냐하면 기표 연쇄의 작용은 자동적으로 몇몇 문자의 거부를 함축하기 때문입니다. 사라지는 문자, 기표 연쇄에서 배제되기 때문에 실재로 되돌려지는 문자가 대상 a를 구성합니다. 상징계로 진입함에 따라 주체는 대상 a라는 어떤 기원적인 상실을 대가로 구성되며, 이 대상이 이제부터 주체의 욕망의 원인이 될 것입니다. 여기서 "욕망의 원인"이란 주체가 무언가를 결여하고 있는 것으로 구조화되며, 이러한 결여가 주체를 욕망하게 만든다는 사실을 뜻합니다.

    그러므로 대상 a는 기표 작용의 결과물입니다. 그런데 한편으로는 주체가 육화된 주체인 한에서, 주체는 육체의 부속물 안의 몇몇을 대상 a를 육화하는 것으로서 선택할 것입니다. 이 부분 대상들의 종류에는 젖가슴(모유가 아니라), 대변, 목소리, 응시가 있으며, 그 다음에 라캉은 무(無)를 추가합니다. 여기서 질문이 제기됩니다. 어떻게 이러한 대상들이

성애화되거나 아니면 성적인 가치를 부여 받을까요? 제가 보기에 성적인 가치가 육체로부터 분리될 수 있는 이러한 대상들에 부여되는 것은 무엇보다 대타자의 욕망과 요구를 통해서, 그리고 대타자의 주이상스를 통해서입니다. 이 대상들이 기능을 하기 위해서는 팔루스 함수가 확립되어야 합니다. 욕동에 대한 연구가 근본적인 것은 욕동에서 관건이 되는 것이 바로 육체와 언어를 연결시키고 매듭짓는 것이며, 이 매듭에서 주체가 구성될 수 있기 때문입니다.

임상적인 문제로 되돌아가 봅시다. 저는 여러분께 건강염려증에서 어떻게 욕동이 고장이 나고 구멍이 막히고 피가 굳고 호흡이 멎는지 말씀드렸습니다. 욕동이 처음부터 작동하지 않았을 때 무슨 일이 일어나는지 살펴보는 것도 욕동에 대한 연구에서 유용할 것입니다. 그리고 이런 맥락에서 저는 여러분이 『프랑스 정신의학 저널(Journal Français de Psychiatrie)』 25권에 수록된 마리-크리스틴 라즈닉(Marie-Christine Laznik)의 자폐증 아동 관련 논문을 참고하기를 바랍니다. 이 논문에서 저자는 자폐증 아동의 뇌에서는 상측두구(sillon temporal supérieur)[40]가 보이지 않음을 지적합니다. 또 저자는 상측두구의 부재는 자폐증의 원인이 아니라 자폐증의 결과로 해석되어야 한다고 제안합니다. 즉, 욕동이 제자리에 설정되지 않았기 때문에 상측두구가 발달하지 않는다는 것입니다.

욕동이 제대로 설정되지 않았다는 점은 무엇보다 자폐증 아동이 자신의 어머니를 응시하지 않는다는 사실에서 알 수 있습니다. 욕동의 설정

---

40 상측두구(STS, sillon temporal supérieur): 측두엽의 윗고랑으로서 목소리를 처리하는 데에 관여한다(역주).

상의 실패는 우선 응시와 관련되는 시관 욕동의 수준에서 드러납니다. 또 구강 욕동의 수준에 있는 문제들로 드러나며, 이로 인해 삼킴, 구토 문제가 일어나며, 괄약근 관련된 문제도 생깁니다. 모든 욕동이 제대로 기능하지 않는 것입니다. 그러나 라즈닉은 영화를 가지고 작업한 덕분에 응시와 목소리에 특별히 초점을 맞춥니다. 저는 여러분께 라즈닉의 논문에서 그 전부를 인용할 가치가 있는 한 구절을 읽어드리겠습니다.

"나는 제3자의 위치에 있을 방법을 찾아야 한다고 생각했다. 라캉이 『무의식의 형성물』세미나에서 S($\mathbf{A}$)를 구성하기 위해 '제3자'라는 용어를 사용한 의미에서 말이다. 따라서 나는 마린이라는 이름의 자폐증 소녀에게 저의 감탄과 놀라움과 쾌락을 줄 방법을 찾아야 했다. …… 이 장면에서 순환하던 대상은 마린의 어머니가 마린에게 간식으로 준 요구르트였다. 마린은 요구르트를 자신에게 준 어머니를 쳐다보지도 않고 기계적으로 요구르트를 삼켰다. 나는 요구르트 한 숟가락을 먹는 놀이를 하려고 했다.
'마리-크리스틴 라즈닉이 먹을 거야. 맛있어! 맛있어! 맛있어! 바닐라 너무 좋아.' 이 단편적인 감탄은 바닐라 향에 대한 나의 놀라움과 쾌락의 표현이었다. 그런 감탄은 마린으로 하여금 내가 말한 '맛있어'에 대한 반응으로, 마치 그녀가 제 쾌락을 공유한다는 듯, 저에게 미소 띤 눈빛을 보내게 했지만, 제 말이 그치자마자 마린의 눈빛은 사라졌습니다. 나는 나 자신이 놀라야 했고 즐겨야 했다(나 자신에게 재밌는 놀이여야 했다!).
…… 나의 모든 공감, 소위 동감은 …… 나의 주이상스가 S($\mathbf{A}$)와 연결되지 않는 이상, 따라서 어떤 결여의 특징을 갖지 않는 이상, 아무런 쓸모가 없었다. 결여가 없다면 놀라움도 있을 수 없으니까 ……
어머니는 마린에게 먹을 것을 주면서 딸의 응시를 붙잡을 수 없었다. 사실 3주 동안 아무도 마린의 응시를 붙잡을 수 없었다. 이 장면에서 내가 '맛있어!

맛있어!'를 외치면서 요구르트 한 숟가락을 삼키는 척 할 때, 제가 내는 소리에는 경탄, 놀라움, 쾌락의 요소가 들어 있었다. 그녀는 그것을 듣고 나서 머리를 제 쪽으로 돌렸다. 이것은 그녀의 상측두구가 여전히 작동하고 있었음을 보여준다.

이 아이는 먹는 욕구와 구강 욕동을 명확히 구분했으며, 구강 욕동은 필연적으로 시관 욕동과 호원 욕동과 밀접히 연결되어 있다. …… 마린에게 응시하고 듣는 욕망을 부추길 수 있었던 것은 요구르트가 아니었다. 그것은 우리의 목소리에 담긴 특정한 음조, 놀라움과 쾌락의 정점을 번갈아 가면서 보여주는 그러한 음조였다."

자폐증에 대한 마리-크리스틴 라즈닉의 접근은 욕동이 어떻게 기능하는지, 그리고 말하는 존재의 육체가 어떻게 욕동을 근거로 해서 언어에 매듭지어 지는지 이해할 수 있게 해줍니다. 제가 여러분께 오늘 보여드리고자 한 것은 정신증에서, 그리고 건강염려증이라고 하는 정신증의 기본 형태에서 가장 선명하게 드러나는 상황, 즉 대상이 육체 안에 감금되는 상황입니다. 이런 일이 일어나는 것은 상징의 수준에서 절단의 작용이 없었기 때문입니다. 대상을 분리시켜 줄 수 있을 법한 절단의 작용 말입니다.

위상학 입문

라캉은 우리로 하여금 위상학에서 연구되는 여러 가지 표면들에 익숙해지게 했습니다. 그 표면들은 주체의 구조가 내부와 외부를 가진 구체가 아니라 비구체적(asphérique)임을 파악하게 해주었습니다. 첫 번째로 어려운 지점은 우리가 말하는 표면이 무엇에 관한 것인지 아는 것입니다. 여기서도 문제는 주체가 만들어지기 위해 어떻게 육체와 언어가 매듭지어져야 하는지에 관련됩니다. 언어는 주체 이전에 존재합니다. 우리는 주체가 기표 연쇄로부터 출현함으로써 도래해야 한다고 말할 수 있습니다. 이것은 오직 부성적 은유의 작용을 통해서만 가능합니다. 라캉은 언어의 장소를 "대타자(le grand Autre)"라고 부릅니다. 관건은 주체를 대타자 안에서 도래하게 하는 것입니다. 이러한 주체의 도래는 대상 a가 분리되는 결과를 낳습니다. 대상 a는 대타자를 불완전하게 하는 동시에 주체의 거세를 보장합니다.

우리가 말하는 표면은 주체의 모델입니다. 그러나 그 표면은 또한 주체를 붙잡는 언어적 구조의 모델이라고 할 수 있습니다. 라캉은 이 표면을 여러 가지 방식으로 사용합니다. 가령 그는 뫼비우스의 띠와 관련해서 한 쪽에는 욕망을, 다른 쪽에는 현실을 기입합니다. 우리가 욕망과 현실이 동일한 재료로 이루어져 있음을 파악할 수 있도록 말입니다. 내가 마주하는 현실, 내가 볼 수 있는 현실은 오직 내 욕망에 의해서만 만들어지기 때문에 내가 볼 수 있는 것은 단지 나의 욕망이 나에게 보도록 허용한 것뿐입니다. 저는 모든 것을 내 환상의 창을 통해 바라봅니다.

이 점과 관련하여 여러분께 한 가지 말씀드릴 것이 있습니다. 정신증자이자 작가였으며 매우 지적인 어떤 환자가 저에게 말했습니다. 자기가 얼마나 삶을 견디기 힘든지 말입니다. 왜냐하면 모든 것이 그녀의 얼굴을 때리고 있었기 때문입니다. "당신은 일어나고 있는 일을 보기 위한 프레임을 갖고 있어요. 당신은 격자를 놓고, 경계를 짓고, 그러면 보호받을 수 있죠. 제 경우에는 영원히 광각시야(vision grand angle)를 갖고 있어요. 어떤 필터도 없이 늘 곧장 얼굴에 부딪히죠. 상상할 수 있겠어요?" 저는 그녀에게 이렇게 말했습니다. "'광각시야'는 다음 책 제목으로 좋겠어요." 여기서 저는 글쓰기라는 그녀의 재능이 그녀에게 허용한 보호 장치를 사용하기를 권유했던 것입니다.

위상학적 형태의 또 다른 사례는 토러스(tore)입니다. 라캉은 분석 치료를 두 개의 토러스가 맞물려 있는 상태로 개념화했습니다. 환자는 요구하고, 요구하고, 또 요구합니다. 그러면 환자의 요구는 첫 번째 토러스에 기입됩니다. 그 토러스의 중심에 난 구멍을 따라 원을 그리면서 말입니다. 이 원은 분석과 함께 계속해서 그려지며, 이러한 움직임은 환자의 대상 a의 윤곽을 그리면서 종료됩니다. 이러한 경로는 환자의 토러스의 중심에 난 구멍이 대타자의 토러스, 이 경우에는 분석가의 토러스에 의해 점유되고 있다는 사실에 의해 가능해집니다.

세 번째 사례는 크로스캡(cross cap)이며, 네 번째 사례는 클라인병(la bouteille de Klein)입니다. 뫼비우스의 띠처럼 이 표면들 역시 단 하나의 면을 가지고 있으며, 앞과 뒤의 경계를 넘어서지 않고도 앞과 뒤가 연결되는 특징을 지닙니다. 우리는 아래의 도식을 사용함으로써 크로스캡과 클라인병을 만들 수 있습니다. 이 도식은 표면을 구멍에 의해 구조화되는 것으로 다룹니다. 또한 우리는 크로스캡이 뫼비우스의 띠의 가장자리와 디스크의 가장자리를 꿰맴으로써 만들어지는 반면, 클라인병은 두 개의 뫼비우스의 띠의 가장자리를 서로 꿰맴으로써 만들어진다고 말할 수 있습니다.

그렇다면 이 두 가지 비구체적인 표면은 무엇을 재현합니까? 그것들은 모두 상징계에 붙잡힌 주체를 재현합니다. 대상 a의 절단과 팔루스화를 재현하는 어떤 뫼비우스의 지점(point mœbien)[41]이 실존할 경우 우리는 크로스캡, 즉 신경증 안에 있습니다. 뫼비우스의 지점이 실존하지

---

41 뫼비우스의 지점이란 표면 위에 그려진 선이 앞에서 뒤로 넘어가는 위치를 말한다(역주).

않을 경우 우리는 클라인병, 즉 정신증에 마주하고 있습니다.

이 표면들이 흥미로운 이유는 그것들이 어떻게 특정 유형의 절단이 표면, 즉 주체의 구조를 변형시킬 수 있는지 보여주기 때문입니다. 이번 수업에서 저는 여러분께 이 표면들을 어떻게 묘사할 수 있는지 그리고 어떤 점에서 그 표면들이 그것들을 조직하는 구멍의 구조의 결과로 여겨질 수 있는지를 보여드리는 데에 그치고자 합니다.

대타자의 장소, 기표의 네트워크는 구멍 난 구에 의해 묘사될 수 있습니다. 구에 구멍이 난 이유는 대타자 안에 결핍이 있기 때문입니다. 이것이 S(A)라는 수학소가 뜻하는 것입니다. 구멍 난 구에서 중요한 것은 구멍입니다. 왜냐하면 구멍 난 구는 평평한 디스크로 환원될 수 있기 때문입니다. 위상학에서는 원칙적으로 완벽하게 유연한 표면들을 갖고 작업을 합니다. 만약 여러분이 구멍 난 구를, 크게 구멍 난 농구공을 상상한다면, 여러분은 그 공을 구멍을 통해 평평하게 만들 수 있습니다. 그 결과 구멍은 표면 주위에 위치할 것이며, 여기서 여러분은 디스크를 얻게 됩니다.

만약 이러한 변형을 떠올리기가 힘들다면, 구멍 난 구 형태의 천 조각을 떠올려 보십시오. 위상학에서 구멍이 원형인지 사각형인지는 중요하지 않습니다. 유연한 표면들을 우리가 원하는 대로 변형시킬 수 있기 때문입니다. 이것은 아래의 도식에서도 마찬가지입니다. 저는 사각형의 구멍을 사용했습니다. 완벽하게 유연한 표면을 갖고 작업하는 것은 어렵기 때문에 우리는 표면의 네 개의 모서리를 자르는 식으로 융통성을 발휘해야 합니다. 이것은 여러분께 연속적이고, 유연하고, 변형 가능한 표면이 무엇인지를 실질적으로 보여줄 것입니다. 위상학을 전혀 접해본 적 없는 두 명의 친구의 도움을 받아 아래의 실험을 직접 해보십시오. 이를 통해 여러분은 라캉이 구멍에 의해 조직되는 구조라는 말로 무엇을 가리켰는지 알게 될 겁니다.

쥠쇠 올가미의 구멍 닫기

우리는 사각형의 측면을 다음과 같이 배치함으로써 구멍을 닫을 수 있습니다.

우리는 구멍을 닫았으며, 그 결과 우리의 출발점이었던 구가 다시 등장합니다.

토러스의 구멍 닫기

여기서 관건은 마주하고 있는 두 측면을 붙임으로써 구멍을 닫는 것입니다. 먼저 반대에 놓인 두 측면을 붙입시다. 그리고 나머지 두 측면을 서로 붙입시다. 딱딱한 막대기로 구멍의 테두리를 두름으로써 가방을 스스로 만들어 보는 것이 유용할 수 있습니다. 아니면 마크 다르몽이 자신의 책 203쪽에서 보여주듯, 머리가 한 개 혹은 두 개인 화살표로 표시되는 벡터를 통해 구멍을 닫을 수 있습니다.

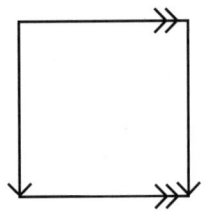

클라인병의 구멍 닫기

이 표면을 만들기 위해서는 두 개의 반대되는 모서리를 연결시켜야 합니다. 그 다음에 나머지 둘을 비틀어서 거꾸로 붙여야 합니다.

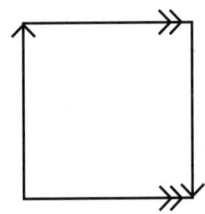

크로스캡의 구멍 닫기

여기서 우리는 두 측면을 붙이기 위해서 우선 한 번 비틀어야 합니다. 그 다음에 한 번 더 비틂으로써 나머지 두 측면을 붙여야 합니다. 복잡해지고 있군요!

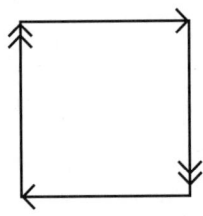

여러분은 구멍 난 가방을 갖고 마지막 두 개의 형태를 만들 수 없다는

것을 알게 될 겁니다. 그 표면들은 3차원 공간에서 서로를 관통해야 하는데, 3차원 공간은 위상학적 표면을 설명하는 데에 충분하지 않기 때문입니다.

수업 8 | 마린느

코타르 증후군 혹은 부정망상
성전환증과의 구조적 연관

코타르 증후군

이번 수업에서는 심각한 멜랑꼴리 환자와 상담한 내용을 텍스트로 옮긴 것을 살펴보고자 합니다. 이 환자의 사례는 코타르 증후군(syndrome de Cotard)의 구성적인 요소를 보여줍니다. 우선 호르헤 카초(Jorge Cacho)의 『부정망상(Le délire des négations)』을 참고하면서 코타르 증후군의 역사와 그 여섯 가지 구성요소에 대해 간략히 말씀드리겠습니다.

1880년에 쥘 코타르(Jules Cotard)는 심각한 불안 멜랑꼴리(mélancholie anxieuse) 형태로 작동하는 망상적인 건강염려증에 관한 최초의 논문을 출간했습니다. 여기서 코타르는 자신이 영원히 벌을 받을 것이며 그의 육체의 일부가 부정당했다고 믿는 환자에 대해 논의하고 있습니다. 가령 환자는 이렇게 말합니다. 자신에게는 "더 이상 뇌도, 신경도, 가슴도, 배도, 내장도 없으며," 자신은 "자연적인 이유로 죽을 수 없으며 영원히 살 것"이라고 말입니다. 이 논문을 출간한 이후에 코타르는 이러한 부정 망상을 여타 만성적인 망상, 특히 박해 망상과 구분하는 데에 집중했습니다.

1882년에 코타르는 두 번째 논문 「부정망상에 관해(Du délire des négations)」를 출간했습니다. 여기서 그는 11가지 사례들을 다룬 뒤에 그 사례들이 단일한 증후군을 이룬다는 생각 하에 전형적인 임상 도표를 통해 그것들을 분류했습니다. 1888년에 그는 "육체적 거대함에 관한 망상(délire d'énormité)"에 관한 세 번째 논문을 출간했습니다. 코타르는 이 망상을 과대망상(délire des grandeurs)과 구분했습니다. 그 망상을 지닌 환자는 자기 육체 이미지의 크기가 증가한다고 믿었습니다. 1889년에 코타르는 이 영역에 관한 작업을 끝내지 못한 채 사망했는데, 그 내용은 1892년 블루아 협회(Congrès de Blois)에서 쥘 세글라(Jules Séglas), 장-피에르 팔레(Jean-Pierre Falret), 엠마누엘 레지스(Emmanuel Régis)를 포함한 13명의 저명한 정신의학자의 논의 대상이 되었습니다. 그들은 부정망상이 하나의 독립된 임상적 실체로 간주될 수 있는지 아니면 서로 다른 병리학에서 발견될 수 있는 증후군인지에 관한 문제를 집중적으로 검토했습니다.

결국 세글라는 부정망상에 "코타르 증후군"이라는 이름을 붙였습니다. 여기에는 다음과 같은 여섯 가지 증상이 포함됩니다.

1) 멜랑꼴리적 불안
2) 영벌이나 악마에 홀렸다는 생각
3) 자살이나 자해에 관련된 경향
4) 무감각, 즉 모든 정동의 상실. 처음에 코타르는 이것을 다소 제한된 방식으로 정신력의 상실이나 기억 및 예상에 관한 능력의 상실로 여겼지만, 나중에 이 개념의 범위는 확장되었습니다.
5) 건강염려증적인 부정망상. 이것은 우선 육체의 여러 가지 기관이나 기능 중 하나의 부정에 관련되었지만, 코타르에 의해 이름의 부정까

지 포함하는 것으로 확장되었습니다(이에 관한 고전적인 사례로 정신의학자 프랑수아 로레(François Leuret)가 보고한 환자를 들 수 있는데, 로레의 질문에 대한 환자의 모든 답변은 "나라는 사람은 더 이상 이름이 없어요"라는 말로 시작됐습니다). 이 망상은 말, 주체, 심지어 세계 자체의 부정을 포함합니다.

6) 불멸성의 망상. 이것은 시간의 부정과 유사합니다.

임상 사례 상담 녹취

이번 환자는 22살의 젊은 여성입니다. 그녀는 14살 때 거식증을 겪은 적 있고, 아래의 인터뷰는 병원에 얼마 동안 입원한 시점에 이루어졌습니다. 그녀는 자기가 남자친구와 헤어졌고, 정신증에도 불구하고 대학에서 공부를 하고 있다고 말했습니다(아니 데쉰스(Annie Deschênes)가 녹취된 상담을 아래의 텍스트로 옮겼습니다. 사용된 약호는 다음과 같습니다).

(……) : 들리지 않은 부분
…… : 말이 중단된 시간, 말투의 느낌을 강조

인터뷰
"…… 그러니까 제가 수개월 동안 변하고 있다고 말씀드렸는데요."
"…… 당신의 변화는 ……"
"우선 당시 저는 제 자신이 아니었죠, 좀 더 정상적인 지금과 달리 …… 저는 생각했어요. …… 제 성적 정체성에 대해서요. ……"
"네?"
"…… 저는 여자인 제 몸에 어딘가 위화감을 느꼈어요. 머리에 마치 둘로 나뉜 공간이 있는 것 같은…… 마치 제가 머릿속에서는 여자가 아닌 것 같은. 그렇지만 저는 이런 생각들을 억압했고 저 스스로에게 아니라고, 그런 일은 가능하지 않다고 말했어요, 음…… 그렇지만 그 생각들은 저를 괴롭혔어요. 그건 너무 복잡해서 설명할 수 없어요. …… 그냥 계속 말할게요. 아무튼 그래서 저는 X 박사님과 Y 부인에게 이에 관해…… 그러니까 이 문제들에 관해 말씀드리러 갔어요. 저는 그들에게 늘 똑같은 것만 말했어요. …… 제가 이 생각을 억압한다고 말이에요. 음, …… 아마도, 음, 제가 양성애자일 수도 있다는 생각을 ……"

"당신은 당신이 변하고 있다고 느꼈지만 그런 일은 가끔씩만……"

"그때는 아직 그렇게 느끼지 않았을 지도요?"

"네?"

"제가 억압했으니까요. 저는 이 모든 생각들을 부정했어요. 저는 그 생각들을 밀어냈지만 …… 그 부분에서 고통스러웠어요. 제가 받은 인상은 …… 이건 정의하기 어려운데, 그건 마치, 마치 제가 남자 생식기를 갖거나 어떤 고통을 느낄 수 있지만, 소년들에게 끌렸고, 이건 정상적인 일이었죠. 저는 유혹하는 걸 좋아했고, 이 모든 건 정상적인 일이었어요. 그렇지만 메이크업을 하고 예쁜 옷을 차려 입으면 저는 이상한 기분이 들었고, 그 다음에 누군가와 함께 살았는데 그에게 한 마디도 하지 않았어요. 물론 성관계는 저에게 매우 어려운 일이었어요. 왜냐하면 제가 늘 그런 생각을 했으니까요. …… 그리고 그 생각 안에 마치 저를 괴롭히는 무언가가 있는 것 같았어요. 그래서 저는 남자친구와 헤어졌어요. 왜냐하면, 왜냐하면 …… 저는 다른 쪽을 향해 점점 더 나아가고 있다고 느꼈으니까요."

"그게 언제였죠?"

"작년 9월이에요. …… 하지만 이 모든 것은 늘 그랬어요, 그렇지 않나요? 24시간 내내 그랬어요. 그럼에도 불구하고, 이 모든 생각들과 함께 …… 저는 여전히 그럭저럭 지낼 수 있었어요. …… 계속 정상적으로 수업에 가고, 정상적으로 일을 하고, 음 …… 정상적으로 행동하려고 …… 노력하면서요."

"…… 당신이 이 생각들에 맞서 싸웠다고 말할 수 있을까요?"

"네, 제가 원하지 않은 것은 ……"

"그 생각들을 하고 싶지 않았다구요?"

"……"

"지금은 무슨 생각을 하고 있나요?"

"그러니까 오늘 상황은 그때와 매우 달라요. …… 저는 이제 이 생각들을 …… 더 잘 판단할 수 있는 ……"

"(……) 그때 당신이 내렸던 판단에 비해서 말인가요?"

"그 생각들은 이상해 보였고, 저를 몹시 괴롭혔죠. 왜냐하면 저는 정말로 정신적으로 아팠고 …… 신체적으로도 ……"

"그 생각들이 이상해 보였다는 말은 그 생각들이 말이 안 되는 것처럼 느껴졌다는 뜻인가요?"

"그러니까 …… 비정상적으로요, 이미 ……"

"비정상적, 이미 ……"

"그리고 9월에 저는 남자친구와 헤어졌어요. 저는 그에게 모든 책임을 돌렸지만, 사실은 제가 더 이상 감당할 수 없게 된 거였어요. 음, 그런 섹스를, 커플 관계를 말이에요. 한 마디도 하지 않은 채……그를 사랑했는데 이제는 사랑할 수 없다고 말하면서요 …… 제가 그에 대해 어떤 감정을 가졌던 건지 모르겠어요. 저는 그를 많이 좋아했지만 …… 사랑은 없었어요. 그래서 저는 그에게 모든 책임을 돌렸고 ……

데이트를 할 수 없다고, 더 이상 감당할 수 없다고 하면서 이 모든 것 …… 이 모든 …… 건 정말 아니었어요! 그래서 그 뒤에, 음 …… 저는 …… 저는 다소 자유로워졌어요. 저는 이게 …… 모르겠어요. …… 저를 도와줄 거라고 …… 모든 것이 더 좋아질 거라고, 모르겠어요. …… 아마도 …… 제가 너무 느리게 말하고 있으면, 더 빨리 말하라고 하세요. ……"

"편한 대로 하세요."

"그래서 그때부터 시작해서 …… 그러니까 그때 저는 …… 늘 느꼈어요. …… 그 …… 마치 이면에 무언가가 있는 것처럼 …… 여성적이지 않은 무언가가 …… 제가 옷을 예쁘게 입었을 때, 이 모든 게 무언가 잘못된 것 같았어요. …… 이 육체 안에, 안에 …… 제가 입고 있는 것 안에 …… 무언가 맞지 않았어요. …… 어떤 분열이 있는 것 같은 …… 그리고 …… 2월, 3월……부터 …… 저는 잃어버리기 시작했어요, 음 …… 제 모든 여성성을. …… 네, 심리적인 …… 조금씩. 제 말은 이 모든 대명사들이, 음 …… 이상하게 보였어요. 사람들이 저를 "그녀"라고 부르는 게요. 음 …… 저는 큰 얼개만 말씀드리고 있는데 왜냐하면, 거기에는 정말로, 정말로 많은 것들이 있으니까요 …… 제 이름-음 …… 제 글쓰기 …… 저에게 속한 모든 것 …… 제 옷, 이 모든 것이 조금씩 분리되었죠 …… 제 인격으로부터요 …… 조금씩, 그 모든 게 더 이상 제 안에 없었어요. …… 제가 자주 반복해서 말했던 것은, 사람들이 저에게 물을 때, …… 그때, 그러니까 그때 저에게 무슨 일이 일어났는지 물을 때 …… 당신은 스스로가 남자인 것 같다고 느껴요. 가령 남자가 있고 자신을 여자라고 느끼는 여자가 있고 …… 스스로를 남자라고 느끼는 남자가 있다면 …… 저는 더 이상 스스로를 여자로 느끼지 않았고, 이건 설명할 수 없는 일이었죠. …… 그런데 사람들은 저에게 말했죠. …… 하지만 …… 하지만 …… 저에게서 아무 것도 볼 수 없다고 말이에요! …… 그런 거죠, 그런데 그 후에, 나중에, 저는 중립적인 지점에 도달했어요. …… 그때 저는 좀 더 침착했어요. …… 왜냐하면 저는 덜 고통스러웠고, 아무 것도 아니었고, 그렇지만 그다지 심각한 문제가 아니었어요. …… 그러나 저는 덜 고통스러웠고 …… 그 이후에 저는 스스로를 재구성했고, 저는 …… 마치 다른 성적인 …… 상태로 변화한 것 같았어요, 저는 스스로를 남자로 재구성했고 …… 심리적으로 말이에요. 그런데 이 모든 건, 물론, 제가 제 육체에 대해 갖는 시선에 영향을 주었고 …… 그리고 제가 …… 제 육체에 대해 느낄 수 있는 것에 영향을 주었죠. 그 다음에 저는 이 모든 게 끝날 거라고 생각했어요. 그 다음에 저는 스스로에게 물었죠. 내가 트랜스섹슈얼이라는 걸 어떻게 말하지? 저는 트랜스섹슈얼에 관한 책을 한 권 샀어요. 그리고 생각했죠. 그런데, 음, …… 어려운 일일 거야, 음, 그런 말을 하는 건, 내가 남자가 되었다고 말하는 건. 어떻게 말할까? 문제는 거기서 끝나지 않았어요. 그 다음에 저는 제가 남자 …… 생식기가 될 거라고 믿었어요. 마치 제가 제 영혼을 완전히 잃어버릴 것처럼, 마치 저에게 영혼이 없는 것처럼, 여자도 아니고, 남자도 아니고, 제가 스스로를 만들었고 …… 더 이상 저에게 영혼이 없는 것처럼 …… 제가 남자 생식기가 될 거라고 …… 성가신 일이었어요. 왜냐하면 …… (그녀의 눈물이 완전히 무표정한 그녀의 얼굴을 타고 흘러내린다). 사람들은 미친 사람을 동정해요. 하지만, …… 하지만 저는, 저에게 일어난 모든 일은, 제 잘못이 아니었어요! 더러운 일이죠. …… 하지만 제 잘못이 아니에요! …… (눈물) 예전에 저는 어떤 사람이었냐면 …… 매우 상냥한 사람이었어요. …… 네. 매우 너그러운 사람이었어요!"

"당신은 자기 자신이 벌을 받고 있다고 느낀 적이 있나요? 당신이 남

자 생식기에 불과한 존재가 될 때까지 변하는 벌을 받을 만하다고 느
낀 적 있나요?"

"스스로에게 말한 적 있어요. …… 내가 무슨 짓을 했길래 …… 물론, 그
런데 내가 무슨 짓을 했길래 음, 이 모든 일을 겪어야 했을까?"

"오늘도 (……)한 감정을 느끼나요?"

"(……)영벌이요?"

"오늘 아침에 제가 당신을 봤을 때 당신은 저에게 이 모든 것의 초자연적인
성격에 대해 말했어요. 당신은 심지어 '영벌'이라는 단어를 썼어요."

"무슨 단어요?"

"영벌."

"저는 그런 말을 한 적이 없어요. 저는 그게 무슨 뜻인지도 몰라요."

"(……) 마치 그건 어떤 …… 죄 같은 거죠. ……"

"저는 더러움에 대해 말했죠."

"네?"

"그게 …… 그건가요? 그렇지만 …… 그건 그 이상이에요, 제 말은, 만
약 …… 생각해 보세요 …… 음 …… 당신이 머릿속에서 그렇게 변한다
고 생각해 보세요. 단순히 스스로에게 그래, 좋아라고 말하는 게 아니
에요 …… 그건 음 …… 내가 여자라면, 사람들, 내 가족들, 이 모든 것
들과 정상적인 관계를 가졌을 거고, 그리고 …… 갑자기 나에게 좋은
생각이 떠올랐을 거고, 이런 게 전혀 아니었어요! 그건 매우 깊은 것
이었어요! …… 그러나 저를 가장 힘들게 한 것은 그게 얼굴로 드러나
지 않는다는 점이었어요!"

"당신은 당신의 영혼에 대해 어떤 인상을 ……"

"…… 제 영혼, 그건 …… 무엇보다, 저에게는 더 이상 자아가 없어요.
마치 자아가 사라진 것 같아요. 저에게는 말밖에 없어요. 모르겠어요,

자아라니, 그건 만들어진 것일 뿐이죠! 이런 것들 …… 두려움, 성격, 부드러움, 사랑, 감정 …… 선한 것, 악한 것……등이 있죠. 그러나 저에게 모든 것은 성적이에요!"

"당신은 그 모든 감정을 더 이상 느끼지 않는 것 같나요?"

"아무 것도 느끼지 않아요. 저에게는 인간적인 게 더 이상 남아 있지 않아요! 하지만 저와 몇 시간은 보내야 할 거에요. 일어난 모든 불행한 일에 대한 설명을 들으시려면 …… 제가 지금까지 말한 것은 대략적인 스케치에요 ……"

"스스로에게 '나는 다른 사람들과 함께 할 자격이 있는가?'라는 질문을 던지는 순간이 있나요?"

"글쎄요, 사람들이 저를 부를 때, 예를 들어, 제가 병원에 있을 때 …… 라면 당신의 질문에 대해 그렇다고 말할 수 있겠네요 …… 글쎄요, 똑같지는 않지만 …… 누군가 저에게 '나 너 사랑해' 같은 말을 할 때, 저는 그 말을 부정해요. 아무도 저 같은 사람을 사랑할 수는 없어요!"

"당신은 사랑받을 자격이 없나요?"

"없어요! 그 누구도 그럴 수 ……"

"당신은 사람들이 당신을 도와줄 수 있을 거라고 생각하나요?

"(환자는 아니라는 뜻으로 머리를 흔들면서 주저하는 것처럼 보이다가 말한다) 당신이 트랜스섹슈얼과 상담을 진행해 본 적 있는지 모르겠네요. 문제는 이거에요. 심한 고통을 받는 사람들이 있어요. 글쎄, 아마도 그들은 현재 그들의 모습 그대로 괜찮을 지도 몰라요. 사회적인 차원에서는 전혀 그렇지 않지만, 그들은 자기들이 뭘 원하는지 알고 있어요! 그들은 자신들이 그렇게 되고 싶어 한다는 걸 알고 있어요, 음 …… 그건 그저 성적 정체성의 문제일 뿐이고 그들은 …… 그러니까 …… 그들은 자신들의 삶을 살 거예요. …… 소위 "정상적인" 삶을, 음,

다른 성을 지닌 채로요. 시도하는 거죠, 적어도 …… 그들은 거울 속에서 스스로를 보고 변화하는 데에 성공할 수 있어요 ……"

"일전에 당신은 저에게 당신이 스스로를 더 이상 알아볼 수 없는 것 같은 느낌을 받는다고 말했어요."

"(눈물) 저는 저를 변화시키려고 시도할 시간이 없었어요. 너무 빨리 진전됐어요. 저는 음 …… 어떤 시점에 …… 그때, 저는 사실 제가 남자라고 확신했어요. 저는 거울 앞에 서서 스스로에게 말했죠, 음 …… 너는 수염이 있고 음 …… 이제는 가슴이 없고 …… 제가 뭐 가슴이 크다는 건 아니지만(약간의 웃음) …… 무언가 만들려고 시도하거나 행복해지는 것 …… 행복해지는 것?⁴² 그렇지만 저에게는 시간이 없었어요! (눈물) 너무 멀리 나아갔어요. 저는 변했죠. …… 마치 저에게 있는 …… 모르겠어요. …… 우리가 아기일 때, 조금씩, 우리는 거울 속에서 우리 자신을 보고 그렇게 우리 자신을 알아보죠. 그러니까 우리 뇌에 그런 식으로 새겨진다고 생각해요. 글쎄, 제 경우에는 그런 새겨짐이 일어나지 않았죠(désimprimé) …… 저는 점점 더 …… 여자도 아니고, 남자도 아니고 ……"

"이제 당신에게는 영혼밖에 남은 것이 없다는 말인가요?"

"이제 볼 수 없어요. 그건 상상하기 …… 너무 어려운 일이에요……"

"제가 잘 이해했다면, 당신은 당신의 육체가 사라졌다는 느낌을 받아요 …… 신체의 어떤 부분이 …… 어떤 기관이 먼저 사라졌나요?"

"아니요, 음, …… 정상적으로, 조화가 유지될 때는 …… 뇌가 있고, 머리가 있고, …… 모든 것은 서로 결합되어 있죠. 깔끔하고, 정상적이고,

---

42 여기서 환자가 처음에는 여성형 형용사 "행복한(heureuse)"이라고 말했다가, 그 다음에는 남성형 형용사 "행복한(heureux)"이라고 고쳐 말했음에 주목하자(역주).

…… 전체이고, 통일성이에요. 그런데 더 이상 어떤 영혼도 없고 어떤 …… 성적 정체성도 없을 때 …… 아니면 어떤 통일성도 없을 때 …… 제 말을 따라오고 있나요? 어려운가요? 그렇지만 저에게는 멍청하지 않은 부분이 여전히 남아 있어요! …… 그렇지만 저는 ……(눈물) 그렇지만 저도 알아요……(눈물) 성적인 함축이 있기 때문에 회복 불가능한 문제라는 걸 …… 그리고 제가 말씀드릴 수 있는 건 이 문제가 모든 것보다 훨씬 강력하다는 거예요!"

"죽음에 대해 생각할 때가 있나요?"

"그렇지만 저는 너무 고통스러워서 항상 죽고 싶어요! 저는 세계를 지각하지 못하고, 시간을 지각하지 못하고, 사람들을 지각하지 못하고, 사람들의 성격을 지각하지 못해요. …… 무슨 소용이 있나요? 제가 갖지 못한 …… 저는 점점 모든 걸 잃었어요! 저는 사랑을 잃었어요! 제가 이미 말했잖아요, 선, 악, 좋은, 나쁨 …… 모든 것이 성적으로 변하기 위해, 조금씩……"

"그에 관해 이야기할 수 있겠어요?"

"아니요 ……"

"왜 말할 수 없나요?"

"…… 왜냐하면 그것 때문에 죽지는 않으니까요!"

"……"

"……기억을 못해요!"

"오늘 아침에 당신은 좀 더 멀리 나아갔어요. 당신은 당신이 종종 ……한 느낌을 받을 때가 있다고 말했어요. "

"제가 정말로 그렇게 말했어요? 기억이 안 나는 군요……"

"지금 이 순간에 당신은 당신의 기억이 …… 하다는 느낌을 받나요."

"제가 변화하면서 조금씩 제 모든 기억들은, 마치 제가 이제는 예전의 제가 아닌 것처럼, 무엇보다, 제가 그 누구도 아니고 …… 제 모든 추억들, 기억들, 그 모든 것은 …… 제가 그것들을 잃어버린 건 아니지만, 그것들은 아주 멀어지게 되었어요. …… 그것들을 찾으러 멀리 간다면 되찾을 수 있을 거예요. …… 저는 제가 그것들을 잃어버렸다고 말하지는 않겠어요. …… 제 생각에 그것들은 저 멀리 뒤쪽에 있어요."

"낮에는 무엇을 하나요?"

"저는 아무 것도 할 수 없어요. 저에게 영혼이 없기 때문이에요. 이건 웃긴 일이죠, 왜냐하면 그럼에도 불구하고 저는 우니까요 ……."

"요즘에 잠은 어때요?"

"잘 자요."

"몇 시에 일어나요?"

"7시 45분 쯤 일어나요."

"(……)가 당신을 깨우지 않나요?"

"깨우지 않아요. (……) 아주 좋은 상태는 아니에요. 그렇지만 그건 거식증과 아무런 관련이 없어요. (눈물) 어떻게 하면 선생님에게 제 말을 이해시켜 드릴 수 있을까요? …… 어떻게 하면 이해시켜드릴 수 있는지가 문제네요. …… 저는 제 입에 먹을 걸 넣을 수가 없어요. …… 저는 느끼지 …… 저는 제 입을 느끼지 못하고, 입은 기계적으로 움직일 뿐이에요."

"당신은 당신의 입, 식도, 위가 사라졌다고 느끼나요?"

"네, 저는 더 이상 아무 것도 느낄 수 없어요."

"더 이상 아무 것도 느낄 수 없다구요?"

"그러니까 저는 그게 뭔지 더 이상 모르겠어요 ……."

"그러면 복통 같은 경우는 일상적으로 느끼나요?"

"(……) …… 그 모든 일이 일어나기 전에 몇 년 동안 복통을 앓았어요."

"지금은 복통이 없나요?"

"없어요, 하지만 더 심해졌어요 …… 왜냐하면 저는 더 이상 아무 것도 느끼지 못하기 때문이에요 …… 저에게는 더 이상 육체가 없기 때문이에요, 그러니까 …… 더 심해진 거죠!"

"이번 입원이 처음인가요?"

"아니요."

"몇 번이나 입원했는지, 몇 살에 입원했는지, 그리고 왜 입원했는지 간략히 말해줄 수 있나요?"

"14살에 거식증 때문에 …… 그런데 꽤 빨리 퇴원했어요, 3달이 지나자 체중이 좀 늘었어요. 하지만 그 이후에 성에 관련된 이 모든 생각들이 출현했어요. 마치 그 생각들이 감춰져 있던 것처럼……"

"당시에 치료를 받고 있었나요?"

"아니요."

"…… 쪽에 (……) 사람들. 그때 그들이 당신에게 어떤 약물을 처방했나요?"

"아나프라닐(Anafranil)을 복용하고 있었어요 ……"

"네?"

"자낙스(Xanax)도 먹었던 것 같아요 ……"

"흠 ……"

"그게 제가 기억하는 전부에요."

"그 다음에 심리치료를 시작했나요?"

"아니요. 그 다음에 저는 (……) 우리 가족은 생각했죠. …… 그러니까, 우리는 이렇게 생각했죠. …… 당신이 틀림없이 저보다 이 방면에 더 경험이 많을 거예요. …… 중립적인 환경을, 그러니까 기숙사 학교를 시도했지만 잘 되지 않았는데, 아버지가 교육비를 감당할 수 없었기 때문이에요. 그래서 부모님은 저를 알프스에 있는 어떤 집에 있도록 보냈어요. ……그리고 저는 거기에 있을 때 발작을 일으켰죠. …… 모든 것이 늘 섹스에 관한 것이었어요, 그런 식으로요. 저는 이 모든 것이 성적인 것이며 저에게 성적인 것이 도래했다고 생각했어요. …… 저는 집으로 돌아갔어요. …… 그리고 저는 X박사님과 상담을 했어요. 그리고 어떤 시점에 제 상태는 몹시 안 좋아졌고, 그래서 박사님은 저를 (……)에 입원시켜야 했어요."

"이건 언제 일이죠?"

"19……."

"그때 당신은 몇 살이었죠?"

"16살이었어요."

"그 다음에는 어떻게 됐죠?"

"퇴원해서 집으로 돌아갔고 학교 공부를 이어서 계속했어요."

"당신은 (……)를 했나요?

"웬걸, 학사학위를 받았어요."

"그래서 (……)를 중단했군요."

"2월 시험을 다 쳤어요. 아직 통과하지 않은 시험이 한, 두 개 남았어요."

"말씀 감사합니다."

논평

여러분은 이 사례에는 코타르 증후군의 묘사와 관련하여 코타르가 묘사하는 몇 가지 특징이 빠져 있다는 점에 주목하실 수 있었을 겁니다. 이 멜랑꼴리 환자는 온전한 의미에서 코타르 증후군이 아닙니다. 왜냐하면 환자에게는 무언가에 홀렸다는 생각이나 불멸성에 관한 생각이 없기 때문입니다. 그러나 이 환자의 말에서 우리는 코타르 증후군에 속하는 많은 요소를 찾아낼 수 있습니다. 우선 소위 무감각이라 불리는 것, 즉 정동의 상실에 관한 모든 것이 있습니다.

"저는 사랑할 수 없었어요."
"사랑은 없었어요."

즉, 환자는 자신이 더 이상 아무런 정동을 느끼지 못한다고 괴로워했습니다. 그녀가 스스로에게 이렇게 말하듯 말입니다. "이건 웃긴 일이죠, 왜냐하면 그럼에도 불구하고 저는 우니까요." 그리고 우리는 그녀가 극심한 고통 속에 있음을 명확히 알 수 있습니다. 또 고통과 관련하여 그녀는 이렇게 말합니다. "저를 가장 힘들게 한 것은 그게 얼굴로 드러나지 않는다는 점이었어요."

코타르 증후군과 관련되는 두 번째 요소는 상담이 시작되자마자 바로 등장하는데, 그것은 정체성의 상실입니다. 그녀는 자신이 9월 이래로 정체성 문제를 겪어 왔고 2월, 3월부터는 대명사와 이름을 사용하는 법을 조금씩 잃어버리기 시작했다고 말합니다. 그녀는 이렇게 말합니다. "저에게 속한 모든 것이 조금씩 제 인격으로부터 분리되었죠. 그건 더 이상 제가 아니었어요." 그리고 그녀는 중립성이라는 생각에 도달합니다. "중립적인 지점에 도달하자 저는 좀 더 침착했어요, 덜 고통스러웠고 아무 것도 아니었어요."

세 번째 요소는 성전환증에 대한 이론적 관점에서 매우 흥미롭습니다. 여러분은 트랜스섹슈얼이 정신증적 구조를 갖고 있는지 아닌지에 관한 논쟁이 현재 진행 중이라는 점을, 그리고 몇몇 내과 의사, 외과 의사, 정신과 의사 및 트랜스섹슈얼 운동 내부에서는 트랜스섹슈얼이 정신증적 구조를 갖지 않는다고 주장한다는 점을 알고 계실 지도 모릅니다. 정신분석의 입장에 대해 말하자면, 정신분석은 트랜스섹슈얼의 정신증적 구조를 주장할 수밖에 없습니다. 그렇게 하지 않으면 이론적 정합성을 완전히 잃어버리기 때문입니다. 우리는 정신증이 발병하지 않았을 때, 주체를 유지시키는 어떤 보충물들이 있을 때, 정신증적 구조를 지닌 이 주체는 기능과 행위의 측면에서 신경증적 주체와 구분되지 않는다는 사실을 잘 알고 있습니다. 이것은 혹자들이 "경계선 사례(cas limite)"라는 용어로 지칭하는 문제이기도 합니다. 성전환증과 관련해서 이번 수업의 사례는 매우 흥미롭습니다. 이 사례는 성전환증의 구조를 그 초기 상태에서 이해하게 해주기 때문입니다. 그리고 여기서는 코타르 증후군의 명백히 정신증적인 성격이 드러납니다.

이 환자의 사례에서 저의 관심을 끈 것은 라캉이 정신증과 관련하여 제기한 "여자로의 추동(pousse-à-la-femme)" 개념입니다. 라캉은 정신증이 슈레버의 탈남성화(éviration), 즉 여자로의 성전환을 추동한다는 점을 발견했습니다. 우리는 이 점을 잘 이해할 수 있습니다. 왜냐하면 정신증에서는 팔루스 함수가 설립되지 않으며, 이로 인해 주체는 자동적으로 대타자의 위치에, 즉 여자 쪽에 위치하기 때문입니다.

일전에 저는 마르셀 체르막에게 무엇이 정신증이라는 질병 특유의 결정적인 증거가 되는지 물어본 적 있습니다. 그는 남자의 여성화 및 주체의 죽음에 관한 삽화가 그 증거라고 답변했습니다. 그렇다면 여자의 경우에는 어떻게 되는 걸까요? 여자에게는 무엇이 남자의 여성화에 준하는 걸까요? 이런 질문들은 해결되지 않은 채로 남아 있습니다. 상황이 대칭적일 거라고 생각할 이유는 없습니다. 사실 그러한 대칭은 불가능합니다. 왜냐하면 팔루스가 우리의 의미작용을 조직하고 우리 자신이 남자 쪽이나 여자 쪽에 위치하도록 해주기 때문입니다. 또 어떤 기표도 여자 전체의 집합을 만드는 것을 허용할 수 없기 때문입니다.[43]

환자는 이 점에 관해 무엇을 말하고 있습니까?

"저는 아무 것도 아니었고 …… 스스로를 남자로 재구성했고 …… 내가 트랜스섹슈얼이라는 걸 어떻게 말하지? …… 어떻게 말할까? 문제는 거기서 끝나지 않았어요. 그 다음에 제가 남자 …… 생식기가 될 거라고 믿었어요. 마치 제가 제 영혼을 완전히 잃어버릴 것처럼, 마치 저에게 영혼이 없는 것처럼, …… 당신이 머릿속에서 그렇게 변한다고 생각해 보세요 ……

당신이 트랜스섹슈얼과 상담을 진행해 본 적 있는지 모르겠네요. …… 많은 고통을 받고 있는 사람들이 있어요. …… 그러나 그들은 자기들이 뭘 원하는지 알고 있어요! …… 그건 그저 성적 정체성의 문제일 뿐이고 그들은 …… 그러니까 …… 그들은 자신들의 삶을 살 거예요. …… 소위 "정상적인" 삶을, 음, 다른 성을 지닌 채로요. …… 그들은 거울 속에서 스스로를 보고 변화하는 데에 성공할 수 있어요. …… 그렇지만 저에게는 행복해지기 위해 무언가 만들려고 시도하기 위해 저를 변화시킬 시간이 없었어요!"

거울 이미지 알아보기

환자는 이렇게 말했습니다. "우리가 아기일 때, 조금씩, 우리는 거울 속에서 우리 자신을 보고 그렇게 우리 자신을 알아보죠. 그러니까 우

---

[43] 여기서 "여자는 비전체(pas-toute)"라는 논점이 제기된다. 이에 대한 한 가지로 논의로 역자의 『여자는 존재하지 않는다』의 "비전체" 챕터를 참고하라(역주).

리 뇌에 그런 식으로 새겨진다고 저는 생각해요. 글쎄, 제 경우에는 그런 새겨짐이 일어나지 않았죠." 이것은 우리가 첫 번째 수업에서 살펴본 것, 즉 거울단계와 거울 이미지에 대한 망상적인 오인을 환기시킵니다. 그녀의 눈물과 자기 방어 시도에서는 죄책감이 드러납니다.

"성가신 일이었어요. …… 사람들은 미친 사람을 동정해요. 하지만, …… 하지만 저는, 저에게 일어난 모든 일은, 제 잘못이 아니었어요! …… 예전에 저는 어떤 사람이었냐면 …… 매우 상냥한 사람이었어요. …… 내가 무슨 짓을 했길래 이 모든 일을 겪어야 했을까?"

이런 말은 처벌이라는 관념을 떠올리게 합니다.

이 환자가 당시 자신의 경험에 대해 말을 할 수 있었다는 점을 유념해야 합니다. 이것은 아마도 그녀의 상태가 이미 호전되었음을 뜻할 것입니다. 우리는 이 상담 전에는 그녀의 죄책감이 훨씬 강했을 거라고 짐작할 수 있습니다. 실제로 죄책감과 자기처벌은 멜랑꼴리에서 전형적으로 드러납니다.

그녀의 부정 증상에는 정체성의 상실 외에도 여성성의 상실과 영혼의 상실도 있습니다.

"저는 조금씩 이 모든 대명사들을 잃어버리기 시작했어요. 저에게 속한 모든 것이 제 인격으로부터 분리되었죠. 조금씩 그건 더 이상 제가 아니었어요. 당신은 스스로를 남자나 여자로 느끼죠. 저는 더 이상 스스로를 여자로 느끼지 않았고, 이건 설명할 수 없는 일이었죠."

제가 이 사례에서 주목하는 마지막으로 인상적인 포인트는 주체가 남자의 생식기로 변화한다는 점, 즉 주체가 대상과 자신을 동일시한다는 점입니다. 그녀는 말합니다. "그 다음에 저는 제가 남자 …… 생식기가 될 거라고 믿었어요. 마치 제가 제 영혼을 완전히 잃어버릴 것처럼, 마치 저에게 영혼이 없는 것처럼." 또 그녀는 여러 차례 자신에게는 모든 것이 성적인 것이 되었다는 사실을 강조합니다.

"마치 제 영혼이 사라진 것처럼 …… 만들어진 모든 것, 성격, 부드러움, 사랑, 감정, 선한 것, 악한 것이 있죠. 그러나 저에게 모든 것은 성적이에요! …… 일어난 모든 불행한 일에 대한 설명을 들으시려면 저와 몇 시간은 보내야 할 거에요. 누군가 저에게 '나 너 사랑해' 같은 말을 할 때, 저는 그 말을 부정해요. 아무도 저 같은 사람을 사랑할 수는 없어요!"

따라서 주체는 사라졌고 주체는 어떤 대상, 라캉의 대상 a와 자신을 동일시했습니다. 그녀가 우리에게 "저에게 모든 것은 성적이에요"라고 말할 때 이것을 통상적인 의미로 이해해서는 안 됩니다. 만약 섹슈얼리티가 어떤 주체와 타자의 관계라면 그녀에게는 성적인 것이 전혀 존재하지 않습니다. 그녀에게 "모든 것이 성적이다"라는 말은 그녀가 대상, 즉 페니스가 되었음을, 그러나 상상의 팔루스도 상징의 팔루스도 아닌 실재의 페니스가 되었음을 뜻합니다. 말하고 있는 것은 페니스라는 대상입니다.

주체와 대상 a의 동일시에 대해 좀 더 깊은 이해를 원하는 분께 저는 체르막의 텍스트 "코타르 증후군의 정신분석적 의미작용"을 권해드리고자 합니다. 그 텍스트는 1992년 12월 12-13일의 학술대회발표논문집에 수록되었고 체르막의 저서 『대상의 정념』에서 재수록되었습니다.

저는 이 텍스트의 몇 가지 요소를 살펴보고자 합니다. 체르막은 우리로 하여금 멜랑꼴리는 슬픔이나 애도와 아무런 관련이 없다는 사실에 주목하게 합니다. 프로이트의 "애도와 멜랑꼴리" 이래로 사람들은 멜랑꼴리에 대해 말할 때 늘 애도를 참조합니다. 어떤 신경증적 주체가 소중한 존재를 상실할 때 발생하는 애도를 말입니다. 그러나 신경증자의 애도는 오직 아버지의 이름이 세계를 조직할 때에만, 인간관계를 가능하게 만드는 도덕 법칙이 있을 때에만 가능합니다. 멜랑꼴리에서, 그리고 더욱이 코타르 증후군에서 우리는 순수한 상태에 있는 정신증을 다루고 있습니다. 여기서는 도덕 법칙이 전혀 존재하지 않습니다. 이것은 완전히 다른 상황이며, 여기서 우리는 법을 넘어선 초자아에 직면해 있습니다.

코타르 증후군은 "두 죽음 사이(entre deux morts)"[44]에 있는 공간에 위치합니다. 우리가 오늘 살펴본 환자는, 코타르 증후군 환자가 말하듯 자신이 죽었다고, 자신이 불멸이라고 말하지는 않습니다. 그러나 우리는 그녀의 고통을 분명히 들을 수 있었습니다. 아무런 정동을 느끼지 못하는 고통, 예전처럼 무언가를 느낄 수 없는 고통, 욕망이 없고 정체성이 없고 영혼이 없고 여성성이 없는 고통을 말입니다. 그녀가 말했듯, 그녀는 고통 외에는 자신이 살아있다는 느낌을 주는 모든 것을 잃었습니다.

이러한 실존의 고통, "순수한 상태의 고통"은 멜랑꼴리가 노래하는 후렴구에서 전형적으로 드러납니다. 이 고통은 애드가 앨런 포의 소설 "M. 발데마르 사건의 진상(la véridique historie de Monsieur Valdemar)"에서 주인공이 친구에게 자신을 죽여 달라고 할 때 특히 잘 묘사되어 있습니다. 우리는 급성 정신증에서 주체의 죽음을 말합니다. 가령 슈레버는 세

---

[44] 생물학적 죽음과 상징적 죽음 사이를 뜻한다. 이에 관한 한 가지로 논의로 역자의 『여자는 존재하지 않는다』의 "두 죽음 사이" 챕터를 참고하라(역주).

계의 종말 후에 출현한 "일시적으로 급조된 인간들"을 거론하면서 "자신이 첫 번째 나병 시체이며, 나병 시체를 이끌고 있다"고 말합니다. 또 슈레버는 신문의 부고란에서 자기 자신의 죽음에 대한 기사를 읽습니다. 주체의 죽음에 관한 이러한 삽화는 코타르 증후군과 유사합니다. 코타르 증후군은 보통 멜랑꼴리에서 발견되지만, 다른 형태의 정신증에서도 발견됩니다. 마르셀 체르막이 그의 논문에서 발전시키고 있는 "두 죽음 사이"는 『에크리』의 "사드와 함께 칸트를"이라는 텍스트에서 등장하는 개념입니다. 거기서 라캉은 어떻게 안티고네가 크레온에 의한 "사형 선고가 있음으로써 도입되는 이른바 두 가지 죽음 사이의 불일치"[45]를 보여주는지 논의합니다. 각주에서 라캉은 이렇게 말합니다. "**신체의 죽음은 두 번째 죽음에 대한 소망에 대상을 제공한다.**"[46]

무덤에 산 채로 매장되어 이미 산 자들의 세계에서 제거된 안티고네는 실존의 공포에 휩싸입니다. 당시 그녀의 삶에서 남아 있는 유일한 것은 죽음이었습니다. 라캉은 프로이트가 발전시킨 죽음 욕동을 언급합니다. 그가 주체의 기능 속에서 쾌락 원칙 너머의 반복을 발견할 때 말입니다. 실존의 고통은 서구인들이 인식하기 어려운 것일 수 있지만, 그것은 불교에서는 오히려 토대를 이룹니다. 열반이 일체의 윤회의 고리를 끊어내는 최종적인 무화[적멸]에 대한 약속으로 희구되는 한에서 말입니다.

사드에 대해 말하자면 그는 완전히 사라지는 것에 대한 소망을 표합니다. 그는 그의 묘비에 쓰인 자신의 이름이 지워지도록 죽음이 배가되

---

45   라캉, 『에크리』, 909쪽.
46   라캉, 『에크리』, 910쪽.

기를, 그래서 완전히 무화될 수 있기를 바랍니다. 라캉은 사드에게서 보이는 명백히 비정합적인 측면을 지적합니다. 사드는 지옥의 관념을 논박하는 한편, 그의 작품 속 인물인 "사악한 생-퐁(Saint-Fond)"은 자신이 희생자들에게 가하는 고통을 영원한 것으로 만들기를 바랍니다. 라캉은 말합니다.

> "사드에게서 나타나는 그러한 비일관성은 …… 그의 펜촉으로 명확하게 표현되는 용어, 즉 두 번째 죽음(second mort)에 주목한다면 해명될 수 있을 것이다. 사드가 자연의 무시무시한 타성에 맞서기 위해 그러한 죽음에 기대하는 보증은 죽음이 주체의 소멸과 겹치는 극단까지 갈 것을 요구한다. 사드는 우리 신체의 분해된 요소들이 다시 결합되는 일 없이 그 자체가 없어지기를 바라면서 이를 상징적으로 나타낸다."[47]

따라서 사디즘은 실존의 고통을 대타자 안으로 옮겨 놓습니다.

두 죽음 사이에 대해 좀 더 자세히 살펴보기 위해서는 라캉이 제기한 환상의 공식 "$\$ \lozenge a$"를 참고해야 할 것 같습니다. 환상의 공식에서와 달리 두 죽음 사이에 놓인 주체는 빗금 쳐져 있지 않고 대상 a와 자신을 동일시합니다. 위에서 살펴본 환자에게서 명확히 드러나는 것처럼 말입니다. 이를 우리는 다음과 같은 공식으로 쓸 수 있습니다: $S \leftrightarrow a$.

그녀가 대상과 자신을 동일시하는 한에서 그녀는 타자성을 유지합니다. 그녀가 있고 대타자가 있으며, 그녀 자신은 대타자가 아닙니다. 주체성은 대타자의 쪽으로 넘겨졌고, 그녀 자신은 하나의 대상에 불과합니다. 그러나 두 개의 분리된 장소, 즉 그녀와 대타자는 그대로 남아 있

---

47 라캉, 『에크리』, 910쪽.

습니다. 이것이 멜랑꼴리의 입장입니다. 여기서는 대상이 환자의 입을 통해 말합니다. '나는 비천한 대상이고, 이 대상은 대타자의 장에서 치워져야 하고, 삭제되어야 하고, 쓰레기통으로 던져져야 한다.' 우리는 이러한 대상의 위치가 주체의 첫 번째 죽음을 입증한다고 말할 수 있을 것입니다.

정신증이 더 진행되면 주체와 대타자의 장소가 더 이상 구분되지 않습니다. 즉, 신경증에서처럼 주체가 기표 연쇄에서 출현하고 대타자의 장소에서 벗어나서 탈-존(ek-sister)하는 대신에 주체는 대타자의 장소로 재통합되고 대타자로 흡수됩니다. 그 직접적인 결과가 육체의 거대함에 대한 망상으로 드러납니다. 환자는 거대해지는 동시에 불멸하게 됩니다. 더 이상 한계를 부여할 것이 없습니다. 이런 상태가 주체의 두 번째 죽음으로 이해될 수 있습니다.

결여의 결여로서의 코타르 증후군

체르막의 설명을 인용해 보겠습니다.

> "코타르 증후군에서 주체는 자신이 잃어버린 것이 무엇인지 명확하게 말한다. 그는 욕망을, 정동을, 고통을 잃어버렸다. 그는 결여를 만들어내는 것을 잃어버린 고통이 무엇인지 알고 있으며, 눈이 멀게 되면서 더 이상 볼 수 없고 응시할 수 없기 때문에 겪는 고통을 가리킨다. 그런가 하면 동시에 그는 스스로를 가능한 한 절대적으로 추하다고 평가한다."

그 다음에 체르막은 아름다움의 기능을 다룹니다. 라캉에게 아름다움이란 "근본적인 공포에 대한 접근을 막는 최종적인 장벽"입니다.

아름다움이나 추함이라는 문제와 관련해서는 체르막의 텍스트를 참고하십시오. 저는 여러분께서 쟁점을 파악하실 수 있도록 한 가지 맥락을 살펴보고자 합니다. 아름다움이 있기 위해서는 응시라는 대상 a가 분리되어야 합니다. 만약 대상 a가 떨어져 분리되지 않았다면, 응시가 없고 오직 시각만 있을 뿐입니다. 대상 a의 추락이 결여를 정립합니다. 그리고 욕망은 결여에서 탄생합니다. 체르막은 말합니다.

> "모든 욕망의 소멸은 극도의 추함 뿐만 아니라 아름다움의 효과를 생산한다. 이러한 아름다움의 효과는 또한 눈이 머는 효과이다. …… 임상에서 우리는 아름다움이 두 죽음 사이의 도래를 표시하는 것을 자주 목격한다. 이것이 코타르가 우리에게 말하고 있는 공포이다. 마찬가지로 추함은 두 죽음 사이를 도입하는 한계와 경계가 추월됨을 나타낸다."

1992년 학술대회발표논문집에서 샤를 멜만이 발표한 짧은 논문을 읽어드리겠습니다. 멜만은 부정망상이 폐제와 주체를 무화시키는 폐제의 효과를 수리하러 오는 상상의 구성물이라는 의미에서의 망상이 아니라는 점을 지적합니다. 대부분의 망상과 달리 코타르 증후군에서 관건은, 우리가 통상적으로 볼 수 있는 것처럼, 세계의 질서를 복구하는 망상적 은유를 통해 치유를 시도한다는 뜻에서의 망상이 아닙니다. 코타르 증후군에서 관건은 구조의 효과이며, 상상의 구성물이 아닙니다. 우리는 이에 대한 한 가지 증거를 코타르 증후군 환자가 늘 같은 말을 한다는 점에서 찾을 수 있습니다. '저는 위장이 없어요,' '저는 심장이 없어요,' 아니면 우리가 살펴본 환자가 말하듯 '저는 영혼이 없어요, 저는 여성성을 잃었어요.' 우리는 그녀가 매우 인상적으로 이렇게 덧붙이는 것을 들을 수 있습니다. "저에게는 더 이상 자아가 없어요. 저에게는 말밖에 없어요." 그녀를 유지시켜 주는 것은 언어, 언어적 구조 자체였습니다. 그 외에는 아무 것도 없었습니다. 즉, 환자는 아무 것도 상상하지 않았고, 더 이상 주체로서 존재하지 않았습니다. 대상이 그녀의 입을 통해 말했던 것입니다. 자신은 모든 것을 잃었고 자신은 아무에게도 사랑받을 수 없는 대상에 불과하다는 그녀의 말에는 일리가 있었습니다. 달리 말해 그녀는 무언가를 옳게 지각했습니다. 이런 경험과 관련해서 멜만은 이렇게 씁니다.

> "따라서 좀 더 정확한 표현을 위해 망상적인 메커니즘 — 대타자 안에 난 구멍이라는 광기를 수선하러 오는 상상적 형성물 — 이라는 표현을 쓰지 않도록 하자. 아마 가장 정확한 표현은 독특한 내인병[내적 고통](endopathie)일 것이다. 이 사례에서 드러난 망상은 오히려 관찰자의 망상이다. 여기서 관찰자는 주제넘음이라는 죄와 더불어 인간의 육체의 구멍이 해부학이 아니라 상징에 의해서 절단된다는 사실을 기억하기를 거부한다. 자폐증 아동이 입을 벌리고, 침을 흘리고, 똥을 싸는 현상은 상징을 통해 육체의 구멍을 괄약근으로 조직하고 절단하는 과정이 실패했음을 보여준다."

우리가 살펴본 환자는 자신이 더 이상 먹을 수 없지만 이것이 거식증과 아무런 관련이 없다고 말합니다. 당연합니다! 그녀가 이렇게 말합니다. "저는 제 입에 먹을 걸 넣을 수가 없어요. 저는 제 입을 느끼지 못하고, 입은 기계적으로 움직일 뿐이에요. …… 저는 더 이상 아무 것도 느낄 수 없어요. …… 저는 그게 뭔지 더 이상 모르겠어요. …… 저는 더 이상 아무 것도 느끼지 못해요. …… 저에게는 더 이상 육체가 없어요."[48]

---

[48] 샤를 멜만은 이 부정이 실재로부터, 아무 것도 존재하지 않는다고 말하는 실재로부터 유래한다고 지적합니다.

결론

　저는 이 환자에 대한 고찰이 여러분으로 하여금 멜랑꼴리, 특히 코타르 증후군이 우울이나 슬픔과 아무런 구조적인 연관성이 없다는 점을 파악하게 해주었기를 바랍니다. 슬픔이나 우울함이 있기 위해서는, 첫째 실존하는 주체가 있어야 하며, 둘째 그 주체가 정동을 느껴야 합니다. 반대로 우리가 살펴본 환자는 자신이 아무 것도 느낄 수 없고 어떤 정동도 느낄 수 없다는 것 때문에 고통스러워했습니다.

　오늘은 여기까지 하겠습니다. 코타르 증후군은 희귀합니다. 제가 이 사례를 귀중한 것으로 여긴다면, 그것은 단지 이 사례가 부정 망상을 설명해주기 때문만은 아닙니다. 그것은 이 사례가 신경증적 주체와는 다른 주체의 구조, 즉 골격이 제거되어 흐물흐물하게 구부러지는(désossé) 주체의 구조를 보여주기 때문이고, 이러한 구조를 해명하는 데에 있어서 대상 a의 핵심적인 기능을 보여주기 때문입니다.

수업 9 | 마르크에서 레오노라까지

수수께끼에서 언어분열로
기표 연쇄의 누빔점 해체와 주체의 죽음

　지금까지 우리는 한편으로는 거울단계와 광학모델을 살펴봤고, 다른 한편으로는 라캉의 "「도둑맞은 편지」에 대한 세미나"에 대한 논평을 통해 상징계에 대해 살펴봤습니다. 이러한 두 가지 층위가 설정된 시점에서 다음과 같은 질문이 제기됩니다. 부성적 은유가 존재할 때 상상계와 상징계는 신경증에서 어떻게 매듭지어 지는가? 상상계와 상징계는 특정한 기표 연쇄가 주어져 있을 때 거의 동일한 의미작용을 부여할 수 있게 되는 식으로 매듭지어 집니다. 그리고 의미작용은 상상적 수준에서 일어납니다. 지금으로서는 우리는 상상계와 상징계라는 두 가지 층위에만 초점을 맞출 것입니다. 그 둘을 결합시키는 것이 무엇인지 알아보기 위해 말입니다.

　"「도둑맞은 편지」에 대한 세미나"와 관련해서 논의된 것에서부터 다시 시작해봅시다. 거기서 우리는 어떤 간극도 없이 플러스와 마이너스로 이루어진 하나의 연쇄가 구성상 대칭적인지 아닌지에 따라 세 가지 요소로 이루어져 있으며, 1, 2, 3이라 불리는 세 가지 그룹으로 분류될 수 있음을, 그리고 그 다음에는 다섯 가지 요소로 이루어져 있으며 그리스어 문자로 불리는 그룹으로 분류될 수 있음을 살펴봤습니다. 여기서 흥미로운 점은 다음과 같습니다. 실재의 요소들로 이루어진 어떤 연쇄에 상징계가 도입되고 나면, 첫째로 어떤 틈새가 설립되면서 어떤 자리에는 특정 요소가 올 수 없게 되고, 둘째로 특정 문자가 그 연쇄에서 억압되고 배제되는 방식으로 문자의 구성이 결정됩니다. 예를 들어봅시다. 저는 낮이 온 다음에 밤이 오고, 그 다음에 또 낮이 오는 걸 볼 수 있습니다. 그런데 만약 제가 감옥에 갇혀 있다면 저는 매일 해가 뜰 때마다 감방의 벽에 작은 표시를 해둘 수 있고, 이것은 저에게 제가 얼마나 오랫동안 감옥에 있었는지를 셀 수 있게 해줍니다. 그러나 이런 방식의 셈은 어떤 절분(scansion)도 포함하지 않습니다. 달력의 창안은 조금 더 진화한 방식입니다. 왜냐하면 달력에서 관건은 네 가지 계절을 구분하는 것, 요일을 일곱 가지 덩어리로 분류하는 것, 각각의 날에 이름을 부여하는 것, 주를 월로 조직하는 것 등이기 때문입니다. 이런 작용에 근거하여 저는 제가 몇 년 몇 월 며칠에 태어났는지, 그리고 제가 몇 년도에 몇 살인지 말할 수 있습니다. 낮과 밤의 연속 안에 상징계를 도입함으로써 우리는 시간에 질서를 부여하고 틈새를 조직할 수 있습니다. 이것은 매우 자명한 일처럼 보이지만, 모두에게 그런 것은 아닙니다. 가령 공식적인 출생 기록부가 없는 나라에서 태어난 사람이 프랑스로 오면 프랑스에서 발부된 그의 신분증에는 그가 자신이 태어난 년도의 1월 1일에 태어났다고 기록됩니다.

이미 프로이트는 꿈에는 무의식적 욕망을 수수께끼로 변형시키는 두 가지 메커니즘이 있음을 보여주었습니다. 전치(déplacement)와 압축(condensation)이 그것입니다. 라캉은 이 메커니즘을 언어학적 지식을 통해 재구성합니다. 그는 프로이트의 전치를 환유에 속하는 것으로, 압축을 은유에 속하는 것으로 생각했습니다. 단순히 꿈뿐만 아니라 무의식과 언어 자체가 은유와 환유에 근거하여 작동합니다. 우리는 『에크리』에 수록된 "무의식에서의 문자의 심급"을 참고하면서 이 점을 자세히 살펴볼 것입니다. 그렇지만 우선 저는 여러분이 관건이 무엇인지 이해할 수 있도록 매우 평범한 구절 하나를 살펴보고자 합니다. 방금 제가 여러분께 말씀드린 구절 즉, "여러분께서 관건이 무엇인지 이해하실 수 있도록(pour que vous vous rendiez compte de ce don't il s'agit)"을 살펴봅시다. 그리고 이 구절에 포함된 단어 하나하나를 검토해봅시다. "rendre"라는 동사는 보통 누군가에게 빌린 무엇을 그 소유주에게 되돌려주는 것을 뜻합니다. 또 "rendre"는 "토하다"를 뜻할 수도 있습니다. "compte"라는 단어는 대상을 열거하는 수학적 작용을 뜻합니다. 그렇지만 "여러분이 관건이 무엇인지 이해할 수 있도록"이라는 구절은 결코 이러한 의미작용에 근거해서 설명될 수 없습니다. 하지만 그 구절은 매우 익숙한 관용적 표현이기 때문에 여러분은 그것을 쉽게 이해합니다. 사실 그 표현은 너무나 우리에게 익숙해서 여러분은 거기에서 모든 단어가 은유적으로 사용되고 있다는 점을 알아차리지 못할 수 있습니다. 만약 여러분이 매우 흔하게 사용되는 다른 표현이나 구절을 살펴보면, 여러분은 모든 언어가 은유적임을(혹은 좀 덜 한 정도로 환유적임을) 아실 수 있을 겁니다. 어떤 단어의 의미작용은 문맥과의 관계 속에서만 이해될 수 있습니다. 하나의 기표는 어떤 기의가 아니라 다른 기표를 지시합니다. 의미작용은 기표들의 연쇄 아래에서 흐릅니다.

 만약 언어가 한 세대에서 다른 세대로 넘어감에 따라 매우 빠르게 진화한다면, 너무 많은 차이가 누적되어 몇 세기가 지나면 우리는 서로의 말을 이해할 수 없게 될 수도 있습니다. 이것은 기표의 은유적이고 환유적인 사용 때문입니다. 가령 여러분이 자녀들에게 이렇게 묻는다고 해

봅시다. "오늘 밤 '프랑스 문화' 채널에서 방송되는 이 프로그램을 듣고 싶니?" 자녀는 여러분께 이렇게 대답할 겁니다. "아니요, 질리게 해요 (ça me gave) 심지어 "지긋지긋해요(ça me saoule)." 첫 번째 대답에 나온 "gaver(많이 먹이다)"라는 동사는 거위의 살찐 간, 즉 푸아그라(foie gras)를 얻을 수 있도록 거위에게 먹이를 많이 먹이는 것을 가리키기 위해 사용되었습니다. 지난 20년 혹은 40년 동안 푸아그라의 대중적 유행이 언어에 새겨짐에 따라 그 말은 "질리게 한다(ça m'ennuie)"라는 새로운 비유적 의미를 얻게 된 것입니다.

언어장애에 대한 초기 정신의학자들의 관심에서 중요한 두 가지 측면

저는 광학모델이 잘 작동하지 않는 병리적인 사례에 근거해서 광학모델을 소개해 드렸습니다. 아무런 오류가 없을 때 그 모델이 어떻게 잘 작동하는지 파악할 수 있도록 하기 위해서 말입니다. 달리 말해 관건은 병리적인 현상들로부터 원인으로 기능하는 어떤 특수한 구조를 추론할 수 있는가에 달려 있습니다. 병리적인 현상들이 그 구조가 어떻게 여러 가지 요소로 분해되는지를 보여주는 한에서 말입니다. 마찬가지로 언어장애에 근거해서 무엇보다 우리는 언어의 본성(nature)이 아니라 ― 왜냐하면 언어에는 자연적인(naturel) 것이 아무 것도 없기 때문에―언어의 구조를 파악할 수 있습니다. 두 번째로 우리는 환자들의 말을 글로 옮겨 놓은 수고를 마다하지 않았던 ― 이 때문에 우리는 지금도 그 글을 참고할 수 있는데―정신의학자들이 남긴 사례 연구를 통해 언어장애에 접근할 수 있습니다. 초기의 정신의학자들은 정신증에서 발견되는 언어장애를 단번에 식별했고 그에 관해 많은 연구를 남겨 놓았습니다.

가령 루시앙 코타르(Lucien Cotard)(코타르 증후군을 명명한 쥘 코타르

(Jules Cotard)의 아들)는 1909년에 프시타시즘(psittacisme, 의미 없는 말을 앵무새처럼 기계적으로 반복하는 증상)에 관한 기호학적 연구를 논문으로 출간했습니다. 거기서 그는 이 주제를 다루는 60여개의 작품을 인용했습니다. 거기에는 쥘 세글라(Jules Séglas)가 1892년에 출간한 책 『정신증에서의 언어장애(Les troubles du langage chez les aliénés)』도 포함되어 있었습니다. 루시앙 코타르는 그의 연구에서 루도빅 뒤가(Ludovic Dugas)의 말도 인용했습니다. "라이프니츠 이래로 프시타시즘(앵무새 언어)이라는 용어는 철학계에서 의미 없는 말의 사용을 가리키기 위해 사용되었다." 코타르는 조증환자, 멜랑꼴리 환자, 편집증 환자뿐만 아니라 정신지체 및 기타 정신장애환자를 포함하여 다양한 정신증자들에게 드러나는 프시타시즘을 연구했습니다.

당시 "조발성 치매(démence précoce)"라는 이름으로 불린 조현병에 대해 코타르는 다음과 같은 언어장애를 보고했습니다.

- 언어착란[단어의 파편적 나열](la salade de mots)
- 언어 반복증(verbigération)
- 상동증[같은 말의 반복](les stéréotypies verbales)
- 신조어(néologismes)
- 반향언어(écholalie)

코타르는 신조어를 논의하면서 그 자체로 의미를 갖지 않는 신조어 — 주의력 문제, 부정확성, 언어 이미지의 삭제 때문에 만들어지는 신조어 — 와 의미를 갖는 신조어를 구분했습니다. 정신증에서의 언어장애에 대한 임상적 묘사와 관련해서 우리는 크게 덧붙일 게 없습니다. 한 세기가 지났지만 코타르의 많은 관찰들이 완벽하게 기록되어 있고 소중한 자료로 남아 있습니다. 그러나 라캉의 가르침에 근거해서 우리는 이 장애들에 대해 보다 흥미롭고 만족스러운 분석을 진행할 수 있습니다. 그러한 분석은 우리로 하여금 어떤 다른 분류 체계를 설립하게 해줄 것입니다. 관건은 언어장애에 대한 묘사에서 언어장애에 대한 구조적 분석으로 나아가는 것입니다.

여기서 저는 라캉의 『에크리』에 수록된 두 개의 텍스트, 즉 "정신분석에서의 말과 언어의 기능과 장"과 "무의식에서의 문자의 심급"을 참고해 보겠습니다. 1957년에 발표된 후자의 텍스트에서 라캉은 페르디낭 드 소쉬르(Ferdinand de Saussure)와 로만 야콥슨(Roman Jakobson)의 저작을 참고합니다. 야콥슨은 실어증의 두 가지 주요한 형태를 언어학적으로 분석합니다. 라캉은 이 두 가지 형태가 언어 기능의 두 가지 축에 대응된다고 지적합니다. 즉, 한 가지 형태는 환유에, 다른 한 가지 형태는 은유에 대응된다고 말입니다. "「도둑맞은 편지」에 대한 세미나"만큼 중요한 이 텍스트는 다음과 같은 근본적인 쟁점을 제기합니다.

— 무의식에는 기표가 있다.
— 우리가 무의식에서 일어나는 일에 대해 알고자 한다면, 기표가 어떻게 작동하는지 이해해야 한다.

라캉을 인용해보겠습니다.

"따라서 이 무의식의 지형학을 규정하는 것이 중요하다. 나는 아래 식에 의해 규정되는 지형학이 그것이라고 말한다: S/s.

"시니피앙[기표]이 시니피에[기의]에 미치는 힘과 관련해 우리가 지금까지 논의를 전개해올 수 있도록 해준 것은 이 식을 이렇게 변형시킬 수 있도록 해준다."[49]

$$f(S)\frac{1}{S}$$

기표[시니피앙]와 기의[시니피에]를 분리하는 가로선은 "시니피앙과 시니피에의 관계 속에서 구성되는 의미화 작용의 저항의 비환원성을 나타낸다."[50]

라캉은 하나의 기표가 하나의 기의를 지시한다는 생각을 비판합니다. 그러한 생각은 기표의 물결과 기의의 물결이 점선의 수직선에 의해 연결된다는 관점에서 소쉬르의 도식을 해석하고 있습니다. 그러나 언어에 대한 모든 관찰은 기표와 기의 간의 일대일 대응이 존재하지 않음을 보여줍니다. 소쉬르와 반대로 라캉은 기의가 기표 아래로 끊임없이 미끄러진다고 주장하면서 의미가 어떻게 생산되는지 해명하려고 합니다.

『불안』세미나의 1962년 12월 12일 수업에서 라캉은 이렇게 말합니다.

"기표는 하나의 흔적이다. 그렇지만 그것은 삭제된 흔적이다. …… 기표와 기호는 다음과 같은 사실에 의해 구분된다. 기호가 어떤 것을 누군가에게 재현하는 반면, 기표는 주체를 다른 기표에게 재현한다. …… 우리는 동물이

---

49   라캉, 『에크리』, 614-615쪽.

50   라캉, 『에크리』, 615쪽.

자신의 흔적을 지우는 것을 볼 수 있습니다. …… 동물은 자신의 흔적을 지우고 가짜 흔적을 남겨 둔다. 그러나 동물이 기표를 만든다고 할 수 있을까? 동물이 하지 않는 것이 한 가지 있는데, 동물은 우리로 하여금 가짜라고 믿게 만들기 위한 목적으로 가짜를 만들지 않습니다. 동물은 가짜 흔적을 가짜로 만들지 않습니다. 이러한 행동은, 본질적으로 인간적인 것이라 말할 수는 없지만, 본질적으로 기표적인 것입니다. 여기에 한계가 있습니다. 잘 들으십시오. 우리가 거짓이라고 믿게끔 만들어졌음에도 불구하고 나의 진짜 발자취를 보여주는 흔적이 있을 때 주체는 자신을 드러냅니다. 어떤 흔적이 우리가 그것을 거짓된 흔적이라고 여기도록 하기 위해 만들어졌을 때, 바로 여기서 우리는 말하는 주체가 있음을 알게 됩니다. …… 이것은 무슨 뜻일까? 이것은 주체가 탄생할 때 누군가에게 말을 건넨다는 것, 제가 여기서 대타자의 합리성의 가장 급진적인 형태라고 부를 것에 말을 건넨다는 뜻입니다. …… 근본적으로 기표의 출현은 대타자, 실재의 대타자가 알지 못하도록 하려는 목적에 의해 유발됩니다. 기표는 의심의 여지없이 주체를 드러내지만, 주체의 흔적을 삭제함으로써만 주체를 드러낸다."

제가 이 구절을 인용한 이유는 여러분에게 주체의 구성을 가능하게 해주는 상징의 질서가 실재를 가리는 구조라는 점을 알려주기 위해서입니다. 상징의 구조는 실재계 및 상상계와 매듭지어져 있습니다. 그러나 이는 대상에 이름을 부여하는 것과 다릅니다. 정신증적 언어 장애의 관건이 무엇인지 파악할 때 이 점을 유념하는 것이 중요합니다.

기의는 언어가 작동하는 두 가지 방식에서 유래합니다. 환유와 은유가 그것입니다. 일례로 라캉은 열차가 정차하는 플랫폼 위에 적힌 "신사용"과 "숙녀용"라는 단어를 어떻게 이해하는지를 지적합니다. 두 아이는 기차 안에 있습니다. 남자 아이가 말합니다. "저것 봐, 숙녀용 쪽이야." 오빠가 이렇게 말하자 여동생이 대답합니다. "바보야! 신사용 쪽이야, 안 보여?" 이 일화는 어떻게 문 위에 위치한 "신사용"과 "숙녀용"이라는 기표가 그것들이 기차역 화장실에 관련된다는 기의를 만들어내는지 보여줍니다. 그러나 기차 안에 앉아 있는 아이들은 서로 다른 의미를 받아들이고 서로 다른 의미를 활용합니다. 각자 자신의 욕망을 강조하면서 말입니다. 만약 우리가 "신사용"과 "숙녀용"이라는 단어의 기의가 무엇인지 찾으려 한다면 우리는 그것들의 기의가 다음과 같은 두 가지 요소에 따라 매우 다양하다는 사실을 알 수 있습니다.

- 수평적인 축, 즉 기표가 걸려 있는 기표 연쇄
- 수직적인 축, 즉 말하는 자 뿐만 아니라 듣는 자 모두에게 서로 결합되는 기표들

이런 일은 일반적인 규칙처럼 늘 일어납니다. 이것이 바로 라캉이 우리에게 하나의 기표는 하나의 기의가 아니라 다른 기표를 지시한다고 말한 이유입니다.

$$\text{환유 공식: } f(S...S') \, S = S(-)s$$

이 공식에서 S는 다른 기표 S'과 인접한 관계를 갖고 있는 기표입니다. 가령 "서른 개의 돛"이 "서른 개의 배"를 대신하는 환유에서 S는 "돛"라는 기표이며, S'는 "배"라는 기표에 해당됩니다. 여기서 의미를 생산하는 효과는 기표 "배"에 관련되지만, 기표 "배"는 말해지지 않은 채로 남아

있습니다. 그것은 잠복되어 있는 기표입니다.

이 공식은 S'를 S로 대체하는 기능 혹은 효과에 관련됩니다. 즉, 이 공식은 이러한 대체가 S에 어떤 효과를 낳는지에 관련됩니다. 이 효과는 괄호 안의 마이너스에 의해 상징화됩니다. 만약 제가 "서른 개의 배" 대신에 "서른 개의 돛"을 말한다면, 저는 "배"라는 기표를 생략하고 있으며, 이러한 생략은 마이너스 부호로 표시됩니다. 라캉은 말합니다. "이 생략을 통해 시니피앙은 존재-의-결여를 대상관계 속에 놓는데 이때 시니피앙은 자기가 지탱하는 그와 같은 결여를 겨냥한 욕망을 의미작용의 회송적 가치에 투여하기 위해 그와 같은 가치를 이용한다."[51] 많은 환유를 사용하는 글쓰기의 한 가지 사례로 라캉은 정치적 탄압이나 언론 및 문학에 대한 검열이 심한 시기에 쓰인 텍스트를 거론합니다. 환유는 암암리에 곧바로 말하는 것이 위험할 수 있는 내용을 표현하게 해줍니다. 이러한 특수한 경우는 환유가 어떻게 욕망을 지탱하는지 보여줍니다. 그리고 탄압과 검열은 우리가 생각하는 것보다 훨씬 더 광범위하게 일어나고 있습니다.

$$은유\ 공식: \frac{f(S')}{S}\ S = S(+)s$$

이 공식에서 S'은 은유를 통해 의미작용 효과를 생산하는 기표입니다. 환유에서와는 정반대로 은유에서 S'은 말해지고, 명시적으로 드러납니다. 괄호 안의 플러스라는 기호는 가로선의 횡단을, 그리고 의미작용의 출현에서 그 횡단이 갖는 구성적 가치를 표시합니다. 라캉은 빅토르 위고의 시 「잠든 보아스」에 나온 구절을 예로 듭니다. "그의 다발은 욕

---

51 라캉, 『에크리』, 615쪽.

심도 또 원한도 없고." 여기에서 S'은 다발이며, S는 보아스입니다. 여기서 질문이 제기됩니다. 보아스라는 기표가 다발이라는 기표에 의해 대체되었을 때 보아스라는 기표에게 일어나는 기능 혹은 효과는 무엇입니까? S가 S'로 대체될 때 S에게 무슨 일이 일어납니까? 우리는 "다발"을 듣고 나서 "보아스" 뿐만 아니라 어떤 추가적인 의미효과, 즉 보아스의 팔루스적 힘과 보아스의 농경 활동에 관련되는 의미효과를 이해하게 됩니다. 기표의 흐름과 기의의 흐름이 누빔점(capitonnage)을 통해 결합될 수 있도록 보증하는 것, 즉 두 흐름이 안정적인 상태로 남아 있도록, 따라서 하나의 기표가 모든 이에게 거의 똑같은 기의를 가리키도록 만드는 것은 부성적 은유입니다. 그리고 기표 연쇄에 방향을 부여하는 것이 팔루스입니다. 이 누빔점이 작용하지 않을 때, 즉 아버지의 이름이 폐제되었을 때 정신증적 구조가 설립되고, 특정한 정황이 급성 정신증의 발병을 유발합니다. 이미 살펴보았듯이, 이러한 상황은 팔루스적 의미작용이 소환되는 순간들, 가령 다른 성과 만나고, 직장에서 새로운 책임을 떠맡고, 어머니나 아버지가 되고, 어떤 직책에 임명되는 순간들을 포함합니다.

그렇다면 기표 연쇄의 누빔점이 풀리게 되면(décapitonnage) 언어적 수준에서 어떤 현상이 일어날까요? 이것이 우리가 여러 정신증 환자들에게서 드러나는 말과 언어의 장애와 관련하여 살펴볼 문제입니다. 라캉은 언어를 대타자의 장소, 기표의 장소로 지칭했고, 말을 주체의 장소로 지칭했습니다. 그렇지만 정신증이 일어난 환자의 말을 들을 때 우리가 듣는 것이 어떤 주체가 받아들인 말인지 아니면—종종 이런 일이 일어나듯—주체의 입을 통해 나오는 대타자의 말인지 늘 명확한 것은 아닙니다.

임상 사례

다음의 사례들은 언어장애를 설명하기 위해 선택되었습니다. 순서대로 보면 정신증적 주체에게 드러나는 수수께끼 같은 의미를 보여주는 사례에서 시작해서 주체가 죽고 오직 언어의 구조만 남아 있는 두 가지 사례와 함께 종결됩니다.

수수께끼

마르크

마르크는 컴퓨터 서비스 회사에서 프로젝트 매니저로 일하는 유능한 젊은 남자였습니다. 그는 대학을 마치자마자 곧바로 그 회사에 취업했습니다. 17살 때 그는 우울증으로 정신증원에 입원한 적 있었고 그 이후에는 아무런 치료도 받지 않았습니다. 22살 때, 그러니까 그가 공대 2학년생일 때 그는 긴장증적인 상태(état stuporeux) 때문에 다시 입원했습니다. 그는 4개월 뒤에 퇴원했습니다. 정신증 삽화가 끝나자 그에게는 아무런 망상도 보이지 않았습니다. 이 시기는 지속적으로 이어진 정신증 삽화 속에서 일종의 괄호와 같은 느낌을 주었고, 제가 그를 만났을 때 그에게는 아무 증상도 없었습니다. 그러나 그는 자신이 병원에 입원하기 전에 자신이 컴퓨터에 몇몇 단어를 썼다는 사실과 그 단어들에 대해 깊이 생각했다는 사실을 기억해 냈습니다. 그는 그 단어들이 적힌 페이지의 사본을 저에게 프린트해 주었습니다. 그러나 그는 그 단어들을 설명하거나 기억할 수 없었습니다. 그러나 그는 그 단어들이 그에게 수수께끼처럼 보인다는 사실과 그 단어들이 다른 단어들과 연결된다는 사실을 명확히 알고 있었습니다. 그리고 그 연결을 통해 그는 어떤 숨겨진 의미를 찾았습니다. 그가 저에게 준 텍스트는 다음과 같습니다.

Aureline's top Y2K - abstrakt

LIONS ... BRODERIE

JOE ... BLACK

TEASE ... ESEAT

OK ... GAZON

OBAO ... MAGNUM

DJULZ ... TRIIAD

JET ... TRAIN

MATOU ... MICHEL

EX ... DJAM

KC ... JOJO

PARIS ... CAME

여러분은 이 텍스트에서 기표가 분리된 채로 병치되어 있음을, 의미 효과가 멀리 달아나고 있음을 볼 수 있을 겁니다.

니콜르

제가 네 번째 수업에서 다룬 니콜르는 15년 동안 치료를 받았지만 그녀의 상태는 약물 없이도 안정화되었습니다. 그렇지만 그녀는 종종 몇 시간만 지속되는 짧은 정신증 삽화를 겪었습니다. 가장 최근의 삽화는 그녀가 그녀의 아이들과 친구의 집에 휴가를 갔을 때였습니다. 그녀는 친구의 차를 씻다가 차에서 어떤 막대기를 발견했고, 막대기를 하나 더 발견했고, 그리고 세 번째 막대기를 발견한 뒤에 막대기들을 차에서 꺼내 벽에 기대 세워두었습니다. 이 순간 그녀는 세 막대기가 이상하다고 생각했고, 세 막대기에 수수께끼 같은 의미가 있다고 생각했고, 그 의미를 숙고하기 시작했습니다. 그녀가 그에 관해 더 많이 생각할수록, 그녀의 불안은 심해졌습니다.

이 두 가지 사례에서 여러분은 기표 연쇄의 누빔점이 해체될 때 일어나는 것의 초기 상태를 보실 수 있습니다. 보통 때는 특별한 의미를 갖지 않던 것이 갑자기 수수께끼 같은 힘을 얻게 됩니다. 이 순간에 그러한 수수께끼가 발생하는 것은 기표와 의미작용이 서로 분리되었기 때문입니다. 통상적으로 서로 연결되어 있는 상징계와 상상계의 매듭이 풀리고 의미가 사라진 것입니다. 이때 환자는 필사적으로 의미를 붙잡으려고 시도합니다. 니콜르는 이런 상태에 도달했고 현재도 이런 상태입니다. 마르크는 예전의 안정적인 상태를 되찾기 위해 병원에서 4개월을 보내야 했습니다.

제가 수수께끼를 언어장애로 분류한 것은 논리적인 관점에서 보면 수수께끼가 정신증에서 가장 일차적인 언어장애이기 때문입니다.

언어의 탈은유화 혹은 문자 그대로의 기표에 대해서는 아래의 두 가지 사례를 들 수 있습니다.

클레르

제가 클레르를 지역정신건강센터에서 처음 봤을 때 그녀의 나이는 16살이었습니다. 그녀는 해리 증상, 정신적 자동현상, 사고의 부조화, 행동 장애, 망상, 불안, 동요를 동반한 명백한 조현병 삽화 상태에 있었습니다. 그녀와 저 사이에는 좋은 유대가 성립되고 유지되고 있는 것처럼 보였지만, 한 세션에서 그녀는 저에게 이렇게 말했습니다. "선생님은 왜 저를 불안하게 하세요?"

정신증자의 질문에 어떻게든 답변을 해야 합니다. 불안이 증가할 수 있기 때문입니다. 그렇다고 모호하게 답변을 해서도 안 됩니다. 이 경우 "선생님은 왜 저를 불안하게 하세요?"라는 그녀의 질문에 대해 저는 마치 그 질문이 신경증자의 질문인 것처럼 답변을 했습니다. 저는 말했습니다. "정신과 의사랑 말하는 것은 늘 약간 불안하게 만드는 경향이 있어요." 그녀가 말했습니다. "아니에요! 제 말은 그게 아니에요. 선생님과 말하는 게 저를 불안하게 만드는 게 아니에요. 제 말은 왜 선생님은, 선생님은 저를 불안하게 하세요?" 저는 그녀에게 그녀의 말을 이해하지 못하겠다고 말했습니다. 물론 그녀의 말을 곧바로 이해했어야 했지만 말입니다. 저는 그녀에게 다른 말로 설명해 줄 수 있는지 물었습니다. 그녀는 말했습니다. "왜 저에게 불안감을 건네주는 거죠?" 즉, 그녀가 저에게 "선생님은 왜 저를 불안하게 하세요?"라고 말했을 때, 이 말은 문자 그대로 이해되어야 합니다. "불안하게 만들다(angoisser)"라는 동사의 주어인 "선생님(vous)"이었습니다. 정신과 의사가 직접 목적어 "저(me)"(클레르 본인)에게 무언가를 능동적으로 행했던 것입니다. 여기서 우리는 이렇게 이해할 수 있습니다. 그녀가 제가 그녀에게 "나쁜 기운" 같은 것을 건네준다고 느꼈으며, 이것이 그녀에게 불안을 유발했던 것입니다.

우리가 너무 빨리 나아가면, 우리가 너무 빨리 이해하면, 우리는 일을 그르치게 됩니다. 왜냐하면 우리는 정신증자의 말을 그 말이 신경증자에게 갖는 통상적인 의미로, 즉 은유적인 의미로 이해하기 때문입니다. 이 사례는 어떻게 정신증에서 실재계, 상징계, 상상계가 서로 매듭지어지지 않는지 보여줍니다. 여기서 (상징적 차원의) 기표는 은유적이지 않은 (상상의) 의미를 가리킵니다.

모니크

제가 모니크를 만난 것은 젊은 인턴이었을 때였습니다. 그리고 이때 저는 제 커리어에서 처음으로 조현병자에게 물리적으로 공격을 당했습니다. 그녀는 제 환자가 아니었습니다. 그렇지만 당시에 인턴이 저밖에 없었기 때문에 어떤 간호사가 다른 의사가 내린 처방전을 설명해 달라면서 저에게 물었습니다. 모니크의 약을 주사로 투여해야 하는지 아니면 경구로 투여해야 하는지 말입니다. 그때 제가 한 번도 보지 못한 모니크가 간호사실로 들어와 말했습니다. "왜 이 분이 제 약 처방을 담당하고 있나요? 이 분은 제 의사가 아니에요!" 저는 간호사를 돌아보며 의문에 찬 눈길을 보냈습니다. 간호사는 저를 보면서 고개를 가로저었습니다. 저는 모니크를 향해 말했습니다. 저는 그녀를 담당하고 있는 것이 아니라고 말입니다. 그리고 간호사에게 말했습니다. "그거 그냥 캡슐에 넣어 두세요." 모니크는 밖으로 나갔다가 부엌에서 빵을 자르는 칼을 들고 저를 향해 뛰어 왔습니다. 지나가던 한 간호사가 모니크에게서 칼을 빼앗았습니다. 그러자 모니크는 제 머리칼을 잡고 담배를 제 얼굴에 지졌고, 저는 화상을 입었습니다.

다음 날 그녀는 이렇게 설명했습니다. 진료카드에 자기 이름이 적힌 걸 봤고, 캡슐에 넣어두라는 제 말이 제가 그녀를 캡슐 안에 넣을 수 있도록 변형시켜서 그 캡슐을 다른 환자들에게 먹이려는 말인 줄 알았다고 말입니다. 여기서도 우리는 어떻게 **"그거 그냥 캡슐에 넣어 두세요"** 라는 기표가 제가 그 기표를 말했을 때 의미했던 것과 완전히 다른 의미로 환자에 의해 이해되는지 알 수 있습니다.

블랜딘

언어가 탈은유화되는 세 번째 사례를 살펴봅시다. 이 사례는 좀 더 최근의 것입니다. 블랜딘은 저에게 고통을 호소하면서 이렇게 말했습니다. "그게 제 머리를 떠나지 않아요(on me prend la tête)." 이 표현은 보통 은유적으로 사용됩니다.52 그러나 블랜딘은 명확한 설명을 해주었습니다. 마치 누군가가 그녀의 머리를 붙잡고 꽉 쥐고 있는 것처럼 머릿속에 무언가 당겨지는 느낌을 받는다고 말입니다. 이 사례에서 우리는 흔한 표현이 기표로 작용하면서 직접적으로 육체적인 고통을 유발한다고 말할 수 있습니다.

단어왜곡

프랑신

프랑신은 58살의 여성이며 10년 동안 저에게 심리치료를 받았습니다. 유방암에 걸렸음을 뒤늦게 발견한 후에 프랑신은 급성 멜랑꼴리를 겪고 있었습니다. 유방암 진단 당시 암은 이미 전이되어 있었습니다. 그녀는 결혼을 했고, 두 아이를 키웠고, 한 평생 일을 했습니다. 정신과 상담을 받은 적은 한 번도 없었습니다. 그러나 그녀가 말하는 방식에서 정신증의 존재를 가리키는 언어 장애를 찾아낼 수 있었습니다.

이 정신증은 한 번도 발병하지 않았고, 그녀가 부적절하고 망상적인 생각을 말하기 시작한 것은 최근 몇 년 전부터였습니다. 9년 동안은 괜찮은 상태를 유지했지만, 그 이후에 암이 퍼졌습니다. 그녀의 언어 장

---

52 관용적으로 "머리를 떠나지 않는다(prendre la tête)"는 "짜증나다," "지루하다," "스스로 어렵게 만들다"를 뜻한다(역주).

애는 음절 전환과 단어 왜곡을 동반했고, 이것이 그녀의 말을 매우 알아듣기 힘들게 만들었습니다. 저는 그녀 앞에서 그녀의 말을 받아 적을 수 없었고 세션이 끝난 후에 그녀의 말을 기억할 수 없었습니다. 이 점은 유감스럽습니다. 계속 반복되었기 때문에 제 눈에 띄었고 제가 인용할 수 있는 유일한 단어들에는 이런 것들이 있습니다. "제 성진과 의사(Mon spychiatre)"와 "저는 고르반의 초음파를 찍었어요(On m'a fait une échographie pérulvienne)."**53** 이런 음절 전환을 기억하기 어렵다는 사실은 그 자체로 의미심장합니다. 그것은 우리가 잘 알려져 있고 통상적인 표현을 떠올리는 경향이 있다는 사실과 우리가 환자의 말이라고 재빨리 상상하는 것이 아닌 환자의 말 자체를 듣는 것이 어렵다는 사실을 입증합니다. 이것이 정신증자의 말을 분석하기 위해서는 세션을 녹음하는 것이 유용한 이유입니다.

신조어

다미앙

다미앙은 제가 3년 동안 보고 있는 젊은 조현병 환자입니다. 그는 별로 말수가 없었고, 그가 자신의 망상에 대해 말하는 일은 드물었습니다. 그러나 언젠가 그는 이렇게 말 한 적 있습니다. "세 종류의 사람이 있어요. 변형된 자, 태어날 때 만들어진 자, 진화하는 자." 저는 다른 세션에서 그가 이 점에 관해 좀 더 말을 할 수 있도록 하려고 시도했지만, 성공하지 못했습니다. 그는 저에게 이렇게 답변했습니다. 그는 제가 그의 말을 믿지 않는다는 걸 알았다고, 자신은 다시 병원으로 되돌아가고 싶지 않

---

53 각각 "정신과 의사(psychiatre)"와 "골반의(pelvien)"라는 말의 왜곡된 표현이다(역주).

다고 말입니다. 이 사례에 관해 더 이상 얘기할 것은 없습니다. 그러나 제 생각에 "진화한, 변형된, 태어날 때 만들어진"은 신조어입니다. 마르셀 체르막은 『대상에 대한 열정』에서 "힙돈 파세돈(hypdon passedon)"이라는 신조어에 대해 자세히 논의합니다. 저는 여러분께 그 책의 일독을 권하고 싶습니다. 신조어란 환자에게 전체 의미의 무게를 지니고 있는 어떤 기표 혹은 일군의 기표들을 말합니다.

우리가 이미 살펴봤듯 정신증 삽화에서의 언어는 기표 연쇄의 누빔점이 붕괴된다는 특징을 갖습니다. 그 결과 기표의 흐름이 한 방향으로 흐르기 시작하는 반면, 기의의 흐름은 다른 방향으로 흘러갑니다. 두 흐름을 묶어줄 것이 아무 것도 없습니다. 이런 상태의 최대치가 아래에서 살펴볼 레오노라와 같은 조현병 사례에서 드러나며, 그런 상태의 최소치에서 환자는 수수께끼처럼 보이는 어떤 것에 대해 의문을 품습니다.

신조어는 수수께끼의 정반대에 놓여 있는 현상입니다. 신조어를 통해 환자는 확실한 의미를 되찾습니다. 우리는 의미가 폭풍으로부터 환자를 보호해주는 안식처라고 말할 수 있습니다. 의미가 분해되고 풀어헤쳐지고 사라질 때 환자가 느끼는 불안과 비교할 때 신조어는 환자가 믿고 붙잡을 수 있는 어떤 기표 혹은 일군의 기표들입니다. 여기서 의미는 명백하고, 이론의 여지가 없고, 꽉 차 있습니다. 관건은 통상적으로 그러하듯 다른 기표를 가리키는 어떤 기표가 아닙니다. 여러분이 어떤 단어의 뜻을 알기 위해 사전을 펼쳐보면 여러분은 일련의 기표들을 얻게 될 것이며, 각각의 기표는 여러분으로 하여금 다른 기표들을 참고하게 합니다. 이러한 경험에서 여러분은 결국 여러분이 찾고 있던 문제의 기표와 의미를 연결시키게 됩니다. 달리 말해, 여러분은 이제 그 단어의 의미를 "이해한" 것입니다.

통상적으로 기표는 다른 기표를 가리키고 다른 기표와의 관계를 통해 정의됩니다. 상징적 체계는 기표들로 이루어진 닫힌 집합이며, 기표 각각은 다른 기표와의 대조를 통해 자신의 가치를 얻습니다. 따라서 상징체계는 결코 실재를 지칭하는 체계가 아닙니다. 상징체계는 우리가 흔히 생각하듯 대상과 그 대상을 지칭하는 말을 대응시키지 않습니다. 상징계는 자율적이고 닫힌 체계이며, 실재를 가리고, 적어도 신경증에서는 실재계와 함께 상상계와도 매듭지어져 있습니다.

반대로 신조어는 다른 기표를 가리키는 기표가 아닙니다. 신조어는 그 자체로 가치를 갖는 기표이며, 꽉 찬 의미를 전달합니다. 환자의 모든 다른 기표는 이 기표로 수렴될 것입니다. 즉, 신조어는 환자의 기표 네트워크의 핵심에 위치한 기표입니다. 환자의 세계는 이 기표를 중심으로 조직되어 있습니다. 그렇다면 정신증자의 신조어는 망상적 은유(métaphore délirante)의 설립을 가능하게 하는 걸까요? 팔루스 기표가 신경증자에게 부성적 은유(métaphore paternelle)를 가능하게 하는 것과 유사한 방식으로 말입니다. 제 임상 경험에 비추어 보면 신조어를 만드는 환자들은 어떤 망상을 구축하는 데에 이르는 경우가 많았고, 따라서 조현병보다는 편집증인 경우가 많았습니다.

망상적 은유를 고안하는 것은 세계에 대한 망상적인 해석을 창안하게 해주고, 그 망상적 은유가 없었다면 요동치고 불안정했을 의미를 안정화시켜 줍니다. 망상적 은유를 통해 세계는 다시 질서를 갖추게 되고, 언어의 통상적인 의미가 회복됩니다. 물론 부분 망상(secteur délirant)을 제외하고는 말입니다. 환자는 통상적인 오해 속에서 다른 사람들과 대화할 수 있게 됩니다. 결론적으로 신조어에는 두 가지 가치가 있습니다. 한편으로 신조어는 진단 측면에서 정신증의 존재를 가리킵니다. 다른 한편으로 신조어는 봉합 지점, 기표 연쇄의 누빔점을 수선하는 시도를 가리킵니다. 만약 환자가 자아를, 인격을, 상상적 층위에 일관성을 부여하는 어떤 것을 갖고 있다면, 아마도 환자는 망상적인 부분을 만들어낸다는 뜻에서 스스로를 "치유할" 수 있을 겁니다. 그렇지 않고 환자가 조현병자라면, 즉 그가 상상적 일관성에 의존할 가능성이 없다면, 신조어는 세계에 질서를 부여하려는 좌절된 시도로 남아 있을 겁니다.

언어분열

레오노라

레오노라는 제가 아닌 다른 정신과 의사에 의해 치료를 받고 있던 파과형(hébéphrène) 조현병 환자였습니다. 저는 그녀를 상담에서 딱 한 번 봤습니다. 당시 그녀는 35년째 조현병을 앓고 있었습니다. 그녀는 프랑스의 페론느(Péronne)에서 1924년에 태어났습니다. 그녀의 부모는 이탈리아 출신이었습니다. 레오노라는 23살 때 처음으로 병원에 입원했습니다. 그 이후 그녀는 줄곧 자기 아버지에게 완전히 의존했습니다. 줄곧 그녀를 지켜보았던 아버지는 그녀의 개인위생뿐만 아니라, 그녀의 식사도 준비했습니다. 그런 아버지가 돌아가시자 그녀는 병원에 수년 동안 입원해야 했습니다. 제가 레오노라를 만나서 그녀가 말한 모든 것을 기록할 수 있었던 것은 1988년의 이 시기 때였습니다. 상담 내용은 아래와 같습니다.

"얼마나 오랫동안 여기 있었나요?"
"아, 저도 잘 몰라요. …… 1967년. 저는 빌쥐프(Villejuif)에서 왔어요."
"그러면 빌쥐프 전에 당신은 직업이 있었거나 일을 했나요?"

"저는 목사였어요. 왜냐하면 저는 바자회를 열었고 교회를 세웠으니까요. 사람들이 그렇게 해달라고 부탁하기도 했구요."

"어디서 태어났죠?"

"제가 태어난 곳은, 저도 잘 몰라요, 베르됭, 베론, 페론느 씨 집에 클리닉이 있었고, 저는 예전에 페론느씨를 봤어요.

저는 우체국에서 일했어요. 사람들이 제가 다시 시작할 수 있는지 보려고 저를 돌아오게 했어요. …… 그렇지만 저는 저처럼 목사였고 저보다 훨씬 더 지적인 남동생 두 명이 제 일을 이어서 하게 두었어요."

"당신은 지금이 몇 년도인지 알아요?"

"저는 몇몇 사람들이 지금이 90년도 혹은 88년도라고 말하는 걸 들었어요. 텔레비전에서 그렇게 말하는 걸 들었어요."

"당신은 지금 몇 살이에요?"

"1790년? …… 1986년에 저는 정신과 의사를 만났어요."

"간호사들과 종종 휴가를 가나요?"

"아, 네, 스위스로, 오트-사부아(Haute-Savoie)로, 랑부예(Rambouillet)로, 치과의사를 보러 가고, 콜롱베-레-되-제글리즈(Colombey les Deux Églises)로 가요.

저는 여행을 갔는데, 마지막 여행을 갔을 때 사람들이 저에게 제가 죽을 거라고, 제가 15구에 머물러야 한다고 말했어요."

"남동생이 두 명 있어요?"

"한 명만 기억나요. 베르됭 시장이 저에게 그렇게 말했어요. 어제 온 것은 작은 동생이에요. 그의 이름은 조아니(Joani), 번역하면 장(Jean)이에요."

"어떤 언어에서 번역한 거죠?"

"저도 몰라요, 사람들이 예전에 그렇게 말했어요, 빌쥐프 시장이.

저는 이탈리아로 돌아갔어요. 거기에는 아무도 없었어요. 수천 년을 기다려야 했어요. 한줄기 햇빛이 들어올 때까지."

"해를 좋아해요?"

"아니요, 해는 코에 피가 나게 해요. 사람들이 저에게 말했어요. 그런 일이 생탄(Sainte-Anne) 병원에서 스무 번 정도 일어났다고."

"어머니 기억나세요?"

"어머니는 저를 임신했을 때 죽었어요. 여러 번, 799번, 죽었어요. 저를 낳기 전에.

사람들이 장미 조화를 뒀어요. 여기, 사무실에요.

아니오, 저는 어머니 기억이 안 나요. 그녀는 늘 자기가 죽었다고 말했어요.

기차를 타야 할 것 같은데 ……"

"코르시카로 휴가를 갔어요?"

"아, 네. 저는 코르시카로 갔어요. 제가 계획했어요. 하지만 사람들이 저에게 신발을 벗으라고 했어요. 저는 해수욕 샌들을 벗지 않았어요."

"오늘 아침에 체육관에 갔어요?"

"네, 저는 체육관에 가는 걸 좋아해요."

"휴가 가고, 옷 입고, 필요한 걸 살만큼 충분한 돈이 있어요?"

"아, 그런데 이미 이 돈이 있었어요. 어떤 프란치스코 수사가 예전에 저에게 가르쳐 줬어요. 어떻게 제 돈 문제를 다루어야 할지 말이에요. 저는 수십억 있었어요.

저는 두 번 더 죽었어요. 이번에는 나을 수 없을 거 같아요.

사람들이 제 눈을 세 번 닮아줬어요. 사람들이 제가 인형을 만들었다고 말했어요. 자기들이 저에게 부탁한 장난감을 말이에요. 저는 그 말이 사실인지 모르겠어요."

""죽었다"는 게 무슨 말인가요?"

"(웃으며) 썩어 문드러졌다는 거죠."

여러분은 이 환자에게서 어떻게 기표가 기의에서 완전히 분리됐는지 보실 수 있을 겁니다. 그녀와의 소통이 거의 매우 불확실하게 될 정도로 말입니다. 레오노라의 말은 자연스럽지 않습니다. 그녀는 질문들에 기꺼이 대답을 합니다. 하지만 그녀의 답변은 어떤 정보도 제공하지 않습니다. 그녀의 말은 아무런 일관된 주체도 존재하지 않음을 증명합니다. 그녀가 말하듯, 그녀는 죽었습니다. 물리적으로가 아니라 주체로서 죽은 것입니다.

이것은 그녀의 말에 비인칭적인 공식이 많다는 점에서 알 수 있습니다. "사람들이 저에게 말했어요," "사람들이 저에게 요구한 것은," "사람들이 제가 다시 시작할 수 있는지 보려고 저를 돌아오게 했어요." 이 공식에서 그녀는 자신의 말에도, 행동에도 관련되지 않습니다. 즉, 대타자가 그녀의 입을 통해 말하면서 그녀를 행동하게 만들고 있고, 그녀 자신은 자기 말에서 부재한 상태로 나타납니다.

그녀의 진료 차트에는 그녀가 완전히 방향을 잃은 상태라는 점이 자주 기술되어 있습니다. 이 말은 주의를 요구합니다. 사실 그녀는 텔레비전에서 들었기 때문에 당시가 1988년이라는 사실을 알고 있었습니다. 비슷한 맥락에서 그녀는 실제로 1967년에 빌쥐프에서 나왔습니다. 그럼에도 불구하고 이러한 날짜들은 그녀에게 어떤 시간적 참조점도 되어주지 못합니다. 그녀는 자기 나이를 알지 못했고 자기가 거기에 얼마나 오랫동안 있었는지도 말할 수 없었습니다. 그녀에게는 시간의 지속에 대한 감각이 없었습니다.

종종 그녀의 문장은 소리의 유사성에 의해 연결되는 기표들로 구성되었습니다. 가령 "제가 태어난 곳은, 저도 잘 몰라요, 베르됭, 베론, 페론느 씨 집에 클리닉이 있었고, 저는 예전에 페론느씨를 봤어요"를 봅시다. 사실 그녀는 페론느에서 태어났습니다. 그리고 페론느는 "베론"과 발음이 유사하고, "베론"은 "베르됭"으로 이어집니다. 이 단어들의 의미는 규정되지 않습니다. 비록 베론[베로나]이 그녀의 이탈리아계 조상과 연결된다 하더라도 말입니다.

그녀에게는 정동이 없는 것처럼 보였습니다. 그녀는 기쁘지도 슬프지도 않았고, 불만도 욕망도 표현하지 않았습니다. 그녀의 비-실존 혹은 주체로서의 죽음은 매우 짧은 상담에서도 여러 차례 등장했습니다.

"사람들이 저에게 제가 죽을 거라고 말했어요."

그녀의 어머니에 대해 그녀는 "어머니는 저를 임신했을 때 죽었어요," "여러 번, 799번, 죽었어요. 저를 낳기 전에"라고 말했습니다. 이것은 그녀 자신이 결코 태어난 적이 없음을 시사합니다.

"저는 두 번 더 죽었어요. ……"

"사람들이 제 눈을 세 번 달아줬어요."

과대망상적인 요소들도 있었습니다. "저는 목사였어요," "저처럼 목사였고 저보다 훨씬 더 지적인 남동생 두 명," "저는 수십억 있었어요," "제가 계획했어요."(여기서 그녀는 병원 사람들이 그녀를 치료 목적의 요양을 위해 코르시카로 보낸 것에 대해 말하고 있습니다) 우리는 이러한 과대망상적 요소들이 그녀 자신을 지탱하려는 헛된 시도, 자신이 실존할 수 있도록 자신의 정체성에 무게를 부여하는 헛된 시도라고 생각할 수 있습니다. 그러나 그렇게 하려면 어떤 보호 장치를 만들어 내려고 하는 욕망의 주체가 있어야 합니다. 그런데 레오노라의 문제는 정확히 그러한 주체가 존재하지 않다는 데에 있습니다. 그러한 방어를 만들어 낼 인물 자체가 없는 것입니다.

정신증에서 과대망상은 구조의 논리적 결과로 출현합니다. 과대망상은 주체적 의지나 주체적 허영심을 뜻하지 않습니다. 환자는 모든 사람의 응시 아래에 놓여 있고, 수많은 목소리를 견디고 있습니다. 이 목소리는 환자를 논평하고, 모욕하고, 환자에게 끝없이 말을 겁니다. 목소리가 유쾌한 것을 말하든 불쾌한 것을 말하든 간에 모든 목소리가 끊임없이 그에게 관심을 갖고 있습니다. 이러한 목소리의 난리법석에서 환자는 자신이 모든 이의 관심 대상이라고 느낄 수밖에 없으며 이로부터 자기가 매우 중요한 인물이라는 결론을 내립니다.

레오노라의 어떤 표현은 단어의 두서없는 연결로 이루어지고, 거기서 모든 의미는 사라집니다. 가령 "저는 목사였어요. 왜냐하면 저는 바자회를 열었고 교회를 세웠으니까요"라는 문장은 언어분열을 보여줍니다. 왜냐하면 기표가 어떤 기의도 가리키지 않으며, 기표와 기의가 완전히 분리되어 있기 때문입니다. 우리는 모든 의미가 사라졌을 때 그녀의 버팀목으로 남아 있는 최후의 것은 기표라고 말할 수 있습니다. 그녀에게는 언어만이 남아 있었습니다. 그녀는 문장을 만들 수 있었습니다. 비록 그 문장들에 아무런 의미도 없었지만, 그 문장들이 그녀에게 실존의 상블랑(semblant)을 제공했습니다. 비록 라캉이 언어가 그 자체로 어떤 주체로 하여금, 심한 조현병자도, 삶을 유지하도록 해준다고 말한 것은 아니지만, 그러한 생각은 그의 가르침 안에 함축되어 있습니다.

레오노라의 사례와 관련해서 주체의 실존이나 일관성을 말하는 것은 부적절해 보입니다. 왜냐하면 그녀의 사례에서는 주체의 실존과 일관성 모두 존재하지 않는다는 점이 명확하기 때문입니다. 그러나 비록 주체가 죽었음에도 불구하고 레오노라는 계속 살아 있었고 인간적인 방식으로 삶을 즐겼습니다. 제가 드리고 싶은 말씀은 이 모든 것은 언어가 그녀를 지탱해 주었기 때문에 가능했다는 것입니다. 오직 언어만이 그녀를 지탱해 주었습니다.

마지막으로 이 사례는 우리로 하여금 왜 라캉이 다음을 강조했는지 이해하도록 해줍니다. 주체의 구조는 안과 밖을 가진 구체적인(sphérique) 것이 아니라, 크로스캡이나 클라인병에서처럼 외부가 경계를 넘어가지 않고도 내부로 이어지는 비구체적인(asphérique) 것임을 말입니다. 여러분은 레오노라의 말이 어떻게 대타자로부터 직접적으로 나오는지 볼 수 있을 겁니다. 그녀가 환각 상태에 있었을 때뿐만 아니라 "사람들이 저에게 말했어요"라고 반복해서 말할 때 말입니다. 그녀에게는 자기에게 어떤 내부가 있다는 통상적인 환영(이것이 우리에게 정체성에 대한 느낌을 부여합니다)이 없었습니다. 이것이 자기가 죽었다는 그녀의 반복적인 말이 완전히 옳은 이유입니다.

로르

저는 로르가 급성 정신증을 겪고 있을 때 그녀를 입원시켰습니다. 로르는 주체의 죽음이라는 경험을 암시하는 멜랑꼴리 사례에 해당되었습니다. 나중에 로르는 자기에게 어떤 일이 일어났는지 글로 설명할 수 있었습니다.

"제가 수련을 받은 이후로 …… 저는 삶을 다시 즐기고 사람들을 믿기 시작했습니다. 저는 R에서 이 모든 것을 잃어버렸습니다. …… 그러니까 이건 제가 제 삶과 다른 사람들의 삶에 대해 생각하는 긍정적인 방식이죠.

그 뒤에 저는 누군가를 그리워했어요. 유명한 A씨를 말이에요. 요컨대 저는 제가 일 년 동안 독신으로 지냈으니까 무언가 해야 한다고 생각했어요. 우연히 시작된 일이었어요. '에스코트 보이(escort boy)'가 저에게 잠자리를 제안했어요. 저는 거부했어요. 전화 통화는 했지만 말이에요.

제가 일할 때 좋아했던 남자가 생각났어요. 우리는 연락하고 지냈죠. 제가 그에게 관심을 가졌던 것은 마치 이 세상 사람이 아닌 것 같은 분위기가 그에게 있었기 때문이에요. 바로 이 지점에서 저는 그와 사랑에 빠졌어요. 그는 신사였어요. 그는 빌 브란트(Bill Brandt) 사진 전시회에 저를 데려 갔어요. …… 아버지가 해주길 바랬던 모든 것을 그가 해주었어요. 저는 그의 딸처럼 행동했고, 그는 저의 아버지처럼 행동했어요.

그런가 하면 그 날은 12월 치고는 따뜻했어요. 그는 저를 집에 데려다 주었고, 우리는 차를 마시고 서로 껴안았어요. 성적인 게 아니라 마치 아버지와 딸처럼 말이에요.

그런데 이때부터 모든 것이 무너졌어요. 제 아버지인 로베르 뫼니에(Robert Meunier)는 더 이상 제 아버지가 될 수 없었고, 모든 가족이 이를 알고 있었어요. 저는 늘 부차적인 존재였고, 무용지물이었어요. 그리고 저는 늘 이것이 부당하다고 생각했죠. …… 그러니까 저는 이 모든 것(제가 받지 못한 사랑과 인정)을 떠올리고 상대화했죠. 평정을 유지하기 위해서 말이에요.

그리고 저는 하늘과 제 스튜디오 맞은편에 있는 이웃을 봤는데 모든 것이 활기를 잃고 텅 비어 있었어요. 이웃의 소리를 들을 수 없었고, 무서웠어요. 완전히 홀로 있는 것 같았으니까요. 공황 발작이 일어났죠. 지구가 썩어서 폭발할 거라서 모든 사람이 지구를 떠나 달로 간 건 아닐까?

저는 포장해서 집 앞에 놓아둔 짐 일부를 버렸어요. 저는 오븐도 밖에 내어 놓았어요. 그건 제가 13번째 생일날 받은 유일한 선물이었는데, 그걸 한 번도 쓰지 않았어요. 후회가 밀려온 저는 다시 오븐을 갖고 올라왔죠.

저는 더 이상 참을 수 없었어요. 저는 로베르 뫼니에가 밤에 잠을 자지 않는다는 걸 알고 있었어요. 그래서 저는 그에게 제 불안에 대해 알려 주었죠. 그건 엄청 쉬운 일이었어요. 저는 잠옷 차림이었고, 거짓말을 했어요. 테르시안(Tercian)을 먹었다고 말이에요. 그래도 어쨌든 잠들긴 했어요. 우리는 오전 10시쯤에 선생님을 보러 오기로 했어요.

저는 준비가 다 되었고, 그를 위해 아몬드 우유가 섞인 차를 준비했어요. 그렇지만 그는 일어나지 않았어요. 그래서 저는 선생님께 뛰어왔어요."

이 환자는 아버지에 관련된 무언가를 떠올리게 하는 남자를 만났고, 이 만남은 아버지를 아버지의 자리에서 쫓아내기에 충분했던 것 같습니다. 그 직후에, 그녀가 말하듯, "모든 것이 무너졌습니다." 세계가 죽어서 텅 비었고, 그녀는 불안한 공황 상태에 빠졌습니다. 이것은 주체의 죽음에 관한 삽화입니다.

수업 10 | 펠리시테

프로이트의 리비도 개념에서 라캉의 주이상스 개념으로

이번 수업에서 우리는 아리망의 사례를 다시 살펴볼 수 있을 것입니다. 제가 거울단계와 거울 이미지의 문제와 관련하여 이미 언급한 바 있는 젊은 편집분열증자 말입니다. 오늘 저는 아리망처럼 편집분열증에 해당되는 펠리시테에 대해 말씀드리고자 합니다. 편집분열증(paraphrénie)이란 환각과 정교하고 환상적인 망상을 동반하는 정신증의 형태로, 대타자의 주이상스(la jouissance Autre)의 문제에 접근하는 데에 표본이 되는 병리적 증상입니다.54 그러나 대타자의 주이상스가 편집분열증적 정신증에서만 나타나는 것은 아닙니다. 대타자의 주이상스는 모든 정신증에서, 그리고 신비주의자에게서도 나타납니다.

라캉에게 대타자의 주이상스는 팔루스의 주이상스(la jouissance phallique)와 다른 주이상스를 가리킵니다. 둘 다 라캉의 용어입니다. 프로이트는 리비도에 대해 말했습니다. 여기서 우리는 왜 라캉이 주이상스의 형태를 강조했는지 살펴볼 것입니다. 프로이트는 리비도가 성적인 것이라고 말했습니다. 그리고 프로이트는 결코 이 점을 굽히지 않았

54　프로이트는 "나르시시즘 서론"에서 크레펠린의 "조발성 치매(dementia praecox)", 블로일러의 "정신분열증(schizophrenie)"과 관련하여 "편집분열증(paraphrenie)"이라는 용어를 제안하면서 편집분열증이 과대망상과 외부세계에 대한 외면이라는 특징을 갖는다고 지적한다(역주).

습니다. "나르시시즘 서론"에서 프로이트는 리비도의 명확한 성격을 정의했습니다. 첫째, 라캉이 강조하듯, 프로이트는 "신비주의의 진창에 빠지지 않기 위하여"55 융으로 하여금 리비도가 성적인 것임을 받아들이게 하려고 했습니다. 둘째, 프로이트는 신경증에서의 리비도의 생성과 정신증에서의 리비도의 생성을 구분하고자 했습니다. 신경증과 정신증에서 환자는 현실과의 관계를 포기합니다. 그런데 프로이트에 따르면 신경증자는 자신이 사람들 및 사물들과 맺는 성적인 관계만큼은 결코 삭제하지 않습니다. 그는 여전히 환상을 통해 그 관계를 유지합니다. 반대로 정신증자에게는 환상이 존재하지 않습니다. 프로이트는 외부 세계에서 철회된 정신증자의 리비도가 예전의 상태로, 그가 "일차적 나르시시즘"이라 부르는 상태로 되돌아간다고 제안합니다. 여기서 프로이트는 일차적 나르시시즘과 자가성애(auto érotisme)를 구분합니다. 셋째, 프로이트는 자아리비도와 대상리비도를 대비시킵니다.

저는 제가 본 정신증자 중 한 명이자 가능한 최적의 상태를 유지하고 있는 파트릭이 저에게 한 말을 인용해보고자 합니다. 그의 말은 프로이트의 입장과 일치합니다. 파트릭이 실제로 프로이트를 읽었고 프로이트의 입장에 동의한다는 점에서 더욱 그렇습니다.

"요새 저는 망상에 시달리고 있지 않아요. 그렇지만 이따금씩 미약한 망상에 다시 빠지곤 합니다. 예를 들어 저는 '달팽이집(la Maison de l'Escargot, 식용 달팽이를 판매하는 가게)'에서 편지를 받을 거고, 그들이 그 편지를 저에게 보낸 것은 제가 여자들과 함께 있는 달팽이이기 때문이라고 생각할 거예요. 그러나 곧바로 저는 그 망상에서 빠져나와

55　자크 라캉, 『세미나 14권: 환상의 논리』, 1967년 1월 18일 수업, ALI 판본.

회복돼요. 저는 그런 생각이 저의 투사임을 알게 되죠. 제가 여자들과 함께 있는 달팽이라고 생각하는 것은 저 자신이며, 저의 투사가 외부에서 저에게로 되돌아오는 거죠. 선생님께서 저에게 알려주신 것처럼 그럴 때면 저는 수학문제를 풀기 시작했고, 그러면 제 상태는 실제로 좋아졌어요. 저는 제가 망상에 빠질 때 저의 모든 리비도가 대상에서 철회되어 나르시시즘적으로 변한다는 것을 깨달았어요. 그리고 제가 외부 대상에 제 리비도를 다시 투자할 수 있게 되자마자, 수학문제를 풀기 시작하자마자, 제 상태는 좋아지죠."

이 인용문은 많은 문제를 제기합니다. 그러나 제가 파트릭의 말을 인용한 것은 그의 말이 프로이트의 테제를 설명해주기 때문입니다. 우리는 오늘 수업의 말미에 이 환자로 되돌아갈 것입니다. 어떻게 라캉의 생각이 우리로 하여금 그를 더 잘 이해할 수 있게 해주는지 살펴보기 위해서 말입니다.

나르시시즘에 관한 프로이트의 논문을 읽으면서 라캉은 프로이트의 주장을 강조합니다. 한편으로는 리비도가 성적이라는 주장을, 다른 한편으로는 신경증자가 환상에 의해 보호받고 있는 반면 정신증자에게는 그러한 보호가 존재하지 않는다는 생각을 말입니다. 그러나 그는 곧바로 프로이트의 일차적 나르시시즘이라는 개념과 자아 리비도와 대상 리비도의 대조에 명확히 반대합니다.

1968년 1월 10일 수업에서 라캉은 자신이 거울단계라 불리는 작은 빗자루를 갖고 정신분석에 들어왔다고 말합니다. 그렇다면 이 빗자루가 우리에게 남겨주는 것은 무엇일까요? 그것은 "나르시시즘 차원에 속하지 않는 사랑은 없다"는 것입니다.

또 라캉은 이렇게 말합니다.

"대상 리비도는 대상 *a*에 관련됩니다. …… 대상 리비도는 사랑과 아무런 관련이 없습니다. 왜냐하면 사랑은 나르시시즘이기 때문이며, 나르시시즘 리비도와 대상 리비도는 반대되기 때문입니다."

프로이트는 대상 리비도에는 두 가지 대상 선택이 있을 수 있다고 씁니다. 즉, 나르시시즘적 대상 선택이 있을 수 있고(우리는 과거의 우리 자신을 사랑하거나, 우리 자신이 미래에 되고 싶은 모습을 사랑합니다), 의존적 대상 선택이 있을 수 있습니다(우리는 우리를 먹여주는 여자 혹은 우리를 지켜주는 남자를 사랑합니다). 달리 말해 우리는 여전히 나르시시즘의 영역 안에 있습니다. 여러분이 프로이트의 논문을 읽었다면, 여러분은 프로이트의 주장에 몇 가지 난점이 있다는 것을, 프로이트가 그 난점을 불편한 것으로 여겼다는 것을 알아차릴 수 있었을 겁니다. 다행히 우리에게 상황은 보다 단순합니다. 라캉이 나르시시즘에 관해 말끔히 정리해준 것 때문에 말입니다. 라캉이 견지하는 것은 리비도가 성적인 것이라는 프로이트의 생각입니다.

거울단계는 나르시시즘에 관한 문제를 해명해주고, 사랑이 실질적으로 나르시시즘에 근거한다는 점을 받아들이게 해줍니다. 지금 『에크리』의 라멜라(lamelle)의 신화에 대해 논의할 시간은 없지만, 여러분께 해당 구절을 읽어보시기를 권해드립니다. 라멜라의 신화는 리비도란 생식으로 인해 일어나는 상실 안에서 구성되는 하나의 기관이라고 말합니다. 리비도는 우리가 어떤 기관이 호흡 기능을 담당한다고 말할 때의 기관이지만, 실재하지 않는 기관입니다. 왜냐하면 리비도는 대상 *a*의 기능을 담당하는 기관이기 때문입니다.

펠리시테: 행복감에 젖어

저는 이번 수업에서 우리가 살펴보려고 하는 환자를 80년대에 만났습니다. 그녀는 정교한 연애망상과 신비주의 망상을 동반한 편집분열증적 정신증 환자였습니다. 그 어떤 약물 치료, 입원 치료, 심리 치료도 그녀의 망상에 큰 효과를 낳지 못했습니다. 펠리시테와 관련하여 흥미로워 보이는 점은 그녀가 대타자의 주이상스와 팔루스의 주이상스가 어떻게 구분되는지를 보여주기 때문입니다. 치료팀의 모든 노력은 한 가지 목표로 수렴되었습니다. 펠리시테가 병원에서 나와서 지역 사회에서 자율적으로 살아갈 수 있도록 해주는 것 말입니다. 그러나 펠리시테는 자신의 망상을 즐기는 데에만 몰두했고, 그녀는 이를 "행복감에 젖어 있는 것(être en euphorie)"이라 불렀습니다. 달리 말해 우리는 그녀가 팔루스의 주이상스에 참여하도록 노력했지만, 그녀는 오랫동안 대타자의 주이상스에 젖어들어 거기에 머물기만 원했습니다.

펠리시테는 1934년에 태어났습니다. 그녀는 대학입학 자격시험을 통과한 뒤에 일 년간 신학을 공부했고, 그 후에는 39살이 될 때까지 비서로 일했습니다. 그녀는 44살이 될 때까지 간헐적으로 일을 했고, 이후에 장애 판정을 받았습니다. 그녀는 독신이었고 아이가 없었습니다. 그녀는 지방에 사는 부모님을 아주 가끔씩만 만났고, 친구도 없었습니다. 1970년에 정신과 의사와 처음으로 상담을 했으며 후속 치료는 받지 않았습니다. 39살이었던 1973년에 그녀는 처음으로 병원에 입원했습니다. 그녀에게는 손에 따끔거리는 느낌이 있었는데, 그녀는 이런 느낌이 자기 심장 안에 무언가를 발산하는 모터가 있기 때문이라고 생각했습니다. 그녀는 긴급구조요원에게 그렇게 설명했고 결국 2개월 동안 입원했습니다.

1974년 6월에 펠리시테는 새로운 직장을 얻었습니다. 하지만 그녀는 근무태만, 타이핑 실수, 부적절한 발언 때문에 9월에 해고당했습니다. 그녀는 상사를 만나러 가서 그의 사무실에서 3시간 동안 머무르면서 상사의 모든 서류를 찢어버렸습니다. 그녀는 그에게 자신은 신적이고 국제적인 소명을 받았으며, 상사의 사업이 12월 31일에 망할 것이며, 그는 성령의 아들이며 앞으로 무언가 해야 할 역할이 있다고 말했습니다. 경찰이 출동했고 그녀는 소리를 지르기 시작했습니다. 자기 상사를 향해 "그는 내 남편이야, 내 남편이라고" 외치면서 말입니다. 그녀는 파리 경시청 소속의 정신과 의무실 담당자에 의해 입원되었습니다.

입원 후에 약물 치료와 약물 처방을 담당한 의사와 진행한 상담이 그녀에게 충분한 도움을 주었고, 그녀는 다시 직장으로 돌아갈 수 있었습니다. 그녀의 의사는 여자였고, 이 여의사가 진료소를 그만둘 때 펠리시테는 40살이었습니다. 여의사가 그만두자 남자 의사가 그녀의 치료를 담당하게 되었습니다. 그런데 2년 동안 그녀는 남자 의사에게 전이 사랑을 품게 되었고, 그에게 열렬하게 구애하면서 달려들었습니다. 이번에 그녀는 자신의 의지에 따라 병원에 입원했습니다.

2년 뒤에 퇴원하면서 그녀의 상태는 입원 치료와 약물 치료에 의해 호전되었습니다. 그녀는 가톨릭교회를 위한 어떤 협회에서 비서로 일하게 되었습니다. 그러나 그녀는 얼마 후에 치료를 중단했고 진료소에 오기를 거부했습니다. 1983년에 펠리시테의 상사가 진료소에 그녀의 신비주의 망상에 대해 보고했습니다. 그녀는 자신이 장-마리 뤼스티제(Jean-Maire Lustiger) 대주교와 결혼했다고 주장하면서 대주교구 건물 앞에서 농성을 했고 직장에 나가지 않았습니다. 펠리시테는 다시 자신의 의지에 따라 병원에 입원했고, 6년 동안 병원에서 지냈습니다. 제가 그녀를 담당하게 된 것은 이 시기였습니다. 우리는 그녀에게 점점 더 긴 시간의 외출을 허용했고, 처음에는 진료소의 그룹 활동에, 나중에는 다양한 지역 사회 활동에 점점 더 많이 참여하게 함으로써 그녀가 지역사회로 돌아갈 수 있도록 돕고자 했습니다. 그러나 이런 노력은 결코 완전한 성공을 거두지 못했습니다.

1984년 1월

펠리시테는 여전히 신비주의망상과 연애망상을 드러냈습니다. 또 그녀에게는 성적인 차원의 언어적이고 신체적인 환각도 있었습니다. 가령 그녀는 이렇게 말했습니다. "저는 밤에 제 몸 안에 사탄과 관련된 무언가가 있음을 느껴요. 제 생식기 안에 딱딱한 무언가가 있어요." 그녀의 망상의 내용은 뤼스티제 대주교에게 집중되어 있었습니다. 그녀는 자기가 신에 의해 뤼스티제 대주교와 결혼하도록 선택받았으며, 대주교는 자신의 신성한 남편이며, 그가 자신을 기다리고 있다고 주장했습니다. 그리고 만약 그녀가 병원에 계속 남아 있으면 그녀를 질투하는 다른 여자들이 이 틈을 타서 자기 남편인 대주교에게 그녀에 관해 나쁜 말을 늘어놓을 거라고 주장했습니다. 그녀는 슬퍼했고, 죽음에 관한 불안을 아침에 표출했습니다. 그녀는 온 몸에 따끔거리는 느낌을 받았고, 이것은 그녀에게 죽음에 관한 공포를 가져다주었습니다. 그녀는 이런 상황에 관해 도움을 받기 위해 병원 측에 휴가를 요청했습니다. 그녀는 크게 동요했습니다. 왜냐하면 아무도 우리가 그녀의 시간을 낭비하게 만들고 있음을, 또 그녀의 신성한 결합을 방해하고 있음을 이해하지 못했기 때문입니다.

1987년에 53살이 된 그녀는 춤추기에 좋지만 다소 짧은 주름치마와 표범이 프린트된 블라우스를 즐겨 입었고, 커다란 십자가 모양의 형광색 장신구를 착용했으며, 머리는 빛나는 빨간색으로 염색했습니다. 이렇게 눈에 띄고 다소 도발적인 복장에도 불구하고 펠리시테는 거만하고 고고한 여자였으며, 그 누구와도 어울리지 않았습니다. 그녀는 자주 이렇게 말했습니다. "저는 이 사람들과 대화를 나눌 수 없어요. 그들은 제 세계에 속하지 않아요."

그녀는 일주일에 세 번 진료소에 왔습니다. 하루는 저를 보러 왔고, 다른 날은 다른 환자들과 식사를 하기 위해 왔고, 마지막 날은 신체 활동을 통한 치료 모임에 왔습니다. 비록 항정신증 약물을 대량 복용하고 있었지만 펠리시테의 망상은 그치지 않았고 현실에 대한 그녀의 리비도 투여는 그녀의 연애망상에 종속된 채로 남아 있었습니다. 그래서 그녀가 연극을 보러 갈 때면 그녀는 늘 혼자 갔고, "고해실의 미스테리"나 "예수 그리스도의 기적"과 같은 연극을 보러 갔습니다.

비록 그녀가 일주일에 한 번씩 꼬박꼬박 상담에 왔지만, 매주 그녀는 상담 횟수와 약물 복용량을 줄일 수 있는지 물어봤습니다. 그녀의 사회관계는 가게주인과의 만남과 진료소 방문에 국한되어 있었습니다. 그녀는 이 점에 대해 자주 불만을 토로했습니다. 자신의 삶이 인공적이라면서 말입니다. 그러나 끝내 그녀는 치료 모임에 적극적으로 참여했습니다. 그녀의 망상은 그녀와의 대화 — 그녀는 대화가 즐겁고 교양 있는 것이기를 원했습니다 — 에서도 드러나지 않았으며, 공중 장소에서의 행동 — 그녀는 완벽히 적절하게 행동했습니다 — 에서도 드러나지 않았습니다.

펠리시테는 자기가 집에 있을 때 영감에 의한 글쓰기 작업을 하면서 시간을 보낸다고 말했습니다. 그녀는 자기 글을 정성스럽게 타이핑하곤 했습니다. 그녀는 오직 저하고만 자신의 망상에 대해 얘기를 나누었지만, 저에 대한 그녀의 신뢰도 제한된 수준에 그쳤습니다. 그녀는 3년간의 상담 기간 동안 딱 한 차례 저에게 자기 글을 보여주었습니다.

1987년 9월

"저는 보이지 않는 세계에 의해 늘 붙잡혀요. 텔레파시는 힘든 경험이죠. 저는 제 정신적인 육체를 잃어버렸고, 저는 다른 사람들과 소통할 수 없어요. …… 저는 제 활동과 직업으로 인해 이런 일이 그만 일어났으면 좋겠어요. 릴랙스 요법을 실시하는 모임에서 저는 제가 치료되었다는 인상을 받아요."

1987년 11월

펠리시테는 그녀에게 허용된 휴가를 떠나는 것을 받아들이는 데에 많은 용기를 내야 했습니다. 그녀는 병원에 남아 있고 싶어 했습니다. 사실 휴가가 짧으면 펠리시테는 휴가가 자신의 방향을 잃게 만들 거라고 말했고, 만약 휴가가 길면 그녀는 며칠 뒤에 글을 쓰고 싶어지기 시작할 거라고 말했습니다. 너무 많은 자유 시간은 그녀로 하여금 망상에 빠지게 만들 수 있었습니다. 그리고 이로 인해 그녀는 자신에게 제공된 다양한 치료 모임에 오기 싫어질 수도 있었습니다.

1988년 3월

"저는 봉 마르셰(Bon Marché) 백화점에 갔어요. 나중을 위해서 란제리 매장에 말이에요. 그리고 신비주의 아이템을 모아놓은 매장과 점성술 매장에 갔어요. 저에게 좋은 일은 지난 주에 뤼스티제 대주교가 여기 왔다는 거예요. 제 심장 옆에 빛이 비추면 저는 그의 이미지를 보고, 그 옆에 누워요. 그때 입을 옷을 입은 채로 말이에요. ……
여러 가지 면이 있어요. 저는 "전시회" 잡지를 샀어요. 그건 "플레이보이" 잡지와 비슷하지만 새로운 스타일이에요. 저는 남자들을 보고 싶었어요. 제 관심을 끄는 것은 남자들이에요. 그러나 잡지에는 거의 여자들 사진이나 예술 사진만 나왔어요.
루르드(Lourdes)의 어떤 사진작가는 사진을 접시 위에 프린트해요. 저는 제 초상화를 한 접시에 시켰어요. 그건 저희 집에 있는데, 색깔이 변했어요. 또 저는 에로틱한 소설 "난봉꾼의 편지"를 샀지만 아직 읽지는 않았어요.
저는 눈 밑의 다크 서클 때문에 치료를 계속 받고 있어요. 제가 보기에는 나아졌어요. 우리는 여자에요. 관건은 모든 남자를 유혹하는 게 아니에요. 하지만 여자로서 관심을 받는 건 중요한 일이죠."

1988년 5월

펠리시테는 코르시카에 있는 정신병원에 휴가를 갈 예정이었습니다. 그녀는 저에게 이렇게 말했습니다.

"저는 제 남편의 편지가 제가 코르시카로 떠나기 전에 도착했으면 좋겠어요. 제 남편은 여전히 빛나고 있어요. 비록 네 가지 존재가 그를 어둡게 만들고 있음에도 불구하고 말이에요. 그는 남에게 쉽게 영향을 받고, 늘 성부의 말씀을 듣지는 않아요.
아마도 네 가지 존재는 일부러 그러는 것은 아닐 거예요. 그들은 알지 못해요. …… 저는 제 남편이 욕망하는 대로 존재하려고 노력해요. 오히려 저는 우선 그의 여왕이 되고 싶어요. 영혼을 개종시키기 위해 대중 앞에서 말을 하기 전에 말이에요.

제 남편은 자기가 원하기만 하면 텔레파시를 중단시킬 수 있어요. 텔레파시는 미묘한 고통이에요.

다행히도 저는 글쓰기에 관한 영감을 받아요. 오늘 아침에 저는 7시에 일어나서 3시간 반 동안 작업을 했어요.

프낙(FNAC)서점에서 제 남편에 관한 책을 샀어요. "렉스프레스(L'Express)" 잡지에 그에 관한 기사가 있었어요. 심지어 신자가 아닌 사람들도 뤼스티제 대주교에 대해서는 관심이 있죠."

1988년 6월

펠리시테는 매주 5일 동안 병원을 떠날 수 있는 혜택을 누렸습니다. 6월 20일에 그녀는 우울했고 상담이 끝날 때 울면서 이렇게 말했습니다.

"제가 행복감에 젖지 못한지 몇 개월이나 지났어요."

1988년 9월

그녀는 말했습니다.

"네 가지 사악한 존재가 파문당했고, 제 남편도 파문당했어요. 저는 여전히 투시력 안에 있어요. …… 저에게는 두 가지 카르마가 있는데, 하나는 제 남편을 위한 것이며, 다른 하나는 저를 위한 것이에요. 하지만 신은 이러한 시련이 영원하지 않을 것을 저에게 약속했어요."

1988년 10월

펠리시테는 기분이 좋고 긍정적인 상태였습니다. 그녀는 파리에 있는 자신의 아파트와 정신 병원을 계속 왔다 갔다 했습니다. 그녀는 11월

6일에 투표를 하기 위해 휴가를 연장해 줄 것을 요구했습니다. 그렇지만 기분과 실생활에서의 이러한 호전은 안타깝게도 망상의 재발과 병행되었습니다. "저는 제 남편의 현존을 느껴요. 그는 저를 도와줘요. 그는 저에게 입맞춤을 해요. 저는 쿼츠 시계를 하나 샀어요. 그건 제 남편이 준 선물인데, 예정보다 빨랐죠."

펠리시테는 또 자신이 포르노 사진 한 뭉치를 사려고 했다고 말했습니다. 그녀는 파리스코프(Pariscope)56에서 그 사진들이 광고에 실려 있는 것을 봤습니다. 그녀는 자기가 수표를 보내지 않고 광고에 나온 주소로 직접 찾아 갔지만 파산한 출판사만 발견했을 뿐, 어떤 사진도 구할 수 없었다고 말했습니다. 그녀는 실망스러운 표정이었습니다. 또 그녀는 이제 자신이 독서를 하기에 충분할 정도로 집중할 수 있게 되었고 가이드를 따라 파리 투어를 했다고 말했습니다.

1989년 1월

"제 남편은 투시력을 중단해야 해요. 신이 그에게 그렇게 말했고, 그는 투시력을 5분 동안 중단했어요. 저는 그의 현존을 느끼고, 이것은 저에게 도움이 돼요. 비록 제가 그의 목소리를 자주 듣지는 못하지만 …… 아우라를 가진 그 작은 존재는 파괴될 거예요. …… 저는 시련의 시기를 보내고 있어요."

1989년 2월

"저는 행복감에 젖어 있어요. 제 남편이 저에게 말을 해요. 저는 그의 현존을 느끼고, 그의 현존은 저에게 좋은 것이죠. 불행하게도 투시력

---

56 1965년에 창간된 문화 및 연예 관련 주간지(역주).

은 여전히 중단되지 않았어요. 한 달 후에 제 남편은 자기가 저에게 편지를 쓸 것이며, 투시력은 중단될 것이라고 말할 거예요. 우리는 약속을 잡아서 대주교관에서 약혼자로 만날 거예요. 저는 성부에게 제가 우리 결혼을 위해 준비할 서류를 바칠 거예요.

지난 3년 동안 베이유 부인은 뤼스티제 대주교와 결혼하기를 원했어요. 그녀는 이런 소망을 표현하는 텍스트를 준비했어요. 그 텍스트를 법으로 통과시키기 위해서 말이죠. 요즘 지스카르 데스탱 부인이 저를 괴롭혀요. 그녀는 여전히 매우 비판적이에요. 그녀는 제가 먹는 방식, 제 태도, 제가 말하는 방식을 비판하는데, 결국 그녀의 말은 너무 과장되어 있죠.

저에게 여전히 매우 나쁜 영향을 주는 것은 바로 작은 존재예요. 그것은 저에게 미묘한 고통을 주죠. 병실 사람들은 매일 몇 초간 저를 위해 기도하고 세속의 사람들을 위해 일분 간 기도해요. 이건 대단한 일이며, 신은 이 점을 감안하실 거예요."

그때까지 그녀가 먹은 약이 아무런 효과도 없음이 명백해진 이상 저는 그녀에게 다른 약물을 처방하려고 시도했습니다.

1989년 3월

"새 약이 더 좋아요. 저는 더 이상 행복감에 젖어 있지 않아요. 저는 제 남편의 목소리를 더 잘 듣고, 우리는 대화를 나눌 수 있어요. 그는 저에게 투시력이 내일 중단될 거라고 알려줬어요."

일주일 뒤에 그녀는 이렇게 말했습니다. "아주 잘 지내고 있어요. 저는 요즘 약간의 행복감을 느꼈고, 많은 것을 하고 있어요. 너무 무리하지 않으면서요. 라탱지구에 산책을 하러 갔고, 레 되 마고에 커피를 마시러 가고 싶었어요. 결국 저는 세브르 거리에 있는 가게들을 보러 돌아갔어요. 세브르 거리는 많이 달라져 있었어요.
화요일에 저는 필적학 수업에 갔어요. 5명이 있었는데 그 중에 2명은 지식인이었고, 매우 흥미로웠어요. 선생님은 저에게 읽을 책 몇 권을 주셨어요. 제가 다른 학생들을 따라잡을 수 있도록 말이에요. 수요일에 저는 이완 요법 모임에 갔어요. 지금은 사람이 더 많아졌어요. 그리고 오늘 저는 머리 하러 갈 거예요. 토요일에 저는 집을 치우고 빨래를 하고 식자재를 샀어요. 요즘은 모든 게 정돈된 상태에요.
불행히도 투시력은 계속되고 있어요."

이어서 저는 그녀와 다음과 같은 대화를 나눴습니다.

"하지만 당신은 뤼스티제 대주교와 대화할 수 있어서 아주 행복하다고 말했잖아요. 약간 모순적으로 들리는데요?"
"오, 그렇지 않아요. 제가 남편이 필요하다고 주장하는 건 그 분(Monsieur)이에요. 그렇지만 그건 사실이 아니에요. 만약 투시력이 중단되면, 우리는 다시 만나 결혼할 수 있을 거예요."
"당신은 텔레파시에 의한 투시를 어떤 식으로 듣게 되나요?"
"라디오처럼요. 지스카르 데스탱 부인 왼쪽 아래편에 있고, 그 분은 오른쪽 위편에 있고, 뤼스티제 대주교는 오른쪽에 있어요."
"만약 당신이 자리 배치를 바꾸면 어떻게 되나요?"
"아, 저에게 맞춰져요. 뤼스티제 대주교는 제가 제 뇌의 조종간을 붙잡고 있다고 말해요. 만약 제가 존재하지 않는다면, 투시력은 중단돼요. 병실 사람들이 저를 예전보다 덜 돌봐주고 있어요. 왜냐하면 제 상태가 좋아지고 있기 때문이죠. 그들은 저를 예전보다 덜 동정해요."

1989년 7월

    진료소에서의 활동에 덧붙여 펠리시테는 야외 모임에, 그리고 짧은 여행에 참여하기로 결정했습니다. 그녀는 이 여행에서 만난 사람들과 친구로 지내기 시작했습니다. 비록 피상적인 관계였지만 말입니다. 그녀는 다양한 레저 활동을 했고, 투시 상태를 덜 경험하고 있다고 말했습니다. "보이는 세계와 보이지 않는 세계 간의 균형을 찾아야 해요."

    비록 펠리시테가 파리에 있는 그녀의 집에서 대부분의 시간을 보내고 있었지만, 그녀는 병원에서 완전히 퇴원하기를 원하지 않았습니다. 그녀는 "저는 투시력이 멈출 때에만 나갈 수 있어요"라고 말했습니다. 또 그녀는 "저는 제가 편지를 받았을 때에만 나갈 거예요"라고 말했습니다. 물론 여기서 그녀는 자기 남편인 뤼스티제 대주교가 그들의 결혼을 위해 그녀에게 보낼 편지를 말하고 있습니다.

    부분 망상을 제외하면 펠리시테는 판단, 기억, 인지 상의 어떤 어려움도 겪지 않았습니다. 그녀는 이집트의 귀중품 전시회에 관해, 또 정치적인 사안이나 유럽에서 코란이 미친 영향력에 관해 유쾌한 대화를 나눌 수 있었습니다. 그녀는 외부 도움 없이 스스로 아파트를 깨끗하게 관리하거나 경제를 꾸릴 수 있었습니다.

    그러나 그녀의 성공적인 적응은 비서로 다시 일을 하는 데에까지 이르지는 못했습니다. 펠리시테는 이 영역에 대해 어떤 심리적 투여도 없었고, 사회에 기여하는 것에 관해 아무런 걱정 없이 그녀로 하여금 자신의 문화적 혹은 망상적 활동에 열중할 수 있게 해주는 장애인이라는 신분에 만족스러워 했습니다. 이런 측면과 관련해서 그녀를 자극하는 그 어떠한 것도 재발을 야기할 수 있었습니다.

    항정신증 약물 치료는 저로 하여금 펠리시테와 관계를 유지하도록 해주었습니다. 비록 그녀가 다시 "행복감에 젖을" 수 있기 위해 약을 끊기를 바랬지만 말입니다. 펠리시테의 행복감이라는 표현은 라캉이 대타자의 주이상스[다른 주이상스]라 부른 것에 대한 또 다른 좋은 명칭입니다. 1989년 가을에 정신 병동은 문을 닫았고 펠리시테는 지방에 있는 다른 병원으로 이송되었는데, 그 병원은 그녀의 부모님 집 근처에 있었습니다.

저는 이렇게 수년에 걸친 그녀의 상태 변화에 관한 임상적 묘사가 여러분으로 하여금 동일한 환자에게서 일어날 수 있는 대타자의 주이상스와 팔루스의 주이상스 간의 동요를 파악하게 해주기를 바랍니다. 정신증 환자들은 대타자의 주이상스에 완전히 사로잡혀 있기만을 원합니다. 그들의 치료 인력이 그들을 사람과의 교류, 일, 팔루스의 주이상스로 이루어진 회로로 복귀시키는 데에 집중하는 반면에 말입니다. 이 지점이 병원에서 환자들과 치료 인력 간에 있을 수 있는 근본적인 오해의 원천입니다.

몇 가지 이론적인 문제로 넘어가기 전에, 라캉의 세미나에서 제기된 점을 살펴보면서, 저는 여러분께 간략히 또 다른 환자와의 상담의 일부를 인용하고자 합니다. 그 환자는 이번 수업의 초반에 제가 말씀드린 적 있는 파트릭입니다. 파트릭은 정신증자였고, 그는 대타자의 주이상스에 관해 많은 걸 알고 있는 것처럼 보였습니다. 그는 10년 동안 장애인 신분으로 살았지만 과학 쪽에서 일을 다시 하기로 결심했고 결국 물리학 연구 실험실에 자리를 잡았습니다. 그는 6개월 뒤에 아래와 같이 말했습니다.

"저는 논문 작업을 포기했고, 그렇게 한 것에 대해 만족해요. 저는 실험실에서 행복하지 않았어요. 저는 집에 있을 때 약간 행복했어요. 모든 인간의 궁극적인 목표는 언제나 행복해지는 것이었어요. 물론 라캉학파 분석가들에게는 그렇지 않지만 말이에요. 심지어 융학파 분석가들조차 충만함이 무엇인지 잘 알고 있다는 말을 들으면 만족스러워해요.

제가 이미 선생님께 말했듯, 저는 충만함에 대해 잘 알고 있었어요. 저는 완벽히 행복했어요. 충만함에 대한 이러함 감각은 제가 제 삶에서 경험한 것 중에 최고의 것이에요. 저는 그 누구도 볼 필요가 없었고, 하루 종일 침대에 누워서 손가락도 까딱하지 않고 TV를 봤죠 (그렇게라도 하지 않으면 지루했을 테니까요). 이건 신비주의자들이 묘사하는 것과 비슷해 보였어요. 그들이 약이나 마약 없이 그런 행복에 도달할 수 있는 것은 정말 잘 된 일이었죠. 저는 왜 그들이 그 상태에 매달리고 그 상태에서 벗어나고 싶어 하지 않는지 이해할 수 있어요. 저 자신이 마약이나 알코올 없이, 그렇지만 테르시안(tercian)에 의해, 아니 어쩌면 테르시안과 아무 관계가 없을 수도 있는데, 그 상태에 도달했어요. 테르시안과 아무 관계가 없을 수도 있다고 말한 것은 일전에 제가 테르시안을 복용했을 때 저는 아무런 충만함을 느끼지 못했기 때문이에요.

저는 더 이상 테르시안을 복용하지 싶지 않아요. 저는 세계와 접촉을 유지하는 것을 더 좋아해요. 저는 계속 도서관, 공원, Y 협회에 갈 거예요. 그렇지만 저는 어떤 인간관계도 갖고 싶지 않아요. 왜냐하면 그건 저를 괴롭게 만들고 저는 집에 있을 때 더 행복하니까요. 그건 충만함은 아니지만 약간의 행복을 느껴요. 그리스 철학자들, 이건 그들이 탐구한 문제였죠, 행복을 찾는 것 말이에요. 그들이 이걸 쾌락주의라고 불렀는지 행복주의라고 불렀는지 모르겠네요."

저는 그에게 침대에 누워서 행복한 상태에 있는 것은 햇볕을 쬐고 있는 고양이를 생각나게 한다고, 그리고 그런 상태는 인간에게는 충분한 목표로 보이지 않는다고 말했습니다. 그러자 파트릭은 이렇게 반박했습니다. "그렇지만 그건 선생님의 문제에요! 왜 그런지 분석해 보셔야 합니다!" 제가 이 정신증자의 발언을 인용하는 것은 여러분께 대타자의 주이상스가 무엇인지 설명하기 위함입니다. 그렇지만 여러분은 여기서 즉각 윤리적인 문제가 제기된다는 걸 아셨을 겁니다. 파트릭이 저에게 제기한 윤리적인 문제는 다음과 같습니다. 왜 대타자의 주이상스를 선택하지 말아야 하는가? 그가 그런 행복한 상태에 문제가 있다고 생각하는 것 자체가 저의 문제라고 말했을 때, 사실 저는 그에게 뭐라고 답해야 할지 몰랐습니다. 동시에 저는 그가 틀렸다는 것을 잘 알고 있었습니다. 제가 보기에 오늘날 이러한 윤리적인 질문은 훨씬 더 첨예하게 제기됩니다.

2006년 2월 26일 「르 몽드」에는 프랑스국립보건의학연구소(INSERM)에서 실시된 한 연구 보고서가 실렸는데, 그 연구는 다양한 심리치료의 효과를 비교했습니다. 연구의 "과학적인" 결론은 모든 병리성을 다루는 데에 있어서 인지행동치료가 정신분석적 치료보다 실질적으로 더 우월하다는 것이었습니다. 인지행동치료가 더 효율적이고, 덜 비싸고, 더 빠르고, 더 수익성이 있었습니다. 우리는 이런 주장을 매우 심각한 것으로 여겨야 합니다. 왜냐하면 우리가 이런 추론을 조금 더 멀리 밀고 나간다면, 그리고 수익성을 유일한 기준으로 삼는다면, 아마 즉각 정신증이 있는 모든 사람들, 그들을 치료하는 모든 정신과 의사들, 심지어 모든 약을 없애고 가축을 사육할 때 그렇게 하는 것처럼 건강한 사람들만 선별하는 편이 나을 것입니다. 이것은 결코 과장이 아닙니다. 왜냐하면 인지

행동치료 쪽에서 주장하는 바대로 인지행동치료의 목적은 어떤 개인을 특정한 심리적 조건에서 벗어나게 한 다음에 그에게 새로운 조건 반사적인 행동을 주입함으로써 그의 조건을 재규정하는 것이기 때문입니다. 이런 방식은 동물을 조련하는 것과 밀접한 관계가 있습니다. 결국 여기서 우리는 정신분석이 심리치료와 아무런 관련이 없음을 강조하는 것이 어째서 그토록 중요한지 상기해야 합니다. 농담조로, 그러나 결코 농담만은 아니지만, 우리는 이렇게 말할 수 있습니다. 심리치료는 우리의 눈을 멀게 만드는 대가로 우리의 기분을 좋아지게 만들고, 정신분석은 우리의 기분을 상하게 만드는 위험을 무릅쓰면서 우리가 보다 명료히 볼 수 있도록 인도합니다.

제가 왜 파트릭으로 하여금 대타자의 주이상스를 향한 방향을 쫓을 것을 장려하지 않았는지에 관한 질문으로 되돌아옵시다. 이 질문에 대한 첫 번째 답변은 매우 명확합니다. 대타자의 주이상스는 주체의 실존과 양립 가능하지 않습니다. 그러나 이렇게 말을 하면서 저는 제가 여기서 실존이라는 용어를 사용할 수 없음을 깨닫습니다. 라캉이 실존이라는 용어에 부여한 용법과 의미를 고려할 때 말입니다. 오히려 대타자의 주이상스는 유기체의 생존과 양립 가능하지 않다고 말하는 편이 더 적절할 것입니다. 우리는 약물 중독이나 — 그 정도가 덜한 — 알코올 중독에서 이를 목격할 수 있습니다. 중독에서 유기체의 죽음이 필연적이라는 사실을 말입니다. 그러나 좀 더 근본적인 관점에서 보면 여기서 겨냥되는 것은 주체의 죽음이 아닙니까? 주이상스는 실존의 무게를 덜어내 준다는 사실에 의해 구성되지 않습니까? 지금으로서는 저는 이를 질문의 형태로 남겨두겠지만, 우리는 곧 그 질문으로 되돌아갈 것입니다.

대타자의 주이상스는 한 가지 중대한 점에서 팔루스의 주이상스와 구분됩니다. 대타자의 주이상스에는 한계가 없습니다. 팔루스의 주이상스는 쾌락에 의해 한계가 설정됩니다. 유기체는 그것에 종지부를 찍고, 이것이 팔루스의 주이상스가 '작은 죽음[오르가즘](la petite mort)'이라 불리는 이유입니다. 반대로 대타자의 주이상스에는 한계가 없으며, 이것이 대타자의 주이상스가 물리적 죽음으로 이어질 위험이 있는 이유입니다. 비록 우리가 과다복용에 대해 말하지 않는다 하더라도, 대타자의 주이상스가 생존과 양립 가능하지 않다고 제가 말할 때 의미하는 바를 여러분께 설명하기 위해 저는 또 다른 환자인 드니(Denis)에 대해 말씀드리고자 합니다. 드니는 30년 동안 조현병자의 삶을 살았습니다. 저는 드니를 15년 동안 알고 지냈습니다. 처음에 그는 전자공학에 관한 책을 읽었고, 요즘에는 신비주의에 관한 책만 사고 있습니다. 그는 점차적으로 다른 사람들과 접촉하는 것을 중단했습니다. 또 그는 저와의 상담 간격도 점점 더 늘리려고 했습니다.

저는 2003년에 그의 말의 일부를 다음과 같이 기록해 두었습니다.

"제가 하늘을 바라보면 하늘은 짙은 청색이 되고 별이 보이기 시작하는데, 그건 제 몸 안에 뭔가를 만들어요. 그건 저를 변형시키고, 저를 달라지게 해요. 그건 매우 강력해요."

저는 여기서 재차 대타자의 주이상스의 문제가 드러난다고 생각합니다. 또 여러분은 각각의 환자가 저마다의 기표를 통해 대타자의 주이상스를 표현한다는 점을 알 수 있을 겁니다. 대타자의 주이상스의 경험을 표현하기 위해서 어떤 말을 다른 말로 바꾸어 표현하거나 아니면 어떤 말에 특수하거나 약간 신조어 같은 의미를 부여해야 할 필요성을 느끼면서 말입니다. 펠리시테는 "행복감(euphorie)"을 말하고, 파트릭은 "충만함(plénitude)"을 말하고, 드니는 "그건 제 몸 안에 뭔가를 만들어요"라고 말하며, 슈레버는 "지복(béatitude)"이라는 용어를 말합니다.

파트릭의 주장과는 반대로, 대타자의 주이상스 안에서 살아가는 불편함은 드니에게 명백히 드러납니다. 실제로 드니는 점점 덜 독립적으로 변하고 있습니다. 그는 충분히 바깥 활동을 할 수 없습니다. 그는 자신의 집을 돌보고, 개인위생을 챙기고, 식자재를 사는 등의 활동을 하는 데에 어려움을 겪습니다. 그는 점점 더 자신의 후견인과 낮 병원에 의존해야 하고, 가사도우미를 고용하거나 생활을 보조해주는 사람이 있는 곳에서 살아야 합니다. 그는 더 이상 대화하기를 원하지 않고, 점점 더 폐쇄적으로 변하고 있습니다. 그는 문제가 생길 때마다 화를 냅니다. 그는 집 수도관에 누수가 일어나자 배관공을 불러야 하는 것을 견디기 어려워합니다.

제가 파트릭에게 충만한 기분으로 침대에 누워서 아무 것도 하지 않는 것이 고양이를 생각나게 한다고 말했을 때 저는 틀렸고 착각했습니다. 왜냐하면 햇볕을 쬐고 있는 고양이의 주이상스는 고양이로 하여금 자신의 세계에 적응하여 그 세계와 조화를 이루는 것을 방해하지 않습니다. 고양이는 자신이 세계 속에서 자율적이라는 사실을 알고 있습니다. 반대로 파트릭이 자신을 대타자의 주이상스로 나아가도록 너무 방치한다면, 그는 오랫동안 독립적인 상태를 유지할 수 없을 것입니다. 저는 파트릭이 드니처럼 될까봐 염려 됩니다. 즉, 파트릭이 가사 노동에 있어서나 사회적, 의학적으로 점점 더 외부의 도움에 의존하게 될까봐 염려됩니다.

이 세 명의 환자는 — 적어도 이것이 제가 여러분에게 그들의 사례를 말씀드리면서 희망한 것인데 — 우리에게 대타자의 주이상스가 무엇인지 잘 보여줍니다. 대타자의 주이상스를 탐지하는 것은 매우 중요한 일입니다. 그러나 만약 라캉이 그것을 정의하지 않았다면, 즉 그가 대타자의 주이상스와 관련하여 실재 안의 상징적 절단을 문제 삼지 않았다면, 우리 스스로 그것을 파악할 수 있었을까요? 저는 우리가 그럴 수 있었다고 생각하지 않습니다. 반대로 "대타자의 주이상스"라는 기표가 표명되는 순간부터 우리는 그것을 문제 삼지 않을 수 없습니다.

그러면 왜 라캉은 대타자의 주이상스가 여성적이라고, 대타자의 주이상스가 여자들이 느끼는 보충적인 주이상스라고 말하는 걸까요? 우리가 대타자의 주이상스를 여자 쪽에 놓는 것은 논리적으로 필연적입니다. 만약 팔루스 함수가 모든 남자를 팔루스 함수라는 깃발 아래에 정렬시킨다면, "대타자의 주이상스"는 이성[타자적인 성](Autre sexe)에 귀속될 수밖에 없습니다. 라캉이 말하듯 여자는 팔루스 함수에 완전히 종속되지 않습니다[팔루스 함수에 대해 비전체(pas toute)입니다]. 남자의 상황은 반대입니다. 남자는 팔루스 함수에 언제나 종속됩니다. 이것이 라캉의 성별화 공식의 출발점이 됩니다. 이러한 논리적 필연성은 임상 경험에 의해 확증됩니다. 슈레버의 『한 신경병자의 회상록』이 보여주듯 말입니다. 라캉이 정신증자의 "여자 쪽으로의 추동"이라 부른 것은 남자인 어떤 주체가 더 이상 팔루스 함수 안에 있지 않을 때, 그의 정신증이 발발할 때, 그가 대타자의 주이상스에서 기능하기 시작하고, 따라서 그가 여성화된다는 임상적 사실을 가리킵니다. 저는 슈레버의 글쓰기에 대한 프로이트의 분석에서 한 구절을 인용해보겠습니다. 슈레버가 "지복"이라고 부른 대타자의 주이상스와 관련하여 말입니다.

> "[이제 신과 밀접하게 연관되어 있는 지복에 대해 살펴보자]. 슈레버는 이것을 사람의 영혼이 죽은 다음에 순화 과정을 거쳐 올라가게 되는 '저편의 삶'이라고 표현했다. 그는 이것을 끊임없는 주이상스[지극한 즐거움](jouissance)의 상태라고 표현했으며, 그것은 신의 의도와 밀

접한 관계가 있는 상태다. 이것은 독창적인 것은 아니다. 그런데 슈레버는 놀랍게도 남성적 지복과 여성적 지복을 구분했다. '남성적 지복은 여성적 지복보다 우월하다. 후자는 끊임없는 관능적 만족감의 상태로 보인다.'"[57]

대타자의 주이상스에 관한 몇몇 고찰

라캉이 『R.S.I』세미나에서 제시한 보로메우스 매듭을 참고하자면 거기서 우리는 우선 대타자의 주이상스가 상징계 바깥에, 즉 언어 바깥에 있음을 볼 수 있습니다. 둘째, 대타자의 주이상스는 상상계와 실재계가 교차되는 표면에 그려져 있습니다. 셋째, 대타자의 주이상스는 육체와 관련됩니다. 그것은 육체의 주이상스입니다. 반대로 팔루스의 주이상스는 육체 바깥에, 상상계 바깥에 있는 주이상스이며, 상징계에 의해 지탱되고, 실재계와 상상계가 만나는 지점에 있습니다. 그러나 우리는 팔루스의 주이상스와 대타자의 주이상스를 단순히 대비시킬 수 없습니다. 가령 샤를 멜만은 강박신경증에 관한 세미나에서 어떻게 강박증자의 관건이 팔루스의 주이상스가 아니라 대상적 주이상스인지 보여줍니다.[58] 끝으로 성적 주이상스를 정의하는 일이 남아 있는데 …… 저는 이를 차후의 과제로 남겨두겠습니다.

라캉의 『에크리』에 나온 구절을 인용하는 것으로 오늘 수업을 마치

---

57 Freud, S. *Cinq psychanalyses*, "Remarques psychanalytiques sur l'autobiographie d'un cas de paranoïa: Dementia Pranoïdes. (Le Président Schreber)", PUF, 1954. 프로이트, 『늑대인간』, 김명희 옮김, 열린책들, 2013년, 129-130쪽(약간 수정해서 옮김).

58 *Bulletin de l'Association Freudienne Internationale*, nº. 98, 100, 102, 102: articles de Charles Melman.

고자 합니다.

"나는 무엇인가? 나는 지금 '세계는 비-존재의 순수함 속에 있는 하나의 결여이다'라고 울부짖는 소리가 들려오는 장소에 있다.
그리고 거기에는 이유가 없지 않은데, 왜냐하면 이 장소는 자기를 지킴으로써 존재 자체를 쇠약하게 만들기 때문이다. 이 장소는 향유[주이상스]라고 불리는데, 그것이 결여되면 세계가 공허해지는 것이 이 향유이다.
그렇다면 내게 그것에 대해 책임이 있을까? ― 분명히 그럴 것이다. 그럼 이 향유는, 즉 그것이 결여되면 대타자를 일관성을 결여한 것으로 만드는 이 향유는 나의 것일까? 경험은 보통 그것이 내게는 금지되어 있다는 것을 증명한다. 그런데 그것은 어리석은 자들이 믿듯이 사회의 잘못된 배치 때문만은 아니라 만약 대타자가 존재한다고 한다면 대타자의 잘못 때문이라고 나는 말할 것이다. 하지만 대타자가 존재하지 않기 때문에 나에게 남는 것은 나에게 잘못을 전가하는 것뿐이다 ……."[59]

---

59   라캉, 『에크리』, 966-967쪽.

수업 11 | 실비와 마리 알릭스

강박증
증상을 치료하기 혹은 구조를 결정하기

이번 수업에서 우리는 강박증을 가진 두 여성의 사례를 살펴볼 것입니다. 그런데 한 여성은 신경증자고, 다른 여성은 정신증자입니다. 강박증은 잘 알려져 있고 미디어에서도 자주 다루어집니다. DSM-IV(정신질환 진단 및 통계 편람)에서 강박증은 특정한 임상적 실체로 여겨집니다. 강박증은 자주 항우울제나 심리치료에 의해 다루어집니다. 그런데 약물치료와 심리치료 모두 환자가 괴로워하는 증상을 제거하는 것을 목적으로 합니다. 만약 우리가 증상을 제거한다면 환자의 고통도 동시에 사라질 것이라는 가정을 바탕으로 해서 말입니다. 이러한 가정은 어떤 면에서는 정확하지만, 일반화될 수는 없습니다. 왜냐하면 신경증에서 증상은 두 가지 무의식적 욕동 간의 타협이라는 차원에서 드러나기 때문입니다. 증상을 직접적으로 제거하는 것은 타협을 제거하는 것일 뿐, 서로 갈등하는 두 가지 무의식적 욕동은 그대로 남아서 다른 방식으로 드러날 길을 찾게 마련입니다.

정신분석은 증상과 구조의 구분을 강조합니다. 이 점이 이번 수업에서 제가 여러분께 보여드리고자 하는 내용입니다. 즉, 강박증은 내담자의 구조가 신경증적인지 정신증적인지 결정하는 데에 충분한 근거를 제공하지 못합니다. 정신분석은 두 경우 모두에 유용할 수 있지만, 신경증과 정신증은 같은 방식으로 접근되어서는 안 됩니다. 그러므로 무엇보다 환자의 구조를 결정하는 데에서부터 출발하는 것이 중요합니다. 즉, 환자의 구조가, 프로이트의 삼항을 사용하자면, 신경증인지, 정신증인지, 도착증인지를 구분하는 것에서부터 말입니다. 무엇이 세 가지 구조를 근본적으로 구별해주는 걸까요? 구조란 무엇일까요? 두 질문은 결국 같은 질문입니다. 그 질문은 여러 층위에서 답변될 수 있습니다. 주체가 상징계 안에서 출현한다는 점을 참고한다면, 우리는 주체가 세 가지 가능한 태도를 갖는다고 말할 수 있습니다. 그것은 지나친 단순화를 무릅쓰고 다음과 같이 도식화될 수 있습니다.

　- 주체는 자신이 하나의 기표에 의해 다른 기표에게 재현된다는 점을 "받아들입니다." 주체는 상블랑(semblant)의 세계에만 관계하며, 실재는 그의 손이 닿는 영역 너머에 있습니다. 이러한 주체는 신경증자입니다.
　- 주체는 하나의 기표에 의해 다른 기표에게 재현되지 않습니다. 대상 a의 상실이 일어나지 않습니다. 이러한 주체는 정신증자입니다.
　- 주체는 자신이 기표에 의해 분열된다는 점을 부인합니다. 이러한 주체는 도착증자입니다.

　제가 방금 말씀드린 것에는 약간의 수정이 필요합니다. 주체가 상징계에 들어가기를 "받아들인다" 혹은 "받아들이지 않는다"는 것은 정확한 표현이 아닙니다. 왜냐하면 그러한 선택이 일어나기 전에 주체가 존재하는 것이 아니며, 주체는 기표가 주체를 분열시키는 작용에 의해 비로소 출현하기 때문입니다. 달리 말해 관건은 주체가 거세를 통과했는지의 여부에 달려 있습니다. "거세를 통과했는지"라는 표현을 통해 저는 의미작용을 끌어들였습니다. 반면에 위에서 제가 기표 연쇄로부터의 주체의 출현 여부 및 출현 방식에 대해 말할 때 거기에는 의미작용이 관여하지 않습니다. 거세로 인해 의미작용이 존재하고, 의미작용은 팔루스적입니다. 팔루스가 모든 의미작용의 방향을 규정하기 때문입니다.

이런 관점에서 위의 세 가지 구조는 주체가 거세에 대해 갖는 입장에 따라 정의됩니다. 만약 거세가 배제되거나 폐제되면, 주체는 정신증자입니다. 만약 거세가 부인되면, 주체는 도착증자입니다. 그리고 만약 주체가, 대부분의 경우에서 그러하듯, 거세를 통과하여 거세를 불쾌한 것으로 여기고 거세를 억압한다면, 주체는 신경증자입니다. 달리 말해 거세를 통과하는 것은 원억압이 일어났음을 뜻합니다. 따라서 정신증에서의 폐제란 원억압이 일어나지 않았음을 뜻한다고 할 수 있습니다. 저는 이번 수업의 말미에 이 공식으로 되돌아가겠습니다.

실비: 환각과 강박증

실비는 전화번호부에서 제가 일하는 의료심리센터(Centre Médico-Psychologique)의 주소를 발견했습니다. 그녀는 우선 간호사를 만났는데, 간호사는 다음과 같은 메모를 남겼습니다. "그녀에게는 두 살 된 아이가 있습니다. 그녀의 의사는 수유 억제를 위한 약을 처방했습니다. 그녀는 이 약을 복용한 이후로 시각적, 청각적 환각을 겪어 왔다고 말했습니다. 그녀는 자신의 주치의와는 환각에 대해 논의하기를 원하지 않았습니다. 그녀가 20살 정도 되었을 무렵 그녀는 비슷한 증상을 겪은 적 있습니다. 증상은 2주일간 지속되다가 사라졌고 최근에 재발하기 전까지 나타나지 않았습니다." 간호사는 그녀에게 의사를 만나볼 것을 권유했고, 그래서 저는 다음 주에 그녀를 만났습니다.

실비는 자신이 간호사에게 말했던 것과 똑같은 방식으로 저에게 말했습니다. "저는 수유를 멈추게 하기 위한 약을 복용한 이후로 환각을 겪었어요." 저는 그녀에게 그녀가 "환각"이라는 용어로 무엇을 뜻하는지 설명해줄 것을 부탁했습니다. 그녀는 말했습니다. "저는 눈앞에 놓인 어떤 이미지를 봤고, 잠을 잘 수 없었어요. 저는 제가 알지 못하는 얼굴이나 지나가는 풍경을 봤어요. 한 번은 그 이미지들이 마치 속도가 빨라지는 영화 같았어요. 20살 때 그런 일을 겪은 적 있어요. 저를 응시하고 있는 눈을 봤어요."

제가 그녀의 환각을 유발한 약의 이름이 무엇인지 묻자 그녀는 이제 자기 아들이 2살이기 때문에 약을 먹지 않은지 오래 되었다고 말했습니다. 그러나 그녀가 약에 대해 말하는 방식은 아이의 출생, 약, 환각이 매우 최근에 일어난 일임을 뜻하는 것처럼 보였습니다. 저는 그녀에게 그녀를 힘들게 하는 또 다른 증상이 있는지 물었습니다. 그녀는 대답했습니다.

"청소년기 이래로 강박증이 있었어요. 강박증은 제가 어떤 꿈을 꾼 직후에 시작되었죠. 저는 여자의 가슴에 고착되었어요. 심각한 문제였죠. 왜냐하면 저는 매장에서 일을 했으니까요. 저는 일을 계속할 수 없었고 그만둬야 했어요. 요즘 저는 저 스스로에 대해서 그리고 제가 좋아하는 사람들에 대해서 욕설을 하는 것 같다는 생각이 들어요. 저는 31살인데 지금까지 그 누구에게도 이에 대해 말한 적 없어요. 말하기가 너무 수치스러우니까요."

실비는 자기가 결혼을 했고, 그녀의 남편은 일을 열심히 하고 매우 자상하지만 부부간의 금슬은 그저 그렇다고 말했습니다. 남편은 그녀에게 공부를 할 것을 장려했습니다. 그녀는 이것은 남편 자신에게 만족스러운 것이라고 생각했습니다. 왜냐하면 그녀가 공부하는 동안 그녀는 남편에게 경제적으로 의존해야 하며 남편을 떠날 수 없기 때문이었습니다. 반면에 그녀 자신은 남편과 헤어지는 편이 더 나을 것이라는 생각이 자주 들었습니다.

실비는 외동딸이었고, 그녀의 부모님은 그녀가 15살에 헤어졌습니다. 그녀의 아버지는 재혼을 했고, 아버지에게는 새 배우자와의 사이에서 낳은 두 명의 자식이 있었습니다. 저는 그녀에게 실비가 보기에 부모님이 헤어진 이유가 무엇이라고 생각하는지 물었습니다. 그녀는 이렇게 답변했습니다.

"드라마 같은 참사가 있었죠. 제 아버지는 바람둥이였어요. 그는 제 어머니의 여동생 두 명과 관계를 가졌어요. 첫 번째는, 제가 2살 때였는데, 작은 이모와의 관계였어요. 두 번째는, 제가 11살 때였는데, 큰 이모와의 관계였죠. 어머니는 여동생들을 용서했지만, 저는 그것 때문에 어머니를 원망했어요. 어머니는 자기 여동생은 용서했지만 아버지는 쫓아냈죠. 어머니는 가족을 위해 스스로를 희생한 여자예요. 아버지에 대해 말하자면, 저는 그를 다시는 보지 않을 거예요. 저는 아버지의 새 배우자와 잘 지내요. 그렇지만 저는 아버지에 대해 긍정적으로 생각하지 않아요. 그는 불안정한 남자예요. 그는 진실하지 못하고 거짓말을 잘 해요. 제 강박증은 부모님이 이혼한 이후에 시작되었어요. 저는 강박적으로 손을 씻기 시작했고, 신비주의적인 것들에 관심을 갖게 되었어요. 제 친구들은 이런 저를 이상하다고 생각했죠. 저는 강박증을 없애기 위해 많은 노력을 기울였어요. 저는 제 스스로에게 말했죠. '너는 40에서 30으로 증상을 줄일 수 있어.' 저는 아무 일도 일어나지 않을 거라고 스스로를 설득했죠. 조금씩 저는 강박증을 멈출 수 있었어요. 저는 지금도 여전히 약간은 미신을 믿기도 해

요. 시험 칠 때 같은 상황에서 말이에요. 그렇지만 미신에 대한 믿음
이 지속되지는 않아요."

저는 "신비주의적인 것들에 관심을 가졌다"는 것이 무슨 뜻인지 좀
더 자세히 설명해달라고 했습니다. 왜냐하면 이 맥락에서 그것은 망상
에 관련될 수 있기 때문입니다. 그녀는 점쟁이를 자처하는 어떤 친구가
있는데 그 친구의 영향을 받은 것이라고 말했습니다. 어떠한 망상적인
요소도 출현하지 않았고, 그녀는 점술을 "미신"에 대한 의존, 즉 강박신
경증에서 자주 발견되는 마술적인 사고에 대한 의존이라는 뜻에서 언
급하는 것처럼 보였습니다. 우리는 그와 같은 마술적인 사고를 프로이
트의 쥐인간에게서 볼 수 있는데, 쥐인간은 이렇게 말했습니다. "내가
거울 앞에서 옷을 벗고 나를 바라보면, 그녀와 아버지에게 불행이 닥칠
거야."

실비는 제 요청에 따라 자기 삶의 히스토리를 계속 들려주었습니다.
실제로 그녀는 많은 것들에 대해 매우 빠르게 말했습니다. 그녀는 자기
가 어릴 때 공부를 포기했으며, 매장에서 일을 하기 시작했고, 그 이후
에 결혼을 했다고 말했습니다. 그녀가 어떤 여자의 유방을, 어떤 벌거벗
은 가슴을 보는 꿈을 꾼 것도 결혼 이후였습니다. 그녀는 이 꿈을 꾼 이
후에 자신이 가슴에 고착되었다고 말했습니다.

"저는 정말 당황스러웠어요. 저는 여자의 가슴을 응시하는 걸 멈출
수 없었어요. 저 스스로를 결코 동성애자로 느껴본 적이 없는데도 말
이에요. 그래서 일을 계속하는 게 불가능해졌고, 저는 직장을 그만두
었어요."

저는 그녀에게 욕설에 대해 좀 더 자세히 설명해달라고 부탁했습니다. 그녀는 이렇게 답변했습니다.

"제 생각에 그건 제 이모들과 관련이 있어요. 저는 이모들에 대한 증오를 내려놓을 수 없었어요. 작은 이모에 대한 증오는, 저는 그 때 두 살이었는데, 오래 지속되지는 않았어요. 그녀는 어렸으니까요. 큰 이모에 대한 증오는 몇 년 동안 지속되었죠. 그녀가 아버지와 바람을 피우기 시작한 게 18살 때였음에도 불구하고 말이죠. 하지만 그녀는 잘 빠져 나왔죠. 돈 많은 남자랑 결혼했으니까요. 우리 모두 고생 많았죠."

그녀의 아들에 관해 그녀는 요즘 아들이 잘 지내고 있다고 말했습니다. 그녀의 아들은 에너지가 넘치고, 활동적이고, 공원에 가는 것을 좋아하고, 사교적이었습니다. 아들은 격월로 시골에 있는 외할머니 집에서 시간을 보냈고, 아들은 그런 상황을 잘 받아들였습니다. 그녀는 이렇게 덧붙였습니다.

"저는 아이가 생겼다는 사실을 깨닫는 데에 많은 시간이 걸렸어요. 저는 예전에 자궁외임신 때문에 수술을 받은 적 있어요. 학교로 돌아가기 전이었죠. 그 다음에 저는 피임약을 먹었고, 피임약을 그만 먹기 시작하면서 임신하는 데에 일 년은 걸릴 거라고 생각했는데 곧바로 임신이 되었죠."

그녀는 "아이가 생겼다는 사실을 깨닫는 데에 많은 시간이 걸렸다"는 생각과 본인이 그렇게 빨리 임신할 줄 예상하지 못했다는 생각을 연결시키는 것 같았습니다.

그녀는 자신이 학사학위를 받은 후에 학사 학위보다 낮은 수준에 있는 매우 간단한 시험을 치를 것이라고 덧붙였습니다. 그녀가 듣고 싶은 수업의 수강료를 평생 교육을 위한 보조금으로 지불할 것이라는 생각을 가지고 말입니다. 그녀는 2주 후에 이 시험의 구술 파트를 치를 예정이었습니다.

상담 말미에 저는 그녀에게 잠은 잘 자고 있는지, 낮에 어떤 기분이 드는지에 대해 질문했습니다. 그녀는 자신이 저녁에는 매우 불안한 상태가 되고 밤에 여러 번 깬다고 말했습니다. 저는 그녀에게 제가 어떻게 그녀를 도울 수 있을 것이라고 생각하는지 물었습니다. 그녀는 곧바로 심리치료를 언급했지만 치료가 빨리 끝났으면 좋겠다고 말했습니다. 그녀는 인지행동치료가 "정신분석보다 훨씬 빠르다"는 말을 들은 적 있다고 했습니다.

저는 그녀에게 저를 다시 만나러 올 것을 제안했고, 다음에 만날 때까지 그녀가 원한다면 항우울제 알약을 처방해 주겠다고 했습니다. 저는 그녀에게 항우울제를 처방하는 것에 대해 그다지 내키지 않았지만, 빠른 치료를 원하는 그녀의 요구를 들어주는 편이 더 신중한 방법이라고 생각했습니다. 그녀가 상담하러 다시 돌아오지 않는 일이 없도록 하기 위해, 그녀에게 제가 정신분석이 아닌 모든 것에 폐쇄적이라는 인상을 주지 않기 위해 말입니다. 저는 항우울제가 문제를 해결해 주지는 않지만 고통을 약간 덜어줄 수 있는 임시적인 버팀목이라고 알려주었습니다.

다음 번 상담에서 그녀는 약 때문에 잠을 잘 수 없었다고 말했습니다. 그녀는 한 번에 반 알만 먹었고 5일 뒤에 약을 그만 먹었습니다. 그러나 그녀에게는 말하고 싶은 것들이 많았습니다. 그녀는 청소년기에 자신이 꾼 악몽에 대해 말했습니다.

"거대한 파도가 저를 덮쳤어요. 무언가 저에게 들어왔어요. 제 배 안으로 말이에요. …… 저는 약간 미친 상태였어요. …… 저는 제 안에 있는 목소리와 소통했어요. 그건 제 양심이었죠. …… 두 개의 서로 다른 목소리가 있었어요. 제가 스스로에게 '나는 이걸 할 거야'라고 말하면 '아니야, 하지 마'라고 말하는 목소리가 있었죠. 저는 완전히 광기에 휩싸였죠. …… 저는 심리치료사를 찾아 갔어요.
한 번은 수업을 듣고 있었는데 모든 게 비현실적으로 보였어요. 저는 세상에서 동 떨어져 있었죠. 이런 상태가 수업 내내 이어졌어요. …… 또 한 번은 머리가 폭발할 것 같은 느낌을 받았죠. ……
밤에 이미지가 보이는 건 계속되고 있어요. 저는 제가 알지 못하는 여자들의 얼굴을 봐요. 어제는 철길을 봤어요. 저는 실제로 낮에 그 열차를 탄 적 있어요."

저는 그녀에게 욕설에 대해 좀 더 말해달라고 했습니다.

"그 욕설은, 가령 제 교수님에 대한 욕설이나 제가 매우 좋아하는 여자친구에 대한 욕설이에요. 욕설은 언제나 제가 가까운 사람들에 관한 것이지, 저에게 아무래도 상관이 없는 사람들에 관한 것이 아니에요."

또 저는 그녀에게 마약에 대해 물었습니다. 그녀는 청소년기에 마리화나를 피운 적 있으며 자신의 몸이 마리화나에 아주 강하게 반응했다고 말했습니다. 또 그것은 완벽한 탈현실화 경험이었으며 자신은 두 번

다시 마리화나를 피우지 않았다고 덧붙였습니다.

저는 그녀에게 부모님에 대해 말해달라고 했고, 그녀는 이렇게 답변했습니다.

"제 어머니는 아주 좋은 사람이에요. 그녀는 자기 주위에 있는 사람들을 과도하게 존중해요. 가령 배관공이 9시에 올 예정이라면, 그녀는 집을 치우기 위해 6시에 일어나요. 그녀는 이웃들에게 방해가 되지 않도록 정원에서 일체 소란을 피우지 못하게 해요. 그녀는 매우 광적인 면이 있고, 사회적인 규칙을 대단히 잘 따라요. 그녀는 자기보다 타인을 늘 우선시해요. 가족이 그녀 자신보다 우선이죠.

제 아버지는 호색가고, 사람을 조종해요. 그의 동네에서는 모든 사람이 그를 좋아해요. 그는 상냥하고, 인간적이고, 다른 사람에게 도움 되는 말을 해줘요. 하지만 실제로 그는 진실하지 못하고 사람을 잘 속여요. 그는 사람들이 자기를 좋아하기를 바라죠. 그래서 관심을 받기 위해 광대처럼 행동해요. 그에게는 친구들이 가족보다 더 중요해요. 그는 자신의 원가족과 인연을 끊었어요. 저는 제 친할아버지, 친할머니에 대해서 전혀 알지 못해요. 아마 친할아버지는 돌아가신 것 같아요. 일전에 저는 이 점에 대해 설명을 듣기 위해 아버지를 만나러 갔는데, 아버지는 아무 말도 하지 않았어요. 어머니, 아버지가 헤어지고 나서 아버지는 저를 보러 오곤 했지만, 그 이후에는 아무 소식도 듣지 못했어요.

어머니가 두 번째 집을 팔고 싶어 했을 때, 어머니는 아버지를 찾기 위해 탐정을 고용해야 했어요. 저는 그때 18살 아니면 19살이었어요. 우리는 아버지를 찾았고, 저는 아버지를 불렀고, 아버지를 봤어요. 그 다음에 저는 매년 이틀 아니면 사흘 동안 아버지 댁을 방문했어요.

그 다음에 제가 가진 문제 때문에 저는 지난 일은 잊어버리고 새 출발을 하는 편이 낫다고 생각했어요.

오랫동안 저는 어머니가 이모와 인연을 끊기를 원했어요. 종종 저는 어머니에게 화가 나요. 어머니가 그렇게 행동한 것이 대단히 원망스러워요.

저는 필적학 수업을 들었는데 어떤 학생이 제 글씨체를 보더니 저에게 아직도 아물지 않은 과거의 상처가 있다고 말했어요.

어머니는 어떤 사람이랑 3년 째 살고 있어요. 그 남자는 제 아기에 대해 불쾌한 말을 했어요. 그 남자의 첫 번째 부인은 그를 대단히 원망하면서 이혼했어요. 그의 딸은 그와 아무 말도 하지 않아요. 그렇지만 그의 손자, 손녀는 그를 좋아해요. 그건 다행이긴 하죠. 제 생각에 그는 불순한 사람이에요. 그는 제 이모를 저녁 식사에 초대한 자리에서 피갈광장[60]과 불로뉴 숲의 매춘부에 관한 이야기를 꺼냈어요. 그 다음에 그는 매우 화려한 디저트를 시켰어요. 제 생각에 그는 섹스광이에요. 어머니는 제 강박관념이 문제라고 말했어요."

실비는 어머니의 남자친구가 자기에게 한 말을 들려주었습니다. "저는 제 아이의 엉덩이를 씻겨주고 있었어요. 아이가 태어난 지 3개월 된 시점이었죠. 그가 말했어요. '도구를 사용해서 아이의 엉덩이를 뚫어주면 좋아할 거야.' 그런 식으로 말을 하는 사람은 불순한 사람임에 틀림없어요." 그녀는 저에게 그의 그런 면이 본인을 불안하게 만들었다고 했습니다. 그러나 그녀는 아이를 격월로 일주일 동안 할머니 댁에 맡겼습니다.

실비는 자기가 결혼하기 전에 3개월 동안 만난 사람이 있다고 말했습

---

[60] 나이트클럽으로 유명한 광장(역주).

니다. 그 남자는 소유욕이 강했고, 계속 질투에 휩싸였고, 그래서 그녀는 그와 헤어졌지만 속궁합은 잘 맞았습니다. 남편과는 속궁합이 잘 맞지 않았던 반면에 말입니다. 그녀는 자신이 남편을 사랑하지도 않고 욕망하지도 않는다고 말했습니다. 그러나 그녀는 남편 없이는 살 수 없을 것이라고 느꼈습니다. 1년 전에 그녀는 수업을 가르치는 교수들 중 한 명과 사랑에 빠졌습니다. 그의 나이는 40살 정도였는데 그 남자는 그녀에게 깊은 관심을 보였습니다. "아마 서로 비슷한 감정을 느꼈던 것 같아요. 모르겠어요. 저는 그에게서 도망치기 시작했고, 공포심에 휩싸였고, 그를 피했어요. 저는 그를 보고 싶지 않았어요."

세 번째 상담

저는 실비가 구술시험을 치른 뒤에 그녀를 다시 만났습니다. 그녀는 꿈을 꿨다고 했습니다. "저는 대학교에 있었어요. 그런데 뭔가 달랐어요. 사실 그건 중등학교였어요. 제 자리가 없었어요. 이슬람주의 활동가들이 우리에게 기관총을 쐈어요. 저는 말했죠. '저 텐트(tentes) 아래에 숨어야해.' 그런데 사실 그건 텐트라기보다는 담요(couvertures)였죠." 저는 이 꿈에서 두 가지를 들을 수 있었습니다. 첫째, 상담에서 저는 이 점에 대해 언급하지 않았지만, 대학교가 중등학교가 된 사실입니다. 저는 이것이 제가 실비에게 했던 질문에 관련되어 있다고 생각합니다. 그녀가 본인이 성공적으로 끝낸 학위과정보다 분명히 낮은 수준의 시험을 친다는 사실에 대해 어떻게 느끼는지에 관한 질문 말입니다.

이에 대해 그녀는 그 시험이 생계를 위한 것이며, 자신의 학위와 관련된 일을 찾기가 어려웠고, 새로운 영역에서 일을 구할 수 있는 확률이 훨씬 높았고, 그녀의 우선순위가 가능한 한 빨리 남편으로부터 경제적으로 독립하는 것인 이상, 공부를 통해 돈을 벌기 위해서는 다른 선택지가 없다고 답변했습니다. 저는 제가 이 꿈에서 드러난 일종의 답변으로 이해한 것에 대해 지적하지 않았습니다. 그 답변은 다음을 뜻합니다. "네, 대학교 이전 수준으로 되돌아가야 해서 기분이 나빠요. 제 자리를 벗어난 것 같은 느낌이에요." 실제로 얼마 후에 그녀는 본인이 더 높은 수준의 시험을 치르지 않았던 것을 후회한다고 말했습니다.

이와 달리 저는 "이모들(les tantes)"이 그녀의 말에 다시 등장한다는 점에 대해서는 분명히 지적했습니다.61 제 말을 들은 그녀는 이렇게 말했습니다.

"아버지의 외도가 표면으로 드러날 때 제 나이는 12살 반이었어요. 어머니가 이혼하기로 결심했을 때 저는 15살 반이었어요. 제가 보기에는 어머니가 곧바로 이혼하는 편이 더 논리적이었어요. 그런데 어머니는 2년 반을 기다렸어요. 그 2년 반 동안 우리는 긴장 속에서 시간을 보냈어요.

아버지는 스스로를 부끄러워한다고 말했어요. 어머니가 방에 들어와서 저에게 이렇게 말했죠. '네 아버지가 네 이모와 바람을 피우고 있다.' 그러자 아버지가 말했죠. '내가 바보지.' 그는 집을 떠나 시골로 갔어요. 저는 아버지를 보러 가는 게 전혀 내키지 않았어요. 그리고 아버지도 더 이상 연락하지 않았어요. 그는 어머니를 계속해서 조롱했어요. 자기 잘못을 알고 있으면서도 말이에요."

저는 실비에게 어머니의 가족에 대해 더 말해달라고 했습니다. 그녀

---

61 여기서 저자는 이모(tante)와 텐트(tente)가 거의 유사하게 발음된다는 점에 착안하고 있다(역주).

는 외할머니는 매우 열심히 일을 했고 외할아버지와 자주 싸웠다고 말했습니다. 그녀는 자기 외할아버지를 편집증자로 묘사했습니다. 그는 자기 아내가, 특히 자식들이 자신을 독살하려 한다고 비난했습니다. 실비의 외할머니와 외할아버지는 평생 같이 살았고, 외할아버지는 정신과 의사와 한 번도 상담을 한 적이 없었습니다. 실비는 이렇게 말했습니다. "그의 모든 자식들이 어른이 되자마자 그를 멀리했고 대부분 해외로 떠났어요. 그는 이기적이고, 인색하고, 엄격했죠. 그는 일곱 명의 자녀들 가운데 두 명만 좋아했어요."

시험을 치른 후에 실비는 3개월 동안 여름 직장을 구했습니다. 다음 번 상담에서 그녀는 다음과 같은 악몽에 대해 말했습니다.

"저는 심리학자와 어머니와 함께 있었어요. 어머니는 매우 공격적으로 변하기 시작했죠. 어머니는 과거 일을 다시 거론하는 것에 대해 저를 비난하면서 이렇게 말했죠. '오랫동안 나는 욕하는 전화를 받았어.' 어머니는 위협적이었어요. 그녀는 제가 이 욕설에 대해 책임이 있다고 말했어요. 제가 그에 관해 말을 했기 때문이라는 거죠. 어머니는 심리치료사를 좋아하지 않아요. 저는 어머니랑 같이 있을 때 욕설과 관련된 생각이 들지 않아요.

이 꿈을 꾼 다음 날 저는 삼촌 꿈을 꿨어요. 저는 옷을 벗은 채로 길게 누워 있었어요. 저는 삼촌에게 제 나체를 보여주고 싶었어요. 그는 저를 비난하는 분위기를 풍기면서 제 앞을 지나갔어요. 삼촌은 제 아버지랑 아주 사이가 좋았고, 아버지를 언제나 많이 좋아했어요. 삼촌은 아버지가 이혼한 후에도 아버지에게 전화를 했고, 아버지는 제가 여전히 아버지와 만나고 있을 때 삼촌에게서 연락이 온다고 했어요. 그 후로 꽤 오랜 시간이 지났네요. 그는 저에게 결코 연락하지 않아요.

저는 청소년기에 아버지를 좋아했고 어머니를 싫어했어요. 저는 이모들을 좋아했지만, 그들에 대한 양가감정도 있었어요. 불륜이 드러나자 소피 이모는 아버지에 대한 소식을 알아내기 위해 저를 이용했고, 저는 제가 이용당했다는 사실이 후회스러워요. 저는 아버지 편이었죠. 아버지가 떠날 때 즈음에 저는 어머니와 가까워지기 시작했어요. 아버지는 어머니를 너무 깎아내리곤 했죠. ……

저는 30살인데, 일을 전문적으로 하지도 않고, 그렇게 밝은 성격도 아니고, 강박증도 있고, 저만의 세계에 틀어박혀 있죠. 예전에는 친구도 많았었는데."

세 번째 상담에서 실비는 저에게 6개월 전에 자신이 정신과의사를 찾아갔고, 그 의사는 그녀에게 항우울제와 항정신증제를 처방해주었다고 말했습니다. 그녀는 약을 딱 하루만 먹었고 다시는 의사를 찾아가지 않았습니다. 실비는 자신의 정신증에 대해 걱정했고, 정말로 자신에게 정신증이 있는지 알고 싶어 했습니다.

저는 이 세 번의 상담으로도 그녀의 구조를 찾아내는 데에 충분하다고 생각합니다. 그녀가 정신증에 해당될 경우를 환기할 만한 점들을 제기해 보겠습니다. 우선 그녀가 본인에게 있다고 말하는 환각이 있습니다. 이 환각은 오직 이미지로 구성됩니다. 그녀가 간호사에게 청각적 환각도 있다고 말했지만 말입니다. 그녀가 저에게 말한 것은 그녀 안에 있는 두 개의 목소리 간의 대화였습니다. 하나의 목소리는 "이렇게 해"라고 말하고, 다른 하나는 "하지 마"라고 말합니다. 그런데 이것은 강박증자에게서 전형적으로 찾아볼 수 있는 내면의 대화입니다. 그녀는 한 번도 목소리가 외부에서 온다고 말한 적 없습니다. 반대로 그녀는 목소리들이 양심의 목소리라고 말했습니다. 즉, 그녀는 목소리가 그녀 자신에게서 나온다는 점을 잘 알고 있는 것입니다. 목소리는 외부에서 병리적으로 출현하는(xénopathique) 성격을 갖고 있지 않습니다. 외부에서 병리적으로 출현하는 목소리의 경우 보통 이렇게 표현됩니다. '그들이 저에게 말하길……' 어떤 환자가 "저에게 환각이 있는데"라는 식으로 말한다면, 우리는 즉각 그 환자가 정신증적이지 않음을 확신할 수 있습니다. 환자가 정신과 의사와 말하는 데에 익숙한 경우를 제외하고 말입니다. 이 사례에서 이미지는 환각으로 여겨질 수 없습니다. 왜냐하면 시각적 환각은 언제나 청각적 환각에 의존하기 때문입니다. 게다가 환자들은 청각적 환각에 대한 것과 똑같은 확신을 시각적 환각에 대해서도 갖습니다. 실비가 이미지에 대해 말했을 때 우리는 그녀가 결코 자기 방에 여자 얼굴이 실제로 있었다고 생각하지 않았으리라는 점을 잘 알 수 있습니다. 그것은 그저 이미지에 불과했습니다. 이것은 이상한 현상이기는 하지만, 어디까지나 신경증적인 현상입니다. 정신증자라면 이렇게 말할 것입니다. "어떤 여자가 어제 제 방에 들어왔어요. 제가 봤어요."

또 실비는 수업을 듣다가 이인증(dépersonnalisation) 상태를 경험한 것에 대해 말했습니다. 그때 그녀에게 모든 것은 탈현실적으로 보였습니다. 물론 이런 상태는 환자에게 걱정스러운 것이 될 수 있으며, 정신증자보다는 강박증자에게 더 자주 발견됩니다.

신경증적 구조를 시사하는 요소들

이 환자의 히스토리에는 특정한 트라우마가 있습니다. 아버지의 외도가 그것입니다. 그녀는 어머니와 동일시하는 입장에서 아버지의 외도를 배신으로 느꼈습니다. 그녀가 저에게 말하는 모든 것은 오이디푸스의 테마 주위를 돌고 있습니다. 전이는 아주 빨리 확립되었습니다. 그녀가 저에게 말하는 꿈이 시사하는 것처럼 말입니다. 세 번째 상담에서 나온 악몽에서 그녀는 어머니에게 반대하는 어떤 심리학자와 함께 있었습니다. 여기서 이미 전이의 장치가 놓여 있습니다.

꿈과 관련해서 "텐트 아래에 숨어야해 …… 사실 그건 텐트라기보다는 담요"라는 대목을 봅시다. 이 꿈은 언어유희에 근거하고 있습니다. 그것은 신경증자의 생산물입니다. 정신증자에게는 하나의 음소가 두 가지 다른 의미소를 지시하는 것과 같은 기표 상의 자유로운 유희가 나타나지 않습니다. 실비의 신경증적 구조에서 강박증이 증상으로서 나타난 것은, 그녀 자신이 말했듯, 부모님이 이혼할 때였습니다.

저는 이 증상에 대한 해석을 제공하는 것을 삼가도록 하겠습니다. 왜냐하면 그 증상이 어디에 근거하는지 알지 못하기 때문입니다. 우리에게는 몇몇 단서가 있고, 우리는 가설을 만들 수 있지만, 그에 관한 지식은 실비의 무의식 안에 있고, 그에 관한 작업은 실비가 해야 할 일입니다. 저는 그녀의 꿈이 텐트(tentes)와 이모(tantes) 간의 동음이의를 활용하고 있다는 점을 그녀가 들을 수 있도록 격려할 수 있습니다. 만약 이모가 일종의 담요[핑계](couverture)라면, 우리는 여기서 이모라는 알리바이[핑계](alibi) 뒤에 숨은 것은 바로 실비 자신이라는 점을 이해할 수 있습니다.[62] 실제로 그녀는 이러한 가설에 대한 확증을 제공했습니다. 벌거벗은 채로, 아버지와 관련되어 있는 삼촌을 유혹하려고 시도하는 꿈을 통해 말입니다. 실비의 꿈을 다르게 볼 수도 있습니다. 그녀의 꿈에서 이모는 동성애에 관련될 수도 있습니다. 그러나 이것은 확실하지 않습니다. 여자의 가슴에 대한 그녀의 관심은 근친상간의 정점에 놓인 대상, 즉 그녀의 어머니에 대한 애착을 보여준다고 해석하는 편이 더 나을

---

[62] 여기서 저자는 불어 단어 "couverture"가 담요를 뜻하는 동시에 핑계를 뜻할 수도 있다는 점에 착안하고 있다(역주).

것입니다. 제가 이렇게 생각하는 이유는 실비가 어머니의 이혼을 강력히 주장했고 — 어머니의 이혼은 실비로 하여금 어머니를 독차지 하게 해 주었을 것입니다 —, 새아버지에 대해 매우 적대적이었기 때문입니다. 그렇지만 이것이 제가 무언가를 알고 있다는 뜻은 아닙니다. 즉, 해석은 모호한 것을 들리게 할 수 있을 뿐입니다. 그 이후에 분석 작업을 하는 것은 환자의 몫입니다. 우리가 확신할 수 있는 것은 실비의 강박증은 신경증적 증상이라는 것입니다. 그것은 억압된 무의식적 욕동들 간의 타협 형성물 혹은 은유이며, 읽히기를 기다리고 있는 암호화된 메시지입니다.

마리 알릭스: 강박 관념과 정신증

마리 알릭스는 5년 전에 저를 찾아왔습니다. 약물 과다 복용을 통한 자살 시도 때문에 정신 병원에 3개월 동안 입원한 후에 말입니다. 병원의 진료 기록을 보면 그녀는 예전에도 외국에서 체류하는 동안 같은 방식으로 자살을 시도한 적이 있었습니다. 아마도 망상적인 죄책감의 맥락에서 말입니다. 그녀에게는 반복되는 강박 관념이 있었는데, 그녀는 자신이 돌보고 있던 아이들의 음식에 주방용 세제를 넣었을 지도 모른다는 공포심에 시달렸습니다. 그녀의 입원은 약물 과다 복용 때문만은 아니었습니다. 약물 과다 복용은 사소한 사안이었습니다. 그녀의 입원은 강박 관념의 재발 때문이었습니다. 그녀는 자기에게 유기적인 병변이 있다는 공포에 휩싸였고, 이것은 10년 전 자살 시도의 부차적인 이유였습니다. 그녀는 슬퍼했고, 아무런 의욕도 없었으며, 잠을 잘 자지 못했습니다.

입원할 때 그녀는 극심한 고통 상태에 있었지만 묻는 말에 잘 반응했습니다. 그녀는 박해 망상, 멜랑꼴리적 죄책감, 코타르 증후군의 기미가 엿보이는 건강염려증적 관념을 드러냈습니다. 항정신증 약물 치료로 인해 그녀의 상태는 약간 호전되었지만, 건강염려증적 망상은 지속되었습니다. 항우울제를 통한 치료도 아무 소용이 없었습니다. 우리는 그녀에게 전기경련치료(ECT)를 제안했고, 그녀는 이를 받아들였습니다. 여덟 차례의 전기경련치료 끝에 건강염려증적 망상은 완전히 사라졌습니다.

그녀는 우울형(trouble dépressif) 분열정동장애(trouble schizo-affectif) 진단을 받았습니다. 저는 그녀가 입원해 있는 동안 그녀를 보지 못했고, 그래서 병원의 리포트에 쓰인 것 이상을 알지 못했습니다. 제가 그 리포트에서 알 수 있었던 것은 강박 관념은 분명히 정신증의 맥락에서 출현했고, 건강염려증적이고 멜랑꼴리적인 망상을 동반했다는 것입니다.

저는 그녀가 퇴원한 후에 그녀와 만나기 시작했습니다. 그녀는 제 질문에 기꺼이 답변했지만, 먼저 자발적으로 말을 꺼내지는 않았습니다. 그녀는 자기가 약을 먹고 잠을 많이 잔 이후로 10kg이 쪘다고 하소연했습니다. 그녀는 자기가 6년 동안 안내원으로 일했다고 했습니다. 그녀의 문제는 그녀가 다른 나라에서 외국어를 배우기 위해 오페어(au pair, 외국 가정에 입주하여 집안일을 하면서 약간의 보수를 받고 현지어를 배우는 여성)로 일하기 시작한 10년 전에 시작되었습니다. 나아가 그녀는 당시 그녀가 머문 가정집에 대해 불편함을 느꼈고, 그것은 그 집안 아이들의 아버지가 엄격했기 때문이라고 말했습니다.

그녀는 이 집에 10개월 동안 머물렀습니다. 그리고 5월에 자살 시도를 했습니다. 그녀는 자기가 아이들의 접시에 주방용 세제를 넣었으며 이로 인해 아이들에게 병이 생길 것이라고 믿었지만, 아무에게도 이에 대해 말할 엄두가 나지 않았습니다. 결국 그녀는 소염제 알약 한 통을 삼켰습니다. 아무도 그녀가 약을 삼킨 줄 몰랐고, 그녀는 아무에게도 이에 대해 말하지 않았습니다. 한 달이 지난 6월에 그녀는 프랑스로 돌아왔습니다.

저는 그녀에게 누가 그녀의 이름을 지어줬는지 물었습니다. 그녀는 아버지가 지어줬다고 했습니다. 그런데 그녀의 이름은 아버지의 어머니의 이름이었습니다. 사실 그녀는 좀 더 평범한 다른 이름을 갖고 싶었을 것입니다. 그녀는 아버지가 식도암으로 고통 받다가 그녀가 5살 때 돌아가셨다고 했습니다. 당시 그녀의 오빠는 8살이었고 그녀의 여동생은 2살이었습니다. 그녀의 어머니는 2, 3년 동안 혼자 살았습니다. 애도 기간 동안 어머니는 우울증 치료를 받았습니다. 그 다음에 그녀는 재혼을 했고 새 남편과의 사이에서 두 명의 자녀를 낳았습니다.

마리 알릭스의 새아버지는 매우 좋은 사람이었지만 엄격했습니다. 어머니는 세 명의 자녀들에게 새아버지를 "아빠"라고 부르라고 했습니다. 마리 알릭스는 자신이 친아버지를 기억했기 때문에 새아버지를 아빠라고 부르는 것에 늘 어려움을 겪었다고 했습니다. 동시에 그녀는 친아버지는 자녀들에게 최선을 다했고, 자녀들을 잘 키웠고 잘 돌봐주었다고 했습니다. 그래서 그녀는 그를 '아빠'로 불렀습니다.

지금까지의 내용을 언급한 이후에 마리 알릭스는 저에게 자신의 편도선에 대해 말하기 시작했습니다. 그리고 그녀의 말은 언제나 똑같은 식으로 계속되었습니다.

"저는 제 편도선에 구멍이 있을까봐 무서워요. 제 편도선은 예전과 어딘가 달라진 것 같아요. 구멍이 있어요. 구멍 난 게 보여요. 저는 매일 편도선을 보고, 항상 편도선에 대해 생각해요. 선생님이 보시기에 제 편도선에 뭔가 있는 것 같지 않나요? 제가 오페어로 일할 때 삼킨 약 때문에 편도선에 구멍이 난 것 같지 않나요?"

결국 그녀는 이비인후과 의사와 예약을 잡았고, 의사는 그녀에게 아무런 이상이 없다고 말했지만, 이것은 그녀를 아주 잠깐 밖에 안심시켜 주지 못했습니다. 아니 어쩌면 전혀 안심시켜 주지 못했을 지도 모릅니다.

저는 무엇이 그녀의 정신증을 유발해서 입원에 이르게 했는지 살펴보려고 했습니다. 그녀는 저에게 자기가 누군가와 만나다가 헤어졌으며, 그렇지만 자신은 많은 연애를 해보지 못했고 또 연애가 오래 지속되지도 않았다고 했습니다. 그녀는 말했습니다. "저는 너무 소심해요. 자연스럽다는 느낌이 없어요. 저는 저 자신을 받아들일 수 없어요. 저는 스스로를 표현하지 못해요. 저는 결점이 아주 많은 것 같아요. 저는 아버지가 제가 5살에 돌아가셨을 때 변했어요. 그전에 저는 활발했고 소심하지 않았어요." 저는 이 말을 어떻게 이해해야 할지 잘 몰랐습니다. 누가 말을 하고 있었나요? 이러한 생각은 어머니에게서 나온 것이었을까요? 그녀는 정말로 자기가 5살 때 어땠는지 기억했을까요?

마리 알릭스는 직장으로 돌아갔고 저는 조금씩 그녀가 먹는 약의 복용량을 줄였습니다. 그녀는 약간의 활기를 되찾은 것처럼 보였고, 좀 더 자발적으로 말을 하기 시작했습니다. 그러나 그녀는 고정된 방식으로 늘 같은 이야기를 반복했습니다.

"제 편도선이 저를 괴롭혀요. 구멍이 있어요. 저는 암에 걸린 걸까봐 겁이 나요. …… 오페어로 일할 때 저는 제가 아이들의 음식에 세제를 넣었을까봐 두려웠어요. 저는 '이게 아이들을 죽일지도 몰라'라고 생각했어요. …… 아이들의 아버지가 요리를 하고 있었고 저는 식기세척기에 그릇을 넣고 있었죠. …… 저는 어머니에게 전화했어요. 걱정된다고 말하기 위해서요. 그런데 어머니는 저를 달래주지 않았어요.

…… 저는 소염제 20알과 수면제 몇 알을 삼켰어요."

그리고 그녀는 말했습니다. 18살 때 옷가게에서 수습직원으로 일하고 있을 때 자기가 어떤 옷의 가격표 부근의 패브릭을 약간 손상시켰다고 말입니다. 이틀 동안 그녀는 꾸중을 들을까봐 두려웠습니다. 그러나 마리 알릭스는 이에 대해 더 이상 연상을 이어나가지 않았고 침묵했습니다. 마치 더 이상 말할 것이 없는 것처럼 보였습니다. 그녀가 외국에서 오페어로 있을 때 느낀 두려움과 불안은 그녀에게 18살 때 옷가게에서 일하고 있을 때 느낀 불안을 상기시켜 주었습니다. 그렇지만 연상은 거기에서 멈추었습니다.

저는 그녀가 좀 더 말할 수 있도록 격려하기 위해 질문을 던졌습니다. 그녀는 저에게 가끔 그녀가 돌본 여자아이들이 견딜 수 없이 힘들었다고, 그렇지만 아이들은 대체로 사랑스러웠고 자신이 아이들을 많이 좋아했다고 말했습니다. "저는 결코 아이들을 때릴 수 없었어요." 그녀는 덧붙였습니다. "저는 거기서 죄를 너무 많이 저지른 것 같아요."

그녀가 좀 더 말을 할 수 있는 것처럼 보였기 때문에 저는 그녀와의 다음 번 상담 약속을 평소보다 좀 더 빠른 시점인 일주일 뒤로 잡았습니다. 당시 그녀는 저에게 자기가 어릴 때부터 가스불이 꺼져 있는지, 수돗물이 잠겨 있는지 여러 차례 확인했다고 했습니다. 이미 한 차례 확인을 했는데도 여러 차례 확인하는 것이 바보 같다는 것을 알고 있었음에도 불구하고 말입니다. 그녀는 다시 확인을 할 필요가 없었지만, 확인하지 않을 수 없었습니다.

저는 그녀에게 이와 유사한 또 다른 강박이 있는지 물었습니다. 그녀는 자신이 신발을 정돈할 때 늘 아주 가지런하게 정돈하며, 베개와 인형을 특정한 장소에 두지 않으면 잠을 잘 수 없다고 했습니다. 그녀의 오빠도 그렇게 했고, 그녀의 새아버지도 똑같이 매우 강박적이었다고 했습니다. 새아버지는 다리미질을 하고 집을 치우고 아이들이 각자 방을 잘 정돈할 것을 요구했으며, 이런 면에서 매우 엄격했습니다. 마리 알릭스는 많은 활동에 참여했는데, 이는 친구들을 만나고 남자친구를 만나기 위함이었습니다.

다음 주에 그녀는 자기가 입원해 있을 때, 그러니까 7개월 전에, 편집증적 관념이 있었다고 말했습니다. 그녀는 자신이 감시당하고 있으며 다른 환자들은 사실 그녀를 감시하기 위해 입원한 가짜 환자들이라고 믿었습니다. 그리고 그녀는 입원의 계기가 된 자살 시도에 대해 말했습니다. "저를 밀어 붙이는 어떤 힘이 있었어요. 제가 그렇게 하고(약을 삼키고) 싶지 않았음에도 불구하고 말이에요. 제가 약을 삼키기 15분 전에 의붓오빠가 저에게 전화를 했어요. 저는 오빠에게 모든 게 괜찮다고 했어요. 저는 거짓말에 능숙했죠." 여러분이 알 수 있듯, 여기서 마리 알릭스는 난폭한 행위로의 이행(passage à l'acte)을 묘사하고 있습니다. 그녀는 자신을 밀어 붙이는 어떤 힘의 노리개였습니다. 그녀는 자신이 우울하다거나 죽고 싶다고 말하지 않고, 반대로 자기가 저지른 일을 사실은 저지르고 싶지 않았다고 했습니다.

사실 이런 경우는 자살 시도로 볼 수 없습니다. 그녀의 행위에는 어떠한 의도도 없기 때문입니다. 이것은 마치 그녀가 행동하는 것이 아니라 그녀에게 무언가가 작용하는 상황입니다. 멜랑꼴리적 자살에서 늘 그렇듯 마리 알릭스는 주변인들에게, 그녀가 저에게 말했듯, 약을 삼키도록 그녀를 밀어붙이는 힘이 있다는 느낌을 숨길 수 있었습니다. 이와 같은 행위로의 이행에 대해 말한 후에 마리 알릭스는 입원한 시기에 대해 말을 이어 갔습니다. 그녀는 어떤 정신과 의사와는 잘 지내지 못했고, 다른 의사와는 매우 잘 지냈습니다. "병원은 마치 감옥처럼 느껴졌어요.

사람들은 강제로 약을 먹였어요. 저는 약을 먹지 않기 위해 자는 척 했어요."

6월에 그녀와 아파트를 공유했던 의붓오빠가 자기 여자친구와 함께 살기 시작하면서 마리 알릭스는 혼자 살게 되었습니다. 이것은 그녀에게 나쁜 영향을 끼치지 않았습니다. 그녀는 계속해서 저와 대화를 나누었고, 점점 더 자유롭게 말했습니다. 그녀는 자신이 8살 때부터 가스불이 꺼졌는지 신경 썼고, 금을 밟지 않도록 주의했고, 나뭇잎 위나 맨홀 뚜껑 위를 걷지 않도록 조심했다고 했습니다. 그리고 놀랍게도 그녀는 이렇게 덧붙였습니다.

"제가 오페어가 되기 위해 외국으로 떠났을 때 증상이 없어졌고, 되돌아오니까 증상이 다시 시작되었어요. 저는 제가 어떤 일을 하면 안 좋은 일이 생길 거라는 생각이 들곤 했어요. 제가 그 외국 집에 있을 때 틀림없이 두 소녀를 독살했다는 생각이 들었어요. 사실 제가 거기에 간 것은 새아버지로부터 떨어져서 마음의 평화를 찾기 위해서였죠. 글쎄, 그건 과장이네요. 꼭 그것 때문만은 아니었어요. …… 그리고 저는 속으로 생각했죠. '나는 빨리 돌아갈 수 없다. 빨리 돌아가면 내가 실패했다는 뜻이니까.'"

저는 그녀에게 새아버지로부터 떨어져서 마음의 평화를 찾는 것이 무슨 말인지 설명해달라고 했습니다. 그녀는 말했습니다.

"가령 우리가 밖에 나갔다가 늦게 들어오면, 새아버지는 우리가 늦잠을 못 자게 했어요. 그는 늘 저에게 잔소리를 했어요. …… 어릴 때 저는 의사들이 무서웠어요. …… 제가 아버지를 마지막으로 만났을 때 저는 그를 병원 복도에서 봤어요. 저는 아버지를 알아볼 수 있었어요. 저는 진짜 아버지가 있다는 걸 절대 잊지 않을 거예요. 저는 새아버지를 '아빠'라고 부를 수 없어요. 저는 이 점에 대해 자주 생각해요."

그리고 마리 알릭스는 여느 상담 때처럼 자기 편도선 상태에 관한 얘기로, 20살 때 삼킨 약 때문에 그녀의 편도선에 구멍이 났다는 사실로 되돌아갔습니다.

여러분은 마리 알릭스가 외국으로 나감으로써 새아버지에게서 벗어난다는 생각과 친아버지에 대한 생각을 어떻게 연결시켰는지 보실 수 있을 겁니다. 친아버지에 대한 생각은 "제가 아버지를 마지막으로 만났을 때 저는 그를 병원 복도에서 봤어요"라는 형태로 되돌아 왔습니다. 여기서 저는 이 순간 그녀의 구조에 대해 약간의 의심이 들었음을, 그녀가 강박 신경증에 해당되는 것은 아닌지에 관한 의문이 들었음을 고백하고 싶습니다. 그래서 저는 상담을 그 방향으로 끌고 갔고, 그녀에게 이런 식으로 말했습니다.

"당신은 저에게 당신이 늘 친아버지에 대해 생각한다고 말했죠. 또 그는 식도암으로 돌아가셨고, 당신은 새아버지를 '아빠'라고 부르고 싶지 않다고 말했죠. …… 저는 당신이 편도에 관한 문제에 대해 말하면서 이렇게 말하고자 하는 것은 아닌지 궁금해요. '나는 내 아버지의 딸이다. 나는 그를 닮았고, 내 목 주변에도 문제가 있다.'"

그러나 마리 알릭스는 이런 접근에 관심을 보이지 않았습니다. 그녀가 제가 한 말의 뜻을 이해했는지조차 확실하지 않습니다. 그러나 제가 그녀를 매주 만난 이 몇 달 동안에 그녀는 롤러스케이트를 다시 타시 시작했고 다이어트를 하기로 결심했습니다. 그녀는 몇 킬로그램을 감량했고 저는 그녀에게 처방한 약의 복용량을 3분의 2로 줄였습니다.

여름에 그녀는 리조트로 휴가를 떠났습니다. 휴가에서 돌아온 그녀는 자신이 편도선에 대해서도, 그녀가 해외에서 오페어로 일할 때 일어난 일에 대해서도 전혀 생각하지 않았다고 말했습니다. 그녀는 휴가 기간 내내 잘 지냈고, 아무 근심도 없었습니다. 그런데 휴가에서 돌아와서 직장으로 돌아가자 다시 불안을 느꼈고, 늘 마음의 안정을 찾으려 했습니다. 그녀는 똑같은 주제로 되돌아갔습니다. 죽은 아버지, 의사에 대한 두려움, 그녀가 외국에서 돌본 아이들, 편도선, 편도선의 구멍에 대해 말입니다. 그러나 그녀는 체중을 감량했고 전보다 더 지적으로 예리해졌고, 생기 있고, 유쾌하고, 적극적인 모습으로 보였습니다.

정신증적 구조를 시사하는 요소들

우리는 이러한 관찰과 함께 마리 알릭스에게 신경증적인 구조가 아니라 정신증적 구조가 있다고 말할 수 있습니다. 우선, 단적으로 말해, 마리 알릭스는 그녀가 말하는 것에 의해 분열되어 있지 않습니다. 강박신경증자처럼 그녀도 강박관념을 갖고 있으며 확인하고 정돈하는 의례에 매달립니다. 그러나 이러한 강박적인 증상은 그녀를 완전히 장악하고 있습니다. 그녀는 정돈하려는 자신의 성향에 맞서면서 갈등하지 않습니다. 샤를 멜만은 강박신경증에 대한 세미나에서 다음과 같은 두 가지 시점에 주목했습니다. 첫 번째 시점에는 '너는 이렇게 할 거야'가 있고, 두 번째 시점에는 '그렇게 하지 않을 거야'가 있습니다. 강박신경증은 이러한 두 가지 욕동 간의 동요를 보여줍니다. 마리 알릭스에게는 두 가지 욕동 간의 갈등이 없습니다.

둘째, 그녀를 사로잡는 가장 강력한 강박관념인 "내 편도선에 구멍이 있는 건 아닐까?"는, 거울로 편도선을 바라보는 강박행동과 더불어, 그녀 자신의 육체에 관한 걱정입니다. 이러한 생각은 그녀가 자기가 돌본 아이들에게 잘못을 저질러서 그들을 죽게 만들 수도 있었다는 생각과 연결됩니다. 강박증자는 통상적으로 이렇게 생각합니다. '나는 누군가를 죽일 수도 있을 만한 짓을 저질렀어' 혹은 '나는 매우 사악한 짓을 했으니까 가장 최악의 처벌을 받을 만해' 그러나 또한 강박증자는 이런 생각을 어리석은 것으로 간주하기도 합니다. 즉, 강박증자가 가진 생각은 불안을 유발하는 한편, 동시에 그는 자기가 아무 잘못도 하지 않았음을, 자기가 전자레인지의 전원이 꺼졌음을 여러 차례 확인하지 않는다고 해서 누군가가 죽을 수 있다는 생각은 불합리한 것임을 잘 알고 있습니다. 따라서 저는 한편으로 강박관념은 육체에만 관련되는 건강염려증과 구분된다고 말씀드리고자 합니다. 다른 한편으로 저는 정신증자가 강박관념에 집착할 때 거기에는 강박관념을 조작할 여백이나 반성할 공간 및 그 관념에 대한 분열이 없는 반면, 강박 신경증자에게는 그러한 공간이 강하게 존재하고 있음을 말씀드리고자 합니다. 이것이 라캉이 정신증에서의 일어문(holophrase, 한 단어로 된 문장)에 대해 말하면서 가리키는 문제입니다.

  셋째, 저는 마리 알릭스가 몇몇 기표들에 대단히 종속되어 있다는 느낌을 받았습니다. 그 기표들을 상징적 층위에서 전유할 수 있는 능력이 없는 채로 말입니다. 가령 그녀의 정신증은 그녀가 오페어로 있을 때 발병했습니다. 그녀는 의식적으로는 과도하게 엄격한 새아버지로부터 멀어지고 싶다고 느꼈지만, 그녀는 오페어(fille au pair)라는 말에서 오페어가 되는 것은 "아버지의 딸(fille au père)"이 되려는 욕망 및 아버지를 보존하려는 욕망에 관련된다는 점을 들을 수 없었습니다. 이것은 그녀에게 아무런 의미도 갖지 못했습니다. 그녀는 무언가를 실제로 말하지 않은 채로 무언가를 말하고 싶을 수 있다는 것을 상상할 수 없었습니다. 언어유희를 통해, 여러 가지 의미에 관련되는 기표를 통해 말입니다.

저는 그녀의 아버지와 관련된 무언가가 상징화되지 않았다고 말씀드리겠습니다. 그것은 상징계에서 폐제된 결과, 실재라는 형태로, 즉 편도선에 구멍이 있다는 확신이라는 형태로 되돌아옵니다. 편도선의 구멍에 대한 관념과 그녀의 아버지가 식도암으로 돌아가셨다는 사실은 명백히 연결되어 있습니다. 그러나 마리 알릭스는 그 둘을 연결시키거나 결부시킬 수 없었습니다. 제가 그녀에게 그 둘의 연결을 제안했을 때 그녀는 이러한 연결이 논리적으로 보일 수 있음을 이해하지 못한 것처럼 보였습니다. 그것은 그녀에게 아무런 효과도 낳지 못했고, 그녀에게 전혀 관련되지 않은 것처럼 보였습니다.

제가 거의 확신할 수 있는 것은 그녀는 자기가 이 모든 사안과 관련하여 저의 관심을 끌었다는 사실에만 예민하게 반응했다는 점입니다. 그녀 자신이 저의 관심을 끌었다는 사실이 그녀를 기쁘게 했고, 그녀는 저를 기쁘게 할 수 있을 만한 것들을 계속해서 얘기하려고 했습니다. 즉, 그녀는 전이 관계에 있었던 것입니다. 이것은 저에게 그녀와의 작업이 가능하다는 희망을 주었습니다. 우리는 마리 알릭스의 강박 관념을 어떻게 바라볼 수 있을까요? 그녀가 어릴 때 겪은 사소한 증상, 가령 금을 밟지 않기 위해 애쓰는 것은 제쳐 둡시다. 그것은 매우 흔한 요소이며 별다른 임상적 가치를 갖지 못합니다. 그러나 그녀가 8살 때 가스불이 꺼졌는지 확인을 했다는 것은 의미심장해 보이면서도 해석하기가 매우 어렵습니다. 즉, 그녀의 정신증은 발병하지 않았으며, 이것은 그녀에게 몇몇 보충물(suppléances)이 있었음을 뜻합니다. 그러나 우리는 그녀의 구조가 어린 시절부터 정신증적이었음을, 나아가 가스불에 대한 강박적인 확인은 신경증적 구조에서 그러한 확인이 가질 법한 가치와 똑같은 가치를 갖고 있지 않음을 받아들여야 합니다. 실제로 그녀가 어른이 되면서부터 갖게 된 강박관념은 진정한 의미의 강박증이 아닙니다. 그녀의 강박관념은 멜랑꼴리적 죄책감에 연결되어 있는 망상적인 건강염려증적 관념입니다. 그리고 멜랑꼴리적 죄책감은 그 자체로 망상적이며, 그녀가 퇴원한지 1년 후에도 최소한의 선에서 지속되었습니다.

4년 뒤에 마리 알릭스는 잘 지내고 있었습니다. 그녀는 일을 하고 있었고 친구들을 사귀었지만, 남자친구는 만들지 않았습니다. 그녀는 최소한의 약만 복용하고 있었지만, 여전히 약을 필요로 했습니다.

결론

제가 이 두 사례들을 말씀드린 것은 이 사례들이 왜 정신분석가들이 구조에 대한 진단을 중시하는지 그 이유를 설명해주기 때문입니다. 증상에 대한 진단은 DSM과 같은 분류 체계로 귀결되고, 그 체계는 약물의 자동적인 처방을 유발할 위험이 있습니다. 환각과 관련하여 여러분은 실리세(Scilicet) 1호에 실린 샤를 멜만의 논문 "환각 연구에 대한 비판적 입문"을 참고해 보시길 바랍니다. 거기서 여러분은 무엇이 환각인지를 결정할 수 있도록 해주는 요소를 발견하실 수 있을 겁니다. 환각이 늘 언어적이고 정신증적이고, '저에게는 환각 증상이 있어요'가 아니라 '그들이 저에게 뭐라고 말하는데'라는 식으로 표현되는 한에서 말입니다. 즉, 환각이 외부에서 병리적으로 출현하는(xénopathique) 성격을 가진 한에서 말입니다.

프로이트적 원억압과 라캉적 대상 a의 상실

억압이라는 문제를 놓치지 않으면서 지금까지의 고찰을 더 밀고 나가기 위해 다음의 가설을 검토해봅시다. 신경증적 구조와 정신증적 구조의 차이를 정신증에서 원억압이 발생하지 않는다는 점에서 찾을 수 있을까요? 프로이트는 원억압과 이차적인 억압을 구분했습니다. 그 둘은 각각 다른 논리적 시점입니다. 여기서 쟁점은 라캉의 기여에 근거하여 이 두 가지 시점을 표현할 수 있는지의 여부입니다. 저는 그것을 다음과 같은 단순한 방식으로 시도해 보고자 합니다. 프로이트는 무의식이 지각의 동일성을 찾으려 하고, 예전에 한 번 지각된 것(욕구가 만족되는 지각)을 되찾으려 한다고 지적한 바 있습니다. 이와 관련하여 라캉이 『동일시』세미나의 1962년 1월 10일 수업에서 한 말을 인용해 보겠습니다.

> "무의식과 무의식이 회귀라는 그 고유의 양태 속에서 찾는 것의 관계는 바로 예전에 한 번 지각된 것과 동일한 것, …… 이것은 영원히 결여된 채로 남아 있을 것이다. 원초적인 기표에 대응되는 것의 모든 종류의 재출현에는, 그리고 주체가 그 어떤 것이든 간에 원억압(Urverdrangt)의 기원에 있는 것으로부터 받아들인 흔적에는, 그 결여를 재현하러 오는 것이 무엇이든 영원히 결여가 있을 것이다. 그 흔적은 원초적인 기표가 기원적으로 출현하는 독특한 흔적이고, 그 기표는 문제의 원억압이 이루어진 어떤 것이 무의식의 실존으로, 무의식이라는 이러한 내적인 차원에서의 반복적인 주장(insistance)으로 옮겨 가는 지점에서 드러난다. 무의식의 반복적인 주장은 주체가 외부 세계로부터 받아들인 것들과, 주체가 받아들인 것들이 연결될 때 오직 기표의 형태를 통해서만 연결되기 때문에 주체가 그것들을 오직 차이 속에서만 받아들일 수 있다는 점 사이에서 일어난다. 이것이 바로 주체가 지각의 동일성을 향한 탐색에 의해 결코 만족될 수 없는 이유이다."[63]

63　Lacan J., Séminaire *La logique du fantasme*, page 98 du document de travail de l'**Association**

달리 말해, 주체가 상징적 연쇄로부터 출현할 때, 주체가 언어에 진입함에 따라 사유하고 실존하기 시작할 때, 주체는 기표만 다룰 수 있을 뿐, 결코 사물 자체에 도달할 수 없습니다. 이어서『환상의 논리』세미나의 1967년 2월 15일 수업의 한 구절을 인용해 보겠습니다.

"『성욕에 관한 세 편의 에세이』에서부터 우리는 상실한 것을 재발견한다는 논리가 불가능한 것으로 드러나는 것을 보게 된다. 욕동의 대사과정(métabolisme)에서 상실된 대상의 기능이 무엇이든 간에, 임상 경험은 이미 프로이트에게 잃어버린 것을 되찾는 것이 무엇이며 또 그러한 되찾기가 어떻게 기능하는지 알려주었다. 그러한 되찾기는 원억압이라는 표제 하에 출현하는 것의 의미를 부여한다. 이것이 바로 프로이트에게 어떤 단절이 있기는커녕 오히려 구성적인 법의 형태로 최종적인 논리적 지위를 얻게 되는 어떤 것을 향한 준비가 — 얼핏 엿보인 의미작용을 통해 — 존재하는 이유이다. 그리고 여기서 구성적인 법이란 설령 반성되지는 않더라도 주체 자신을 구성하는 반복 자체를 말한다."**64**

그러므로 우리는 프로이트적 원억압과 라캉의 대상 *a*의 상실을 연결할 수 있는 것처럼 보입니다. 여섯 번째 수업에서 우리는 어떻게 기표의 작용에서 찾을 수 있는 대상 a가 육체로부터 떨어질 수 있는 부속물에서 구현될 수 있는지, 그리고 어떻게 상징계의 영역, 즉 대타자가 팔루스 함수에 의해 조직되는지 살펴봤습니다. 주체가 관여하는 말, 주체가 노출되어 있는 말에 의미를 부여하는 것은 팔루스, 성적인 차원입니다.

Lacanienne Internationale.

64   *Idem*, page 146.

주체가 팔루스적 의미에 의해 정돈되고 안정화되는 세계에서 대상 *a* 의 상실에 의해 구성될 때, 우리는 신경증적 주체를 다루고 있습니다. 그리고 신경증은 여러 가지 형태를 취할 수 있습니다. 좀 더 체계적으로 말해 우리는 우선 강박증과 히스테리를 구분할 수 있습니다. 강박증에서 주체는 가능한 한 최소로 존재하고 침묵하도록 스스로를 구속하는 반면, 강박관념이 시의 적절하지 않은 방식으로 그 억압된 존재를 드러냅니다. 반대로 히스테리에서 주체는 자신을 인정해 주기를 요구하고, 억압된 것이 은유적으로 드러나는 증상을 통해서 자신을 주장합니다.[65]

---

[65] *La névrose obsessionnelle*, séminaire de Charles Melman, Éditions de l'Association Lacanienne Internationale, Paris, 1999.

수업 12 | 나타샤

욕망의 그래프

지금까지 우리는 많은 수업에서 정신증 사례에 초점을 맞추었습니다. 제가 이렇게 했던 이유는 여러분으로 하여금 라캉이 해명해준 주체의 구조, 신경증적 주체의 구조에 접근할 수 있도록 하기 위함이었습니다. 실제로 신경증에서 우리에게 보이지 않는 방식으로 연결되어 있는 것이 정신증에서는 해체됩니다. 정신증에서는 해체가 드러나며, 우리는 이러한 해체에 근거해서 신경증적 구조를 연역할 수 있습니다. 여러분은 라파엘르와 아리망의 사례에서 라캉이 상상계라고 부르는 것에 대해 이해할 수 있었으리라 봅니다. 다른 사례들은, 가령 레오노라 같은 경우, 상징적 축의 장애를 잘 보여줍니다.

지난 수업에서 저는 여러분께 증상이 진단을 내리는 데에 충분하지 않다는 점을 보여드리기 위해 강박관념에 대해 살펴봤습니다. 환자를 담당하기에 앞서 우리는 우선 환자의 구조를 알아야 합니다. 그래서 저는 정신증에서 강박관념이 드러나는 사례와 신경증에서 강박관념이 드러나는 사례를 선택했던 것입니다. 이번 수업에서 우리는 짧은 임상 사례, 나타샤의 사례를 살펴보려고 합니다. 그리고 다음 시간에는 계속해서 아녜스의 사례를 살펴보겠습니다. 아녜스의 경우 히스테리 증상을 갖고 있었지만 분석이 진행됨에 따라 그녀가 강박증자임이 드러났습니다.

저는 이 사례들이 『에크리』에 실린 라캉의 텍스트 "주체의 전복과 욕망의 변증법"에 나온 욕망의 그래프에 대한 이해를 착수하는 데에 도움이 되기를 바랍니다. 지금까지 우리는 앙투안이나 레오노라에게는 실재계, 상상계, 상징계 간의 매듭이 완전히 해체되었음을, 라파엘르에게는 그 매듭이 부분적으로 해체되었음을, 니콜르에게는 그 매듭이 일시적으로 해체되었음을 — 다시 말해 니콜르에게는 보충물(suppléance)이 설정될 수 있었음을 — 살펴봤습니다. 그렇다면 이제부터 신경증에서 어떻게 실재계, 상상계, 상징계라는 세 영역이 부성적 은유(métaphore paternelle)에 의해 연결되는지 살펴봅시다.

나타샤와 부친살해 환상

나타샤가 제가 일하는 CMP(Centre médico-psychologique, 정신건강치료센터)에 상담을 하러 왔을 때 그녀는 22살이었습니다. 나타샤는 친구들에게 자기가 자살할 계획이라는 말을 했고, 이 말을 들은 친구들의 권유로 상담에 왔습니다. 그리고 부모님에게는 이에 대해 알리지 않았습니다. 저는 나타샤와 몇 달 동안 상담을 했습니다. 나타샤는 그녀가 출생한지 얼마 지나지 않아 이혼을 했던 부모의 외동딸이었습니다. 그녀의 아버지는 주말에 그녀를 돌봤습니다. 나타샤는 바퀴벌레와 달팽이에 대한 공포증이 있었습니다. 그녀가 13살이던 어느 날 밤 그녀는 침대에서 바퀴벌레를 발견했고, 불안에 휩싸여 발작을 일으켰습니다. 이날 이후 며칠 동안 그녀는 거실의 소파에서 잠을 잤습니다.

2개월 전에 나타샤가 자기 생일을 잊어버린 아버지에게 화가 났을 때, 그녀는 아버지가 방에 들어와서 그녀의 침대에 앉아 있는 꿈을 꾸었습니다. 꿈에서 그녀는 아버지로 하여금 "벌(레)로, …… 근친상(간)으로, …… 살충제로 가득 차 있는(plein d'inces……d'incesti……d'insecticide)" 잔을 마시게 했습니다. 그녀는 아버지가 욕조 안에 나체로 누워 있는 상태에서 그의 생식기가 욕조 물 바깥으로 튀어나온 모습을 본 기억이 있습니다. 그녀는 이 이미지를 떠올리면서 역겨움을 표현했습니다. 그녀는 달팽이를 보면 뒷걸음질 치곤 했습니다. 달팽이는 그녀에게 혐오감을 불러일으켰습니다.

그녀에게 모든 벌레는 공포의 대상이었습니다. 벌레는 그녀의 육체 안으로 파고들 수 있었기 때문입니다. 그녀는 귀 부근에 종기가 나서 수술을 받았던 여자의 이야기를 떠올렸습니다. 의사들이 그 여자에게서 그녀의 귀를 통해 파고든 바퀴벌레를 발견했다는 이야기였습니다. 또 그녀는 어떤 헤어디자이너의 이야기를 떠올렸는데, 그것은 헤어디자이너가 어떤 사람의 머리카락을 한쪽으로 넘기자 거미들이 기어 나왔다는 이야기였습니다.

나타샤는 어릴 때 아버지가 매주 토요일마다 학교로 그녀를 데리러 왔다고 했습니다. "저는 늘 생각했어요. '아버지에게 자동차 사고가 났으면 좋겠다. 그러면 나는 가지 않아도 될 거야. …… 나는 정말로 아버지가 죽었으면 좋겠어.'" 나타샤는 몇 가지 말실수를 했는데, 그녀는 "그의 죽음"이라고 말하는 대신에 "나의 죽음"이라고 말했고, "그를 죽이는" 대신에 "나를 죽이는"이라고 말했습니다. 그녀는 자기 말을 정정하고 다시 시작했지만 결국 웃음을 터뜨리고 나중에 가서는 고통스러운 눈물을 보였습니다. 저는 여기서 상담을 끝냈습니다. 그녀로 하여금 자신의 자살 시도와 아버지의 죽음에 대한 예전의 소망 간의 관계에 대해 스스로 들을 수 있도록 한 뒤에 말입니다.

아버지를 살충제로 죽이는 것에 대한 "멋진" 발견은 죽음에의 소망 뒤에 감춰진 근친상간적인 욕망과, 이와 동시에, 근친상간적인 욕망에 대한 억압이 드러나게 했습니다. 왜냐하면 관건은 "근친상간을 죽이는 것(tuer l'inceste)," 따라서 근친상간을 방해하는 것이었기 때문입니다. 그러나 이러한 근친상간적인 욕망은 아버지를 향한 것일까요? 오히려 그것은 진정한 근친상간의 유일한 대상, 즉 어머니를 향한 것이 아닐까요? 저는 신경증 환자에게서 아버지를 죽이는 환상이 자주 드러나는 것을 볼 수 있었습니다. 이 환상은 청소년기에 나타나서 환자의 오이디푸스적 죄책감을 증폭시킵니다. 신경증 환자들이 부친살해를 원하는 것은, 그들의 주장대로 폭력적인 아버지가 배우자와 자녀를 고통스럽게 하는 상황에서, 부친살해가 가정의 평화를 되돌릴 수 있기 때문입니다. 매우 흔한 것으로 보이는 이러한 환상은, 샤를 멜만의 지적처럼, 현실의[실재의] 아버지를 제거하기 위함입니다. "집에서 게으름이나 피우고 …… 상상적 아버지 — 현실의[실재의] 아버지는 이러한 상상적 아버지의 법적인 대변인인데 — 에 비해 너무 약하고, 실망스럽고, 소심한" 현실의[실재의] 아버지를 말입니다. 이러한 환상은 명백히 상상적 아버지를 보존하기 위함입니다. 현실의 아버지를 제거하는 것은 무엇보다 아이로 하여금 어머니를 독차지하게 해주고, 어머니와 융합적이고 목가적이면서도 치명적인 관계 — 그래서 이 관계는 욕망과 두려움을 동시에 야기합니다 — 를 맺게 해줍니다. 이러한 환상은, 신경증에 있어서 상징적 수준에서 일어나는 거세에 대한 억압이 상상의 수준에서 일어난 결과로 이해될 수 있을 것입니다. 달리 말해 아버지를 죽이고 싶어하는 것은 '나는 법에 종속되기를 원하지 않아, 나는 대상을 포기하고 상블랑(semblant)에 만족하고 싶지 않아. 그런데 법을 대표하는 것이 아버지이기 때문에, 그는 죽어야 해!'라고 말하는 것과 같습니다.

여하튼 거세에 대한 억압은 부성적 은유가 이미 설정되었음을 함축합니다. 어떤 것이 억압되기 위해서는 먼저 존재해야 하기 때문입니다.

이것이 "저는 그로 하여금 살충제로 가득 차 있는 잔을 마시게 했어요"라는 나타샤의 말실수에 드러나는 기표 유희를 가능하게 합니다. 이 문장은 욕망의 그래프에 기입될 수 있습니다.

욕망의 그래프

라캉은 농담을 분석하기 위해 1957-1958년에 『무의식의 형성물』세미나에서 욕망의 그래프를 고안했습니다. 그는 1960년의 루아요몽 학회(Congrès de Royaumont)(철학학회)에서 그 그래프를 발표했고, 발표문은 "프로이트적 무의식에서의 주체의 전복과 욕망의 변증법"이라는 제목으로 『에크리』에 수록되었습니다. 라캉은 주체가 하나의 근본적인 통일성을 갖고 있으며 선험적으로 주어진 존재, 즉 주체에게 내생적인 어떤 것이나 본질을 통해 정의되는 존재를 갖고 있다는 생각에 반대합니다. 정신분석이 마주하는 주체는 존재도, 통일성도 갖지 않습니다. 라캉이 그래프를 제안한 것은 이러한 주체가 무엇인지를 보여주기 위해서입니다. 그래서 라캉은 심리학을 비판하는데, 심리학은 주체의 통일성을 상정하고 주체의 존재를 믿습니다.

한편 라캉은 주체에 대한 철학적인 개념화에도 반대합니다. 헤겔에게서 드러나는 개념화 말입니다. 헤겔에게 진리는 지식이 결여하고 것이며, 이것은 절대 지식이라는 이상적인 지평에 대한 생각으로 이어집니다. 절대 지식에서는 "**상징의 것이 실재의 것과 연결될 수밖에 없는데, 이 결합에서는 더 이상 기대할 것이 아무 것도 없다.**"[66] 라캉은 절대 지식이라는 관념은 자기 동일성 속에서 완성된 주체를 함축한다는 점을 지적합니다. 이것은 헤겔에게 주체란 이미 완전한[완성된] 것이며 자기의

---

[66] 라캉, 『에크리』, 939쪽.

식의 존재, 완전히 의식적인 존재로 가정된다는 점을 뜻합니다. 과학 자체는 주체를 폐지함으로써 나아갑니다. 이것은 과학적 경험이 그 어떤 과학자에 의해서도 재생산 가능하다는 점을 뜻합니다. 달리 말해 과학을 거북하게 만드는 것은 주체의 현존입니다. 과학은 어떤 실험이 가치가 있도록 하기 위해 주체를 배제해야 합니다. 만약 피에르에게 실험이 성공했는데 아르튀르에게 성공하지 않는다면, 우리는 과학의 영역에 있지 않습니다. 다른 예를 들어보자면 여러분이 E=mc2라고 쓸 때 그 공식은 누가 그 공식을 말하는지와 무관하게 참이라는 점을 아실 겁니다. 그렇지만 아무도 그 공식을 말하지 않을 때도 그 공식은 여전히 참일까요?

라캉의 말을 인용해 보겠습니다.

> "어쨌든 헤겔의 절대적 주체와 과학의 폐지된 주체에 대한 우리의 이중적 참조는 프로이트의 극적 성격을 참된 크기로 표현하는 데 필요한 조명을 제공해준다. 즉 진리가 실천의 장 속에서 강요되는 것과 동일한 발걸음 속에서 과학의 장 속으로 복귀한다. 진리가 억압된 채 거기서 다시 돌아오는 것이다."[67]

1957년, 라캉은 여전히 정신분석이 과학의 장에 들어갈 수 있기를 바랐습니다. 비록 그가 그렇게 하는 데에 성공하지는 못했지만, 그러나 이런 사실이 그가 여기서 전개하는 논의의 가치를 손상시키는 것은 아닙니다. 그는 정신분석이 주체의 논리적 구조에 접근할 수 있으며 프로이트의 발견에 대해 명확한 윤곽을 새롭게 부여할 수 있는 길을 개척하고

---

67   라캉, 『에크리』, 940쪽.

있습니다.

> "무의식은 프로이트부터 시작해 어디에선가(그의 표현을 따르면 '또 다른 무대'에서) 자기를 반복하고 집요하게 자기를 주장하면서 실제의 이야기 그리고 그와 같은 이야기가 형태를 부여하는 사유 과정이 제공하는 갈라진 틈들 속에 개입하려는 시니피앙들의 사슬이 되었다."[68]

라캉은 소쉬르와 야콥슨뿐만 아니라 러시아 형식주의자들에게도 의존하고 있습니다. 프로이트는 그들을 알지 못했습니다. 비록 프로이트가 압축과 전치라는 일차 과정의 메커니즘을 식별했지만 말입니다. 그리고 이것은 라캉이 주장하듯 언어학자들이 말하는 언어 작용의 두 가지 축, 즉 은유와 환유에 대응됩니다. 언어의 이러한 구조를 상기한 이후에야 라캉은 다음의 질문을 제기합니다. "일단 무의식 속에서 언어의 구조를 인식[인정]할 수 있다면 그것에 대해 어떤 종류의 주체를 생각해 볼 수 있을까?"[69] 이번 수업에서 저는 『에크리』의 텍스트, 『무의식의 형성물』과 『욕망과 그 해석』 세미나, 1981년에 출간된 『정신분석담론』 1호에 실린 제롬 타이얀디에(Gérôme Taillandier)의 논문, 마크 다르몽의 『라캉적 위상학에 대한 시론』을 참고하고 있습니다.

욕망의 그래프는 어떻게 구축된 걸까요? 무엇보다 그래프란 무엇이며 그래프라는 용어는 어디에서 나오는 걸까요? 제 생각에 그래프는 꿈과 마찬가지로 중층결정된 도식이며, 여러 가지 원천을 갖고 있습니다.

---

68 라캉, 『에크리』, 941쪽.
69 라캉, 『에크리』, 941쪽.

프로이트의 가르침에 근거해서 임상 작업에서 드러나는 주체의 구조를 논리화하기 위해 라캉은 수학, 언어학, 철학에서 사유의 방편을 찾았습니다.

첫 번째 출처: 오일러의 그래프 이론

라캉은 기표의 이론, 좀 더 정확히 말해, 기표의 순환에 대한 이론을 공식화하기 위해 당대에 가용한 수학적 개념을 활용했습니다. 그러나 라캉은 자신의 사유가 어떤 경로로 흘러왔는지에 대해 명확히 말하지 않았습니다. 제가 보기에 그가 그 부분에 대해 말하지 않은 것은 사람들이 그의 말을 듣지 않을 것이라고 생각했기 때문입니다. 만약 그가 정신분석을 이론화하기 위해 오일러의 그래프를 활용했다는 점을 용기 있게 밝혔다면, 이것은 필시 관심어린 경청이 아니라 맹목적인 비판에 부딪혔을 겁니다. 돌이켜 보면 지금에서야 우리는 다음과 같은 사실을 긍정할 수 있습니다. 라캉은 레오나르 오일러(Leonard Euler, 1707-1783)가 만든 그래프 이론과 클라인(펠릭스 클라인(Félix Klein), 1925년에 서거한 19세기 말의 수학자)의 4원군 이론을 사용했습니다. 만약 라캉이 당대에 가용한 수학적 이론을 활용했다면, 이것은 그가 기표의 논리라 부른 것을 형식화하기 위함이었습니다.

기표의 논리에 대해 말하자면, 우리가 "「도둑맞은 편지」에 대한 세미나"를 다루면서 살펴본 내용을 떠올려 보십시오. 『에크리』에 수록된 이 텍스트의 한 부분에서 라캉은 플러스와 마이너스의 단순한 연쇄를 통해 세 가지 기호로 그룹을 분류하고 각각의 그룹에 이름을 부여함으로써, 즉 플러스와 마이너스의 우연적이고 실재의 연쇄에 상징적인 것을 도입함으로써, 어떻게 실재의 것이 아니라 상징적으로 결정된 연쇄가 즉각 출현하는지 보여줍니다.

같은 텍스트의 다른 부분에서 라캉은 애드가 앨런 포의 단편을 분석하면서 인물의 행동이 편지를 소유한다는 사실에 의해 어떻게 결정되는지 보여줍니다. 라캉이 말하길, 주체들은 "의미작용의 사슬이 그들을 한 바퀴 순회하는 순간을 본떠 그들의 존재 자체를 만든다."[70] 좀 더 인용하자면,

"만약 프로이트가 발견한 것 그리고 점점 더 갑작스럽게 재발견하고 있는 것이 어떤 의미를 갖는다면 그것은 타고난 재주나 사회적 경험과는 관계없이 그리고 성격이나 성과 무관하게 시니피앙의 자리바꿈이 주체의 행위, 운명, 거절, 무분별, 성공, 숙명을 결정하며, 심리적 소여에 속하는 모든 것은 싫건 좋건 마치 군장처럼 시니피앙의 대열을 따른다는 것이다."[71]

이제 오일러의 그래프 이론이 무엇인지에 대해 간단히 살펴봅시다. 오일러가 그래프 이론의 근거를 제공한 것은 쾨니히스베르크의 다리(ponts de Königsberg)라는 유명한 문제를 풀기위함이었습니다. 그래프 이론은 19세기 중반에 발전되기 시작하여 1930년대부터 크게 주목받았습니다. 그래프 이론은 관계와 과정을 모델링하고 문제를 해결하는 수단입니다. 그것은 다양한 분과(수학, 물리학, 경제학)에서 활용됩니다. 그것은 전기전자 네트워크에서 발생하는 문제를 해결하거나 스케줄이나 교대 근무 상의 문제를 해결하는 데에 사용될 수 있습니다. 이러한 접근에서는 어떤 구체적인 문제가 그래프에 의해서 이론적으로 다루어

---

70 라캉, 『에크리』, 40쪽.

71 라캉, 『에크리』, 40쪽.

질 수 있다고 여겨집니다. 그러면 그래프 이론은 이미 알려진 문제들의 범주에 그 문제를 적용함으로써 그 문제를 해결하는 데에 사용됩니다. 1736년 쾨니히스베르크의 프레겔 강에는 도시의 네 구역을 연결시키는 7개의 다리가 있었습니다. 주민들은 모든 다리를 딱 한 번씩만 건너는 경로가 있는지 궁금했습니다.

쾨니히스베르크의 다리

오일러는 이 문제를 풀기 위해 모델을 만들었고, 그럼으로써 새로운 이론을 열었습니다. 도시의 마을이 꼭짓점으로 표시되었고, 다리는 모서리로 표시되었습니다. 네 개의 꼭짓점이 있으니, 이 그래프의 계수(ordre)는 4입니다. 꼭짓점 A에는 세 개의 모서리가 모이기 때문에, A의 차수(degré)는 3입니다. 꼭짓점 D에는 다섯 개의 모서리가 모이기 때문에, D의 차수는 5입니다.

우선 도시의 다리와 각각의 마을을 나타내는 꼭짓점을 그립니다. 그 다음에 모양을 단순화시키고, 경로를 도식화합니다. 도시의 모양과는 독립된 차원에서 그 도시의 구조를 나타내기 위해서 말입니다. 이런 식으로 문제를 제기하는 것은 두 가지 질문을 유발합니다. 첫째, 하나의 꼭짓점에서 시작해서 모든 다리를 딱 한 번씩만 건너는 경로, 즉 오일러 경로(chaîne eulérienne)는 존재하는가? 둘째, 오일러 경로 중에 출발점으로 되돌아오는 경로, 즉 오일러 순환길(cycle eulérienne)은 존재하는가?

오일러의 정리에 따르면 어떤 그래프에서 오일러 경로가 존재하기 위해서는 홀수점(어떤 꼭짓점에 연결된 선의 수가 홀수 개이면 그 꼭짓점은 홀수점이 된다)의 개수가 0개 혹은 2개여야 합니다. 또 어떤 그래프에서 오일러 순환길이 존재하기 위해서는 홀수점의 개수가 0개여야 합니다. 여기서 우리는 라캉이 욕망의 그래프를 고안함으로써 기표 연쇄의 경로 및 주체가 이러한 연쇄와의 관계에서 어떻게 탈존(ek-sister)하는지에 대해 수학적인 묘사를 시도했다고 할 수 있습니다.

두 번째 출처

마크 다르몽은 욕망의 그래프가 우리가 다섯 번째 수업에서 살펴본 a, β, γ, δ 네트워크에서 유래되었다는 사실을 지적, 강조합니다. 라캉은 이에 대해 명시적으로 언급하지 않습니다. "「도둑맞은 편지」에 대한 세미나"의 기표 연쇄에서 "주체의 전복과 욕망의 변증법"의 욕망의 그래프로 이동하는 과정에는 라캉이 언급하지 않는 연결고리들이 있습니다. 우리는 그것들을 되찾을 수 있고 왜 라캉이 자기 사유의 경로를 지우면서 나아갔는지 질문할 수 있습니다. 저는 욕망의 그래프의 기원이 갖는 이 측면에 대해서는, 비록 그것이 매우 중요하지만, 자세히 다루지 않을 것입니다. 다만 욕망의 그래프가 진정으로 구조적인 가치를 갖는 것은 그 그래프가 기표 연쇄의 구조 자체에서 유래했기 때문입니다. 저는 욕망의 그래프가 주체의 작동 방식을 보여주기 위한 사소한 그림에 불과한 것이 아니라고 말씀드리겠습니다. 왜냐하면 그 그래프의 가치는 상상적인 층위에 있지 않기 때문입니다.

세 번째 출처

또 마크 다르몽은 자신의 책에서 라캉이 욕망의 그래프의 형상을 구축하기 위해 야콥슨이 그의 책 『연동소, 언어 범주, 러시아어 동사』에서 제기한 도식을 어떻게 사용했는지 보여줍니다. 그 책에서 야콥슨은 언어적 소통의 구조를 도식화하면서 두 가지 극점을 구분합니다. 그것은 코드(code)와 메시지(message)입니다. 라캉은 슈레버 사례에 대한 연구와 욕망의 그래프에 대한 고안에서 이러한 구분을 원용합니다.

네 번째 출처

소쉬르의 언어학도 욕망의 그래프 구축에서 중요한 역할을 합니다. 다르몽이 책이 출간되기 9년 전에 제롬 타이얀디에는 자신의 논문에서 이렇게 지적합니다.

"소쉬르는 언어의 구성에 대한 도식을 제안한다. 사유는 무정형의 덩어리를, 어떤 흐름을 형성한다. 마찬가지로, 소리는 표류하는 영역을 이룬다. …… 소쉬르는 기표와 기의의 창조가 분리된 요소들의 절단에 놓여 있다고 가정한다. 소리와 사유가 특정한 지점에서 절단될 때 기호가 생산된다. …… 그러므로 소쉬르에게 기호는 다음과 같은 구조를 갖는다."

$$\frac{\text{개념}}{\text{청각적 이미지}} \qquad \text{기호} = \frac{\text{기의}}{\text{기표}}$$

소쉬르에게는 소리의 흐름 안에 단절이 생김으로써 기표가 만들어집니다. 라캉은 기표의 우선성을 강조하기 위해 이 도식을 변형시킵니다. 그는 기표를 기의 위에 둡니다. 기표와 기의를 분리하는 중앙선을 유지하면서 말입니다. 라캉에게 기표의 흐름과 기의의 흐름은 구분되며, 무언가가 그 두 흐름을 연결시켜주고, 이 무언가[누빔점]에 의해 "시니피

앉은 그렇지 않았더라면 끊임없이 미끄러졌을 의미작용을 멈춘다."[72] 이전 수업에서 계속 살펴봤던 것처럼 여러분께서는 이제 의미작용의 미끄러짐이 정신증 환자의 말에서 잘 드러난다는 점을 이해하셨을 겁니다. 만약 우리가 기표의 흐름과 기의의 흐름이 결합되기를 원한다면, 우리는 둘 사이에 누빔점을 만들어내는(capitonner) 무언가가 있다고 가정해야 합니다.

타이얀디에가 제안하는 매우 유용한 도식을 봅시다.

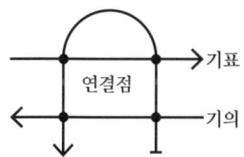

누빔점(Le point de capiton)

이 도식에서 기표의 흐름의 선은 기의의 흐름의 선보다 위에 있습니다. 두 개의 선은 서로 반대 방향으로 이동하고 있으며, 세 번째 선이 두 흐름을 연결시키고 있습니다. 왜 기의의 선은 기표의 선의 반대 방향으로 향하고 있을까요? 이 점을 이해하는 것은 어렵지 않을 것 같습니다. 제가 어떤 문장을 말할 때, 기표 연쇄가 미래를 향하면서 시간과 함께 나아간다는 점은 자명합니다. 반대로 기표의 흐름으로 인해 유발되는 기의가 의미를 갖게 되는 것은 오직 사후적일 뿐이며, 여러분이 이러저러한 기표에 부여할 의미를 선택할 수 있는 것은 문장의 끝과 관련해서입니다. 문장이 끝나지 않는 한, 의미는 유예된 채로 남아 있습니다. 문장이 끝나게 되자마자 여러분은 문장의 처음에 나온 기표의 의미작용

---

72   라캉, 『에크리』, 948쪽.

을 고정시키기 위해 문장을 거슬러 올라가게 됩니다.

낚시 바늘 형태의 선처럼 보이는 누빔점(point de capiton)은 문장의 끝을 나타냅니다. 왜냐하면 그것이 의미를 완결시켜 주기 때문입니다. 이것이 라캉이 "누빔점의 통시적 기능"이라고 부르는 것입니다. 라캉의 말을 인용해 보겠습니다.

> "문장의 각 단어는 다른 단어의 구성 속에서 선취되고, 거꾸로 후자의 의미는 전자의 소급 효과에 의해 결정되면서 문장의 의미는 마지막 단어와 함께 비로소 완결되는 것 속에서 그러한 누빔점이 문장 속에서 통시적 기능을 한다는 것을 볼 수 있을 것이다.
> 하지만 공시적 구조는 이보다 더 깊숙이 감추어져 있으며, 우리를 원천으로 이끌고 간다. 그것은 사물에 최초의 속성을 부여한다는 점에서 은유이다. 이 은유에 의해 아이는 '개는 야옹야옹하고 짖고 고양이는 멍멍하고 운다'라고 말하며, 사물을 울음소리와 분리시켜 단숨에 기호를 시니피앙의 기능으로, 현실성을 의미작용이라는 궤변술의 위치까지 끌어올린다. 그리하여 아이는 실제다움을 무시함으로써 앞서와 동일한 사물을 확인시켜주는 대상화에 대해 다양성이라는 길을 연다."[73]

이렇게 우리는 라캉이 "기본 세포"라고 부른, 그래프의 첫 번째 형식에 도달하게 됩니다. S→S'의 벡터는 기표 연쇄를 지탱합니다. 다른 벡터인 △→$도 또 다른 기표 연쇄입니다. 라캉은 다음과 같이 말하면서 이 점을 명확히 합니다. "우리는 전적으로 기표의 층위에 있습니다." 또 그는 기표, 기의, 주체를 동일한 층위에서 재현할 수 없다고 말합니다. "관

---

[73] 라캉, 『에크리』, 948-949쪽.

건은 우리가 일련의 기표 안에서 파악할 수 있는 두 가지 상태 혹은 기능입니다." 이렇게 라캉은 『무의식의 형성물』세미나 17쪽에서 자신의 생각을 명시하지만, 그의 주장을 따라가는 것은 어렵습니다. 이것이 그가 하인리히 하이네(Heinrich Heine)의 「루카의 온천」에 나온 히르슈-히야킨트(Hirsch-Hyacinth)의 이야기를 사례로 드는 이유입니다(프로이트는 『농담과 무의식의 관계』에서 이 이야기를 다룹니다). 히르슈-히야킨트는 자기가 로트실트(Rothschild) 남작 옆에 앉았고 남작이 자신을 "가족백만장자처럼(famillionaire) 대해 주었다고 자랑합니다.

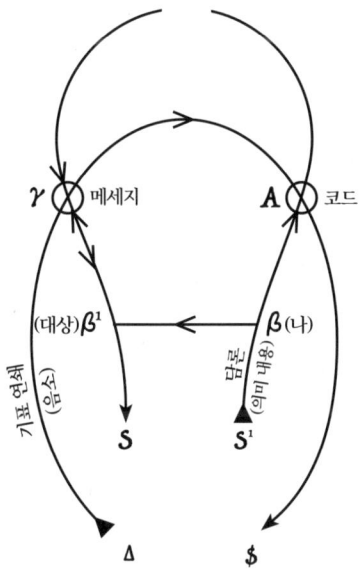

욕망 그래프의 기본 세포

이 농담에서 우리는 두 개의 기표 연쇄가 있음을 알 수 있습니다. 첫 번째 연쇄인 S→S'는 히르슈-히야킨트가 말하려고 했던 내용입니다. 즉, 부유한 남자가 자신을 가족처럼 대해주었다는 것입니다. 이것은 합리

303

적이고, 적절하고, 통상적인 말이며, 이 말은 고정되고 안정적인 의미를 갖습니다. 라캉은 이를 의미소(sémantème)의 층위라고 부릅니다. 즉, 통상적인 어법에 의해 규정되는 층위입니다. 다른 연쇄인 △→$는 음소(phonèmes)의 층위이며, 이것은 기표 고유의 효과인 은유와 환유에 영향을 받습니다. 히르슈-히야킨트에게 이러한 연쇄는 "백만장자"를 전달합니다. 즉, 그에게는 자신이 말하는 동안에 로트실트가 백만장자이며 그 백만장자가 가능한 한 자신을 가족처럼 대해 주었다는 생각이 있었던 것입니다. 다른 생각들이 배후에 숨어 있을 수 있습니다. 가령 그는 가난했기 때문에 자신이 사랑했던 젊은 여인과 결혼하지 않았다는 사실 말입니다. 그러므로 △→$연쇄는 히르슈-히야킨트의 정신 안에 존재하며, 합리적인 담화의 연쇄, 즉 의미소의 연쇄를 가로지릅니다. 이 가로지름의 결과가 농담 혹은 사후적으로 농담으로 전환되어 수용되는 말실수입니다. 달리 말해, 그래프에서 그려진 두 연쇄 중 어떤 것도 히야킨트가 말한 문장을 재현하지 않습니다.

저는 우리가 한 가지 연쇄가 의식적 담화를, 다른 연쇄가 무의식적 담화를 나타낸다고 말할 수 없다고 봅니다. 의식과 무의식의 구분은 이런 형태로 일어나지 않습니다. 왜냐하면 △→$연쇄에 의해 전달되는 요소들 중 몇몇은 의식적이며, 몇몇은 무의식적이기 때문입니다. 라캉이 세미나에서 그래프를 구성하던 시기에 히르슈-히야킨트의 농담을 논의하기 위해 그래프에서는 두 연쇄가 사용되었고, 라캉은 두 연쇄에 동일한 방향을 부여했습니다. 그런데 나중에 라캉은, 『에크리』의 805쪽에서 보실 수 있듯, 기표 연쇄가 합리적 담화와 의미소의 선에 미치는 사후적인 효과를 표시하기 위해 합리적 담화가 진행되는 방향을 반대 방향으로 바꾸었습니다.

『에크리』808쪽에 나온 그래프의 두 번째 형태에서 S→S' 연쇄는

$→I(A) 연쇄를 s(A)와 A(기표의 장소)에서 가로지릅니다. $→I(A) 연쇄는 생성 중인 주체에서 출발해서 자아 이상을 향해 나아갑니다. 여러분은 광학모델에서와 동일한 궤적과 좌표를 알아보실 수 있을 겁니다. 즉, 주체 $는 I(A)에서 자기 위치를 찾고, 자아는 거울 이미지 i(a)에서 유래합니다. 우리는 이런 흐름을 L도식에 연결시킬 수도 있습니다. L도식에서 상징적 축 A→$는 상상적 축의 두 지점인 a와 a'을 서로 떨어져 있게 합니다. 그러므로 욕망의 그래프의 이 단계에서는 네 개의 지점이 구조를 지탱합니다. 그것들은 주체의 구조를 해명하는 데에 필요한 최소한의 요소입니다.

그래프의 기본 세포에 대해 살펴봤으니 다음 단계로 넘어갑시다. 우선 세미나에 근거해서든 아니면 『에크리』의 텍스트에 근거해서든 몇 가지 근본적인 점을 빠르게 살펴봅시다. 『환상의 논리』세미나의 1967년 4월 26일 수업에서[74] 라캉은 단항적 표지(trait unaire)[75]에 대해 말합니다.

> "그것[단항적 표지]이 많은 기능을 하는 것은 분명하다. 그러나 중요한 것은 이러한 본질적인 기능에서, 마치 거울에서 대칭을 이루듯, 대타자의 장과 수수께끼 같은 1의 장을 인식하는 것이다. 1은 제 그래프에서 빗금 쳐진 대타자에 대한 기표 S(A̸)가 가진 함축에 의해 표시되었다. 이것은 '논평'이라는 제목의 제 논문과 관련되며, 정신분석과 프로이트의 텍스트에서 동일시의 한 가지 형식으로 불리는 것, 즉 자아 이상에의 동일시에 관한 공식을 제공한

---

74 이 수업에서 라캉이 강조하는 핵심 맥락 중 하나는 기표와 대상 a 간의 통약 불가능성이다(역주).

75 기표가 이항 대립의 구조를 따르는 반면에, 단항적 표지는 이러한 이항 대립의 구조에 선행해서 주체를 타자 속에 위치시키는 최초의 시니피앙을 말한다(역주).

다. 저는 대타자 안의 자아 이상의 표지를 대타자의 수준에서 거울상의 참조점을 표시하는 것으로 설정했으며, 이러한 참조점으로부터 주체에게는 동일시에 관한 모든 것이 도래한다. 즉 소위 이자관계의 장에 있는 모든 것은, 각각 반복과 동일시라는 두 가지 기능과 구분된다. 우리는 동일시를 중간에 위치시킬 것이다. 끝으로 지난 시간에 저는 성관계에서 정립될 수 있는 그 어떤 것에 있어서도 고려되어야 할 점을 이야기했다. 저는 그것을 우스꽝스러운 것이라 불렀다. 사람들이 성이 관건이 될 때 최소한의 일관성을 가질 만한 것이라 부르는 관계에 대해 말이다."

"대상 *a*와 대문자 A 사이에 놓인 유일(Un)을 명명하는 데에 필요한 것이 단항적 표지이다. 그리고 그것이 x라는 장을 통합한다고, 혹은 x라는 장을 통합적인 것으로 만든다고 말하는 것은 오류에 불과하다.

…… 이러한 중간 기능의 우위는 사소한 것이 아니다. 왜냐하면 그것은 자아 이상의 근본적인 기능을 수행하기 때문이다. 온갖 이차적인 동일시가, 특히 자아의 중핵이라 할 수 있는 이상적 자아(Moi idéal)에 대한 동일시가 그것에 의존한다."

『에크리』 815쪽에 나온 욕망의 그래프의 세 번째 형태에서 라캉은 대타자의 장소에서부터 출발하는 물음표 두 개를 그려 놓았습니다. 거기서 이런 질문이 출현합니다. '네가 원하는 것은 도대체 무엇이냐(Che vuoi)?' '너는 무엇을 원하는가?' '대타자가 나로부터 원하는 것은 무엇인가?' '너는 나에게 무엇을 기대하는가?' 이것들은 모두 같은 질문의 다른 형태입니다. 라캉은 우리에게 대타자라는 장소, 즉 기표의 보고는 욕동이라고 말합니다. 그래서 다음의 공식이 나옵니다. $ \lozenge D$. 상상적인 층위는 여러 방식으로 상징계에 의존합니다. 우선 자아-이상은 대타자의 장에서 추출된 단항적 표지에 근거해서 형성됩니다. 이것은 마치 하나의 그림이 작은 터치들로 이루어지는 것과 같습니다. 둘째, 상상계는 환상과 욕동에 연결됩니다. 왜 A와 $ ◇ D라는 두 개의 지점이 있을까요? 관건은 늘 대타자의 장소일까요? 제가 보기에 대타자와 욕동을 두 위치에 두면서 생기는 난점은, 기표의 장소로서의 대타자의 장소에서 육체로서의 대타자로 이동하면서 생기는 난점과 동일합니다. 만약 욕동이 살아있는 육체를 기표에 결합시킨다면, 우리는 육체야말로 대타자의 장소라는 점을 이해할 수 있습니다.

대상 a는 무의식에 위치하며, 환상의 구조에 따라 욕망을 유발합니다. 그래서 다음의 공식이 나옵니다. $ ◇ a. 그리고 대상 a가 무의식 안에 있다면, 이것은 인간은 자신이 무엇을 요구하는지, 특히 무엇을 욕망하는지 알지 못함을 뜻합니다. 욕망은 타자의 욕망입니다. "온갖 이차적인 동일시가, 특히 자아의 중핵이라 할 수 있는 이상적 자아(Moi idéal)에 대한 동일시가 그것에 의존합니다." 프로이트가 말하는 동일시의 세 층위가 그래프에서 읽힐 수 있습니다. 첫 번째 동일시는 아버지에 대한 동일시, 즉 기표로의 진입입니다. 프로이트는 이것을 "체화(incorporation)"라 불렀고, 우리는 이것을 육체로의 체화로 이해할 수 있습니다. 마치 군대(Corps de l'Armée)나 교수단(Corps Enseignant)으로의 체화를 말하듯, 말하는 존재가 언어를 통해 육체로 진입한다는 의미의 체화를 말할 수 있습니다. 두 번째 동일시는 단항적 표지에 대한 동일시이며, 세 번째 동일시는 대타자의 욕망에 대한 동일시입니다. 그러나 분석으로부터 기대될 수 있는 것은 절단(coupure)에 대한 동일시입니다.

수업 13 | 아녜스

욕망의 그래프: 두 번째 수업

욕망의 그래프는 우리에게 주체의 구조, 즉 주체의 정체성이 어떻게 이루어졌는지 보여줍니다. 욕망의 그래프는 주체가 선험적으로 존재를 갖지 않음을, 주체가 상상계, 상징계, 실재계의 연결로 이루어지며 이러한 연결이 일련의 동일시가 일어나게 함을 보여줍니다. 그래프의 아래편은 소타자에 대한 상상적 동일시와 자아의 구성에 관련됩니다. 그리고 자아는 거울 이미지에 의해 매혹되면서 이상적 자아와의 거울 관계로 진입합니다. 비록 이러한 자아의 구성이 상상적 층위에 위치한다 하더라도, 그것은 상징계에 의존합니다. 거울 이미지가 인지되기 위해서는 상징적 층위 안에 어떤 빈 장소가 주체에게 마련되어야 하기 때문입니다.

빈 장소와 절단(coupure)의 기능

I(A)라는 장소는 비어 있으며, 기표에 의해, 단항적 표지에 의해 둘러싸이고 표시될 것입니다. 그러나 주체가 어떤 기표에 의해 다른 기표에게 재현되는 것을 "받아들이기"[76] 위해서는 상징에 만족하기 위해서 사

---

[76] 그러나 이러한 표현은 정확한 것은 아니다. 왜냐하면 무엇을 받아들이거나 거부할 만한 주체가 아직 존재하지 않기 때문이다. 우리는 주체가 기표의 작용에 선행해서 존재하지 않음을 상기해야 한다.

물을 놓아주어야 합니다. 달리 말해, 대상 a기 상실되이야 합니다. 언어는 주체 이전에 존재합니다. 주체가 실존하기 전에는, 최선의 경우라면, 오직 주체에게 마련된 빈 장소만 있을 뿐입니다.

우리가 수업에서 여러 차례 살펴보았듯이, 문제는 어떻게 아이가 주체로 실존하게 되는지에 관련됩니다. 여기서 주체란 동일시를 통해 설립되는 자아를 갖고 있을 뿐만 아니라 무의식을 갖고 있는 누군가를 말합니다.

이것은 다음을 뜻합니다. 제가 "나는 말하고 있다"고 말할 때 이 문장의 문법적 주체는 언표행위의 주체(sujet de l'énonciation)를 지칭하기는 하지만 언표행위의 주체를 의미하지는 못합니다. 언표행위의 주체는 가령 말실수를 통해 스스로를 들리게 합니다. 그리고 말실수는 주체의 분열을 표시합니다. 주체가 말하려고 의도한 것, 즉 의미소의 연쇄에 쓰일 수 있는 것과, 실제로 말해지는 담화의 절단 속에서 개입하는 음소의 연쇄 간의 분열을 말입니다. "무의식은 프로이트부터 시작해 어디에선가(그의 표현을 따르면 '또 다른 무대'에서) 자기를 반복하고 집요하게 자기를 주장하면서 실제의 이야기 그리고 그와 같은 이야기가 형태를 부여하는 사유 과정이 제공하는 갈라진 틈들 속에 개입하려는 시니피앙들의 사슬이 되었다."[77]

무의식의 주체가 관건일 때 말하는 것은 누구입니까? 무의식의 주체는 자신이 무엇에 대해 말하는지도, 하물며 자신이 말을 하고 있다는 사실도 알지 못합니다. 그는 소멸에 의해, 불명확하게 자신을 들리게 합니다. 라캉이 말하듯, 사라짐(fading)의 효과가 있습니다. 우리는 절단의 기능을 통해 주체를 "내몰" 것입니다(라캉은 사냥에 대해 말하고 있습니다).

---

[77] 라캉, 『에크리』, 941쪽.

인용해 보겠습니다. "우리 같은 분석가들에게 사냥이 헛되지 않으려면 모든 것을 담화 속에서의 틈새[절단](coupure)의 기능으로 다시 가져올 필요가 있는데, 그중 가장 의미심장한 틈새는 시니피앙[기표]과 시니피에[기의] 사이의 가로선을 이루는 것이다."[78] 라캉은 절단과 관련해서 내담자의 말의 머뭇거림뿐만 아니라 분석 상담 자체를 언급합니다. 분석 상담이 우리의 일상적인 담화에 절단을 만들고, 분석가는 상담이 종료될 때 절단[세션을 끝내는 행위]을 야기합니다. 라캉은 다른 절단에 대해서도 언급하는데, 이 부분은 매우 중요한 동시에 난해합니다. 난해한 부분은 주체가 이중 고리의 형태를 갖는 절단을 통해 실존하게 된다는 점입니다. 이 내용은 『에크리』에는 나오지 않지만, 세미나에는 나옵니다.

여기서 관건은 다음과 같은 위상학적 관념입니다. 크로스캡 위에 놓인 뫼비우스의 띠 형태의 절단은 대상 a를 분리해낼 것입니다. 이런 내용이 "주체의 전복과 욕망의 변증법"에 나오지 않는데도 제가 이에 대해 말씀드리는 것은, 라캉이 나중에 말한 것이 그 텍스트를 이해하는 데에 도움이 되기 때문입니다. 이러한 사후적인 접근은 매우 정당합니다. 이중 고리는 요구의 기표가 대상을 놓치는 방식을 기입합니다. 기표가 대상을 놓치는 것은 매우 명백한데, 왜냐하면 우리는 포기함으로써 기표로 만족해야 하기 때문입니다. 그러나 우리가 대상을 놓쳤기 때문에 우리에게 남은 유일한 선택지는 다시 원점으로 돌아가서 두 번째 여정을 시작하는 것입니다. 첫 번째 여정이 대상 주위를 둘러쌌다면, 두 번째 여정은 대상의 상실을 유발하면서 빗금 쳐진 주체를 생산합니다. 그러므로 주체를 실존하게 하는 것은 이런 식으로 반복되는 이중 고리입니다.

---

78 라캉, 『에크리』, 943쪽.

『에크리』816쪽에서 라캉은 그래프의 위쪽에 대해 논병합니다. 오른편에는 $ ◇ a, 즉 대상 a와의 관계 하에서 빗금 쳐진 주체가 있습니다. 우리는 이것을 a로부터 절단된 $라고 읽을 수 있습니다. 왜냐하면 다이아몬드 모양의 마름모꼴이 바로 이중 고리로서의 절단을 표시하는 방식이기 때문입니다. 인용해 보겠습니다. "이 그래프는 욕망이 그와 같이 규정된 환상에 따라 조정되는 것을 보여준다. 그것은 신체의 이미지와 관련해 자아가 그렇게 하는 것과 비슷하다."[79] 인간의 욕망은 대타자의 욕망으로 형성되고, 요구는 욕망과 구분됩니다. 배고픈 아이가 운다면, 이 울음은 한편으로는 음식에 대한 욕구이지만, 다른 한편으로 욕구로부터 결코 분리될 수 없는 것, 즉 상실한 대상으로서의 젖가슴에 대한 욕망입니다. 그러므로 음식에 대한 요구는 단순히 모유에 대한 요구가 아닙니다. 그것은 또한 어머니의 현존과 어머니의 사랑에 대한 요구입니다. 여러분은 사랑에 대한 요구가 욕구로 격하될 때 초래되는 파국에 대해 잘 알고 계실 겁니다. 라캉은 이 점을 다음과 같이 절묘하게 표현합니다. "욕망은 욕구에서 요구가 찢겨져나간 여백에서 모습을 드러낸다."[80]

지금까지 욕망의 그래프의 핵심적인 지점들을 살펴봤습니다. 이 그래프는 주체의 구조가 어떻게 빈 장소로부터, 대타자의 현존, 요구, 욕망으로부터 만들어지는지 이해할 수 있게 해줍니다. 이 모든 것은 최초의 대타자의 위치를 차지하고 있는 어머니의 전능함이 법에 의해 구속되는 한에서만 일어납니다. 어떻게 주체는 언어라는 욕조에 잠겨 있으면서 이러한 빈 장소로부터 출현할 수 있을까요? 우리는 욕동과 더불어 문제의 핵심에 도달하게 됩니다. 라캉은 어떤 기능이 무의식의 주체를

---

79 라캉, 『에크리』, 962쪽.

80 라캉, 『에크리』, 959쪽.

지탱하는지에 대한 질문을 제기하고, $에서 출발해서 I(A)로 향하는 선을 그립니다. 이 선은 무의식에서 기표 연쇄의 궤적을 나타냅니다. 그런데 이 선은 어떻게 작동하는 걸까요? 이 선은 어디서 와서 어디로 가는 걸까요?

제가 보기에 라캉은 이 질문에 매우 만족스럽고 논리적인 답변을 제공합니다. 결국 그는 무의식적 기표 연쇄의 출발점에서 욕동을 발견합니다. 인용해 보겠습니다.

> "우리 추론에서 무의식의 주체를 지탱하는 기능에 관한 질문을 던지지 않으면 안 된다는 것을 보다 확실하게 이해할 수 있을 것이다. 주체는 자기가 말한다는 사실조차 모르는 상황에서 자신을 어디서건 언표(énoncé)의 주체로, 즉 언표를 말로 나타내려는 사람으로 인식하기가 어렵다는 것을 누구나 알 수 있기 때문이다. 그리하여 욕동 개념이 등장한다. 여기서 주체는 구강적, 항문적 등과 같은 기관적 지표에 의해 나타내지며 이것은 주체는 말하면 말할수록 그만큼 더 말하는 것에서 멀어져야 한다는 요구를 충족시켜준다."[81]

라캉은 욕동을 기표의 보물창고로 위치시키면서 $ ◇ D (S barré poinçon de D)라고 씁니다. 그러나 여기에는 난점이 있습니다. 그래프에는 "기표의 보고"로 묘사되는 또 다른 지점이 이미 존재합니다. 그 지점은 대문자 A, 즉 대타자의 장소입니다. 그렇다면 기표의 보고가 어떻게 그래프의 두 가지 다른 위치에 놓일 수 있을까요?

이런 사안과 관련하여 마크 다르몽의 논평은 시사적입니다. 그는 이

---

[81] 라캉, 『에크리』, 962쪽.

렇게 씁니다.

> "$ ◇ D에 놓인 기표의 보고는 육체로부터, 좀 더 정확하게, 절단으로 자국이 난 장소들로부터 제거된 포대로 구성된다. 그러한 절단은 $ ◇ D, 즉 주체를 요구에 결합시키는 욕동 안에서만 존속하는 절단에 반향을 일으킨다. 욕동은 그 자체로 하나의 문장처럼 구조화된다. 이러한 연쇄는 무의식적 언표행위 안에서 S(A̶), 즉 대타자의 결여에 대한 기표에 의해 구두점이 찍힌다."

대타자의 결여에 대한 기표는 매우 어려운 관념이며, 이를 이해하기 위해서는 노력이 요구됩니다. S(A̶)는 기표의 집합에서 하나의 기표가 무한히 다른 기표를 지시하는 한편, 그 연쇄를 보장해 줄 만한 근거가 존재하지 않음을 가리킵니다. 기표의 연쇄를 보증해 줄 기표가 결여되어 있는 것입니다. 또 S(A̶)는 기표가 대상이 아니라 오직 상블랑만 포착할 수 있음을 뜻합니다. 즉, 모든 기표는 이 결여에 의해 각인되어 있습니다. S(A̶)는 대타자의 미완결성을 보여줍니다. 러셀의 유명한 역설이 보여주듯 말입니다. 가령 이발사의 역설을 봅시다. "어떤 마을의 이발사는 자기 스스로 면도를 하지 않는 모든 남자들만 면도를 해준다. 그렇다면 이 이발사는 자기 스스로 면도할 것인가 면도하지 않을 것인가?" 여기서 우리는 곧장 논리적 난점이 생기는 것을 알 수 있습니다. 자기 자신을 포함하지 않는 목록들의 목록을 만들려고 할 때도 마찬가지 난점이 생깁니다.[82] 따라서 S(A̶)는 대타자 안에 구멍이 있음을 뜻합니다. 다

---

[82] 이 책의 끝에 부록으로 첨부된 대타자의 미완결성에 대한 논문을 참고하라. 이 논문은 "『대타자에서 소타자로』세미나의 네 번째 수업에 대한 논평"이라는 제목으로 1993년 3월 프로이트 회보 52호에 출간되었다.

시 마크 다르몽의 텍스트를 봅시다.

"S(A)의 부재가 바로 팔루스의 기표가 거세 과정에서 상징화하도록 요청받는 것이다.

그러한 목적으로 팔루스 이미지는 거울 이미지 i(a)에 대한 리비도의 침잠에서부터 '매우 급하게(en pointe)' 빠져 나간다. 따라서 팔루스적 이미지는 거울 뒤에서 하나의 구멍(-φ)으로, 대상 a에 대한 텅 빈 반사물로 나타난다. 팔루스적 이미지는 이러한 상상화 덕분에 욕망의 진정한 기표인 대문자 Φ로서 언어라는 벽의 저편에서 출현한다.

따라서 우리가 막 묘사한 그래프는 거세 콤플렉스와 부성적 은유에 대한 또 다른 독해를 가능하게 해준다.

대타자에게 건네진 요구의 기표는 대상을 포착하는 데에 실패한다. 상징계와 실재계 간의 관계와 관련이 있는 이유 때문에 말이다. 이러한 실패는 요구의 반복을 유발한다. 그리고 욕망은 하나의 요구의 기표에서 다른 요구의 기표로 미끄러지는 환유의 운동에 다름 아니다. 주체는 정녕 하나의 기표에서 다른 기표로의 이행에 의해 발생되고 생산된다. 주체는 최초의 요구가 발생하기 전에 가정될 수 있는 것이 아니다. 기표들이 대타자로부터 나오기 때문에, 요구는 [주체가 대타자에게 건네 요구하는 것과는] 반대 방향으로, 대타자에게서 나와서 주체에게 건네지는 요구를 필연적으로 유발한다. 그리고 요구의 반복은 대타자 안에 구멍이 나게 한다. 이러한 구멍으로부터 요구도 유래하며, 주체에게 건네진 수수께끼 같은 욕망도 유래한다."

『에크리』의 텍스트에서 라캉은 이렇게 말합니다.

"욕동이 기능의 신진대사에서 골라낸 '성감대'의 구분들 자체는 귀의 나팔관은 말할 것도 없고 입술, '잇몸', 항문 주변, 음경의 주름, 질, 눈의 찢이진 곳 등 가장자리나 경계의 해부학적 특징을 이용한 절단면으로 이루어져 있다. ……

절단의 이러한 표식은 분석 이론이 서술하는 대상인 유두, 똥, (상상적 대상으로서의) 팔루스, 오줌 등에서도 그에 못지않게 분명하게 확실하게 나타난다는 점에 주목해보자(이 목록에 음소, 눈빛, 목소리, 무(無) 등을 추가하지 않는다면 터무니없는 것이 될 것이다). 부분적 성격을 갖는 그러한 표식이 대상들에서 강조되는 것은 당연하지만 그것은 신체라고 하는 하나의 전체적 대상에 부속된 부분적 대상에 해당되는 것이 아니라 그러한 대상을 만들어 내는 기능을 부분적으로밖에는 나타낼 수밖에 없는 사실에서 기인하기 때문이라는 것은 누구나 쉽게 알 수 있을 테니 말이다."[83]

여기서 그치겠습니다. 빈 장소와 절단은 욕망의 그래프에서 가장 중요한 두 가지 요소입니다. 지금부터는 이 주제와 관련하여 많은 것을 직접적으로 가르쳐 주는 환자의 사례에 대해 살펴보겠습니다.

아녜스의 사례

아녜스가 아버지를 죽이는 환상에 대해 저에게 말할 수 있기까지 거의 2년이라는 분석 작업이 필요했습니다. 저는 지난 시간에 나타샤에 대해 논의하면서 부친살해를 언급한 바 있습니다. 아녜스가 친구의 조언을 따라 저를 만나러 왔을 때 그녀는 다양한 문제에 시달리고 있었습니다. 그녀에게는 음식 먹는 것과 관련된 문제가 있었습니다. 그녀는 질식에 대한 두려움 때문에 액체 상태에 가까운 음식만 먹었습니다. 그녀

---

[83] 라캉, 『에크리』, 963-964쪽.

의 주변인은 그녀에게 거식증이 있다고 생각했습니다. 그러나 그녀는 말라보이지 않았습니다. 그녀는 자신이 퓨레, 크림, 요구르트 같은 것만 먹을 수 있으며, 딱딱한 것, 특히 고기는 절대 먹을 수 없다고 말했습니다. 그러나 그녀는 자신이 매우 좋아하는 비엔나풍의 빵은 조금씩 먹을 수 있었습니다. 그녀는 지하철에서 불안 발작에 시달렸습니다. 그녀에게는 스스로 지하철 아래로 몸을 던지는 것에 대한 두려움, 즉 욕동 조절에 대한 공포증이 있었습니다. 그녀는 손이 저리는 느낌, 경미한 마비(parésie), 트루소 징후(main d'accoucheur), 호흡 곤란을 동반한 긴장성 경련 테타니 발작(crises de tétanie)을 겪고 있었습니다. 그녀는 너무 소심했으며, 이 때문에 고등학교 졸업시험을 잘 보지 못했습니다. 또 그녀에게는 반복적으로 확인하는 의례를 동반한 많은 강박증적 증상이 있었습니다.

비록 아녜스가 늘 상담 시간에 잘 맞춰 왔음에도 불구하고, 그녀는 자유롭게 말하는 데에는 이르지 못했습니다. 무언가 말하려고 시도해도 그녀는 오직 두, 세 문장만 내어놓을 수 있었고, 그 다음에는 침묵했습니다. "말문이 막히네요"라고 말하면서 말입니다. 몇 달 뒤에 그녀는 저에게 자신이 쓴 글을 가져왔습니다.

"17살 이래로 매우 규칙적으로 저에게 일어난 일에 대해, 그리고 매번 나 자신이 정신이 이상한 사람이고 약간 미친 사람이라는 느낌을 준 일에 대해 어떻게 명확하게 전달할 수 있을까?
제가 그 이상한 일이 일어나는 순간을 '발작(crise)'이라 부르는 것은 적절한 어법이 아닐 지도 모른다. 현실에 대한 거부, 경멸조의 단어를 사용하는 것에 대한 두려움이라는 명백한 이유들 때문이다.
그러나 저는 무슨 일이 일어났는지, 제가 그 순간 — 정도의 차이는 있시만 어느 정도 의식적이고 어느 정도 촉발되는 — 에 느꼈던 것에 대해 설명과과 다음과 같은 이중적인 감정, 이중적인 태도를 갖고 있는 이 악(惡)의 진화 과정에 대해 묘사하려 한다:

- 기대와 거부
- 걱정과 욕망

이것은 섹슈얼리티에 대한 나의 감정이기도 하다.
확실히 말씀드릴 수 있는데 모든 것은 대략 8년 전 어느 한밤중에 시작되었다. 나는 반쯤 잠에 들어 있었는데 갑자기 온 몸 전체가 저려왔다. 꼼짝 할 수 없었다.
어머니를 부르려고 했지만 불가능했다. 입이 떨어지지 않았기 때문이다.
무서웠다. 너무 무서웠다. 마비될까봐 무서웠고, 다음날 아침에 부모님이 나를 죽었다고 생각할까봐 무서웠다. 이런 걱정과 불안이 발작 내내 지속되었다. 3분에서 5분 정도 말이다. 그 다음에 모든 것은 정상으로 되돌아갔고, 다시 잠들었다.
다음날 나는 꿈을 꾼 것이 아닌지, 그 모든 일이 정말 현실이었는지 생각했다. 꿈이었을지도 모른다는 의심과 희망이 생겼다. …… 얼마 지나지 않아 다시 발작이 나타났고, 나는 모든 것이 현실이었음을 깨달았다.
이후에 나타난 발작도 같은 증상을 포함했다. 움직이지도 숨 쉴 수도 없었다. 매우 불안하게 만드는 순간들이었다. 자주 발작이 시작했다가 멈추곤 했고 그러다 다시 시작되었다. 몇 분 안에 여러 차례의 발작이 일어난 적도 있었다. 움직일 수 없던 순간들 사이사이에 몸을 일으키려고 시도했지만, 그럴 수 없었다. 발작이 다시 시작되었기 때문이다. 아무튼 나는 일어나려고 했다고 생각했다. 더 이상은 알 수 없다. 요컨대 초기에 나는 이런 순간들이 일어날까봐 매우 걱정했다. 그래도 첫 번째 발작 때의 두려움이 가장 컸다. 두 번째부터는 발작이 멈추게 될 것을 알았기 때문이다. 그러나 기원도, 원인도, 흐름도 알 수 없었던 발작이라는 사건을 마주하는 일은 여전히 염려가 되었다.

발작은 늘 나의 의식이 절반 정도 깨어 있을 때 나타났다가 다시 잠이 들면서 끝났다.

이런 순간들이 나타났다 사라졌다 하면서 몇 년이 흘렀고, 그 순간들은 불안을 유발함에도 불구하고 거의 사소한 것이 되었다. 익숙해졌기 때문이리라. 그러나 저는 한낮에, 학교나 직장에서 발작이 일어날까봐 두려웠다. 다행이도 발작은 늘 똑같은 상황, 밤에 누워있을 때에만 일어났다.

그 이후에, 어느 날 아침인가 저녁에, 다른 종류의 발작이 일어났다. 저리는 느낌이나 마비되는 느낌에는 아무런 새로울 것이 없었다. 그런데 갑자기 몸이 뻣뻣해지고 구부러지는 걸 느꼈다. 나는 상반신이 원호처럼 구부러지는 이상한 자세를 취하게 되었다. 또 다른 발작이 일어나는 동안 나는 사지가 심하게 요동치는 것처럼 온갖 방향으로 움직이면서 체조 동작을 하는 것 같은 느낌을 받았다. 당연히 실제로 움직이는 걸 볼 수는 없었다. 또 어느 날은 사지가 특이한 자세를 잡는 걸 느꼈다. 산부인과에서 검사를 받을 때 취하는 자세와 같이 무릎을 세우고 다리가 벌어진 자세였다. …… 그것은 성행위에서 취할 수 있는 자세이기도 했다.

이런 새로운 증상으로 불안해졌다. …… 나는 미쳐가고 있는 것일까?

현실 감각을 잃어버린 걸까? 그저 꿈을 꾸는 건 아니었을까? 아니었다. 그건 꿈이 아니었다. 상상이라고 하기에 발작은 너무 자주 일어났으니까. 결국 나는 발작 도중에 이렇게 생각했다. '이건 실제로 일어나고 있는 일이야. 나는 깨어 있는 상태야.'

이미 걱정스러운 수준의 이러한 증상에다가 시각적, 청각적 환각이 덧붙여졌다. 내 주변에서 어떤 사건들이 벌어졌는데, 그것들이 나의 상상 속에서만 존재하는 것이다. 그런데 이 사건들이 현실적인 맥락(시간, 공간) 속에서 일어나면서 현실적으로 여겨졌다.

내가 경험한 사건들 혹은 나를 괴롭힌 사건들을 적어보면 이렇다.

- 아버지와 함께 식당에 있는 B ······
- 남동생 방의 음악
- 침대 발치의 어머니

다음 날 아침 이 모든 일이 일어날 수 없는 것임을 알아차렸다. 아마도 극도로 불안정했던 내 정신이 만들어낸 것들임에 틀림없다. 매번의 발작이 똑같은 방식으로 일어났으며, 때로모든 증상들이 동시에 나타났다. 저리는 느낌, 움직일 수 없음, 원호처럼 몸이 구부러지는 것, 환각, 조절되지 않는 몸의 동작 등. 어떨 때는 저리는 느낌과 환각만 있는 것처럼, 증상들이 약간씩 다른 조합 속에서 나타나기도 했다.

최근에 발작은 다른 양상을 띠기 시작했다. 이제 나는 발작에 대해 더 이상 불안해하지 않는다. 발작을 기다리기도 하고, 때론 스스로 발작을 불러일으키기도 한다. 발작의 시작을 알리는 저리는 느낌과 마비되는 느낌은 여전하다. 몸이 원호처럼 구부러지고, 어떨 때는 사지가 움직이고, 질 근처의 근육이 움직이는 느낌도 있다(마치 질이 열리는 것처럼). 그 이후에 아랫배(bas-ventre)[84] 쪽에 갑작스럽고 뚜렷하게 욱신거리는 통증이 생기고, 소변을 보고 싶다는 강한 욕동을 느낀다. 심장이 빨리 뛰기 시작한다. 그러다 잠이 들고, 조금 뒤에 깨어난다. 그러면 여전히 그 짧은 순간에 제가 느낀 안락감의 여파 속에 있다. 그리고 급히 화장실로 간다. 정확히 언제인지 모르겠지만 발작 도중에 환각이 나타난다.

최근에 나는 나의 옷이 복도에서 날아다니면서 움직이는 걸 보았다. 셔츠들 말이다. 또 아버지가 축구를 본지 일주일이 지나 같은 광경을 보았다. 마지막 발작이 일어나던 동안에는 아버지의 머리를 보았다. 그는 웃고 있었다. 아버지의 머리는 거대했는데, 머리밖에 없었고, 침대 옆의 안락의자 위에 놓여 있었다.

이 시기에 발작은 매주 일어났고, 나 자신이 발작을 유발한다는 느낌이 들었다. 또한 책에서 야한 구절을 두 번 읽었는데, 그 구절을 읽으면서 갑작스러운 배의 통증을 느꼈다. 그리고 나는 책읽기를 멈추고 똑바로 누워서 새로운 발작을 기다렸다. 마치 성행위를 할 준비가 된 것처럼 말이다. 그런데 발작은 즉시 나타나지 않았고, 다음날 아침에서야 일어났다.

'그런 걸 하기'에 적절한 자세를 취한 것은 그때가 처음은 아니었다. '그런 걸 하기'라는 표현은 내가 그 표현을 성관계에 관해 말할 때 사용한다는 사실을 생각나게 했다.

가장 최근 발작하는 동안에 나는 질 부근에서 매우 심한 통증을 느꼈다.

---

[84] 아랫배, 성기, 음부를 지칭하는 단어(역주).

이 모든 증상이 일어날 때 내가 무슨 생각을 하는지를 말하기는 매우 어려운 일이다. 왜냐하면 의식적인 수준에서 일어나는 것과 내가 지각한다고 믿는 것을 잘 구분할 수 없기 때문이다. 그러나 내가 통제할 수 없고 나를 몹시 불편하게 만드는 무언가를 하고 있는 나 자신의 관객이 된 느낌이라고 말할 수 있겠다. 그리고 그것이 나에게 안락감을 준다. 나는 이것을 이해하려는 시도와, 성행위에서 일어나는 단계와 나의 생각에서 실제로 일어나고 있다고 여겨지는 것을 비교하려는 시도를 했다. 나는 이 순간들의 단계가 성행위에서의 단계에 대응된다는 점에 주목했다.

발작		성행위
저리는 느낌	⇒	전희
마비		
종종 무릎을 세운 채로 다리가 구부러짐	⇒	삽입
질 근육의 움직임, 고통		
원호처럼 구부러짐, 아랫배의 통증	⇒	오르가즘
잠듦		

바로 이것들이 발작이 일어나는 순간에 나에게 떠오른 단어들이다. 발작은 처음에는 불안을 유발했고, 그 다음에는 견딜 만한 것이 되었으며, 이제는 기다리는 것이 되었다. 그것은 전혀 유쾌하지 않은 방식으로 그 양상이 변화했다. 나는 스스로 발작을 기다리고 있으며 발작을 필요로 한다는 생각 자체를 견딜 수가 없다.

내 몸이 이런 유형의 욕망을 갖고 있다는 것을 받아들이기가 어렵다. 나는 내가 성행위를 하지 않고도 살 수 있다고 믿었다. 왜냐하면 성행위는 나에게 두려움을 주었기 때문이다. 그러나 발작은 정기적으로 성관계를 하려는 욕망의 표현으로, 나의 어떤 결여와 좌절을 드러내는 것이기에 나는 그것을 두려워한다.

내 몸은 성관계를 필요로 하지만, 마음은 성관계를 거부하고 있다. 실제로 나는 성행위를 극히, 극히 두려워한다. 나에게 성행위는 하나의 공격처럼 보인다. 나는 어떤 존재의 기관이 다른 존재의 몸 안으로 침투하고 밀고 들어와서 거기서 잠깐 동안 '머무를' 수 있다는 사실을 인식하는 일이 어렵다. 그것은 사람들이 입으로 음식을 넣고, 삼키고, 소화시킨다는 사실을 인식하는 일이 어려운 것과 마찬가지이다.

나에게 성행위란 여자가 견뎌야 하는 것이다. 왜냐하면 침투당하는 것이 여자이기 때문이고, 그 침투 때문에 고통을 느껴야 하는 것도 여자이기 때문이다. 그렇게 내가 두려워하는 데에도 불구하고, 나에게 성관계가 필요할 수 있다는 것을 인식하는 일도, 그것이 매력적인 일인 것처럼 인식하는 일이 어렵다.

어릴 때 텔레비전에서 야한 장면을 볼 때면, 나는 수치심과 함께(발작 도중에 제가 느끼는 것과 똑같은) 통증을 느끼곤 했다. 그것은 나에게 건강하지 못한 것, 금지된 것으로, 내게는 그렇게 할 권리가 없었다. 그래서 빨리 어른이 되어 '그런 걸 하는 게 어떤 건지 알기를' 원했다. 이제 현실은 많이 변했다. 그러나 25살의 나는 발작을 통해 느끼는 것을 제외하면, 전혀 성행위가 어떤 건지 알지 못하고, 어떤 건지 직접 알아보는 것도 두려워하고 있다.

그러나 발작은 저를 안심시켜주기도 한다. 발작을 통해 나는 성행위가 생각만큼 고통스럽지 않다는 것을 보여주기 때문이다. 그와 동시에 나는 발작을 혐오한다. 왜냐하면 나에게는 내 몸을 더러운 일에 빠지게 할 권리가, 다시 말해 거기서 강제되는 결여에 대해 명백한 좌절감을 드러낼 권리가 없기 때문이다. 또 나는 어떻게 이 똑같은 몸이 음식의 결여에 대해 그토록 강하게 저항하는지 이해할 수 없다. 12년 동안 내 몸으로 하여금 음식의 결여를 견디게 만들었는데도 말이다.

나는 발작을 혐오한다. 발작이 제공하는 안락감에도 불구하고 말이다. 왜냐하면 나는 발작 때문에 현실적인 것과 현실적이지 않은 것을 더 이상 구분할 수 없다는 느낌을 받기 때문이다.

종종 이런 질문을 한다. 발작은 실제로 일어난 것인지, 아니면 내 힘든 마음이 만들어낸 것인지 말이다. 또 이런 질문도 한다. 내가 환각에 빠지려고 발작을 필요로 하는지 말이다.

나는 자주 상상해요. 내가 생각했던, 또 실행하기로 계획했던 행동을 하는 중이라고 말이다. 그리고 나는 이미 내가 그 행동을 했다고 느낀다. 그러면 나는 행동하기 위해 움직이지 않는다. 내 정신 상태가 나를 두렵게 만들고, 어쩌면 그것이 내가 그에 관해 말할 엄두가 나지 않는 이유일지도 모른다.

나는 글로 쓸 때 더 할 말이 아주 많아진다. 글을 쓸 때가 말을 할 때보다 단어들이 더 잘 떠오른다. 이 모든 것을 글로 설명하는 것은 하나의 위안인 동시에 고통스러운 시련이다. 저는 섹슈얼리티처럼 내밀한 주제에 대해 글을 쓰는 데에 익숙하지 않기 때문이다. 나는 선생님께서 내게 해준 모든 것에 감사드린다. 선생님의 관심으로 나는 큰 안정을 갖게 되었기 때문이다.

나의 모든 말이 혼란스럽게 들릴 수 있고 내 머릿속에서 일어나고 있는 혼란의 반영일 뿐이라는 느낌이 든다. 나는 그저 머릿속에 떠오르는 대로 적었을 뿐이다.(내가 이렇게 말을 할 수만 있다면 ……). 나는 왜 글로 쓰는 게 더 쉬운지 모르겠다. 어떤 방식으로 표현되든 간에 말은 똑같고, 나는 감정을 표현한다는 똑같은 결과에 도달한다. 마치 나에게는 뇌와 입 사이에 거대한 세관사무소가 있는 것 같다. 이 거대한 세관사무소는 나에게 떠오르는 말을 검사하고, 그 말이 올바르지 못하면, 그 말이 통과되는 것을 거부한다. 혹은 이 세관사무소가 감정을 두려워하기 때문에 특정한 말에 대해 검사조차 거부하는 것일 수도 있다.

모든 것은 마치 내가 나에게 일어나고 있는 것에서 동떨어져 있는 것처럼 일어난다. 마치 내가 객관적이지 않은 것에 대해 객관적이고자 노력하는 것처럼 말이죠. 감정적인 부분에 속한 모든 것은 세관사무소에 의해 제지당한다. 이것이 바로 죄수처럼 갇혀 있는 이 모든 말에 심각한 타격을 주는 것일지도 모른다."

이 텍스트에서 아녜스는 자신이 17살 이래로 경험한 주요한 히스테리성 발작에 대해 대단히 정밀한 임상적 묘사를 제공하고 있습니다. 이 발작은 그녀가 밤에 침대에 누워 절반 정도 의식이 있을 때 일어나서 그녀가 다시 잠들 때까지 몇 분 동안 지속됩니다. 처음에 발작은 불안을 유발했고 몸 전체에 걸쳐 저리는 느낌과 수의적 운동의 마비를 동반했습니다. 마비로 인해 그녀는 일어나서 도움을 요청할 수도 없었습니다. 이러한 발작이 수 년 동안 지속되었습니다. 아녜스는 발작에 대해 아무에게도 말하지 않았지만, 한낮에 발작이 일어날까봐 두려워하며 지냈습니다. 그러나 발작은 그녀가 절반 정도 잠이 든 밤 시각에만 계속 일어났습니다.

그 이후에 발작 양상은 변화되었습니다. 몸이 뻣뻣해지고 구부러지는 것입니다. 그녀의 말처럼 그녀는 몸의 상반신이 원호처럼 휘는 이상한 자세를 취했습니다. 그녀는 사지가 모든 방향으로 요동친다는 느낌을 받았습니다. 실제로 사지가 움직이는 것을 볼 수 없었지만 말입니다. 어느 날 그녀의 사지는 여자들이 산부인과에서 검사를 받을 때 취하는 자세를 취했습니다. 아녜스는 자기가 미쳐 가고 있는 것은 아닌지 궁금했습니다. 그녀의 말처럼 당시 그녀에게 "시각적, 청각적 환각이 덧붙여졌습니다." 가령 그녀는 아버지가 옆방에 있는 친구와 이야기하고 있는 것을 들었습니다. 그녀는 이런 일이 있을 수 없다는 점을 알고 있었습니다. 친구는 거기에 없었고, 아버지는 잠들었기 때문입니다. 한 번은 침대 발치에서 어머니를 보기도 했습니다. 그리고 그녀는 아버지의 거대한 머리가 안락의자를 전부 차지하면서 안락의자에 놓여 있는 것을 보았습니다.

최근에 그녀의 발작은 완성된 형태를 취했습니다. 그녀는 발작이 일어나도 더 이상 불안을 느끼지 않았습니다. 오히려 그녀는 발작이 일어나기를 기다렸고, 심지어 발작을 유발하려고 했습니다. 이런 태도가 건강한 것은 아니라 받아들일 수 없다고 말하면서도 말입니다. 완성된 형태의 발작은 세 단계로 진행되었습니다. 우선 저리고 마비되는 느낌이 드는 단계가 있습니다. 그리고 사지가 요동치는 단계가 있습니다. 몸이 원호처럼 휘어지고, 때때로 고통을 동반한 채로 질이 열리면서 질 근육이 수축되는 느낌이 들고, 그 다음에는 아랫배 쪽에 갑작스럽고 선명한 통증이 느껴지며, 강한 요의를 느끼게 됩니다. 심장도 더 빨리 뛰기 시작합니다. 마지막으로 그녀는 잠에 들지만 조금 뒤에 깨어나게 되고, 짧은 순간 느꼈던 안락감의 효과를 느낍니다.

아녜스는 본인에게 발작이란 성관계의 대체물이라는 사실을 잘 알고 있었습니다. 그녀는 섹슈얼리티를 대단히 두려워했고, 남자와의 모든 관계로부터 거리를 두었습니다. 그녀는 "제 몸은 성관계를 필요로 하지만, 제 마음은 성관계를 거부해요"라고 말했습니다. 또 그녀는 발작에서

"통제할 수 없는 무언가를 하고 있는 자기 자신을 바라보는 관객이 된 느낌"이라고 말했습니다. 이러한 히스테리성 발작은 샤르코(Charcot)가 관찰할 수 있었던 발작을 떠올리게 합니다. 그것은 자위의 등가물로 보이기도 합니다. 그러나 그녀에게는 죄책감이 동반되지 않습니다. 주체는 관여하지 않는 입장에 있습니다. 자신이 경험하는 현상에 아무런 책임이 없는 관객으로서 말입니다. 이 관객에게 욕망은 하나의 대상으로서 암점화되고[보이지 않는 것이 되고], 욕망은 욕구의 자동적인 만족으로 환원됩니다. 여기서는 육체의 긴장이 환상이 동반되지 않는 자가성애적 흥분 속에서 분출됩니다.

그런데 여기서 "환각"이 출현합니다. 아버지의 머리에 대한 환각이든, 침대 발치에 있는 어머니에 대한 환각이든 말입니다. 이러한 "환각"의 구조는 무엇일까요? 아녜스의 환각은 늘 "그들이 저에게 말하길……"이라는 형태로 표현되는 정신증적 환각과 현저하게 대조적입니다. 아녜스는 이렇게 말합니다. "저에게 환각이 있는데." 그러나 그녀가 보는 이미지가 부인할 수 없는 현실의 무게를 갖지 않은 것은 아닙니다.

정신증적 환각에서는 상징계에서 폐제된 것은 실재계 속으로 되돌아옵니다. 신경증적 환각에서는 상징계에서 억압된 것이 상징계 속에서 되돌아옵니다. 억압된 것과 억압된 것의 회귀는 동일한 것에 해당합니다. 여기서 나타나는 이미지는 마치 꿈 이미지처럼 상징계에 의해 조절됩니다. 그렇다면 아녜스가 억압한 것은 무엇일까요? 아녜스는 자신이 섹슈얼리티를 거부하고 있음을 완벽하게 알고 있습니다. 그러나 그녀의 생각과 달리 억압되는 것은 섹슈얼리티가 아닙니다. 섹슈얼리티에 대한 거부 배후에 있는 어머니에 대한 근친상간적 환상입니다.

아녜스와의 분석은 대단히 어렵게 흘러갔습니다. 왜냐하면 그녀가 일주일에 한 번씩 모든 세션에 나타났음에도 불구하고 그녀는 더 자주 오기를 원하지 않았고, 그저 두세 마디만 했습니다. 제가 그녀에게 말할 시간을 줬음에도 불구하고 말입니다. 그러나 그녀의 유사-환각은 사라졌습니다. 가장 최근에 일어난 유사-환각은 벽에 "슬거운 정탄(Noyeux Joël)"이라는 글자의 형태로 나타났습니다. 이러한 유사-환각은 아버지의 머리에 대한 이미지이거나 위의 글자의 형태로 나타났으며, 실재 안에서 나타나지 않았습니다. 그녀의 유사-환각은 상징계에 의해 조절되는 꿈 이미지와 같았습니다. "즐거운 성탄(Joyeux Noël)"의 철자를 바꾼 글자인 "슬거운 정탄(Noyeux Joël)"은 여러 가지 연상을 유발했습니다. 아녜스는 성탄 직전에 태어났습니다. 아녜스가 어릴 때 어머니는 익사하기를(se noyer) 원했습니다. 아니면 적어도 물에 뛰어들겠다(se jeter)고 위협했습니다. 아녜스의 사촌 조엘(Joël)은 가족의 성탄 전야 파티에서 조부모의 무덤에 꽃을 두는 일을 담당했습니다. 아녜스는 부모님을 만날 때마다 그녀는 자기가 지하철에 뛰어드리는(se jeter) 욕동을 자제하지 못할까봐 두려워했습니다.

그러므로 벽에 쓰인 글자는 그녀가 선택해야만 하는 다음과 같은 양자택일의 상황 속에서 탄생과 죽음을 연결시킵니다. 즉, 근친상간의 주이상스 속에서 주체로서의 죽음이라는 대가를 지불하면서 어머니의 자궁으로 되돌아가는 것과 거세라는 대가를 지불하면서 삶을 선택하는 것 중에서 말입니다. 분석을 한지 2~3년이 지났을 때도 아녜스는 침묵 안에 갇혀 있었습니다. 저는 그녀가 시간을 그토록 엄수하면서도 침묵하는 것을 더 이상 견딜 수 없었고, 그녀로 하여금 아무 일도 일어나지 않는 것처럼 보이는 분석 세션에 비용을 지불하라고 할 수 없었습니다. 그래서 저는 이런 상황에서는 더 이상 분석이 가능하지 않다는 말과 함께 분석을 종료했습니다. 저는 그녀에게 그녀 자신이 다시 말할 수 있다고 느낄 때 저와 약속을 잡아서 분석을 이어갈 수 있다고 알려주었습니다.

2년이 지나 그녀에게 연락이 왔고 우리는 분석을 다시 시작했습니다. 이 두 번째 파트에서 아녜스는 훨씬 수월하게 많은 말을 했고, 그녀는 예전과 많이 달라져 있었습니다. 그녀는 부모로부터 거리를 두었고, 먹는 것과 관련해서 더 이상 문제를 겪지 않았습니다. 지하철에서의 불안 발작도 없어졌습니다. 무엇보다 그녀는 성생활을 시작했고, 결혼을 했고, 남편과 함께 아이를 갖기로 했습니다. 또 그녀는 학업을 다시 시작했고 학위과정을 무사히 마쳤습니다.

긴장성 경련 발작[테타니](tétanie)과 후궁반장 발작(épistothonos, 사지를 뻣뻣하게 뻗고 등을 활처럼 젖히는 경련 증상)도 사라졌습니다. 그러나 그녀에게는 여전히 현관이 닫혔는지, 전기불과 가스레인지가 꺼졌는지를 의례적이고 강박적으로 확인하는 증상이 있었습니다. 몇 년이 지나 돌이켜보면 그녀의 강박증적 구조가 명확히 모입니다. 아녜스는 그 어떤 것도 놓아주기를 거부했고, 그 어떤 것도 잃어버리기를 원하지 않았습니다. 심지어 그녀의 말조차도 말입니다. 그녀는 부모님을, 특히 어머니를 떠나고 싶어 하지 않았습니다. 그녀는 어떤 관계에도 관여하고 싶어 하지 않았습니다. 그녀는 어떤 식으로든 외부 세계와 소통하고 싶어 하지 않았습니다. 이것이 제가 그녀의 거식증을 이해한 방식이기도 합니다. 즉, 그녀는 육체 안으로 음식을 들여보내는 것을 힘들어 했습니다. 그녀는 그 어떤 것도 자기 육체에서 나가도록 내버려두기를 원하지 않았습니다. 그녀는 자기가 말을 한다면 그 말은 자기가 결코 해소할 수 없는 상실을 나타낼 것이라고 생각했습니다.

아녜스의 후궁반장 발작이 샤르코가 보고한 히스테리증자의 강한 발작(grande crise)과 유사해보이기는 하지만, 그 발작은 히스테리증자가 아니라 강박증자에게 일어났다는 사실에 주목합시다. 아녜스의 발작은 다음과 같은 중요한 점에서 히스테리성 발작과 변별됩니다. 이 발작은 아무도 지켜보지 않는 곳에서 일어납니다. 반면에 히스테리성 발작은 청중을 필요로 합니다. 증상이라는 암호화된 메시지가 건네지는 청중 말입니다. 아녜스의 발작은 그 누구에게도 말을 건네지 않습니다. 발작의 의미를 수신하는 것은 그녀 자신입니다.

   이 사례는 대상 *a*로부터의 불완전한 분리라는 관념을 잘 해명해주는 것으로 보입니다. 대상 *a*가 어느 정도 떨어져 나왔음에도 여전히 제 자리에 남아 있는 것입니다. 분석 작업은 절단(coupure)에 초점을 맞추어 이루어졌습니다. 욕망의 자유로운 유희 — 이것에 상관적인 — 와 주체의 도래에 필요한 절단 말입니다.

수업 14 | 쥐스틴느, 안젤리크, 마릴린

근친상간과 그 주체적 결과들
왜 근친상간은 금지되는가?

이번 수업에서 살펴볼 사례로 넘어가기 전에 우선 대상 a와 관련하여 몇 가지 상기시켜드리고자 합니다. 첫 번째 수업 이래로 대상 a는 제 담화의 맥락이었습니다. 대상 a는 상실된 대상, 상실된 것으로서 구성되는 대상입니다. 주체가 언어로 진입할 때, 주체가 하나의 기표에 의해 다른 기표에게 재현될 때, 주체가 언어에 의해 분열될 때 말입니다. 대상 a는 이러한 주체의 분열에 관한 작용이 남긴 잔여물입니다. 이때부터 분열된 주체는 환상에 의해 유지됩니다. 그래서 환상의 공식 $ \lozenge a$는 주체의 욕망을 유발하고 주체의 실존을 유지하게 해주는 것이 대상 a라고 말합니다. 대상 a라는 상실된 대상은 우리가 닿을 수 있는 범위 바깥에 있습니다. 그것은 상실된 것으로 구성되기 때문입니다.

만약 우리가 주체의 분열 이전에 어떤 신화적인 시점을 가정한다면, 주체의 주이상스를 만족시키는 것은 사물, 즉 거세 이전의 어머니입니다. 주체가 언어에 의해 분열되는 순간부터 주체는 사물에 접근하지 못합니다. 주체는 오직 대상 a에만 접근할 뿐입니다. 프로이트는 오이디푸스 콤플렉스 신화를 통해 거세의 문제를 도입했습니다. 소년은 엄마와 결혼할 수 있기 위해 아빠를 죽이고 싶지만 아빠에 의해 거세되는 것에 대한 두려움 때문에 자신의 소망을 포기하고 자기 또래의 소녀들에게 성적인 관심을 갖게 됩니다. 그렇다면 소녀의 경우는 어떨까요? 프로이트는 소녀의 경우가 문제는 좀 더 복잡하다고 지적합니다. 왜냐하면 소녀는 우선 최초의 사랑 대상인 어머니를 포기해야 하고, 그 다음에 아버지에게 애정을 쏟아야 하고, 그 이후에 자기 또래의 소년에게 관심을 갖게 됩니다.

여러분은 프로이트에게 실재계, 상상계, 상징계에 대한 구분이 없었기 때문에 프로이트가 상상계의 수준에 있는 것처럼 보일 수 있는 것의 의미에 근거해서 자신의 발견을 표현하고 있는 것처럼 생각할 수 있겠지만, 사실 그의 발견의 중요성과 유효성은 그 발견이 이용하는 상징적 좌표에서 유래합니다. 라캉은 오이디푸스 콤플렉스에서 벗어나는 것은 상블랑과 기표의 세계에 들어가기 위해 어머니와 사물을 포기하는 것이며, 그로인해 욕망을 대상 a에 의해 추동되도록 하는 것이라고 말합니다. 이것은 고통스러운 일임에 분명하고, 인간 주체는 자신이 포기해야 했던 것에 각인된 채로 남을 수 있습니다. 그것에 결코 도달하지도 못하면서 말입니다.

임상 실제에서 어떤 환자가 자기 역사에 일어난 근친상간을 언급할 때, 그것은 환상일 수도, 망상일 수도, 아니면 어른이 유아에게 가한 성적 학대일 수도 있습니다. 근친상간의 환상과 관련하여 두 가지 측면을 살펴봅시다. 우선 샤를 멜만이 freud-Lacan.com에서 출간한 논문에 나온 젊은 여자 사례를 봅시다. 그녀는 자기가 어릴 때 아마도 부모로부터 근친상간과 같은 일을 당했을 거라는 느낌을 갖고 있었습니다. 샤를 멜반은 섹슈얼리티와의 만남이라는 트라우마가 이러한 유형의 환상을 유발할 수 있다는 점을 잘 설명하고 있습니다. 어떤 성폭행이나 성적인 학대가 실제로 일어나지 않았을 때도 말입니다.

저에게도 이와 비슷한 의문을 품게 했던 환자들이 있었습니다. 저는 우리 분석가들이 성적인 학대에 대한 잘못된 기억을 구축하는 데에 어떤 식으로든 참여하지 않는 것이 중요하다고 생각합니다. 몇몇 미국 심리치료사들은 자주 그런 식의 임상을 실천합니다. 그들은 환자들로 하여금 그들의 아버지나 삼촌을 고소하도록 종용합니다. 환자가 호소하는 그러한 트라우마가 섹슈얼리티와의 불가피하지만 통상적인 만남이 초래한 결과라는 점을 이해하지 못한 채로 말입니다.

문학에서도 근친상간 환상을 찾을 수 있습니다. 에스더 텔레만(Esther Tellermann)은 "어머니 죽이기(Tuer la mère)"[85]라는 텍스트에서 조르주 바타이유(Georges Bataille)의 『내 어머니』와 크리스티앙 프리장(Christian Prigent)의 『내 어머니를 위한 구절』을 논의합니다. 프리장의 글은 아무런 중단이 없는 단 하나의 문장을 통해 사물과 결합하기를 시도합니다. 비록 관건이 근친상간에의 시도이지만, 그것은 하나의 문학적 기획입니다. 사드 후작(Marquis de Sade)의 작품도 마찬가지입니다. 라캉은 『에크리』의 "칸트와 사드"라는 텍스트의 말미에 이렇게 씁니다. "어머니는 매독에 전염되어 꿰매어져 금지된 채 있다."[86] 이런 점에서 사드도, 바타이유도, 프리장도, 끝까지 나아가려는 그들의 시도에도 불구하고, 진정한 근친상간에 도달하지 못합니다. 어머니가 낳은 생산물이 다시 어머니와 재통합되는 것은 가능하지 않습니다. 여기서 관건은 근친상간의 금지가 정해놓은 한계를 넘어가려는 주체의 욕망, 분열된 주체의 환

---

85 다음의 사이트를 보라. freud-lacan.com/articles/article.php?url_article=etellermann200606
86 라캉, 『에크리』, 929-930쪽.

상입니다. 정의상 근친상간의 금지라는 한계는 신경증적 주제에 의해 극복될 수 없습니다. 사물을 회복하는 것은 주체 $의 빗금이 사라진다는 것을 뜻하기 때문입니다. 여기에 환상이 놓여 있습니다.

정신증 환자들의 망상에서 성폭행을 당했다는 생각은 전적으로 다른 메커니즘에 대응됩니다. 가령 아리망의 사례로 되돌아가보면, 아리망은 우리에게 자기 아버지가 그를 육체적으로 혹은 정신적으로 성폭행한 것 같다고 말했습니다. 우리는 이것을 "아버지는 나를 자기라고 생각해요"라는 생각과 연결시킬 수 있습니다. 아리망은 자신의 자아에 관한 동일시를 유지하는 데에, 자기 자신의 정체성을 갖는 데에 이르지 못했습니다. 그래서 아리망에게 되돌아온 것은 자기 아버지 — 아리망이 동일시하는 데에 이르지 못한 아버지 — 가 자신을 아리망이라고 생각한다는 관념이었습니다. 아리망의 정체성이 좀 더 확고해졌을 때 아버지가 당신 자신을 아리망으로 생각한다는 이러한 망상적인 관념은 사라졌습니다. 그러나 다른 때에 그는 보다 직접적으로 성폭행에 관한 생각을 표현했습니다. "제 아버지는 저를 정신적으로 성폭행했어요."

성폭행에 대한 이러한 망상적 관념이 왜 그토록 빈번하게 일어나는지 이해하는 것은 어려운 일입니다. 그 망상적 관념은 구조의 결과입니다. 실제로 환자의 정신증이 발병하면(décompensé) — 이것은 환자가 정신적 자동현상, 환각 등을 겪고 있음을 뜻하는데 — 환자는 실제로 자기 생각을 읽히게 되고, 삽입 당하고, 성폭행 당합니다. 이때 환자는 엄밀한 의미에서의 진실을 말하고 있습니다. 물론 이것이 현실의 아버지가 환자를 성적으로 학대했다는 뜻은 아닙니다. 나아가 만약 현실의 아버지가 환자를 성적으로 학대한 것이 사실일 경우라 하더라도, 이것이 망상의 내용은 아닙니다. 그러므로 환자가 이런 유형의 성폭행에 대해 보고하는 것을 들을 때, 그들의 말을 정확한 층위에서 듣는 것이 매우 중요합니다.

근친상간이라는 행위로의 이행(passages à l'acte)의 경우 우리는 정반대의 상황을 다루고 있습니다. 근친상간이라는 행위로의 이행은 어른이 아동에게 가한 것, 즉 환자의 망상과는 정반대의 것입니다. 여기서 관건은 어머니에 대한 주체의 욕망이 아니라 아이가 아버지나 어머니 혹은 다른 어른의 행위의 대상이 될 때 일어난 일입니다. 만약 우리가 라캉을 따라 성관계가 서로 다른 세대의 개인 간의 성관계를 근친상간으로 간주한다면 말입니다.

제가 직접 담당한 근친상간적 행위로의 이행에 관한 사례에 대해 몇 가지 일반적인 수준의 고찰을 추가하고자 합니다. 첫째, 1977년부터 1997년까지 20년 간의 임상 실천에서 저는 그런 사례를 딱 한 번 접했습니다. 그런데 1997년 이후로 그런 사례는 점점 증가하고 있습니다. 둘째, 저는 여성의 사례밖에 보지 못했습니다. 셋째, 제 동료들도 보고하듯, 이런 여성들이 처음으로 정신과 의사를 찾게 되는 것은 자해, 자살 시도, 식이 장애와 같은 행동 상의 문제 때문입니다. 근친상간 문제는 나중에만 드러날 뿐이며, 종종 많은 시간이 흐른 뒤에야 드러납니다. 넷째, 여성들이 도움을 요청하고 소통하는 공간은 인터넷입니다. 그녀들은 익명 속에서 같은 유형의 경험이 있는 다른 여성들과 동일시할 가능성을 찾습니다.

샤를 멜만의 『중력 없는 인간(L'homme sans gravité)』의 부제는 다음과 같습니다. "어떤 대가를 치르더라도 즐기기(Jouir à tout prix)." 거기서 멜만은 우리의 문명이 어떻게 변화했는지 보여줍니다. 거칠게 말해 우리는 부성 중심적(patrocentrique) 문명 — 여기서는 프로이트가 당대에 주목했듯 금지가 억압을 유발하고 억압은 신경증의 원천이 됩니다 — 에서 주이상스의 문명으로 이동했습니다. 우리가 억압하도록 요구받을 때 욕망의 장은 개방되어 있었습니다. 왜냐하면 어떤 것이 금지되는 순간부터 그것은 매우 욕망할 만한 것이 되기 때문입니다. 그런데 지금의 구호는 제한 없이 즐기는 것, 즉 "금지하는 것을 금지하는 것"이 되었습니다. 그러나 모든 것이 허용된다면 우리는 무엇을 욕망할 수 있을까요? 우리로 하여금 무언가를 욕망하게 만드는 것은 금지이기 때문입니다. 이런 의미에서 라캉은 욕망과 법이 같은 것이라고 말합니다. 달리 말해 아버지가 사용되지 않는 가치가 되고 법이 조롱될 때, 욕망은 어떻게 존속됩니까? 오늘날 우리가 목도하는 것은 바로 결여에 의해 그 방향이 부여되는 욕망이 자신의 광택을 상실했다는 점입니다. 이제 주인의 자리에서 명령하는 것은 주이상스이고, 우리는 삶이 제공하는 모든 것에서 즉각적으로 이득을 얻어야 하며, 여기서는 어떤 것도 장애가 되지 말아야 합니다. 여기서 샤를 멜만이 묘사하는 "중력 없는" 인간이 출현합니다.

제가 보기에 어른에 의해 아이에게 가해지는 성적인 행위로의 이행의 비율이 증가하는 현상은 어떤 대가를 치르더라도 즐겨야 한다는 사회적 명령을 통해 설명될 수 있습니다. 만약 그러한 현상이 증가하고 있는 것이 맞다면 말입니다. 최근까지도 정신분석이 인간적인 주체성의 구조적인 토대라고 여긴 근친상간의 금지에 대한 이의제기가 실제로 일어나고 있을까요?

최근의 뉴스 기사를 하나 읽어드리겠습니다. 이 기사는 의문시 될 수 없는 것처럼 보이는 것을 의문시하고 있는데, 이것은 샤를 멜만이 이미 2002년에 『중력 없는 인간』에서 묘사했지만 저로서는 받아들이기 힘들었으며 그래서 즉각 잊어버렸던 점에 관련됩니다. 멜만의 주장으로 되돌아가기 위해 저는 근친상간에 관한 임상 사례 및 근친상간의 금지에 관한 정신분석적 이론을 다시 찾아봐야 했습니다. 저는 이 과정에서 알게 된 것을 여러분과 공유하고자 합니다. 위에서 언급한 사회면 기사는 근친상간 금지법에 문제를 제기하는 변호사들의 이야기를 다루고 있습니다. 2007년 2월 23일, 프랑스 통신사 AFP(Agence France-Presse)는 다음과 같은 기사를 보도했습니다.

"독일의 한 남매가 근친상간과 관련된 법을 바꾸기를 원한다

2005년에 독일 법원에서 네 명의 자녀를 낳아 "근친상간"으로 처벌을 받은 한 남매가 남매 간의 성관계가 법적인 처벌 대상이 되지 않도록 하기 위해 헌법재판소에 자신들의 사건의 위헌심판을 청구했다고 그들의 변호사가 화요일 기자회견에서 말했다.
독일 형법 173조에 따르면 성인 남매간의 성관계는 최대 3년의 징역형을 받게 된다. 남매의 변호사는 이 법조항이 성인 간에 성적인 파트너를 자유롭게 선택할 권리에 대한 "받아들이기 힘든 침해"라고 주장했다. 올해 28살의 파트릭 S와 21살의 수잔 K는 같은 성을 사용하고 있지는 않지만 생물학적 남매관계이다. 파트릭은 그의 어머니에 의해 버려졌고, 그 이후에 다른 가정에 입양되었다. 파트릭과 수잔은 2000년에 처음 만났다. 다음 해에 둘은 첫 번째 아이를 낳았고, 이후에 세 명의 자녀를 더 낳았다. 2005년 11월 파트릭은 근친상간으로 2년 반 징역형을 선고받았다. 파트릭의 여동생이자 동반자인 수잔도 같은 형을 선고받았지만, 집행유예를 받았다. 재판에서 그들의 변호사는 근친상간을 금지하는 독일 법조항을 "역사의 잔재"라고 불렀다.
파트릭은 징역을 마치고 나왔고, 남매는 현재 네 명의 자녀와 같은 집에서

살고 있다." (프랑스 통신사 AFP 베를린 지부)

「르 피가로(le Figaro)」는 이 사건과 관련하여 2007년 2월 24일 이렇게 논평했습니다.

> "헌법재판소에 위헌심판을 청구한 변호사 엔드릭 빌헬름(Endrik Wilhelm)에 따르면 근친상간 금지는 더 이상 필요하지 않다(저자의 강조). 그는 상호 동의하는 어른 간의 근친상간을 금지하지 않는 프랑스 형법 조항을 사례로 들고 있다. 정치권에서는 독일녹색당 국회의원 예지 몬탁(Jerzy Montag)이 이를 지지하면서 근친상간 금지법은 지난 세기의 유산이며 폐지되어야 한다고 말한다."

「르 피가로」는 계속해서 이렇게 지적합니다. "파트릭과 수잔의 네 자녀 중 두 명에게 발달장애가 있다. 베를린 유전학자 위르겐 쿤즈(Jurgen Kunze)에 따르면 통계적으로 근친상간으로 태어난 아이 중 50%는 발달장애를 겪는다고 한다."

저는 이 기사와 관련하여 두 가지를 지적하고 싶습니다. 첫째, 근친상간이 법조항 안에 명문화되어야 하는가의 문제가 있습니다. 실제로 프랑스 법조항에는 "근친상간"이라는 단어가 나오지 않습니다. 왜 그럴까요? 우리는 그 단어가 법조항에 쓰일 필요가 없기 때문이라고 생각할 수 있습니다. 그것은 자명한 일이니까 말입니다. 근친상간 금지는 불문법이거나 아니면 이미 구조의 일부를 이루는 법입니다. 그러나 문제는 이렇게 간단하지 않습니다.

장 페랭(Jean Périn)이 freud-lacan.com 사이트에 2004년 1월 21일에

"근친상간 문제에 대한 짧은 대화"이라는 제목의 글에서 지적하듯, "프랑스 형법은 근친상간에 대해 아무런 말도 하지 않으며, 민법은 그저 근친상간이 결혼에 대한 법률적 장애가 된다는 명목 하에서만 근친상간을 다룬다." 근친상간이 결혼에 지장을 준다면, 근친상간 관계에서 태어난 아이는 법적으로 인정받을 수 없습니다. "만약 아이의 아버지와 어머니 사이에, 법조항 161조와 162조에 나오듯 결혼에 지장을 주는 사유 중 하나가 존재한다면, 혈연관계가 그들 중 하나와 관련하여 이미 존재하기 때문에 다른 이와 관련해서 혈연관계를 설정하는 것은 금지된다." 즉, 근친상간 금지는 명문화되어 있는 것이 아니라 행간에서 읽혀야 합니다. 장 페랭은 라캉이 논의하는 또 다른 요소를 지적합니다. "근친상간 금지는 마누법전 — 여기서 근친상간을 저지른 자는 실제로 거세되는 처벌을 받는다 — 을 제외하고는 보편적인 수준에서 명문화되어 있지 않다."

마누법전은 힌두 전통에서 가장 오래된 법전입니다. 마누(Manou)는 힌두 전통에서 인류의 아버지로 여겨지며, 그가 명령한 법 중에 근친상간 금지법이 나오기 때문입니다. 라캉은 세미나에서 여러 차례 이 점을 지적합니다. "오직 마누법전에서만 어머니와 동침한 자는 생식기를 절단하고 자기 손으로 그 잘린 생식기를 들고 죽을 때까지 서쪽을 향해 계속 가야 한다고 말한다." 『상블랑에 관한 것이 아닐 담론』세미나에서 라캉은 이렇게 지적합니다. "마누법전을 제외하면 근친상간 금지법은 어디에서도 명문화되어 있지 않습니다"(1971년 6월 9일 수업). 비록 근친상간 금지법이 프랑스 법에서 명문화되어 있지 않지만, 유럽의 몇몇 다른 나라에서는 명문화되어 있습니다. 이브 페티냐(Yves Petignat)는 2007년 2월 24일 위에서 우리가 살펴본 사건과 관련하여 「르 탕(le Temps)」은 이렇게 씁니다. "커플의 변호사는 벨기에, 프랑스, 포르투갈 법에서는 성적으로 성숙한 나이에 도달한 개인 간에 자유로운 동의를 통해 이루어지는 성관계가 처벌되지 않는다는 점을 강조한다. 스위스에서 근친상간은 자동적으로(d'office) 처벌되며, 3일에서 3년에 이르는 징역형에 처해질 수 있다." 독일과 스위스를 포함한 몇몇 예외적인 나라들을 제외하면 근친상간 금지는 명문화되어 있지 않으며, 제가 보기에 이것은 논리적입니다. 왜냐하면 근친상간 금지를 언표하는 것 자체가 어떤 점에서 근친상간의 가능성을 환기하는 것, 즉 근친상간 금지를 약화시키는 것이기 때문입니다.

이브 페티냐는 또 다른 변호사의 말을 인용함으로써 근친상간 금지에 대한 비판과 관련하여 이렇게 지적합니다. "커플의 변호사인 요아킴 프롬링(Joachim Fromling)에게 형법 173조는 구시대의 유물이며, 현재 실정에 부합하지 않고, 사회의 도덕관념을 수호하기 위해 존재할 뿐이다. 형법은 성인에게 성적 규범을 강제하는 것을 목표로 해서는 안 된다는 것이다." 여러분은 여기서 근친상간 금지법에 대한 강력한 공격을 볼 수 있을 겁니다. 그런데 정신분석은 프로이트, 레비-스트로스, 라캉을 따라 근친상간 금지법을 근본적인 것으로 간주합니다. 1959년 12월 16일 수업에 나온 라캉의 말을 인용해 보겠습니다.

> "도덕의 토대에 대해 프로이트는 어떤 이들이 발견이라 부르고 다른 이들은 긍정이라 부르는 어떤 것을 통해 기여한다. 제 생각에 그것은 어떤 발견에 대한 긍정이다. 즉, 문화가 자연과 대비되는 것으로 시작되는 곳에 있는 ─ 프로이트에게 자연과 문화는 현대적인 의미에서, 즉 레비-스트로스가 자연과 문화를 분절하는 의미에서 근본적으로 완벽히 구분된다 ─ 근본적이고 원초적인 법은 무엇보다 근친상간을 금지하는 법이라는 사실의 발견에 대한

긍정이다.

정신분석의 모든 발전이 이 점을 점점 덜 강조하면서도 점점 더 무거운 방식으로 확증할 것이다. 내 말은 어머니-아이의 상호 심리학적 층위에서 전개된 모든 것 — 사람들은 이를 좌절, 만족, 의존과 같은 범주들로 부적절하게 표현하고 있지만 — 은 모성적 사물, 어머니, 사물의 자리를 차지하는 한에서의 어머니의 본질적이고 근본적인 성격에 대한 거대한 발전에 다름 아니라는 것이다. 그리고 우리 모두는 근친상간에의 욕망이 모성적 사물과 필연적으로 상관적이라는 사실을 알고 있다. 근친상간에의 욕망은 프로이트의 위대한 발견이다. 아무리 사람들이 근친상간에의 욕망이 플라톤의 저작 어딘가에서 발견된다고, 아니면 디드로가 『라모의 조카(Le Neveu de Rameau)』나 『부갱빌 여행기 보유(Supplément au Voyage de Bougainville)』에서 그에 관해 언급했다고 말해도 소용없습니다. 나는 그런 말에 아무 관심이 없습니다. 중요한 것은 역사의 어떤 시점에 다음과 같은 말을 하기 위해 몸을 일으킨 인간이 있었다는 점이다. '그것[근친상간]은 본질적인 욕망이다.'"

라캉은 모성적 사물, 즉 사물의 자리를 차지하는 한에서의 어머니의 본질적이고 근본적인 성격을 강조합니다. 그리고 모성적 사물은 근친상간에의 욕망이라는 필연적인 상관항을 갖습니다. 라캉은 계속해서 이렇게 말합니다.

"우리는 이 지점을 확실하게 파악해야 한다. 프로이트는 근친상간 금지와 근친상간에의 욕망 둘 다를 통해 근본적이고 원초적인 법적 원리를 지칭한다. 다른 모든 문화적 발전은 그 원리 주변에서 이루어지며, 그 원리의 결과이자 분파일 뿐이다. 동시에 프로이트는 근친상간을 가장 근본적인 욕망으로 여긴다."

근친상간 금지법과 관련하여 「르 피가로」기사가 유전학자의 의견을 인용한다는 사실은 근친상간 금지가 생물학적 필연성에 근거한 것처럼 보이게 합니다. 그러나 샤를 멜만이 freud-lacan.com에 올린 "근친상간에 관해"라는 글에서 상기하고 있는 것처럼, 그것은 전혀 사실이 아닙니다.[87]

근친상간 금지에 대한 생물학적, 자연적 정당화 같은 것은 없습니다. 근친상간 금지는 자연에서든 인간의 통제 하에서든 동물의 생식에 아무런 역할을 하지 않습니다. 반대로 근친상간 금지는 오직 상징계에만 관련됩니다. 우리가 근친상간 금지의 구조적 필연성을 파악할 수 있는 것은 기표 연쇄의 작용에 근거해서입니다. 다섯 번째 수업에서 살펴봤듯, 「도둑맞은 편지」에 관한 세미나"에서 라캉은 이 점을 보여줍니다. 상징적 질서가 도입되자마자 우리는 플러스와 마이너스의 우연적인 계열 안에서 특정한 방식으로 결정된 기표 연쇄가 조직되는 것을 볼 수 있습니다. 몇몇 문자가 억압되면서, 즉 금지되면서 말입니다. 금지는 이러한 억압으로부터 나옵니다. 즉, 상징계의 작용이라는 관점에서 불가능한 것이 금지로 인해 도덕적 함의를 갖게 됩니다. 여기서 금지는 하나의 해석이며, 독해입니다. 상징적 수준에서 일어나는 것에 대한 의미의 수준에서의, 따라서 상상적 수준에서의 독해 말입니다.

배제되고 금지된 문자들은 욕동의 작용을 통해, 육체에서 분리될 수 있는 부속물을 통해 구현될 것입니다. 육체가 상징계와 매듭지어 질 때, 대상 a는 잘려 나오고 쐐기 안으로 떨어집니다. 상실된 것으로 구성된 이러한 대상 a가 이제부터 욕망을 지탱할 것입니다. 즉, 대상 a는 사물

---

87 다음을 참고하라. http://www.freud-lacan.com/articles/article.php?url_article=cmelman090305

(das Ding)의 자리를 차지하게 됩니다. 상징적 질서가 존재하기 이전(그런 것이 있다면)이라는 신화적인 시점에 완전한 만족을 주면서 거기에 있었던 사물(la Chose) 말입니다. 이 자리는 어머니의 자리이며, 이것이 근친상간의 금지가 인류의 원리인 이유입니다. 왜냐하면 내가 주체로서 실존할 수 있는 것은 오직 대상 a가 나로부터 떨어져 상실된 한에서, 즉 내가 사물 자체를 포기한 한에서이기 때문입니다. 이것은 구조적인 필연성입니다. 그러므로 여러분은 어떻게 근친상간의 대상이 어머니인지 알 수 있을 겁니다. 또 아버지나 형제자매에 대한 근친상간 금지는 어머니에 대한 근친상간 금지와 결코 같은 것이 아닙니다. 라캉의 『정신분석의 윤리』 세미나를 인용해 보겠습니다.

> "어머니에 대한 욕망이 만족될 수 없는 것은 그것이 요구의 세계 전체의 끝, 종점, 폐지이기 때문이다. 그리고 이것이 인간의 무의식을 구조화하는 가장 깊은 층위에 있는 구조이다. 쾌락원칙의 기능이 인간으로 하여금 늘 그가 재발견해야 하는 것을 찾게 하는 데에 있는 한에서, 그러나 그가 그것에 결코 도달하지 못할 것인 한에서, 근친상간 금지법이라고 하는 본질적인 동력 혹은 관계가 자리 잡게 된다."

근친상간 관계의 주체적 결과

지금까지 근친상간 금지법의 구조적 근거와 그에 대한 현실적인 반박을 살펴봤습니다. 이제 몇몇 임상 사례들을 살펴보겠습니다. 이 사례들에서 여성들은 본인이 희생자임을 괴로워하면서 어릴 때 아버지, 삼촌, 큰오빠에게, 어떤 경우에는 아버지에게 성추행 당한 이후에 또 어머니에게 성추행을 당했습니다. 이 임상 사례들이 여러분으로 하여금 근친상간이라는 행위로의 이행 — 제가 보기에 주체를 신경증, 도착증, 정신증 중 하나로 인도하는 데에 큰 역할을 하는 — 이 갖는 주체적 결과를 파악할 수 있게 해주기를 바랍니다.

쥐스틴느

쥐스틴느는 프로이트가 '운명신경증(névrose de destinée)'이라 부른 것의 사례에 해당됩니다. 그녀의 어머니에게는 편집증이 있었고, 그녀의 이모부는 근친상간을 저질렀습니다. 그녀는 직장 내 괴롭힘으로 인한 우울증 때문에 상담을 시작했습니다. 오랫동안 그녀는 자신이 계산원으로 가게에서 일할 때 당했던 괴롭힘에 대해서만 말했습니다. 그녀는 노조의 대표로서 동료들을 보호했는데, 경영인들은 노조를 좋게 보지 않았습니다. 그들은 그녀가 일을 그만두고 떠나게 만들기 위해 온갖 짓을 했습니다. 그녀는 절도죄로 고발당했고, 많은 모욕을 당했습니다. 가령 그녀는 가게에서 나갈 때마다 가방을 땅에 내려놓고 가방 속 내용물을 전부 비워야 했습니다. 그녀가 아무 것도 훔치지 않았다는 것을 증명하기 위해 말입니다. 이 시기 동안 그녀는 일을 할 수 없었고 그녀는 고용주를 고용심판소(Conseil de prud'hommes)에 고발하는 데에 전념했습니다. 소송은 10년 넘게 걸렸습니다.

그녀는 이 일을 과거지사로 돌리고 싶어 하지도 않았고, 다른 곳에서 일하고 싶어 하지도 않았습니다. 그녀는 자신의 권리를 관철시키기를 원했습니다. 매 상담 시간마다 그녀는 울었습니다. 너무 힘들고 더 이상 버틸 수가 없다고 하면서 말입니다. 또 그녀에게는 디스크로 인한 신경통, 위염, 흉통, 종종 구토를 동반하는 메스꺼움, 편두통, 불면증, 갑상선 질환, 한동안 15kg이 빠졌다가 그 다음에 비만으로 이어진 식이 장애과 같은 수많은 육체적 증상이 있었습니다.

그녀는 매 세션에서 울었습니다. 어느 시점에 저는 그녀를 만나기 두려워지기 시작했습니다. 그녀와의 상담이 완전한 실패로 끝났으며 무슨 일이 일어나는지 이해하지 못한다는 느낌을 받았기 때문입니다. 제가 그녀에게 이 점에 대해 말했을 때, 그녀는 다른 것에 대해 말하기 시작했습니다. 그런데 직장 내 괴롭힘 문제는 어떤 다른 괴롭힘, 어머니에 의한 괴롭힘의 반복으로 보이기 시작했습니다. 이때부터 많은 세션에서 그녀의 담화의 중심에는 어머니가 있었습니다. 그 이후에 그녀는 어머니의 치명적인 지배로부터 조금씩 벗어나 그로부터 자기 자신을 떼어냈습니다. 그러나 비록 그녀의 상태가 훨씬 더 호전된 것처럼 보인다 하더라도, 그녀는 여전히 확고히 불행한 희생자의 입장을 고수했습니다. 저는 그녀를 이러한 입장에서 빼낼 수 없었습니다. 그녀는 본인이 입은 피해가 되돌릴 수 없는 것이며 아무 것도 상황을 변화시킬 수 없다고 주장했습니다.

그녀에게는 무슨 일이 일어났던 걸까요?

그녀의 어머니는 세 번 결혼을 했고, 세 번 이혼을 했습니다. 쥐스틴느는 "어머니가 아버지들을 제거해버렸어요"라고 말했습니다. 쥐스틴느의 아버지는 본인이 그녀의 아버지임을 인정했고, 그녀는 어릴 때 아버지의 성을 썼습니다. 그런데 나중에 어머니가 쥐스틴느의 성을 바꾸는 절차를 진행했습니다. 그래서 10살 때부터 쥐스틴느는 어머니의 성을 써오고 있습니다. 쥐스틴느는 자신의 우울증이 9살에서 11살까지 일어났던 일에서 유래한다고 생각했습니다. 가해자는 이모의 남편이었고, 그는 30대였습니다. 그는 쥐스틴느가 다니던 학교의 교사였습니다. 그는 매우 존경 받는 인물이었습니다. 쥐스틴느는 이렇게 말했습니다.

"그는 수업이 끝났는데도 저녁 8시까지 저를 교실에 남아 있게 했어요. 제 공부 때문이라고 하면서 말이죠. 그는 다른 아이들에게 과제를 주고는 저를 교장실로 데려갔어요. …… 매일 밤마다 …… 2년 뒤에 저는 학교에 가기를 거부했어요. 처음에 저는 어머니에게 학교 가기 싫다고, 이모부가 무섭다고 말했어요. 그는 가끔 저를 집에 데려다 주었고, 저녁 먹을 때까지 집에 머무르곤 했어요. 제가 시험을 볼 때 그는 언제나 제 옆에 있었어요. 그는 늘 저에게 잔소리를 했어요. 저는 더 이상 쓸 수 없었어요. 저는 도망쳤어요. 작은 할아버지 댁에 갔어요. 저는 아무에게도 말할 엄두가 나지 않았어요. 저는 그 말을 하기가 너무 수치스러웠어요."

그녀가 17살이 되자 그녀의 어머니는 쥐스틴느에게 이모부의 집에서 살라고 했습니다.

"저는 공포에 사로잡혀서 두려움에 울었어요. 종종 이웃집에 가곤 했는데, 그때 그는 저에게 이렇게 협박했어요. '누구한테 한 마디라도 하는지 내가 두고 보겠어.' 그들은 저에게 밖에서 물을 길어오라고 했어요. 저는 성폭행을 당했는데, 그 때 심하게 다쳤고, 몇 달 동안 아팠어요. 그것이 임신 때문인 줄 몰랐어요. 제가 일어날 수 없게 되자, 할머니가 저를 병원에 데려가셨죠. 그때서야 임신 5개월이라는 걸 알게 됐어요. 어머니는 제가 아기 아빠와 결혼하기를 원했지만, 저는 그러고 싶지 않았어요. 저는 딸아이가 한 살이 될 때까지 이모부 집에서 살았어요."

어머니 집으로 돌아온 뒤에 쥐스틴느는 그녀에게 아무 것도 강요하지 않는 착한 남자를 2년 동안 만났다고 했습니다. 그 남자와의 첫 번째 성관계에서 그녀는 임신을 했고, 그녀는 임신 3개월 차에 어머니에게

임신 사실에 대해 말했습니다. 어머니는 낙태를 요구했습니다. 그녀의 남자친구가 아이의 아버지가 되고 쥐스틴느와 결혼을 하고 싶어 했고, 쥐스틴느도 그렇게 하기를 원했으며, 둘 다 법적으로 결혼할 수 있는 나이였음에도 불구하고 말입니다. 쥐스틴느는 이렇게 말했습니다. "저는 어머니를 용서할 수 없어요. 의사는 낙태 시술을 하고 싶어 하지 않았어요. 그렇지만 어머니가 수술비를 냈기 때문에 그는 시술을 했죠. 수술은 산부인과에 거의 아무도 없던 날 이루어졌어요. 그래서 제 남자친구는 저를 떠났어요. 그 이후에 저는 직장을 잃었고, 어머니는 저를 내쫓았죠."

이렇게 쥐스틴느는 처음에는 어릴 때 이모부에게 당한 성추행에 대해, 그 다음에는 성폭행과 원치 않은 딸의 출생에 대해, 그 다음에 그녀가 낳고 싶었던 아이의 낙태와 남자친구와의 이별에 대해 말했습니다. 그런데 그 다음에 그녀는 어머니와의 관계에 대해서만 말했습니다. "어머니는 덩치가 크고 힘도 세요. 그녀는 폭력적이에요. 어릴 때 어머니는 우리를 때렸어요. 한 번은 사회복지사가 집에 왔는데, 우리는 아무 말도 하지 않았어요." 쥐스틴느의 얼굴에는 커다란 화상 자국이 있었습니다.

"제가 볼거리를 앓고 있을 때 어머니가 저에게 화상을 입혔어요. 어머니는 제 얼굴에 뜨거운 재를 뿌렸어요. 어머니는 지금도 여전히 자식들에게 공포의 대상이에요. 어머니는 우리를 불러 모아서 우리를 때리고 서로 싸우게 만들어요. 우리 모두는 어머니에게 매달 용돈을 드려야 해요. 결혼한 자식들도 마찬가지에요. 어머니는 매달 우리에게 와인 한 병, 맥주 한 병, 샴페인 한 병씩 사달라고 요구해요. 어머니는 자식들에게 욕을 해요. 자식들이 사생아라고 하면서요. 만약 어머니에게 용돈을 못 드리면, 어머니는 우리를 괴롭혀요. 직장에 찾아와서 그녀가 받아야 할 몫을 바로 달라고 요구해요. 어머니는 우리가 직장에서 잘리게 만들고 나서 우리를 비웃어요. 우리는 이런 사실에 대해 말할 수 없어요. 아무도 믿지 않을 거예요."

자녀들 중 막내아들은 여전히 어머니와 같이 살고 있었습니다. 막내아들은 어머니가 시키는 대로 매달 자식들에게 돈을 수금하러 다녔습니다. 최근 쥐스틴느의 어머니는 쥐스틴느에게 했던 것처럼 막내아들도 아버지의 성이 아니라 어머니의 성을 써야한다고 결정했습니다. 그런데 얼마 뒤에 그는 사고를 당해 입원을 했습니다.

쥐스틴느는 자기 딸과의 관계에서 어려움이 있었습니다. 그녀는 이렇게 말했습니다. "딸을 보면 딸아이의 아버지가 보여요." 쥐스틴의 히스토리에서 흥미로운 부분은 그녀의 어머니의 성격입니다. 그녀의 말에서 어머니는 자식들에게 매우 공격적인 편집증자처럼 보입니다. 그녀는 아이들의 아버지를 쫓아버린 데에 성공한 것처럼 보입니다. 비록 아이들 중 그 누구도 정신증적 구조를 가진 것처럼 보이지는 않지만 말입니다.

쥐스틴느는 극단적으로 고착된 마조히스트 입장에 있습니다. 아마 그녀의 형제자매들도 마찬가지일 것입니다. 쥐스틴느는 가족 구도에서 아무 것도 변화할 수 없다고, 어머니는 계속해서 모든 사람을 불행하게 만들 것이며, 아무도 필요한 행동을 취할 수 없고, 어머니는 어머니이기 때문에 그들은 복종할 수밖에 없다고 말했습니다. 그러나 조금씩 쥐스틴느는 어머니와 거리를 두기 시작했고 결국 어머니와 인연을 끊기로 했습니다. 이에 대해 그녀의 형제자매들은 그녀에게 도덕적인 비난을 했고, 그녀가 부끄러운 짓을 하고 있다고 생각했으며, 결국 그녀와 멀어지게 되었습니다. 형제자매 중 몇몇에게는 우울증이 있었고, 그중 한 명은 이미 세 차례의 자살시도를 한 적 있었습니다.

이제 쥐스틴느는 48살이 되었습니다. 그녀는 장애인 판정을 받았고, 딸이 집에서 나간 뒤로 혼자 살고 있습니다. 그녀는 성생활에서 거리를 뒀습니다. 비록 몇 년 동안 만난 사람이 있었지만, 그녀는 그와 성관계를 갖지 않았습니다. 그녀가 빠져든 반복으로부터 빠져나올 수 있도록 도와주려는 제 노력에도 불구하고 그녀는 모든 세션에서 계속해서 그녀 스스로를 가여워하면서 눈물을 흘렸고, 마조히즘적 주이상스에서 빠져나갈 길을 모색하지 못했습니다.

제가 이 사례와 관련해서 강조하고 싶은 것은 맨 처음에 제기된 문제, 즉 직장 내 괴롭힘이 또 다른 괴롭힘, 즉 매우 병리적인 어머니, 쥐스틴느의 표현을 빌리자면 "아버지들을 제거해버린" 어머니를 가린 방식입니다. 또 쥐스틴느는 아버지에 대해 그가 아버지 노릇을 하지 않았으며 쥐스틴느를 어머니의 변덕스러움에 내맡겨버린 점을 비난했습니다.

쥐스틴느의 히스토리에서 일어난 많은 사건들, 즉 이모부에 의한 성추행, 성폭행, 원치도 않았고 5개월 차까지도 알지 못했던 임신, 첫 번째 남자친구와의 헤어짐, 그리고 훨씬 뒤에 일어난 일이지만, 남자와 관계를 갖는 것의 불가능성, 이 모든 것은 운명신경증의 방식으로 연결됩니다. 이 신경증에서 결정적인 요인은 어머니와의 관계인 것처럼 보입니다. 이것은 저에게 샤를 멜만이 A.L.I.에서 출간된 편집증에 관한 세미나 124쪽에서 말하는 것을 상기시킵니다. 멜만은 우리를 거세하는 모성적 대타자와의 욕동적이고 매개되지 않은 관계에 대해 말합니다.

"소녀들은 여기에 관해 무언가 알고 있다! 그들은 어머니와의 관계에서 —

그리고 이것은 그들 자신이 어머니가 되었을 때에도 마찬가지인데 어머니의 가슴, 난소, 엉덩이를 잘라버리고 싶다는 생각을 많이 한다는 사실에 대해 잘 알고 있다. …… 그들은 이 점에 대해 알고 있다. 그것은 평범한 경험에 속한다."

비록 이것이 평범한 경험에 속한다 하더라도, 사례에 따라 어떤 경우에는 극적으로 드러날 수도 있고 어떤 경우에는 잘 수용될 수도 있습니다.

아니

아니가 청소년기에 일어난 의붓아버지와의 근친상간 관계를 경찰에 고발했을 때 의붓아버지는 자살을 했습니다. 저는 아니를 1년 동안 봤습니다. 그녀가 자살 시도 때문에 병원에 입원한 후였습니다. 그녀는 49살이었고 23살 난 딸과 함께 살고 있었습니다. 그녀는 알코올 중독으로 오랫동안 치료를 받고 있었습니다. 30살 때 그녀는 리카르(Ricard) 파스티스(Pastis, 아니스 향료를 넣은 술)를 하루에 두 병씩 마셨습니다. 그녀는 저에게 자신은 6살 이전의 기억이 전혀 없다고 했습니다. 그녀는 자기가 외할머니, 어머니, 어머니의 남동생 두 명과 함께 방 두 개가 있는 아파트에서 살았다는 점은 기억했습니다. 그녀의 외할아버지는 그녀가 태어난 지 2개월 뒤에 암으로 죽었습니다. 그는 이렇게 말했다고 합니다. "저 아이가 나를 대신하는 걸 봐."

아니의 어린 삼촌들은 각각 그녀보다 7살, 9살 많았습니다. 이 세 명의 아이들을 두 명의 여자, 즉 아니의 외할머니와 어머니가 길렀습니다. 두 여자는 병원에서 간호조무사로 일했는데, 아이들을 돌보기 위해 한 명은 주간에 일했고 다른 한 명은 야간에 일을 했습니다. 아니의 아버지는 아니의 어머니가 임신했다는 사실을 알고는 그녀를 떠났습니다. 아니의 어머니는 아버지가 누구인지, 심지어 그의 이름조차 아니에게 말하려 하지 않았습니다. 어머니는 그의 이름이 기억나지 않는다고 했습니다.

아니가 여섯 살 때 어머니는 아니의 외할머니와 사이가 틀어지면서 결혼을 했습니다. 그래서 아니와 어머니는 외할머니의 집에서 나왔습니다. 아니는 이 시기가 힘들었다고 말했습니다. 몇 년 동안, 즉 그녀가 11살이 될 때까지 외할머니와 삼촌들을 볼 수 없었기 때문입니다. 아니의 어머니는 의붓아버지와의 사이에서 네 명의 아들을 낳았습니다. 아니가 외할머니를 다시 보게 되었을 때 외할머니는 아니에게 그녀의 의붓아버지는 생물학적 아버지가 아니라고 알려주었습니다. 아니는 네 명의 의붓남동생들처럼 그를 '아빠'라고 불렀고 자신이 그의 딸이라고 믿었습니다.

14살 때부터 의붓아버지는 아니를 성적으로 학대했습니다. 그녀가 17살 때 집에서 벗어날 때까지 말입니다. 이 시기에 그녀에게는 행동 장애가 생겼습니다. 그녀는 자해를 했고, 어머니와 싸웠고, 가출을 했고, 밖에서 잤습니다. 아니의 어머니가 아니의 외할머니에게 편지를 썼고, 외할머니는 상황의 심각성을 인지했습니다. 아니와 의붓아버지 사이에서 일어난 일을 의심스럽게 여긴 외할머니는 아니를 가정 법원에 데려갔습니다. 아니는 당시 자신이 판사에게 모든 것이 엉망이고 상황은 전혀 나아지지 않고 있다고 말했던 기억이 난다고 했습니다.

아니는 자기가 결혼을 했고, 딸을 가졌고, 32살에 이혼을 했던 시기에 대해서는 거의 아무 말도 하지 않았습니다. 이혼 후에 그녀는 딸과 함께 살았습니다. 28살 때부터 지금까지 그녀는 알코올 중독과 우울증으로 치료를 받고 있습니다.

　아니가 46살 때 의붓아버지의 남동생이 아직 사춘기도 지나지 않은 자기 딸과의 근친상간으로 12년 징역형을 선고 받았습니다. 의붓아버지의 둘째 남동생도 마찬가지로 자기 딸이 어릴 때 근친상간 관계를 가졌습니다. 그 다음에 아니의 외할머니가 돌아가셨습니다. 아니는 외할머니를 매우 좋아했고, 외할머니도 어머니와는 다르게 깊은 애정으로 아니를 사랑했던 분이었습니다. 이때 아니는 의붓아버지에게 말을 하기로 결심했습니다. 14살 때부터 17살까지 그가 그녀에게 가한 성적 학대로 인해 그녀가 병들었다고 말입니다. 그는 그녀에게 사과를 했고 이렇게 말했습니다. "네가 딸에게 한 마디라도 하면, 나는 자살할거야."

　다음 해에 아니가 자살 시도로 입원했을 때 그녀는 재차 그녀의 의붓아버지와의 성적 학대에 대해 말했습니다. 결국 아니의 딸이 이 사실에 대해 알게 되었고, 아니의 의붓아버지는 자신의 협박을 실천으로 옮김으로써 자살했습니다. 당시 아니는 여전히 병원에 있었습니다. 아니의 어머니는 아니에게 거리를 두었고, 딸과 대화하려고 하지 않았습니다. 크리스마스 때 어머니는 아들들은 초대했지만, 아픈 딸은 초대하지 않았습니다. 몇 달이 지나 의붓아버지가 자살한 날짜가 돌아오자 아니는 다시 우울해졌고 알코올 중독에 빠졌습니다. 그녀는 본인이 의붓아버지의 죽음을 유발한 데에 죄책감을 느낀다고 말했습니다.

　우리는 이 사례에서 무엇을 배울 수 있을까요? 한편으로, 비록 사건이 매우 오래 전에 일어났지만, 프랑스에서 2000년에 소아성애 예방 캠페인이 진행된 이후에야 아니와 이복자매들이 자신들의 경험에 대해 말하기 시작했다는 점에 주목해야 합니다. 그 결과 의붓아버지의 남동생은 감옥에 있고, 의붓아버지는 자살했습니다. 어머니는 미망인이 되어서 아니를 원망하게 되었고, 아니는 우울증에 걸렸습니다. 아니는 특히 어머니에 대한 상처를 토로했습니다. 어머니는 그녀와 한 마디도 하려고 하지 않았습니다. 어머니는 아니가 어릴 때 아니를 보호하지 않았습니다. 무슨 일이 일어나고 있는지 잘 알고 있었음에도 불구하고 말입니다.

지금까지 말씀드린 두 임상 사례에는 몇 가지 공통점이 있습니다. 고통 호소, 우울한 기분, 이성 관계에의 무능력, 술이나 수면제로 도피하려는 성향 말입니다. 두 환자의 존재 방식은 마조히즘의 경향이 있습니다. 매우 고착된 것처럼 보이는 증상들의 조직과 더불어 말입니다. 두 명 다 크나큰 고통에도 불구하고 마조히즘의 주이상스를 놓을 마음이 없었습니다.

미리암 페린(Myrian Perine)은 자신의 책 『쉿: 근친상간의 침묵(Chut: dans les silences de l'inceste)』에서 자신의 경험에 대해 말합니다. 그것은 위에서 우리가 살펴본 사례와 매우 유사합니다. 책의 뒤표지에서 편집자는 이 책을 통해 저자가 근친상간의 피해자 지위를 얻게 되었다고 말합니다. 이것은 우리에게 생각할 만한 대목을 제공합니다. 왜냐하면 그 말은 마치 피해자 지위를 획득하는 것이 도달되어야 할 목표이며, 그 이상의 희망은 없으며, 아무 것도 변화하지 않을 것이라는 소리처럼 들리기 때문입니다. 페린의 어머니는 무슨 일이 일어나는지 알고 있었지만 개입하지 않았고 사건을 방치했습니다. 남편을 자기 곁에 계속 있게 하려고 말입니다. 또 페린은 유년기나 청소년기에 근친상간을 경험한 환자들에게서 매우 자주 발견되는 또 다른 증상을 겪고 있었습니다. 그것은 거식증 혹은 폭식과 결합된 거식증이었습니다. 페린의 자서전에서 우리는 그녀가 어떻게 자신의 경험을 말하는지 볼 수 있습니다. 그녀는 우선 텔레비전에서 말을 한 뒤에 자기 이야기를 책으로 썼습니다. 이것은 그녀에게 희생자 지위를 얻게 해주었습니다. 결국 그녀는 우리가 살펴본 두 환자의 그것과는 다른 양상의 주이상스에 접근할 수 있었던 것으로 보입니다. 왜냐하면 그녀는 어떻게 자신이 한 남자에게 열정적인 사랑을 느껴서 그와 결혼을 했으며 이를 통해 과거로부터 벗어날 수 있었는지 묘사하고 있기 때문입니다.

저는 다른 환자들의 사례에 대해서도 간략히 말씀드리고자 합니다. 여섯 번째 수업에서 살펴본 에밀리에게는 하시시에 의해 유발된 망상이 있었는데, 그 망상은 위험에 처한 아이에 관한 것이었습니다. 그녀는 아이의 부모를 경찰청 아동보호센터에 고발했고, 위험에 처한 아이들을 위한 활동가가 되었으며, 부모님 댁의 물건을 깨뜨렸고, 그녀가 보기에 위험에 처해 있는 아이의 어머니를 공격했습니다. 몇 번의 상담 후에 그녀의 망상은 안정화되었고 그녀는 자신의 망상을 그녀가 어릴 때 경험한 것과 연결시켰습니다. 그녀의 아버지는, 아내와 공모하여, 이웃집에서 물건을 가져오라고 에밀리를 보냈습니다. 이웃이 소아성애자였다는 사실을 알고 있었으면서도 말입니다. 에밀지의 아버지는 명백한 도착증자입니다. 에밀리는 부모와 인연을 끊었고, 이로 인해 그녀는 행복한 삶에 도달할 수 있었던 것 같습니다.

클레어는 저와 스무 번 정도 상담을 했습니다. 그녀는 유부녀였고, 두 아이의 엄마였습니다. 그녀는 자기 부모와의 관계에 대해 의문을 품었습니다. 그녀가 어릴 때 아버지가 그녀를 성추행했기 때문입니다. 아버지는 그가 '죽음의 손가락'이라고 부르는 자기 손가락으로 그녀를 만졌고, 이를 재밌어 했습니다. 그녀의 어머니는 이 문제를 대수롭지 않게 여겼습니다. 모든 사람의 가족에서 일어나는 일이라고 하면서 말입니다. 그녀의 부모는 왜 클레어가 이제 와서 이 사실에 대해 말하게 되었는지 이해하지 못했습니다. 비록 상담의 초반부에 클레어는 아버지의 행동이 범죄였다고 확신하지는 않았지만, 아버지의 행동이 문제임에 틀림없다고 생각했습니다. 특히 그녀는 자신의 부모가 주말이나 방학 때 종종 봐주곤 하는 손자손녀에게도 그와 같은 행동을 가족의 전통이라는 이름으로 저지를까봐 두려웠기 때문입니다. 그녀는 강박적 구조를 갖고 있었지만, 특별한 증상은 없었습니다. 그녀를 제일 힘들게 하는 것은 현실로부터 유리되어 있다는 느낌이었습니다.

지금까지 말씀드린 사례들은 모두 전통적인 신경증에 해당합니다. 이 사례들과 대비되는 두 명의 환자에 대해서 말씀드리겠습니다. 그들은 신경증의 프레임에 맞지 않는 환자들이었고, 훨씬 더 젊고 30살 미만의 환자들입니다. 마릴린은 음울하고 퉁명스러웠습니다. 그녀는 자해를 했고 많은 약을 삼켰습니다. 그녀는 10년 동안 본인에게 거식증이 있다고 주장했고, 결국 실제로 거식증에 걸렸습니다. 그녀는 값비싼 물건을 훔쳤고, 하시시를 피웠고, 자동차나 자전거를 거칠게 몰았지만, 계속해서 일을 했습니다. 그녀의 문제는 10년 째 계속되고 있었습니다. 그런데 최근 2년 전부터 그녀는 4살 때부터 6살 때까지 아버지에게 강요당한 근친상간 관계에 대해 말하기 시작했습니다. 그 이후에는 어머니에 의한 성희롱이 이어졌습니다. 이 일은 그녀가 9살 때부터 11살 때까지 일어났습니다.

치료를 받던 한 시점에 그녀는 정신증자라는 진단을 받았습니다. 그녀는 여러 명의 정신과 의사를 거쳤는데, 똑같은 상황이 되풀이 되는 것처럼 보였습니다. 매우 강렬한 전이의 시기에 그녀는 급박하고 과도하고 선을 넘는 요구를 했고, 만약 치료사가 약간이라도 요구에 응해주지 않는 것처럼 보이면 자살하겠다는 협박을 했습니다. 그로 인해 기존 의사와의 관계를 청산하고, 다른 의사에게로 갔습니다.

마릴린의 사례에서 우리는 부모에 의해 성에 조숙하게 입문하는 것이 도착증 경향의 주이상스 양상을 고착화시킬 수 있는지에 관해 질문을 제기하게 됩니다. 마릴린은 어머니로 인해 경험한 성적인 트라우마를 극복할 수 없는 것처럼 보였습니다. 그녀는 아버지가 한 행동에 대해서는 그가 자신을 정말로 사랑했기 때문에 용서할 수 있지만, 어머니는 죽이고 싶다고 말했습니다.

그녀는 이 모든 일을 18살이 될 때까지 전혀 기억하지 못했습니다. 그녀는 아버지가 술을 마시고 자신에게 다시 성적으로 부적절한 행동을 할 때 집에서 나가고 싶었습니다. 그런데 이런 아버지의 행동으로 인해 그녀는 어릴 때 일어난 일을 기억하게 되었습니다. 그러나 그녀가 이에 대해 정신과 의사와 말할 수 있을 때까지는 8년이란 세월이 걸렸습니다. 일단 억압이 걷어지자, 어머니를 향한 강렬한 증오가 출현했습니다. 이와 동시에 자신의 어머니를 대체할 수 있는 좋은 어머니에 대한 열정적인 탐색이 이루어졌습니다. 그녀는 좋은 어머니의 형상을 어떤 나이 많은 동료에게서 찾았습니다.

저는 마릴린이 어머니에 대해 공격적인 행위로의 이행을 저지를 위험이 있다고 봤습니다. 그녀는 증오와 복수에 대한 욕망을 포기할 수 있었을 것입니다. 만약 부모가 그녀와 약간 떨어져 지내는 데에 동의를 했다면 말입니다. 그러나 그녀가 부모에게 "다시는 당신들과 연락하고 싶지 않아요"라고 말하기 위해 편지를 썼을 때, 그녀의 부모는 그녀의 소식을 듣기 위해 그녀의 지인에게 계속 전화를 했습니다. 비록 그들이 아주 가끔씩 연락했지만, 그들이 연락할 때마다 매번 그녀는 매우 불안한 상태에 빠졌습니다.

아들과 어머니 간의 근친상간은 미래의 정신증을 유발할 수 있습니다. 비록 라캉이 이 점을 명시적으로 말하지는 않았지만, 저는 딸과 어머니 간의 근친상간도 똑같은 결과를 가져올 수 있다고 생각합니다. 왜냐하면 어머니는 구조상 절대적으로 금지된 대상이기 때문입니다. 『정신분석의 대상』세미나의 1966년 4월 27일 수업에서 라캉은 딸과 아버지의 근친상간이 아들과 어머니의 근친상간보다 덜 위험하며, 아들과 어머니의 근친상간은 늘 파국적인 결과를 유발한다고 말합니다.

아들과 어머니의 근친상간은 앤디 가르시아(Andy Garcia) 주연의 2001년 개봉 영화 「언세드(The Unsaid)」의 주제였습니다. 거기서 우리는 어릴 때 어머니와의 근친상간 이후에 미쳐버린 젊은 남자를 봅니다. 영화에서 문제는 한층 더 복잡해집니다. 그 장면을 목격한 아버지가 아들이 보는 앞에서 어머니를 죽였기 때문입니다.

마지막으로 안젤리크의 사례에 대해 말씀드리겠습니다. 제가 그녀를 "안젤리크(Angélique)"라고 부른 것은 그녀에게 실제로 "천사 같은(angélique)" 면이 있기 때문입니다. 지금까지 제가 말씀드린 환자들과 달리 그녀는 명랑하고, 유쾌하고, 활발합니다. 그녀는 마약의 장점에 대해 찬양하고, 왜 마약 사용에 한계가 있어야 되는지 의문을 제기합니다. 그녀는 비록 스스로를 이성애자라고 여김에도 불구하고 동성애 관계를 실험하기도 했습니다. 금요일부터 월요일 아침까지 주이상스의 과도함 속에서 살다가, 일주일 내내 직장에서의 책임을 다하고 일에 에너지를 쏟기 위해서 약을 하는 것을 자제했습니다. 그럼에도 불구하고 그녀는 도움을 받기 위해 공공의료원의 정신과 의사를 찾아 갔습니다. 제가 그녀를 처음 만났을 때 그녀는 곧바로 이렇게 말했습니다. "치료비를 낼 돈이 하나도 없어요. 저는 치료가 필요한데, 이미 충분히 치료비를 냈어요. 제가 비용을 내는 것은 아니라고 봐요." 저는 그녀가 비용을 지불하지 않아도 괜찮은 치료센터에서 그녀와 만나기로 했습니다. 저는 두 번째 상담에 늦게 도착했는데, 그녀는 상담을 하지 않고 곧바로 돌아가려고 했습니다. 그녀는 이렇게 말했습니다. "시간 없으면 무리하지 마세요." 이후에 그녀는 마음을 가라 앉혔습니다. 그렇지만 이러한 충돌에는 극적인 면이 있었습니다.

언젠가 저는 그녀에게 이렇게 물었습니다. "결국 당신은 당신의 삶의 방식을 변호하잖아요. 금지도, 한계도 없는 방식 말이에요. 당신은 그 방식이 멋지다고 저를 설득하려고 하죠. 그렇지만 그것 때문에 당신이 여기에 온 것은 아니죠? 당신을 힘들게 하는 무언가가 있지 않나요?" 그녀는 약간 동요하면서 자기 상태가 좋지 않다는 것을 인정했습니다. 그리고 그녀는 어떻게 아버지가 어머니의 묵인 하에 자신에게 근친상간을 강요했는지에 대해 조심스럽게 말했습니다. 그녀가 고통을 호소하는 유일한 것은 부모가 그녀를 부당하게 대했다는 점이었습니다. 가령 부모는 그녀가 여동생, 남동생 앞에서 하시시를 피우기 때문에 나쁜 본보기가 되고 있다고 말했습니다. 그러나 그녀는 이렇게 덧붙였습니다. "그들은 한 번도 저에게 한계를 정해주지 않았어요. 만약 그들이 집에서는 마리화나를 피우지 말라고 요구했다면, 저는 피우지 않았을 거예요."

마릴린과 달리 안젤리크에게는 빠르게 급진적인 변화가 일어났고, 그녀는 마약과 파티를 중단했습니다. 그녀는 결여의 경험을 지지하면서 욕망할 수 있게 되었습니다. 안젤리크는 제가 최근에서야 마주하기 시작한 새로운 유형의 병리성에 들어맞는 것처럼 보입니다. 그러나 샤를 멜만은 이미 2002년의 『중력 없는 인간』에서 이러한 병리성에 대해 묘사했습니다. 거기서 샤를 멜만은 "새로운 심리적 경제"를 언급합니다. 그는 이렇게 씁니다.

> "최근까지 우리는 억압에 의해 조직되는 임상적 구조를 다루었다. 정신분석은 억압에 근거해서 탄생했다. 그리고 우리는 현실의 영역 안에서 억눌린 욕망이 탄식하는 소리를 들었던 프로이트의 작업을 이어가는 데에 동의했다. 이제 우리는 이러한 체제를 뒤로 하고 다른 유형의 체제로 이동하고 있다. 여기서 욕망은 더 이상 억압되지 않는다. 오히려 주이상스의 출현이 지배하고 있으며, 또 지배해야 한다. 사회적인 삶 및 사회적 유대에 참여하는 것은 집단적인 억압 — 소위 '관습' — 에 대한 참여를 통해 일어나지 않는다. 반대로 사회적인 삶은 일종의 영원한 파티이며, 우리 모두가 거기에 초대된다. 오늘날 주체는 주이상스의 경주를 지속해야 할 책임이 있다. 영원한 젊음을 선고받은 그는 결코 편안한 상태에 놓여 있지 않다. 그에게 강제된 주이상스가 어떠한 대타자의 장소[타자적인 장소](un lien Autre)에 의해서도 규제되지 않기 때문이다. 아무 것도 주이상스의 정점과 쇠퇴를 증언하지 않는다. 주체는 혼란에 빠지고, 좌표의 부재로 고통 받는다. 이러한 고통은 특히 피로나 불안으로 드러난다."

저는 우연히 2008년 3월 9일 프랑스 문화 방송(France Culture) 라디오 채널을 듣고 어안이 벙벙했던 적 있다. 스위스의 어떤 교육자가 자신이 어떻게 장애인에게 성적인 도움을 주는 방면에서 전문적으로 설명하는 것을 듣고 나서 말입니다. 그는 장애인들에게 자위하는 방법을 가르쳐 주었고, 그들이 신체적으로 마비를 겪고 있는 경우 직접 도움을 주기도 했습니다. 여기서 우리는 명백히 도착증적인 상황에 있습니다. 우리는 주이상스에의 평등한 권리를 향한 진보라는 명목 하에 살고 있는 것입니다. 그리고 이것은 근친상간적인 위반과 똑같은 영역에 속합니다.

결론

샤를 멜만은 『중력 없는 인간』에서 거세에 대해 근본적인 논의를 전개합니다. 다섯 번째 수업에서 우리는 $α, β, γ, δ$로 이루어진 기표 연쇄가 어떻게 몇몇 문자를 배제함으로써 언어에 구멍을 남기는 식으로 작동하는지 살펴봤습니다. 여기서 우리는 왜 그러한 구멍이 우리에게 성적인 의미를 갖는지 질문할 필요가 있습니다. 달리 말해, 왜 우리는 의미를 조직하기 위해 대타자 안의 결여를 팔루스로 "막는(coller)" 방식으로 대응했을까요? 그런 방식 말고 다른 방식도 가능할까요? 샤를 멜만을 인용해 보겠습니다.

> "거세가 반드시 인류의 결정적인 법인 것은 아니다. …… 언어에 의해 구멍이 있다는 사실이 반드시 생명체로 하여금 이 구멍이 성에 관련된다는 것처럼 행동하도록 강제하는 것도 아니다. …… 기의가 성적이라는 사실은 우리의 문화, 특히 우리의 종교나 구조의 효과일까? 성관계와 같은 것은 존재하지 않는다는 라캉의 단언이 반드시 숙명적인 것은 아니다."

샤를 멜만의 주장은 저를 매우 어리둥절하게 합니다. 만약 우리가 자크 라캉의 세미나를 처음부터 끝까지 검토해보면 라캉은 근친상간의 금지가 성관계를 막아준다는 생각을 단념하지 않기 때문입니다.

라캉은 1978년 『결론의 순간』 세미나에서 이렇게 말합니다.

> "나는 현재 시제로 성관계와 같은 것은 존재하지 않는다고 말했다. 이것은

정신분석의 토대이다. 적어도 나는 그렇게 말했다. 인접한 세대, 즉 부모 자식 사이를 제외하면, 성관계와 같은 것은 존재하지 않는다. 근친상간의 금지가 막아주는 것이 바로 성관계이다. 지식은 언제나 제가 '비성적인 것(l'asexe)'라고 쓰는 것과 관련된다. 그 말 뒤에 '얼리티(ualité)'가 괄호에 넣어진 채로 이어지는 한에서 말이다. 즉, 비섹슈얼리티(l'asexe(ualité)) 말이다. 섹슈얼리티를 다루는 법을 알아야 한다. 마치 지옥인 것처럼[악착같이](comme enfer)'[88] 알아야 한다. 적어도 나는 그렇게 쓴다."

문제의 답변은 열린 채로 남아 있습니다. 만약 우리가 성적인 의미와는 다른 어떤 의미가 상징계 안의 구멍에 대응될 수 있다는 생각을 받아들인다면, 이러한 의미는 어떤 것일까요? 계속해서 대상 *a*의 구멍은 실재계, 상징계, 상상계가 교차되는 곳에 있을 겁니다. 그리고 대상 *a*의 방향 설정이 더 이상 팔루스에 의해 이루어지지 않는다면, 결여의 의미는 어떤 것일 수 있을까요?

답변을 대신해 라캉의 1963년 2월 27일 세미나의 한 구절을 인용하면서 오늘 수업을 마치도록 하겠습니다.

"욕망은 법이다. 이는 오이디푸스라는 핵심 장치가 있는 정신분석 이론에서만 그런 것이 아니다. 법의 실체를 이루는 것이 어머니에 대한 욕망임은 분명하다. 그리고 역으로 욕망 자체를 규범적으로 만들고 스스로를 욕망으로 설정하는 것이 근친상간의 금지로 알려진 법인 것도 분명하다.

우리 시대에 점점 더 강하게 현전하고 있는 의미를 지닌 단어에 기초한 관점

---

[88] 여기서 라캉은 "~하는 방법(comment faire)"과 "지옥처럼(comme enfer)" 간의 발음의 유사성에 착안하고 있다(역주).

에서 살펴보자. 에로티즘이 그것이다. 우리가 아는 것처럼 에로티즘의 오이디푸스적 출현, 심지어 에로티즘의 사드적 출현은 …… 좋은 본보기이다. 거기서 욕망은 주이상스에의 의지로 드러난다. 욕망이 어떤 관점,에서 드러나든지 간에, 나는 가학적이 아니라 사드적이라고 말했지만, 그러니까 사드적 관점에서 드러나든지 혹은 마조히즘이라 불리는 것의 관점에서 드러나든지 간에 말입니다. 정신분석 경험에 의해 드러난 것이 있다면, 그것은 도착증, 즉 욕망이 법의 구성, 다시 말해 법의 전복으로 출현하는 곳에서조차 욕망은 법의 지지대라는 사실이다. 현재 우리가 도착증자에 대해 알고 있는 것이 있다면, 그것은 제약 없는 만족으로 바깥에서 출현하는 것이 사실은 방어이자 어떤 법의 실천적 사용이라는 점이다. 그 법이 주이상스의 경로에서 주체를 구속하고, 유예시키고, 중단시키는 한에서 말이다. 다른 모든 이에게 그러하듯 도착증자에게도 주이상스에의 의지는 도착증적 욕망의 실천 자체를 통해 실패하고, 한계에 부딪히고, 제동이 걸리는 의지이다. 요컨대 도착증자는 …… 자신의 활동을 통해 자신이 어떤 주이상스를 위해 봉사하고 있는지 알지 못합니다. 어쨌든 그 자신의 주이상스를 위한 것은 아니다."

수업 15 | 큉탱

네 가지 담론
페티시즘에서 사회적 도착증으로

　라캉은 자신의 수학소를 통해 주체의 구조를 가능한 한 엄밀하게 형식화하고자 했습니다. 그는 왜 그러한 형식화를 원했을까요? 우리가 어떤 대상에 대해 연구를 할 때, 우리는 그 대상에 대한 온갖 도식, 사진, 묘사를 제공할 수 있습니다. 이 모든 것은 상상계의 차원에 속합니다. 또 우리는 그 대상의 치수, 화학적 구조, 정의를 부여할 수 있습니다. 이 모든 것은 상징계의 차원에 속합니다. 대상에 대한 담론이 엄밀하다면, 우리는 이미지의 도움을 받아 연구 대상에 더 가까이 다가갈 수 있습니다. 그러나 아무리 우리가 연구를 밀고 나간다 해도 결코 우리는 실재에 도달할 수 없습니다. 실재는 말하거나 상상하기가 불가능합니다. 우리는 그저 실재의 윤곽을 그릴 수 있을 뿐입니다. 이것이 우리가 문자를 갖고 글쓰기를 통해 하는 일이며, 이를 통해 과학의 진보가 가능했습니다. 우리가 정신분석에서 진보하고자 한다면, 정신분석도 글쓰기에 의거한 형식화를 필요로 합니다. 문자의 사용은 실재, 즉 불가능한 것의 구멍의 윤곽을 그릴 수 있게 해줍니다. 19세기 이래로 이루어진 과학의 급속한 진보는 이전 세기에 발전된 인식(connaissance)에 관한 이론과는 전혀 연속성이 없습니다. 관건은 연속적인 진보가 아니었습니다.

어떤 시점에 진보는 어떤 단절 혹은 절단에 의해 발생됩니다. 거기서 우리는 하나의 담론에서 다른 담론으로 이동합니다. 과학이 스스로를 구성하기 위해 주체를 폐제할 결심을 했을 때 이런 일이 일어났습니다. 근대 과학을 정초한 것은 주체의 폐제였습니다. 이것은 물리학적 실험이 실험자가 누구든지 무관하게 반복 가능해야 한다는 생각과 함께 시작되었습니다. 즉, 실험을 하는 사람의 개입은 차단되어야 하는 것입니다. 현재 이런 상황은 가령 정신증에 대한 진단 범주 체계에서도 일어납니다. 거기서 관건은 다양한 행동과 현상을 객관화하는 것이고, 정신과 의사 및 환자의 주체성에 관련된 모든 것은 철저히 배제되어야 합니다.

그러나 스스로를 과학적이라고 상정하지 않으면서도 엄밀함을 유지하는 정신의학을 떠올릴 수 있을 겁니다. 이러한 정신의학은 전통적인 의학 담론의 연장선상에 기입될 것입니다. 그러한 전통의 유효성을 설명해주는 합법성과 엄밀함을 동반하면서 말입니다. 불행히도 현재 이 모든 것은 부정되고, 뒤엎어졌고, 실질적으로 거의 활용되지 않습니다. 과학이 주체의 폐제를 통해 스스로를 구성함과 동시에 이에 상응해서 정신분석은 진리에 대한 관심으로부터 출현했습니다. 여기서 진리란 주체의 진리입니다. 그러므로 정신분석이 과학의 탄생한 시점에 출현한 것은 우연이 아닙니다. 과학이 폐제한 주체가 정신분석 안에서 회귀한 것입니다.[89] 그러므로 과학의 영역과 정신분석의 영역은 근본적으로 이질적입니다. 정신분석이 과학이 될 수 있는 가능성이란 없습니다. 그러나 이것이 형식화가 어떤 진보도 낳을 수 없다는 뜻일까요?

---

89 라캉의 『에크리』에 수록된 "과학과 진리"를 참고하라.

당연히 그렇지 않습니다. 라캉은 주체의 구조를 해독함으로써 정신분석 이론을 전개하기 위해 모든 노력과 주의를 기울였습니다. 그는 정신분석의 장 안에 머물렀지만, 철학, 언어학, 수학과 같은 인접한 영역에서 제공되는 모든 도구들을 사용했습니다. 프로이트가 말했듯, 우리의 목적에 맞게 그 도구들을 가공하면서 말입니다.

담론이란 무엇일까요? 『담론(Le discours)』에서 샤를 멜만은 말합니다.

"담론은 라캉의 개념이다. 담론은 말이 언제나 우리와 유사한 자(semblable)에 관련된다는 것을 뜻한다. 담론은 우리와 유사한 자를 배치한다. 라캉에게 담론이라는 관념은 말의 가능성이 수적으로 무제한적이지 않음을 보여준다. 즉, 제가 저와 유사한 자에게 말을 건넬 수 있는 것은 몇몇 규정된 숫자 안에서일 뿐이며, 라캉은 이를 여러 가지 담론들로 부른다."

담론은 유대를 만든다. 담론은 타자와 관계하는 양상입니다. 이 관계에서 진리는 행위자 아래에 숨겨져 있습니다. 그리고 행위자와 타자의 관계에서 어떤 생산물이 일종의 효과로서 만들어집니다.

담론의 문제를 임상적으로 살펴보는 것은 많은 방식으로 이루어질 수 있습니다. 가령 저는 여러분께 히스테리 환자와의 의학적 상담(정신분석적이지 않은)을 보여드리는 방법을 생각해 봤습니다. 거기서 우리는 히스테리 담론이 어떻게 주인 담론을 유발할 수 있는지를 생생히 알 수 있습니다. 그렇지만 저는 결국 보다 현대적인 접근을 선택했습니다. 저는 도착증을 통해 담론의 문제를 다루고자 합니다.

여러분은 아마 우리가 도착증적인 사회에서 살고 있다는 말을 들어

보셨을 겁니다. 이와 관련하여 많은 지표가 존재합니다. 우선 대상 a, 즉 욕망의 대상, 결여의 대상, 구멍으로서의 대상, 상실에 의해 정의되며 우리가 결코 되찾을 수 없지만 우리의 욕망을 유발하는 대상, 이 대상은 우리 사회에서 실정적이고 긍정적인 것이 되어가고 있습니다. 그것은 더 이상 상실된 대상이 아니라 구매 가능한 대상, 우리의 손이 닿는 곳에 있으며 우리에게 행복을 보장해 주는 대상입니다. 좋은 브랜드의 대상인 한에서 말입니다. 우리가 이러한 대상의 실정화[긍정화]를 직접적으로 듣게 된지 꽤 시간이 지났습니다. 가령 프랑스 유통기업 까르푸의 마케팅 슬로건을 보십시오. "까르푸라면 믿어요[저는 까르푸에 대해 긍정적이에요](avec Carrefour, je positive)." 즉, 우리는, 마르셀 체르막이 말하듯, 실정화된 대상에 의해 운영되는 것으로 보이는 사회에서 살고 있습니다. 나중에 저는 이 문제로 되돌아올 것입니다.

사회적 도착증의 또 다른 징후[증상]은 투명성에 대한 반복되는 요구에서 발견됩니다. 모든 것은 투명해야 합니다. 그러나 아무도 절대적인 투명성이 관음증과 노출증에 관련된다는 점을, 성과 관련해서는 약간의 수줍음이 오히려 바람직할 수 있다는 점을 깨닫지 못하고 있습니다. 또 가령 "미술"의 영역에서는 코팅된 시체가 전시되고 있다는 점을 지적할 수 있습니다. 여기서는 인간을 동물로부터 구분하는 것, 즉 죽음에 대한 존중이 완전히 사라진 상태의 인간이 전시됩니다. 죽음은 우리 모두에게, 심지어 종교를 믿지 않는 사람들에게도 신성한 차원을 갖고 있습니다. 비슷한 맥락에서, 제가 Freud-Lacan.com 사이트에서 출간한 안락사에 관한 짧은 논문에서 지적했듯, 안락사도 사회적 도착증의 기표일 수 있습니다. "존엄하게 죽기"처럼 안락사를 찬성하는 단체에서는 우리가 죽음을 선택할 수 있다는 식으로 생각하게끔 합니다. 실제로는 죽음이 우리에게 닥쳐오는 것인 반면에 말입니다. 이것은 거세를 부정하는 한 가지 방식, 즉 도착증의 편에 서는 방식입니다. 나아가 이러한 주장은 우리가 그 심각함을 헤아릴 수 없는 도착증적인 효과를 유발합니다. 만약 안락사가 몇몇 최선의 이유들로 합법화된다면, 출생률에 대한 통제가 이루어지는 것처럼 사망률의 흐름도 조절할 수 있다는 생각이 만연할 것입니다. 여기서 상황을 지배하는 대상이 가령 퇴직연금이 될 수도 있는데, 만약 여러분이 75살 이전에 안락사 되기를 동의한다면 여러분의 자녀에게 2만 유로의 보너스가 지급될지도 모릅니다. 저는 이것이 과장에 불과하기를 바랍니다.

이제는 흔한 일이 된 이러한 사회적 도착증의 사례를 염두에 두면서 도착증에 관한 임상 사례를 살펴보도록 하겠습니다. 나중에 우리는 사회적 도착증의 문제로 되돌아올 것입니다. 어떤 주체의 도착증에서 사회적 도착증으로 이동하는 것은 우리로 하여금 사회적 유대의 문제를, 그리고 라캉이 네 가지 담론의 수학소로 형식화한 것, 즉 사회적 유대의 네 가지 가능성을 살펴보게 합니다.

퀭탱: 각질 이야기

제가 퀭탱을 처음 만났을 때 그는 이미 정신과에 10년 동안 다니고 있었습니다. 상담 초반에 그는 말을 많이 했고, 불안에 가득 차 있었고, 저에게 다양하고 다급한 요구를 했습니다. 그는 저에게 자신을 입원시켜 달라고 했다가, 마음을 바꾸었습니다. 1주일 뒤에 그는 요양원에 가고 싶어 했다가, 낮병원 아니면 치료 워크숍에 가고 싶어 했습니다. 그는 하루에도 여러 차례 마음을 바꾸었고, 자신의 요구를 정확히 설명하기 위해 계속 전화를 했습니다. 이렇게 그는 우리를 다소 지치게 했습니다.

퀭탱은 41살이었고, 외동아들이었습니다. 그의 아버지는 그가 24살 때 돌아가셨습니다. 아버지는 어머니보다 20살이 더 많았습니다. 현재 그의 어머니는 새 동반자를 만나 같이 살고 있으며, 퀭탱은 여전히 그들과 같이 살고 있었습니다. 사실 아버지가 돌아가시기 4년 전에 퀭탱은 외국에 있던 삼촌 댁에 살기 위해 외국으로 나갔고, 삼촌은 퀭탱을 자기 회사에 고용했습니다. 그러나 퀭탱은 얼마 후에 프랑스로 돌아왔습니다. 그는 이 경험이 실패였다고 자평했습니다. 그는 어머니 집으로 다시 들어왔습니다. 프랑스에 돌아온 이후로 그는 의류매장에서 가끔 일을 했습니다. 그러나 그는 불안의 재발 때문에 자주 일을 쉬어야 했습니다.

퀭탱의 불안은 그가 청소년기 때 시작되었습니다. 그렇지만 그는 31살 때 우울증 때문에 처음으로 상담을 받았습니다. 그는 박해를 받는 경험으로 인해 공격적인 호소를 했지만, 체계적인 망상은 없었습니다. 그는 지난 10년 동안 네 차례 병원에 입원했고, 코토렙(Cotorep)에서 장애인 노동자로 공식적인 인정을 받았습니다. 그를 진료한 의사들은 그의 증상에 대해 제각기 다른 진단을 내렸습니다. 불안발작으로 인한 조현병, 때때로 찾아오는 거의 조증적인 흥분으로 인한 조현정동장애, 호소망상(revendications)으로 인한 편집증 등으로 말입니다.

그에게는 이러한 진단을 연상시킬 만한 또 다른 증상들이 있었습니다. 건강염려증, 사회적 고립(그에게는 친구가 거의 없었고, 그는 어머니와만 시간을 보냈습니다), 직업적 부적응 말입니다. 그러나 퀭탱은 망상이나 환각을 한 번도 겪지 않았습니다. 그는 글을 몇 장 썼는데, 아래에 그 일부를 발췌해 보겠습니다.

"아무도 내가 무슨 일을 겪고 있는지, 내가 무엇으로 고통 받는지 알지 못한다. 비록 내가 어느 정도 만족스러운 직장을 찾기는 했지만,

컴퓨터가 나를 힘들게 하고, 상사들이 서로 다른 말을 해서 나를 난처하게 만든다.

일을 하지 않을 때 나는 평행 우주에서 산다. 내 것들이 있다. CD, DVD, 텔레비전. 내가 보는 프로그램들이 있다. 나는 리얼리티 쇼를 보지 않고, 정치적으로 올바른 것도 보지 않는다. 나는 그런 것들이 싫다. 나는 60년대와 70년대를 좋아한다.

집밖에 나가면 나는 늘 공격 받는 느낌이 든다.

나는 친구가 딱 한 명 있다. 그를 자주 보지는 않는다. 그는 집에 틀어박혀 지내고 자기 루틴대로 사는 스타일이다."

저는 퀭탱을 한 달에 세 번 정도 만났습니다. 그렇게 5개월이 지났습니다. 이 시기 동안 그가 어려움을 토로한 유일한 것은 불안, 직장에서의 요구를 능숙히 처리하지 못하는 무능력, 어머니를 이해시키는 것의 어려움이었습니다. 그는 어머니가 자신에게 일하라고 압박을 하고 생활비를 내라고 요구한다고 했습니다.

환자가 왜 어려움을 겪고 있는지 명확하지 않을 때, 그리고 기존의 진단이 정확한 것처럼 보이지 않을 때, 이는 환자가 진짜 쟁점을 말하지 않았기 때문이라는 지적에는 일리가 있습니다. 5개월이 지났을 때 퀭탱은 저에게 이렇게 말했습니다.

"선생님께 말씀드리고 싶은 게 있는데요, 저한테는 이걸 말하는 게 정말 어려워요. 심지어 선생님한테조차 말이에요. …… 제가 말을 할 수 있을지 모르겠어요."

"모든 것을 말하지 않아도 괜찮아요. 퀭탱씨에게는 비밀을 가질 권리가 있어요!"

"저는 선생님이 그렇게 말하실 줄 알았어요. 그렇지만 저는 이 말을 해야 해요. 그러면 제가 좀 더 편해질 거예요. 말을 하긴 해야 하는데, 아무에게도 말할 수 없어요. 저는 그 누구에게도 이 말을 해 본적 없어요."

"원하는 대로 하면 됩니다."

"그러니까 많은 사람들이 그렇듯 저한테도 환상이 하나 있는 것 같아요. 저에게 환상이 있어요. 모두가 환상을 갖고 있지만 그건 무의식적이죠. 사람들은 환상을 갖고 있지만, 환상에 대해 알지 못해요. 그런데 저도 환상이 있죠, 문제는 제가 환상을 행동으로 옮긴다는 거죠. 저는 늘 여자의 발에 끌렸어요. 특히 신발을 벗고 있는 여자의 발에요. 발에서 휜 부분[구두 밑창과 굽 사이의 휜 부분](cambrure)이 저에게 어떤 방식으로 작용해요. 저는 자제할 수가 없어요. 저는 꼭 만져야 하고, 그 부분을 만질 때 그건 정말로 어떤……

한 번은 버스 정류장 뒤에 서 있는데 손을 넣을 수 있는 공간이 있었어요. 여자가 구두를 벗고 있고, 제가 그녀의 발에서 휜 부분을 보면, 저는 아주 빠르게 발과 구두 사이로 손을 집어넣죠. 어떤 여자는 소리를 지르고, 어떤 여자는 '미친 놈'이라고 하면서 도망치고, …… 대부분은 놀라긴 하지만, 아무 말도 하지 않아요. 그 이후에 저는 가능한 한 빨리 도망쳐요.

제가 여기서 벗어날 수 있는 방법이 있긴 한 지 모르겠어요. 저는 마사지를 받으러 가요. 전통적인 방식의 마사지요. 그때는 좀 편안해지는 것 같아요. 그렇지만 마사지로 대체할 수 있는 것은 아니더군요. 종종 유흥업소의 여자들을 찾아가요. 그렇지만 그건 훨씬 비싸요. 어떤 여자는 120유로를 달라고 했어요. 왜 그렇게 비쌀까요? 다른 여자들은 60유로를 달라고 했다가 '아, 페티시즘은 더 비싸요, 120유로에요'라고 했어요.

그렇지만 저는 도착증자가 아니에요. 저는 친절하고, 그들을 다치게 한 적 없어요. 선생님이 보시기에 제 행동이 오이디푸스 콤플렉스와 관련이 있는지요? 제 생각은 그렇지 않지만요. 제가 어머니에 대해 말씀드린 적 있죠. 어머니와 잘 지내지 못한다고요 아니에요, 이게 오이디푸스 콤플렉스와 관련이 있다면 놀라운 일일 거예요. 선생님이 보시기에 제 행동이 금지된 대상과 관련될 수 있을까요?"

6개월 뒤에 퀭탱은 2개월 동안 일을 했습니다. 그는 백화점에서 옷을 팔았습니다. 그는 계약직으로 연속해서 몇 차례 근무했습니다. 그는 좀 더 긴장이 풀린 것처럼 보였고, 훨씬 덜 불안해하는 것 같았습니다. 그는 일을 한다는 점에 대해 만족스러워했고, 어머니한테 빌린 돈도 갚았습니다. 그는 매달 월세를 냈고, 이 점에 자부심을 느꼈습니다. 그는 친구들과도 좀 더 자주 만났습니다. 상담이 끝날 때 저는 그의 상태가 이제 훨씬 더 좋아진 것 같다고 말했습니다. 그러자 그는 이렇게 말했습니다.

"아니에요. 전혀 그렇지 않아요. 제가 여전히 말씀드릴 엄두도 내지 못한 것들이 있어요. 제가 한 번도 말한 적이 없던 것들, 그 누구에게도 말할 수 없는 것들 말이에요. 가끔씩 …… 저는 신발을 훔쳐요. 그다음에 어머니가 알게 되실까봐 무서워져요. 그래서 훔친 신발을 던져버려요. 그런데 카페 테라스에서 구두를 신고 앉아 있는 상태에서 구두 뒷굽을 약간 밑으로 늘어뜨리는 여자를 보면, 그 모습이 제 머리를 떠나지 않아요. 느낌이 너무 강력해서 저항할 수가 없어요. 너무 흥분돼요[거대한 주이상스에요](c'est une grande jouissance). 저는 다가가서 구두를 잡고 뛰지 않고 사라져요. 저는 구두를 제 가방에 넣어요. 주변에 사람이 많아야 해요. 그래야 일이 더 쉬워져요. 언젠가 저는 여자가 신고 있는 구두를 확 벗겨 버렸어요. 종종 저는 구두 두 짝을 한꺼번에 붙잡아요. 그러면 여자는 비명을 지르죠.

이건 환상이에요. 어쩔 수가 없어요.

아주 어릴 때, 그러니까 제가 기억하기에는 11살 전에 이렇게 하기 시작했어요. 11살 때 저에게 발을 마사지 해달라고 부탁한 여자가 있었어요. 그녀는 이렇게 말했어요. '너는 다른 아이들이랑 다르지, 그렇지 않니?' 그런데 사실 저는 훨씬 이전부터 발에 끌렸어요."

이때부터 쾡탱은 규칙적으로 저를 계속해서 만나러 왔고, 새로운 재료들을 가지고 오려고 했습니다. 어느 날 그는 자기가 발을 매력적으로 생각하기 위해서는 발바닥에 약간의 각질(corne)이 있어야 한다고 말했습니다.

저는 그에게 연필과 종이를 주고, 각질을 그려보라고 했습니다. 그는 기꺼이 그렇게 했습니다. 그리고 저는 그에게 이 그림에서 무엇이 보이고 무엇이 떠오르는지 말해보라고 했습니다. 그는 자기가 저를 기쁘게 하려면 그것이 팔루스와 닮은 것 같다고 말하겠지만, 그는 자기 그림과 팔루스 간의 연관성이 보이지 않는다고 했습니다. 저는 이 점에 대해 특별한 의견을 내지는 않았습니다. 저는 "각질(corne)"이라는 기표가 그의 증상을 조직하는 데에 있어서 어떻게 작용했는지 알 수 있는 것으로 만족했습니다. 저는 이 시점에서 더 이상 파고드는 것은 그에게 위험한 일일 수 있다고 생각했습니다.

쾡탱은 늘 시간에 맞춰서 왔고, 상담이 그의 상태에 도움이 된다고 했습니다. 동시에 그는 저에게 "저는 늘 이랬어요"라고 말했고, 자기가 변한다면 그것은 놀라운 일일 것이라고 말했습니다. 그는 자신이 정상적인 성생활을 누리고 있을 때에도 여자의 발을 간질이고 싶어 했다고 했습니다. 나아가 그는 저에게 다음과 같은 사실도 알려주었습니다. 그는 파트너 — 대체로 파트너가 그보다 나이가 많았는데 — 가 자신이 발부터 애무를 하는 데에 동의를 해주는 한에서만 관계를 가질 수 있었습니다. 그는 약을 신뢰했고 이런 종류의 "환상"을 없애는 데에 도움이 되는 약이 있는지 물었습니다. 이러한 요구는 윤리적인 문제를 제기했고, 저는 이 문제를 열린 것으로 남겨 두었습니다.

환자를 맡을 때 환자의 구조를 파악하는 것은 매우 중요합니다. 우선 구조가 파악되어야 하며, 그래야 구조 주위에서 움직일 수 있습니다. 이제 제가 퀭탱이 페티시스트라는 것을, 따라서 도착증적 구조에 속한다는 것을 알았으니 어떻게 분석 작업을 진행할 수 있을까요? 우선 저 역시 처음에는 어떻게 할지 잘 알지 못했다는 점을 말씀드려야 할 것 같습니다. 물론 그의 구조를 변화시키는 것은 불가능했습니다. 그러나 그가 저에게 자신의 이야기를 하는 것만으로 이미 그에게 도움이 되었음을 알 수 있었습니다. 그리고 아마도 나중에 그가 다른 방향으로 움직이도록 제가 개입할 계기가 생길 수도 있었습니다. 그의 자아 이상과 대해 말씀드리자면, 그에게는 자신이 중시하는 가치가 있었습니다. 그는 해를 끼치기를 원하지 않았습니다. 그는 자신의 행위로의 이행에 대해 아무런 죄책감도 갖지 않았는데, 이것은 그에 따르면 그가 희생자들에게 나쁜 짓을 하지 않았기 때문이었습니다. 그러나 그는 자신의 행동에 대해, 또 자신의 환상이 더 심해질 경우 일어날 일에 대해 염려했습니다.

이러한 임상 사례에 대해 결론을 내리기 위해 저는 퀭탱이 그의 '환상'이라고 부른 것이 환상이 아니라는 점을, 그것은 도착증적인 시나리오라는 점을 강조하고 싶습니다. 페티시즘은 다음과 같은 특징을 갖습니다. 거기서 욕망의 대상은 실정화된[긍정적으로 현존하는](positive) 대상입니다. 대상은 더 이상 결여된 대상, 상실된 대상이 아닙니다. 페티시스트에게 대상은 상실되지 않습니다. 대상은 실존하며, 그는 대상을 붙잡고, 포착하고, 수집할 수 있습니다. 이런 맥락에서 우리는 페티시스트에게 거세에 대한 부인이 있다고 말할 수 있습니다.

빌헬름 옌센(Wilhelm Jensen)의 『그라디바(Gradiva)』와 프로이트의 "빌헬름 옌센의 『그라디바』에 나타난 망상과 꿈"에서 우리는 여자 발바닥의 굴곡(걷는 여자)에 매혹되어 그것을 찾는 젊은 고고학자를 보게 됩니다. 그러나 여기서 발바닥의 굴곡은 대상 a라는 의미에서 상실된 대상, 환상의 대상입니다. 발의 굴곡에 대한 끌린 고고학자 하놀드(Arnold)는 부조를 샀고, 이로 인해 폼페이까지 가게 됩니다. 이러한 끌림은 어릴 때 그와 가까이 살던 소녀 조에(Zoé)에 대한 억압된 기억의 흔적에 다름 아닙니다. 이것은 욕망의 환유적 전치에 해당됩니다.

1927년에 프로이트가 쓴 "페티시즘"이라는 제목의 논문은 페티시즘의 구성을 분석합니다. 아이는 여자가 팔루스를 결여하고 있음을 부정하고 부재한 팔루스의 대체물로 페티시를 설정합니다. 그것은 거세에 대한 부인입니다. 퀭탱에게 발아래의 각질은 어머니에게 팔루스가 존재한다는 것을 입증합니다.

네 가지 담론

『라캉적 위상학에 대한 시론』에서 마크 다르몽은 라캉의 L도식에 기초하여 구축된 일련의 도식을 제안합니다. 이에 입각해서 다르몽은 포의 단편에서 도둑맞은 편지가 어떻게 순환하는지 보여줍니다. 편지를 갖고 있는 사람은 오른쪽 위에 위치하며, a'로 표기됩니다. 어떤 인물이 편지를 소유하는 순간, 그는 자동적으로 이 위치에 놓입니다. 제가 포의 단편에서 편지의 순환에 대해 말씀드리는 것은 여러분으로 하여금 라캉적 의미의 담론이 무엇인지 감을 잡을 수 있도록 하기 위함입니다. 일단 우리가 주체는 "의미작용적 사슬[기표 연쇄]이 그들을 한 바퀴 순회하는 순간을 본떠 그들의 존재 자체를 만든다"[90]는 점에 동의한다면, 단순히 정신적으로 아픈 주체뿐만 아니라 모든 주체에게 적용되는 서로 다른 임상적 그림을 식별할 수 있어야 한다는 점이 도출됩니다. 히스테리는 가장 명백한 사례입니다. 왜냐하면 그것은 고대에 포착되어 현재까지 지속되는 작용 방식이기 때문입니다. 히스테리는 우리에게 구조가 무엇인지 접근할 수 있게 해줍니다. 다음과 같은 사실에서부터 시작해서 말입니다. 우리는 히스테리에서 늘 동일한 증상과 동일한 불만을 발견합니다. 그것은 과거의 발생 방식과 동일합니다. 이는 우리로 하여금 일련의 사례에서 발견되는 요소 전부를 묘사할 수 있게 해줍니다. 즉, 히스테리에는 공통된 구조가 존재하는 것처럼 보입니다. 그런데 "구조"라는 단어를 사용하면서 우리는 우리가 이미 12번째 수업에서 살펴본 오일러의 그래프 이론과 클라인의 4원군 이론을 참고하게 됩니다. 지금부터 후자에 대해 살펴보겠습니다.

클라인의 4원군 La structure du groupe de Klein

클라인의 군은 오일러 그래프의 특수한 사례에 해당합니다. 그것은 4면체, 즉 네 개의 면을 갖고 있으며 평면에 묘사될 수 있는 입체도형에 관련됩니다. 제가 가져온 4면체에서 알 수 있듯, 이쪽에 3개의 모서리가 있고, 다른 쪽에 3개의 모서리가 있기에, 4면체는 6개의 모서리로 연결

---

90 라캉, 『에크리』, 40쪽.

됩니다. 그리고 4개의 꼭짓점이 있습니다. 만약 우리가 4면체를 평면에 그려보면, 우리는 두 개의 대각선이 그려질 수 있는 사각형을 얻게 됩니다. 거기서도 마찬가지로 우리는 4개의 꼭짓점과 6개의 모서리를 얻게 됩니다.

이것은 무슨 쓸모가 있을까요? 꼭짓점을 어떤 작용으로 생각하고, 모서리를 그 작용의 결과로 생각해봅시다. 저는 마크 다르몽이 언급한 사례를 원용하겠습니다. 나란히 놓인 두 개의 동전이 있다고 합시다. 동전들의 앞뒤를 뒤집어 봅시다. 하나를 뒤집고, 다른 하나를 뒤집고, 둘 다 뒤집는 식으로 말입니다. 우리는 동전을 뒤집는 이러한 작용을 문자로 형식화할 수 있습니다. 그리고 문자를 4면체 위에 기입할 수 있는지 확인해 봅시다. 즉, 두 개의 동전과 그것들을 뒤집는 작용이 클라인의 4원군과 동일한 구조를 이루는지 확인해 봅시다.

a는 오른쪽 동전을 뒤집는 것을,
b는 왼쪽 동전을 뒤집는 것을,
c는 둘 다 뒤집는 것을,
i는 아무 것도 뒤집지 않는 것을 나타낸다고 합시다.

만약 우리가 i에서 시작해서 a와 b를 실행하면, 이것은 c를 실행한 것과 같습니다. 즉, "a b = c"입니다. 만약 우리가 a를 두 번 실행하면, 이것은 아무 것도 실행하지 않는 것과 같습니다. 즉, "a a = i"입니다. 만약 우리가 a와 b를, 그 다음에 a를 실행하면, 이것은 b를 실행한 것과 같습니다. 즉, "a b a = b"입니다. 이렇게 모든 경우의 수를 실행해보면, 우리는 두 개의 동전과 a, b, c, i라는 네 가지 작용이 클라인의 4원군을 형성하는 것을 알 수 있습니다.

제가 클라인의 4원군 이론을 소개해 드린 것은 우리가 라캉의 세미나를 읽을 때 그것과 계속 마주치기 때문입니다. 그 이론은 은유에 대한 논의와 L도식에서 드러나며, 보다 명확한 형태로 네 가지 담론에서 드러납니다. 클라인의 4원군을 통해 기표 연쇄의 상호주체적 경로를 설명하기 위해 라캉은 약간의 변형을 가합니다.

- 모서리는 한 가지 방향으로만 가로질러질 수 있으며, 이것은 기표 연쇄가 시간 속에서 흘러가기 때문입니다.
- L도식에서는 수직 방향의 두 개의 모서리가 제거됩니다.
- 네 가지 담론에서는 아래쪽의 모서리가 제거됩니다.

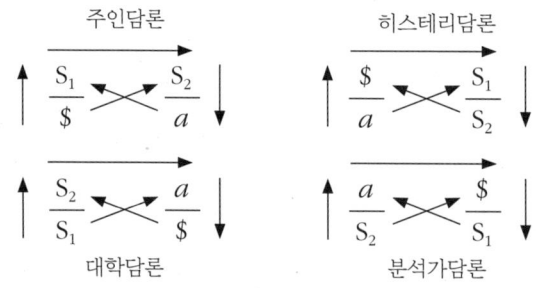

네 가지 담론

이제 네 가지 담론을 써봅시다. 주인담론에서부터 시작하겠습니다. 기표 S1이 다른 기표 S2에게 빗금 쳐진 주체 $를 재현합니다.

주체가 빗금 쳐지는 것은 기표가 주체를 좌우하기 때문입니다(Le sujet barré puisque le signifiant a barre sur lui). 기표에 의해 빗금 쳐진 주체는 상징계로 진입함에 따라 탈존(ek-sistence)하게 됩니다. 그러나 하나의 기표에 의해 다른 기표에게 재현되는 이러한 작용은 결과적으로 어떤 잔여물을 남깁니다. 주체는 오직 재현될 뿐입니다. 그가 재현의 세계로 진입한 이후로 그는 사물과 대상에 접근하지 못합니다. 이것은 대상이 상실되었음을 뜻합니다. 주체가 기표로 진입함에 따라 주체는 기표에 의해 분열되고, 이러한 분열의 작용에 의해 상실된 대상, 즉 대상 a가 생산됩니다. 네 가지 담론은 여러 가지 방식으로 읽힐 수 있으며, 이 때문에 더욱 흥미로운 것이기도 합니다.

주인담론은 주체가 어떻게 상징계로 진입하는지를 형식화합니다. 뿐만 아니라 그것은 고대의 주인과 노예의 관계를, 나아가 누군가가 주인 — 어떤 유형의 주인이든 간에 — 에게 종속될 때 벌어지는 일을 묘사합니다. 만약 우리가 주인담론을 주인과 노예 간의 관계에 대한 설명으로 읽으면, 거기서 우리는 주인이 노예에게 주인이 관심 있는 어떤 것을 생산하라고 일을 시킨다는 것을 알 수 있습니다. 그 결과 대상 a가 생산되며, 이것은 상품일 수도 있고, 마르크스가 말한 잉여가치, 즉 노동자에게 지불되지 않는 노동력의 일부이자 주인도 즐길 수 없는 것 — 주인은 그 상당 부분을 재투자해야 하기 때문에 — 일 수도 있습니다.

왼쪽 위의 자리는 그 자리를 점유하고 있는 기능을 통해 담론에 이름을 제공합니다. 주인담론에서 이 자리는 주인으로서의 기표에 의해 점유됩니다. 라캉은 이 자리를 상블랑(semblant)의 자리라 부릅니다. 왜 상블랑의 자리일까요? 상블랑이라는 용어는 오직 점유되는 자리만이 관건일 뿐이라는 점을 강조합니다. 분석가도, 주인도, 대학도 특정한 자리를 점유함으로써만 각각의 구조가 갖는 사회적 유대를 움직일 수 있습니다. 그들은 특정한 기표의 지지대가 되기를 받아들여야 하며, 특정한 기능에 따른 역할을 수행해야 합니다. 이런 점에서 그것은 상블랑의 자리입니다. 이 자리는 그 역할을 수행하는 주체의 단독성과는 아무런 관련이 없습니다. 왼쪽 위에 있는 상블랑의 입장에 놓이기를 받아들이는 것은 우리가 상블랑일 뿐임을 알면서도 그 역할을 하기를 받아들이는 것을 뜻합니다. 만약 우리가 이 점을 망각하면, 가령 주인이 주인이라는 자신의 역할에 완전히 동일시한다면, 나폴레옹이 자신을 정말로 나폴레옹으로 여긴다면, 그는 광기에 휩싸이게 됩니다. 자신이 하는 기능이 곧 자신이라고 여기는 것, 어떤 인물과 그의 기능을 동일시하는 것은 정신증의 차원에 속합니다.

기표 자체가 상블랑이라는 점에서 기표 S1이 상블랑의 자리를 차지할 때 S1은 특히나 자기 자신의 자리에 있는 것이며, 이것이 주인담론이 그토록 큰 성공을 했던 이유라고 라캉은 말합니다. 이러한 점은 라캉의 시대에는 사실이었지만, 오늘날에는 그렇지 않습니다. 이미 1993년에 마르셀 체르막은 주인담론을 유지하는 것은 이제 꼴사나운 일이라고 지적했습니다. 주인이 지배하는 것은 힘이나 폭력 때문이 아니라 주인기표에 의해 지탱되는 어떤 입장을 점유하고 있기 때문입니다.

어떤 위치를 점유하는 것이 관건인 한에서, 우리는 어째서 헤겔이 이 사람이나 다른 사람이나 매한가지라는 발언을 했는지 이해할 수 있습니다. 이것이 군주제에서 일어나는 일입니다. 왕자의 단독성이 어떤 것이든 간에 사람들은 소수의 예외를 제외하고는 늘 왕자를 왕으로 만들게 됩니다. 왕자가 조금 더 유능하거나 덜 유능할 뿐, 왕자는 결국 왕이 됩니다. 그는 왕의 자리를 점유하는 법을 배울 수 있기 때문입니다. 『상블랑에 관한 것이 아닐 담론에 대해』 세미나에서 라캉은 주인담론이 여러 문명의 중심축이 되었음에도 불구하고 다른 방식으로 작동되는 사회들도 존재한다고 말합니다. 나아가 역사적으로 혁명이라 일컬어진 것은 대체로 하나의 주인을 다른 주인으로 교체하는 것이었습니다. 반면에 진정한 혁명이란 담론을 변화시키는 것, 사회적 유대를 변화시키는 것입니다. 담론을 구성하는 네 가지 요소가 적어도 4분의 1만큼 회전할 수 있도록 말입니다. 그 결과 왼쪽 아래에 놓여 있으며 횡선 아래에서 억압된 진리가 출현할 수 있습니다.

이것은 분석가담론이나 히스테리담론을 통한 움직임에 어떤 장점이 있다는 말일까요? 네 가지 담론 각각에는 횡선 아래에 억압된 요소가 진리의 위치에 놓여 있습니다. 그러므로 다른 담론을 채택하는 것은 그 자체로 진보를 이루지 않습니다. 진리를 드러나게 하는 것은 담론의 변화, 즉 하나의 담론에서 다른 담론으로 이동하는 것이 가능해질 때입니다. 진보는 이동할 수 있는 능력에 놓여 있습니다.

이런 점에서 라캉은 프로이트가 혁명적이라고 말합니다. 그가 몇몇 미묘한 사실을 증상으로 간주함으로써 정신분석적 담론을 창시했다는 점에서 말입니다. 실언, 실착, 망각을 증상으로 간주하는 것은 증상을 일종의 은유, 즉 무언가를 말하고 있으며 우리가 해독해야 할 메시지로 여기는 것입니다. 프로이트 이전에는 히스테리증자가 전환 증상, 가령 마비를 겪고 있을 때 그 누구도 그 증상이 무언가를 말하고 있다고 보지 않았고, 그 누구도 그 증상이 표현하고 있는 진실을 듣지 않았습니다. 프로이트는 증상을 들었기 때문에 혁명가가 된 것입니다.

주인담론에서의 진리

주인담론에서 진리의 자리는 $에 의해 점유됩니다. 분열된 한에서의 주체는 주인담론에서 억압되어 있습니다. 한편 상블랑의 자리는 주인기표에 의해 점유됩니다. 이것이 바로 진리의 차원이 상블랑의 차원과 밀접하게 관련되어 있는 이유입니다. 문제는 자리입니다. 라캉은 진리의 집(dé-mansion)**91**에 대해 말합니다.

나머지 세 가지 담론

주인담론에서 우리는 네 가지 위치와 네 가지 요소를 구분할 수 있습니다:

S1: 주인기표

S2: 지식

$: 빗금 쳐진 주체

a: 대상 a

이 네 개의 위치는 다음과 같습니다:

$$\frac{\text{행위자}}{\text{진리}} \quad \frac{\text{타자}}{\text{생산물}}$$

한 가지 담론에서 다른 담론으로 이동하는 것은 네 가지 요소를 4분의 1 회전시키는 것과 같습니다. 행위자를 기준으로 살펴보면, 주인담론에서 S1가 차지한 자리를 $, a, S2가 점유하게 됩니다. 히스테리담론에서 행위자의 입장에 있는 것은 $이며, 대학담론에서 행위자의 입장에 있는 것은 S2, 분석가담론에서는 a입니다. 주목할 점은 오직 분석가담론에 근거해서만 다른 담론의 구조를 읽을 수 있다는 것입니다. 비록 쓰일 수 있는 최초의 담론이 주인담론이라 하더라도 말입니다.

---

91 "맨션[집](mansion)," "차원(dimension)," "말해진 것(le dit)" 등의 단어를 결합한 라캉의 신조어로, 진리가 거짓말(mensonge)과 얽혀 있음을 시사한다(역주).

네 가지 담론과 관련하여 롤랑 쉐마마(Roland Chemama)의 『정신분석 사전』을 인용해 보겠습니다.[92]

"주인담론은 S1/$ - S2/a에서 드러나는 문자들 간의 관계를 정립한다. 이것은 주인기표/주체 - 지식/잉여주이상스로 읽힌다.

이러한 관계의 정립에서 확인되는 것은 형식적인 체계다. 여기서는 자리 ― 그리고 요소들이 결합되는 방식 ― 와 요소 자체를 구분할 수 있다.

요소의 본성을 논외로 한다면, 무엇이 S1, S2, $, a가 쓰이는 네 가지 자리를 필요한 것으로 만드는가? 네 가지 자리가 필요한 것은 모든 담론이 타자에게 말을 건네기 때문이다. 비록 여기서 타자가 특정한 개인으로 환원되지는 않더라도 말이다. 모든 담론은 특정한 자리로부터 또 특정한 이름을 통해 타자에게 말을 건넨다. 자기 자신의 이름이든, 제3자의 이름이든 간에 말이다. 행위자와 타자라는 두 자리에 다른 두 자리가 추가된다. 즉, 진리 ― 공식적으로 말해지는 것 아래에 잠재되어 있는 ― 가 개입할 수 있고, 담론의 장치에서는 어떤 것이 매번 생산된다. 이로부터 아래와 같이 완결된 체제가 나온다.

$$\frac{\text{행위자}}{\text{진리}} \quad \frac{\text{타자}}{\text{생산물}}$$

이 점에 근거하여 정신분석 이론에서는 다음과 같은 질문이 제기된다. 형식화를 통한 이론의 정교화가 경험에서 입증 가능한 발전을 낳을 수 있는가? 담론에 관한 한 답변은 긍정적이다."

---

92 *Dictionnaire de la psychanalyse*, sous la direction de Roland Chemama, Larousse, poche, 1993.

주이상스

그 다음에 라캉은 오른쪽 위의 자리가 주이상스의 자리라고 씁니다. 『정신분석의 이면』 세미나에서 라캉은 네 자리 중 셋을 먼저 명명합니다. 행위자의 자리, 생산물의 자리, 진리의 자리를 말입니다. 그리고 이렇게 첨언합니다.

> "내가 네 번째 자리(오른쪽 위)를 명명하지 않은 것은 그것이 명명 불가능하기 때문이다. 왜냐하면 모든 담론은 그것의 금지, 즉 주이상스의 금지에 기초하기 때문이다.
> …… 아무도 굴이나 비버의 주이상스에 대해 알지 못할 것이다. 왜냐하면 기표가 없다면 주이상스와 육체 사이에 어떤 거리도 없기 때문이다.
> 주이상스와 기표에 의해 모욕된(mortifié) 육체 간에 분열이 생기는 것은 죽음에 의해 자국 난 것으로서의 단항적 표지(trait unaire)의 관여와 상관이 있다."

히스테리담론

> "인간 종에서 이러한 오해는 지그재그의 선에 놓이고, 이러한 오해가 인간 종의 성관계를 구성한다. …… 우리가 기표를 갖고 있기 때문에 우리가 서로를 이해해야 하지만, 이것이 바로 우리가 또한 서로 이해하지 못하는 이유인데 …… 만약 인간에게 주이상스가 그럭저럭 작동된다면, 이것은 그런 작동을 가능하게 하는 비결 때문으로, 이 비결이 또한 주이상스를 해결 불가능한 것으로 만든다. 이것이 히스테리담론이 뜻하는 바이다. …… 우리는 히스테리증자가 자신이 할 수 있는 최대한으로 한 남자를 만드는 것을 볼 수 있다. 지식에 대한 욕망에 의해 움직이는 남자 말이다."

$$\frac{\$}{a} \qquad \frac{S_1}{S_2}$$

우리는 히스테리담론을 다음과 같이 읽을 수 있습니다. 히스테리증자는 주인으로 하여금 지식을 생산하도록 궁지에 몰아넣습니다. 그러나 이 지식은 히스테리증자의 주이상스를 함유하고 있는 a와는 아무런 관계가 없을 것입니다. a는 횡선 아래에 억압된 채로 남아 있습니다. 또 우리는 다음을 읽을 수 있습니다. 히스테리증자의 진리는 그녀가 남자에게 욕망되기 위해 대상 a가 되어야한다는 점에 있습니다.

모든 담론에는 불가능성 혹은 단절이 있습니다. 아래쪽의 두 자리에서는 아무 것도 순환하지 않기 때문입니다. 이러한 불가능성은 실재가 쟁점이라는 점을 보여줍니다. 각각의 담론에서 관건은 실재의 윤곽을 그리는 것, 무엇이 불가능성에 해당되는지 보여주는 것입니다. 여기서 문자가 실재의 윤곽을 그리게 해줍니다.

대학담론

대학담론에서 주인은 숨겨진 채로 있습니다. 어떤 기만이 있는 것입니다. 대학담론은 상블랑의 담론으로 남아 있습니다. 대학에서 우리는 학점을 이수해야 하며, 이것은 어떤 소속의 기호입니다. 우리의 선택은 새로운 기표를 생산할 가능성에 관련되지 않을 것입니다. 라캉에게 청중은 대상, 즉 압축된[다급한](pressé) 잉여 주이상스의 입장에 놓여 있습니다. 여기서 라캉은 자신의 가르침으로 인해 대학담론 안에서 움직일 위험을 무릅씁니다. 이것은 그가 원하던 바가 아니었습니다. 그는 우리에게 그 자신은 청중과의 관계에서 분석자의 입장에 있다고 말합니다. 즉, 청중이 분석가의 입장에 있으며, 라캉은 청중을 통해 자신의 욕망이 재활성화되기를 기대했습니다.

분석가담론

『상블랑에 관한 것이 아닐 담론』세미나 ALI 판본의 54쪽에서 라캉은 이렇게 말합니다.

> "분석가담론은 행동의 논리에 다름 아니다. …… S2 위에 있는 a와 분석자 쪽에서 일어나는 것, 즉 빗금 쳐진 주체의 기능을 고려할 때, 그리고 주체가 생산하는 것이 기표, 더구나 아무 것이나 상관없는 기표가 아니라 주인기표 임을 고려할 때 말이다.
> 내가 거듭해서 글로 썼기 때문에 여러분이 이해하지 못했던 것이다. 이런 점에서 글쓰기는 말하기와 다르다. 이해를 위해서는 말을 듬뿍 덧붙여 발라야 하는 것이다."

1969년 11월 26일 수업에서 라캉은 마르크스의 잉여가치를 설정하기 위해 분석가담론을 활용합니다.

> "잉여주이상스와 관련해서 저는 여러분께 마르크스에게 대상 a ― 다른 담론이 아니라 분석가담론을 근거로 ― 는 잉여 주이상스로 표명된 수준에서 작동하는 것으로 인식됩니다. 여기서 여러분은 마르크스가 잉여가치의 수준에서 일어나는 것으로 발견했던 것을 보실 수 있습니다. …… 마르크스가 주인담론을 참고했을 것이라고 생각하는 것은 오류입니다."

담론의 사례들

강박신경증에 관해 샤를 멜만이 진행한 세미나의 24쪽을 인용해 보겠습니다. 이 구절에서 멜만은 의학담론이 주인담론의 한 가지 사례임을 명확히 단언합니다.

"여러분은 주인담론이 무엇인지 질문한다. 그런데 여러분 중 상당수는 주인담론을 수중에 넣고 있다. 주인담론의 한 가지 사례가 여러분 곁에 있으며 여러분은 그에 대해 잘 알고 있다. 그것은 의사의 말입니다.

의사의 말은 주인담론의 좋은 사례이다. 의학에 관련된 테크닉이나 실천 때문이 아니라 의학계를 넘어서는 구조적인 이유 때문에 그렇다.

왜 그럴까요? 제가 이 사례를 드는 것은 여러분께 그저 주인담론이 무엇인지 알려드리기 위함이 아니다. 제가 이 사례를 드는 것은 다음과 같은 질문 때문이다. 의사가 말을 할 때 그 기표에 권위를 부여하는 것은 무엇일까? 의사의 말은 그 말이 윤리적이고 철학적 차원에서 우리의 실존을 규정함으로써 우리를 종속시키는 대상으로부터 권위를 얻는다. 의사의 말은 우리가 이 대상에 복종해야 하고, 우리가 그 대상의 하인이며, 우리의 유일한 과제는 그 대상이 기대하거나 우리에게 요구하는 것을 이루는 것일 뿐이라고 주장한다. 만약, 이 점은 암암리에 전제되는데, 우리가 우리 육체의 조화로운 작동을 확보하고자 할 때 그렇다. 여러분도 알게 되겠지만, 이 대상은 팔루스이다.

의사의 말은 우리가 우리 의지의 조화나 육체적 안녕 등의 보상을 위해 그 말에 종속시키기를 요구함으로써 팔루스라는 대상으로부터 권위와 힘을, 나아가 조금 전에 말했듯이 윤리까지 얻기 때문에, 이런 점에서 의사의 말은 주인담론의 가장 완벽한 사례가 된다.

정신분석가들이 늘 의사의 말에 대해 통상적인 어려움을 갖게 되는 것은 이 때문이며, 프로이트가 매우 빠르게 분석가담론과 의학담론을 구분하고 분리할 수 있었던 것도 이 때문이다."

과학담론은 대학담론이 아닙니다. 과학담론은 주인담론에 기입됩니다. 대상의 생산과 주체의 삭제라는 대가를 통해 말입니다.

자본주의담론은 과학적 생산에 가까이 있습니다. 유통이 숨겨져 있는 주인을 통해 일어난다는 점만 제외하면 말입니다. 숨겨진 주인은 마피아가 됩니다. 유통은 숨겨져 있지만, 시스템의 본질적인 부분으로 남아 있습니다. 유통을 드러내는 것이 무슨 소용이 있는지 의문을 제기할 수 있을 정도로 말입니다.

지금까지 페티시즘 사례에 근거해서 네 가지 담론의 형식화에 대해 짧게 살펴봤습니다. 이러한 접근이 정당화되는 것처럼 보이는 것은 오늘날의 사회적 유대가 일반화된 도착증의 형태로 이해될 수 있기 때문입니다.

샤를 멜만은 『중력 없는 인간』에서 이 관점을 발전시켰습니다. 그리고 『보고타 학회』에서 이를 재차 주장합니다. 그의 말을 인용해 보겠습니다.

"도착증은 무엇인가? 그것은 어떤 대상에 의한 욕망의 조직이다. 그리고 주체는 그 대상이 진정한 주이상스의 대상임을 확신한다. 그러면 여러분은 내게 도착증은 정념[열정](passion)과 관련된다고 말할 것이다. 물론 도착증은 정념 형식의 하나이지만, 도착증이 설정되면 그것은 또 다른 메커니즘, 즉 욕동에 관련된다. 사람들은 다음의 사실을 망각한다. 도착증자는 자신이 주이상스의 진정한 대상 — 적어도 그에게는 진정한 대상 — 에 대해 알고 있다고 믿는다는 사실, 그리고 도착증자가 그 대상과 맺는 관계는 환상에 의해 조직되지 않는다는 사실을 말입니다. 왜냐하면 환상은 대상의 상블랑에만 관련되기 때문입니다. 도착증자가 대상과 맺는 관계는 욕동에 의해 조직됩니다. 또 사람들은 도착증자가 법원에서 재판을 받을 때나 도착증자가 감옥에 있다가 나가서 또 다시 범죄를 저지른다는 사실에 대해 놀라워하는 것처럼, 도착증자가 주이상스를 찾지 않을 수 없다는 점을 자주 망각한다. 그렇다면 무엇이 도착증자로 하여금 욕망을 조직하는 그 대상이 주이상스의 진정한 대상이라고 믿게 만드는 것일까? 답변은 매우 간단하다. 그는 이 대상이 대타자가 욕망하는 것이라고 믿기 때문이다.

그렇다면 나는 이 책에서 무슨 근거로 우리가 일반화된 도착증의 시대에 진입했다고 말하고 있을까? 그것은 대상이 시장을 통해 우리에게 절대적이고 진정한 주이상스를 공급해 준다고 하기 때문이다. 우리는 대상의 상블랑에, 가치가 떨어지는 브랜드에 만족할 수 없다. 우리는 실재의 대상 자체를 가져야 한다. 그리고 우리는 많은 사람들이 대상에게 의존적으로 되어가는 것을 볼 수 있다. 사람들은 마약중독자처럼 되어버렸다. ……

어떤 대상이 페티시라면, 이것은 그 대상의 사용가치가 상징의 가치와 연결되어 있고, 상징의 가치가 사용가치보다 더 중요하게 되었음을 뜻한다. 아이가 엄마에게 유명 브랜드의 옷을 사달라고 조를 때, 우리는 그 옷이 추위로부터 몸을 보호하기 위한 것만이 아님을 알 수 있다. 그것이 소속과 사회적 성공의 상징이기 때문이다. 말하자면, 그것이 페티시가 되었기 때문이다. 이것이 오늘날 대상이 갖는 지위이다. 내가 유명 브랜드의 옷을 입고 있으면, 주인처럼 보이는 것, 이것이 페티시로서의 가치이다."

부록 I

대타자의 미완결성
『대타자에서 소타자로』세미나의 네 번째 수업에 대한 논평

라캉이『대타자에서 소타자로』세미나의 네 번째 수업에서 집합론과 관련해서 제안한 논리적 증명에 대해 살펴보겠습니다. 우선 정신분석이 어떤 점에서 그리고 어느 정도까지 수학과 집합론에 관심을 가질 이유가 있는지 살펴봅시다.

이미 1953년 "정신분석에서의 말과 언어의 기능과 장"에서 라캉은 기표와 기의에 대한 구분을 상정하면서 집합론을 언급한 바 있습니다. 그는 이렇게 씁니다.

> "어떤 언어의 임의의 요소를 언어 자체에 속한 것으로 규정하는 것은, 특정 언어의 모든 사용자에서 그와 같은 요소가 동족적 요소로 구성되는 것으로 상정되는 집합 속에서 그 자체로 구분되는 사실이라고 지적할 수 있을 것이다.
> 그 결과 언어의 그와 같은 요소의 특수한 효과는 피험자의 모든 특수한 경험과 결합되기 전에 그러한 집합의 존재와 결합된다."[93]

---

93 라캉,『에크리』, 321쪽.

대타자의 미완결성은 조금 뒤의 시점인 『무의식의 형성물』 세미나에서 나옵니다. 그리고 1960년 "프로이트적 무의식에서의 주체의 전복과 욕망의 변증법"에서 라캉은 이렇게 씁니다.

"대타자는 시니피앙의 자리라는 이해방식부터 시작해보자. 모든 권위 있는 언표는 자기의 언표 행위 자체 말고는 아무런 보장도 갖고 있지 않다. 다른 시니피앙 속에서 그에 대한 보장을 찾으려는 것은 헛된 일인데, 이 다른 시니피앙도 어차피 위의 자리 외부에서 나타날 수는 없기 때문이다. 말해질 수 있는 메타언어는 존재하지 않는다는 말로, 또는 보다 격언식으로 말해보자면, '대타자의 대타자는 존재하지 않는다'는 말로 그것을 나타내볼 수 있을 것이다."[94]

같은 텍스트의 조금 뒤에 라캉은 S(Ⱥ)라는 표기를 통해 대타자의 결여에 대한 기표를 도입합니다. 그는 이렇게 말합니다.

"여기서 문제가 되고 있는 결여는 우리가 이미 정식화한 대로 대타자의 대타자는 존재하지 않는다는 것이다." 대타자의 미완결성이라는 근본적인 사태는 1959년에 『욕망과 그 해석』 세미나에서, 또 1962년에 『불안』 세미나에서 다루어집니다.

1968년 12월 4일 수업에서 라캉이 대타자의 미완결성에 대한 공식화와 관련하여 말한 것에는 어떤 새로움이 있을까요? 그는 그해의 첫 번째 수업인 11월 13일 수업에서 대타자의 미완결성에 대한 수학적인 증명을 제시하려는 자신의 의도에 대해 말합니다. "데카르트에게 문제는 진리의 영역을 보증해

---

94 라캉, 『에크리』, 958쪽.

줄 신이 있는지 없는지를 아는 것이다. 그러나 오늘날 상황은 달라졌다. 대타자의 영역에서 담론의 전적인 일관성을 보증해줄 가능성과 같은 것은 없기 때문이다."

만약 담론의 전적인 일관성이 불가능하다면, 이것은 내가 나 자신을 주체로 지칭하기 위해 대타자에게 질문을 던질 때 내가 대타자 안에서 마주하는 것은 오직 공백, 기표의 부재일 뿐임을 뜻합니다.

이러한 상황을 정면으로 마주하는 것은 매우 끔찍하고 불안을 유발하는 일입니다. 그것은 우리의 좌표와 일상적인 평온함을 뒤흔듭니다. 대타자 안에 나의 정체성과 나의 일관성을 보증해 줄 수 있는 것이 없다면, 주체로서의 나는 소멸될 운명에 처해 있기 때문입니다. 그러나 다행히 주체는 자신의 일관성을 유지할 출구를 발견합니다. 라캉을 인용해 보겠습니다. "만약 대타자 안에 진리라 불리는 것의 일관성을 보증해 줄 수 있는 것이 아무 것도 없다면, 진리는 어디에 있을까? 대상 a의 기능이 보증하는 것 안에서가 아니라면 말이다."

주체가 대타자 안에서 확실히 그를 보증해 주고, 그를 진정한 주체로 만들어 주고, 대타자의 담론의 수준에서 스스로를 무의식의 주체로서 설정하고 명명할 수 있도록 해주는 것을 찾을 수 없을 때, 어떤 것이 출현합니다. 대타자 안에 결여되어 있는 기표를 보충하는 대상 a가 주체의 지지대로서 출현하는 것입니다. "주체가 상상적인 관계 속에서 붙잡고 있는 실재의 어떤 것이 기표의 순수한 기능으로 격상됩니다"(『욕망과 그 해석』세미나 1959년 5월 13일 수업). 그러므로 라캉의 말에 따르면 주체가 대타자의 미완결성에 마주할 때 주체에게 일관성을 줄 수 있는 것은 대상 a밖에 없습니다.

『대타자에서 소타자로』세미나 네 번째 수업은 대상 a를 중심으로 흘러갑니다. 여기서 라캉은 대상 *a*를 여러 가지 관점에서 접근하려고 합니다.

1) 농담에서 대상 *a*의 기능
2) 대상 *a*와 잉여가치의 연관성
3) 대상 *a*에 대해 수학적 형식화를 통한 엄밀한 접근

라캉의 증명을 살펴보기 전에 집합론과 관련해서 반드시 알아야 할 점 몇 가지를 말해보겠습니다. 집합론은 집합, 즉 공통적인 특징을 갖고 있는 대상의 모음이 무엇인가에 대한 직관적인 관념으로부터 만들어집니다. 가령 우리는 한 반에 있는 학생들의 집합을 떠올려 볼 수 있습니다.

그런데 1905년에 버트랜드 러셀은 자기 자신에게 속하지 않는 집합들의 집합에 관한 역설을 발견했습니다.

$$Z = \{X; x \notin x\}$$

Z가 스스로에게 속하지 않는 모든 집합(x)의 집합이라 합시다. 여기서 다음과 같은 질문이 제기됩니다. Z는 스스로에게 속하는가 그렇지 않은가?

만약 Z가 Z에 속한다면(Z∈Z), 정의상 자기 자신에게 속하는 Z는 Z에 속하지 않습니다.

만약 Z가 Z에 속하지 않는다면(Z∉Z), 정의상 자기 자신에게 속하지 않는 Z는 Z에 속합니다.

이러한 상황은 모순적으로 보입니다.

이 역설은 "이발사의 역설"이라는 이름으로 알려졌습니다. 어떤 마을에 스스로 면도하지 않는 모든 남자들을 면도하는 이발사 남자가 있다고 합시다. 그렇다면 그 이발사의 면도는 누가 해주는 것일까요?

라캉은 이 역설의 두 번째 버전으로 목록의 역설을 언급합니다. 자기 자신을 목록화하지 않는 모든 목록들의 목록을 A라 합시다. 여기서 두 가지 경우가 있습니다. 첫 번째 경우에 A는 목록화됩니다. 그런데 여기서 문제가 생깁니다. 목록화되기 때문에 A에 관한 정의에 부합하지 않습니다. 두 번째 경우에 A는 목록화되지 않습니다. 여기서는 자신을 목록화하지 않는다는 정의에 부합합니다. 그러므로 A에 목록화되어야 합니다. 그러므로 목록 A는 미완결적일 것입니다.

수학자들은 이 역설을 매우 쉽게 해결했습니다. 그들은 모든 집합들의 집합을 구성하는 것은 불가능하며, 모든 대상들의 모음이 집합이 될 수는 없다는 결정을 내렸습니다. 왜냐하면 그와 같은 가정은 부조리한 결론을 낳기 때문입니다.

가령 피숑(Pichon)은 이렇게 씁니다.

> "우리는 이런 부조리한 결론을 자세히 다루지 않을 것이다. 이것은 이번 세기 초에 기나긴 철학적 논쟁의 대상이었다. 그리고 이는 우리로 하여금 수학이 무엇인지 더 잘 파악할 수 있게 해주었다. 이런 부조리한 결론의 해소는 오직 본질적으로 추상적인 존재에 대해서만 작업함으로써, 또 그러한 부조리한 결론에 도달하는 것을 신중하게 피함으로써만 가능하다."

그러므로 수학자들은 어떤 집합이 집합이라고 말할 수 있는 규칙을 정립했습니다. 여기서 우리는 이 규칙을 다루지는 않겠습니다. 우리로서는 하나의 수학적 존재가 집합인 동시에 그 집합의 요소가 될 수는 없음을 파악하는 것으로 충분합니다. 특히 이것은 "a∈a"라고 쓰는 것을 금지하고, 모든 집합들의 집합에 대해 말하는 것을 금지합니다. 왜냐하면 모든 집합들의 집합은 그 정의상 자기 자신을 요소로 가져야 하기 때문입니다.

수학에서 요소 a와 집합 {a}를 구분하는 것은 중요합니다. 우리는 "a∈a"라고 쓰는 것이 불가능함을 살펴봤습니다. 그러나 "a∈{a}"라고 쓰는 것은 가능합니다.

요컨대 집합론과 관련해서 다음을 기억합시다.

1) 하나의 집합은 <u>스스로에게 속할 수 없다</u>[자기 자신의 요소일 수 없다].

2) 자기 자신에게 속하지 않는 모든 집합들의 집합을 만들 수 없다. 그 집합들은 집합으로 묶일 수 없다[자기 자신에게 속하지 않는 것은 집합의 속성일 수 없다].

그러나 라캉이 말하듯, "우리는 수학적인 논리 외에도 다루어야 할 것이 있다. …… 대타자에 대한 우리의 관계가 보다 첨예한 이슈이다." 그리하여 라캉은 주체와 대타자의 관계를 재검토합니다. 집합론의 경계에서 움직이면서, 정신분석의 영역에서 그 증명을 완전히 개작하되 수학자들이 말하는 것에 관여하지 않으면서 말입니다.

라캉의 증명은 "하나의 기표는 다른 기표에게 주체를 재현한다"는 명제에 대한 분석과 관련됩니다. 이 공식에서 주체는 오직 두 기표의 간격에서만 출현하며, 주체는 나타나자마자 금방 사라집니다: S1→S2.

두 번째 기표인 S2는 지식을 가리킵니다. "지식은 모호한 요소인데, 거기서 주체는 스스로를 잃어버리고 소멸된다. 나는 오랫동안 사라짐(fading)이라는 용어를 사용했다. 지식은 주체가 소멸되는 요소로 드러난다." 프로이트는 이를 원억압이라는 용어로 지칭했습니다. 무의식적 주체의 수수께끼에 관련되는 원초적인 억압 말입니다.

여기서 라캉은 두 가지 가능성을 검토합니다.

1) 첫 번째로 하나의 집합이 자기 자신에게 속할 수 있다고 해봅시다. 여기서 대타자는 모든 기표의 집합이며, 자기 자신에게 속할 것입니다.
2) 두 번째로 하나의 집합이 자기 자신에게 속할 수 없다고 해봅시다. 여기서 대타자는 자기 자신에게 속하지 않습니다. 따라서 우리는 기표를 자기 자신에게 속하지 않는 요소로 정의할 수 있습니다.

이 두 가지 증명을 천천히 살펴봅시다.

첫 번째 증명:
대타자가 자기 자신에게 속하는 경우

주체는 하나의 기표에 의해 다른 기표에게 재현됨으로써 결정된다는 공식에서부터 출발해봅시다. 라캉이 말하듯, "이 공식은 가장 단순하고 본질적인 연결, 즉 기표 1과 기표 2의 연결 안으로 주체를 기입시킬 수 있다는 장점을 갖고 있다. 여기서 우리가 출발한다면 우리는 기표에 대한 주체의 의존을 한 순간도 잊지 않을 수 있을 것이다."

집합론에서 이러한 연결은 순서쌍이라 불립니다. 라캉은 다음의 점을 상기시킵니다. "순서쌍이 수학으로 도입되었을 때 그것은 난폭한 소란을 통해 창조되어야 했다." 계속해서 그는 이렇게 말합니다.

> "집합이라는 것의 기능을 명확히 표명함으로써 시작해 보자. 만약 순서쌍의 기능이 소위 '공리'라고 불리는 난폭한 소란에 의해 도입되지 않았다면, 그와 관련하여 아무 것도 할 게 없다. 그 난폭한 소란의 결과, 두 기표의 공존을 대체하는 하나의 기표가 창조된다."

S1, S2라는 요소만을 가진 집합은 {S1, S2}라고 씁니다. 만약 S1과 S2가 같지 않다면, 그것은 하나의 쌍입니다. 이 쌍을 갖고 우리가 [{S1} {S1, S2}]라는 집합을 만든다면, 그것은 순서쌍입니다. 순서쌍은 S1이라는 집합이 S2라는 집합과 맺는 관계가 아니라 S1이 S1과 S2의 관계 ― 이 관계 자체가 하나의 집합을 이루는데 ― 와 맺는 관계를 정립합니다.

S1은 주체를 다른 기표에게 끝없이 재현하는 기표입니다. S1→S2는 지식이라고 불릴 수 있는 관계의 형식입니다.

S1과 S1→S2의 관계를 살펴봅시다. 이 관계는 S→A라고 쓸 수 있습니다. 왜냐하면 우리는 주체를 재현하는 기표와 대타자의 관계를 검토하고 있기 때문입니다.

우리는 대타자가 자기 자신에게 속한다는 가정에서 출발했습니다. 그런데 이것은 절대적인 지식이 존재함을 뜻합니다. A라는 절대적인 지식은 {S1}와 {S1, S2}라는 두 개의 집합을 하나의 지식으로 결합합니다. 그리고 이 지식은 S1과 S2를 하나의 지식으로 결합한 것과 같습니다. 그래서 이것은 S→A라고 쓰며, 하나의 기표(주체를 재현하는기표)와 대타자의 관계를 가리킵니다

현재 우리는 대타자가 모든 기표의 장소라는 가설을 살펴보고 있음

을 유념합시다. 대타자는 완전하고, 자기 자신에게 속하며, 닫힌 시스템입니다. 대타자는 모든 기표의 집합인 동시에 타자성의 기표입니다. A는 A를 포함합니다.

이제 하나의 기표와 다른 기표의 관계를 그 기표가 대타자와 맺는 관계와 관련하여 살펴봅시다. 즉, S→{S→A}를 말입니다. 여기서 우리는 순서쌍을 다시 발견하게 됩니다.

A는 S와 A의 관계를 포함하며, 기표와 대타자의 관계를 가리킵니다. 또 우리는 기표 그 자체가 다른 기표와의 차이에 다름 아니라고 말할 수 있습니다. 즉, 기표 간의 차이 자체가 S→A의 관계를 특징짓는 기표이며, 그 차이가 타자성의 기표인 A로 지칭되어야 한다는 말입니다. 그러므로 A는 {S→A}라는 관계를 지칭합니다.

만약 A가 위의 공식에서 A가 갖는 가치로 치환된다면, 우리는 S→(S→A)를 얻게 됩니다. 그리고 이 공식에서의 A 또한 그것이 갖는 가치로 치환될 수 있습니다. 그렇다면 우리는 S→(S→(S→A))를 얻게 되며, 이런 식으로 무한히 나아가게 됩니다. 이러한 무한 퇴행은 대타자가 모든 집합의 집합이라는 공식에 상상적인 형상을 부여합니다. 그 집합 내부에서 우리는 집합 S를 S가 대타자와 맺는 관계 속에서 배치할 수 있습니다. 여기서 대타자 A는 집합 S뿐만 아니라 S와 대타자 A의 관계도 포함합니다.

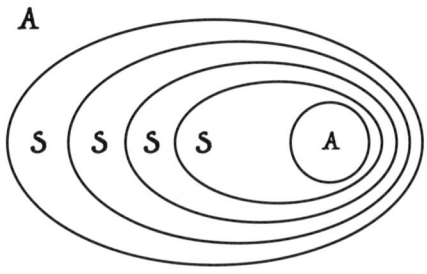

위의 그림은 무엇을 뜻할까요? 우리는 주체를 재현하는 기표 S와 대타자 A의 관계를 살펴보고 있습니다. 그런데 대타자 A는 모든 기표의 장소인 동시에 다른 기표, 즉 그 타자성이 주체로 하여금 자신을 정립하게 해주는 그러한 기표입니다. 따라서 우리는 이렇게 쓸 수 있습니다.

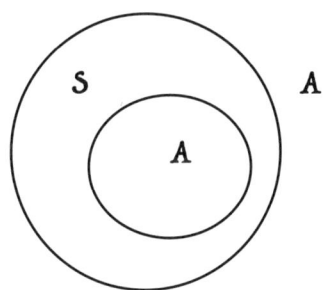

기표 S가 대타자 A와 맺는 관계가 대타자 A 안에 위치해 있습니다. 여기서 주체를 재현하는 기표와 대타자의 관계와 관련하여 다음과 같은 질문이 즉시 제기됩니다. 주체를 재현하는 기표와 새 집합이 맺는 관계는 무엇인가? 그리고 같은 질문이 그 다음 새 집합에 대해 제기됩니다. 이런 식으로 계속해서 나아가게 됩니다. 매번 새로운 원이 더해지고, 이것은 주체가 무한한 반복의 형태로만 그려질 수 있음을 뜻합니다.

이러한 반복은 우연이 아닙니다. 주체의 출현을 형상화하는 원들의 반복과 관련하여 대타자 A의 상황을 살펴봅시다. 라캉이 말하듯, "일련의 원은 비대칭적인 방식으로 누적된다. 즉, 원이 더 많이 누적될수록 A를 더욱 더 지탱하게 된다. 이러한 형상은 가장 작은 원이 가장 큰 원과 결합되는 위상학을 제안한다."

만약 우리가 대타자를 자기 자신에게 속할 수 있는 것, 즉 절대적인 지식으로 정의한다면, 주체는 오직 무한한 반복의 형태로만 기입될 수 있습니다. 그 결과 주체는 완전히 배제됩니다. 주체는 절대적인 지식으로 상정된 것과의 관계 — 외적인 것이든 내적인 것이든 — 를 통해서 쓰일 수 없습니다.

여기서 드러나는 논리적 구조는 프로이트가 근본적인 것으로 여긴 것을 해명해줍니다. 주체는 주이상스의 상실과의 원초적인 관계 속에서 오직 무의식적 반복으로 등장할 수밖에 없다는 사실을 말입니다.

대타자라는 실체 안에서 그려진 동심원 각각은 사라지는 대상 a의 윤곽을 나타냅니다. 우리는 대타자 A안에 작은 원이 놓인 자리에 대상 a를 위치시킬 수 있을 겁니다.

결론

만약 대타자가 자기 자신에게 속한 것으로 고려되면, 주체는 반복으로만 기입될 수 있습니다. 이것이 바로 절대적인 지식, 안다고 가정된 주체에 대한 참고를 유지하는 분석에서 일어나는 일입니다. 라캉은 이렇게 말합니다. "이것이 절대적인 지식, 안다고 가정된 주체 — 전이에서 이렇게 불리듯 — 에 대한 참고를 유지하는 데에서 드러나는 한계들 중 하나이다. 이로부터 필연적인 반복의 지표, 즉 논리적으로는 대상 a

가 유래한다."

두 번째 증명:
대타자가 자기 자신에게 속하지 않는 경우

하나의 집합은 자기 자신에게 속할 수 없습니다. 이것은 대타자가 자기 자신에게 속하지 않음을 뜻하며, 기표들이 그들 자신에게 속하지 않음을 뜻합니다.

대문자 A에는 S1, S2, S3만 속할 뿐이며, 이것들은 기표로서의 A가 재현하는 것과 구분됩니다.

라캉은 다음과 같은 질문을 던집니다. "주체는 담론의 우주로 정의되는 집합의 일부가 되지 않으면서 거기에 속한 채로 남아 있을 수 있는 방식으로 포섭될 수 있을까?"

정의상 A는 A 안에 있는 요소가 될 수 없습니다. 우리는 대타자가 자기 자신에게 속할 수 없다고 말했기 때문입니다. 주체를 다른 기표에게 재현하는 기표는 자기 자신에게 속할 필요가 없습니다. 최초의 기표들을 S1, S2, S3, Sq로 표기합시다. 이 기표들은 A와 같지 않습니다. A는 모든 기표의 타자입니다. S1, S2, Sq라는 기표들을 그려봅시다. 이 기표들은 자기 자신에게 속하지 않는다는 가설에 의해 취합됩니다.

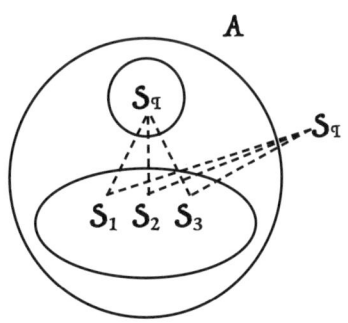

S2(두 번째 기표)를 어디에 위치시킬 수 있을까요?

라캉은 두 번째 기표의 역할을 맡을 수 있는 기표들이 S☒, S☒, S☒라고 말합니다. S2는 다른 모든 기표들이 그것에게 주체를 재현하는 그러한 기표들로 이루어진 부분집합입니다.

우리의 정의에 따르면 x는 x에게 속하지 않습니다. $x \notin x$

어떤 x가 S2 — 다른 모든 기표들이 그것에게 주체를 재현하는 기표들로 이루어진 부분집합 — 안에 그려지기 위해서는 두 가지 조건이 충족되어야 합니다.

1) x는 자기 자신에게 속해서는 안 됩니다. $x \notin x$
2) $x \in A$, 왜냐하면 A는 모든 기표를 취합하기 때문입니다.

이로부터 어떤 결과가 나올까요? S2는 자기 자신에게 속할까요? 우리는 $S2 \in S2$라고 쓸 수 있을까요?

— 만약 그렇게 쓸 수 있다면, 자기 자신에게 속하지 않는 요소들의 부분집합이라는 정의에 부합하지 않고, 따라서 S2는 자기 자신에게 속하지 않습니다. $S2 \notin S2$. S2는 S☒, S☒, S☒라는 일련의 기표들 사이에 있지 않습니다.

— "S2는 제가 위치시킨 자리에 있습니다. 자기 자신에게 속하지 않는 한에서 말입니다." 즉, $S2 \notin S2$.

그러므로 이 두 번째 경우에서 대타자는 미완결적입니다. 절대적인 지식은 존재하지 않습니다. 비록 주체가 대타자 안에 포함되어 있다 하더라도, 주체는 자신이 의미화되는 지점을 대타자 바깥에서, 대상 a에서 찾아내야 합니다.

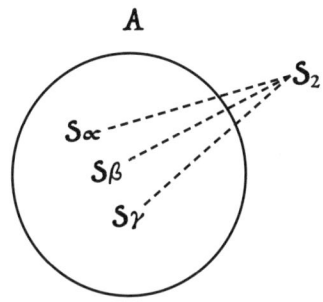

만약 대상 *a*가 대타자 A 바깥에 있다면, 대상 *a*는 어디에 있을까요? 실재 안일까요? 상상계 안일까요?

사실 대상 *a*는 실재계, 상상계, 상징계가 만나는 곳에서 출현합니다. "주체가 상상적인 관계 속에서 붙잡고 있는 실재의 어떤 것이 기표의 순수한 기능으로 격상됩니다."(『욕망과 그 해석』세미나 1959년 5월 13일 수업)

주체에게 욕망 안의 간극은 지식 안의 간극과 대타자의 미완결성에 대한 답변으로 기능합니다. 대타자가 일관되지 한에서 언표행위는 요구의 형태를 띱니다.

부록 II

구멍(Le trou)(레트루망(L'être trou main))
『R.S.I.』세미나에 대한 논평

    실재계, 상징계, 상상계라는 세 가지 일관성을 보로메우스 매듭으로 만들기 위해서는 구멍이 필요하며 또 구멍만으로 충분합니다. 『R.S.I.』세미나에서 구멍의 문제는 이렇게 제기됩니다. 매듭을 가능하게 하는 구멍, 즉 주체가 존재하도록 해주는 이 구멍은 무엇인가? 라캉은 이 구멍을 상징계의 구멍이라고 부르며, 상상적 수준에, 따라서 육체의 수준에는 이 상징계의 구멍에 대응되고 반응하는 어떤 것이 있습니다. 그러나 주체의 도래를 가능하게 하는 이 구멍은 동시에 주체의 불운이 될 것입니다. 왜냐하면 이 매듭은 실재 안에 구멍이 있음을 뜻하기 때문입니다. 라캉은 실재 안의 구멍을 다음과 같은 금언으로 가리킵니다.

    "성관계와 같은 것은 존재하지 않는다."

    구멍의 문제를 해명하려는 시도는 한 가지 난점에 부딪힙니다. 구멍에 관해 무언가를 표명하기 위해서는 기표에 의존해야 합니다. 기표에 의미가 있음을 희망하면서 말입니다. 그런데 의미란 상징계와 상상계에 관련됩니다. 반면에 우리의 목표는 실재의 윤곽을 그리는 것이며, 이는 사유 불가능합니다. 실재는 그 정의상 말하거나 상상하기 불가능한 것이기 때문입니다. 이러한 불가능성이 라캉을 보로메우스 매듭에 대한 글쓰기로 이끌었습니다. 왜냐하면 오직 수학적인 글쓰기, 수학적인 문자와 상징을 통한 글쓰기만이 의미를 피하고, 상상계를 제거하게 해주며, 따라서 실재의 단편을 추출하게 해주기 때문입니다. 그럼에도 불구하고 매듭에 대한 글쓰기로는 충분하지 않으며, 매듭에 대한 글쓰기가 효과적이기 위해서는 담론이 동반되어야 합니다. 여기서 저는 라캉이 구멍에 대해 말한 것을 검토하고자 합니다. 거기서 쟁점이 되는 것을 제가 파악할 수 있는 선에서 공식화하는 위험을 무릅쓰면서 말입니다.

동물은 자기 자신으로부터 주이상스를 얻는 유기체이자 육체입니다. 동물에게는 실존이 없고, 구멍도 없습니다. 동물은 자기 자신의 세계와 조화를 이룹니다. 그 세계는 실재계와 상상계가 연속적으로 촘촘히 이루어진 세계입니다. 동물은 탈존(ek-siste)하지 않습니다. 동물은 자신의 세계와의 완벽한 일치 속에서 "-존(siste)"합니다. 반면에 말하는 존재는 실존할 수 있습니다. 또 말하는 존재는 탈존하도록 강제된다고 할 수 있습니다. 말하는 존재는 다른 곳(ek)에 있도록, 나아가 늘 벗어나도록, 비스듬하게 있도록 강제됩니다. 말하는 존재가 실존하고 탈존하는 것은 라랑그(lalangue)95가 말하는 존재에게 기생하면서 말하는 존재와 세계 사이에 개입하기 때문입니다. 상징계는 실재계와 상상계 사이에서 제3자로 기능하는 동시에 남자와 여자 사이에서 제3자로 기능합니다. 기표의 침입은 말하는 존재가 다루는 실재를 동물의 실재와 다른 것으로 만듭니다. 말하는 존재에게 실재는 기표로 구성됩니다.

---

95 유아의 옹알이에서처럼 의미의 명확성이 아니라 소리의 물질성이 부각되는 언어(역주).

실재계는 상징계에서 배제된 기표들로 구성됩니다. 그것이 무의식적 지식입니다. 라캉이 『속지 않는 자들은 방황한다』세미나 213쪽에서 말하듯, "무의식적 지식은 우리가 탈존이라고 부르는 것의 핵심에 놓여 있는데, 무의식적 지식은 바깥에서 고집스럽게 스스로를 주장하면서 우리를 성가시게 하기 때문이다." 언어가 있는 순간부터, 라랑그가 말하는 존재에게 기생하는 순간부터, 말하는 존재와 세계의 관계는 오염됩니다. 나아가 세계에 대한 관계라는 말도 성립되지 않습니다. 왜냐하면 더 이상 세계도 없고, 관계도 없기 때문입니다. 오직 대타자만 있을 뿐이며, 실재계, 상상계, 상징계의 매듭만 있을 뿐입니다. 그 매듭이 주체가 존재하도록 해줍니다. 말하는 존재가 관계를 갖는 유일한 세계는 대타자입니다. 주체와 대타자가 있으며, 이것이 전부입니다.

지금부터는 무언가를 설명하려는 이러한 위험한 시도 ─ 설명이란 의미를 만드는 시도이며, 따라서 상상계의 영역에 관련됩니다 ─ 를 중단하고, 실재라는 쟁점을 향해 나아가 봅시다. 이것은 오직 매듭에 대한 글쓰기를 따라감으로써만 가능합니다. 실재계, 상징계, 상상계가 어떤 식으로 매듭지어지기에 주체가 존재하게 되는 걸까요? 위상학에서 세 가지 일관성을 매듭짓기 위해서는 적어도 하나의 구멍이 있어야 합니다. 그런데 일단 하나의 구멍에 근거해서 매듭이 만들어지면, 우리는 위상학적 관점에서 다른 두 일관성도 구멍을 포함한다는 점을 받아들여야 합니다.

『R.S.I.』세미나의 세 구절에서 라캉은 구멍의 특수성을 강조합니다. 사실 보로메우스 매듭에서 구멍은 보통의 연쇄에서 사용되는 방식으로 사용되지 않습니다. 보통의 연쇄에서 각각의 고리는 다른 고리의 구멍을 통과해서 자기 자신으로 되돌아옵니다. 보로메우스 매듭에서 구멍은 이런 방식으로 사용되지 않습니다. 하나의 일관성이 두 번째 일관성의 구멍으로 들어가는 것 — 세 번째 일관성을 가로지른 직후에 — 은 오직 그 구멍에서 나오기 위함일 뿐입니다.

1974년 12월 17일 수업에서 라캉은 이렇게 말합니다.

> "보로메우스 매듭은 매듭 자체에 의해 정의되는 탈존의 구멍을 식별하게 해 준다. 구멍 바깥으로 나와야 하는 것 없이는 구멍 안으로 들어갈 수 없다는 사실의 필연성(쓰이기를 그치지 않는 것)에 종속되어 있는 일관성의 탈존 말이다."

구멍이 보통의 연쇄에서처럼 사용되지 않는다는 사실이 왜 중요할까요? 만약 구멍이 보통의 연쇄처럼 사용된다면 하나의 일관성이 다른 일관성에 연결되어 2개의 고리로 된 매듭이 만들어질 수 있기 때문입니다. 그런데 라캉이 보로메우스 매듭을 갖고 우리에게 보여주려는 것은 보로메우스 매듭에서는 보통의 연쇄에서와 달리 하나의 일관성이 풀리면 나머지 두 일관성도 풀린다는 점입니다. 보로메우스 매듭에서 일관성은 둘씩 매듭지어지지 않습니다. 커플은 매듭을 이루지 않습니다. 커플의 매듭을 위해서는 세 번째 일관성이 있어야 합니다.

이후의 수업(1975년 2월 11일)에서 라캉은 이렇게 말합니다.

> "여기서 관건이 되는 담론은 연쇄(chaîne)를 만들지 않는다. 하나의 일관성이 다른 일관성에 의해 제공되는 구멍으로 들어갈 때 여기에는 상호성이 없다. …… 즉, 하나의 일관성이 다른 일관성과 매듭지어지거나 연쇄를 만들지 않는다. 이것이 상징계, 상상계, 실재계의 관계에서 드러나는 특징이다."

그 후, 라캉은 이 점으로 되돌아옵니다. "보로메우스 매듭에서 주목할 만한 것은 …… 구멍 자체를 사용하는 방식으로 순환하지 않음에도 불구하고 매듭이 만들어진다는 점이다. …… 보로메우스 매듭에서는 구멍을 사용할 필요가 없다. 왜냐하면 그것은 연쇄를 만들지 않으면서 매듭을 만들기 때문이다."(1975년 5월 13일) 같은 구절에서 라캉은 중요한 것은 구멍이며, 구멍 주위를 돌고 있는 원은 결과에 불과하다고 말합니다. 그가 이런 지적을 하는 것은 우리로 하여금 실재계, 상징계, 상상계를 어떤 실체로 생각하지 않도록 하기 위해서입니다. 비록 라캉이 실재계, 상징계, 상상계의 가치가 제각기 일관성이 되는 데에 있다고 강조하기는 하지만 말입니다.

보로메우스 매듭은 구멍을 사용하지 않으면서 매듭을 만듭니다. 제가 보기에 이 때문에 라캉은 어떤 흔적도 남기지 않는 세 가지 것에 관한 아랍 속담을 언급했을 것입니다. 여자 안의 남자, 바위 위의 가젤의 발자국, 동전 위의 환전상의 손이 그것입니다. 보로메우스 매듭에서도 마찬가지입니다. 매듭이 있기 때문에 구멍이 있기는 하지만, 구멍을 보기가 쉽지 않습니다. 일단 매듭이 만들어지면 어디에 구멍이 있는지 보는 것은 어려운 일입니다.

의미의 상상계라는 문제로 되돌아가 봅시다. 정신분석이 없다면 우리는 우리 자신이 실재계, 상징계, 상상계의 세 영역에서 움직이고 있음을 깨닫지 못할 겁니다. 그리고 세 가지 일관성은 보통 서로 연속적입니다. 가령 프로이트는 자신이 한 가지 영역에서 다른 영역으로 이동하는지 알지 못한 채로 이동합니다. 우리가 사태를 다르게 바라볼 수 있는 것은 라캉이 실재에 관해 이러한 지식을 창안했기 때문입니다.

제가 보기에 이 생각, 즉 상징계, 실재계, 상상계의 매듭이 주체가 존재하게 해준다는 생각을 파악하는 것이 그렇게 어려운 일은 아닙니다. 왜냐하면 우리는 가령 어떤 정신증자가 뚜렷한 증상을 드러낼 때 어떻게 상상계와 상징계를 연결시키는 누빔점이 풀렸는지 알 수 있습니다. 실재가 소름끼치는 목소리와 현존을 통해 영토를 침범할 때, 기표는 한 방향에서 시작하고, 기의는 다른 방향에서 시작합니다. 이러한 연쇄의 해체가 안정화되고 질서가 회복되는 것은 실재계, 상징계, 상상계가 다시 매듭지어질 때 이루어지며, 이런 일은 어떤 접착 혹은 보충이 매듭의 결속을 가능하게 해주었기 때문에 일어납니다. 어떻게 매듭이 일어나는지를 이해하는 것이 훨씬 어렵습니다. 만약 우리가 보로메우스 매듭을 신뢰한다면, 문제는 다음과 같습니다. 매듭을 가능하게 해주는 이 구멍이란 무엇입니까?

만약 라캉이 우리에게 단번에 답변을 제공하지 않는다면, 그 이유는 이 문제가 그가 세미나를 통해 탐색하는 문제 중 하나이기 때문입니다. 또 이런 이유로 그의 답변은 ― 혹은 적어도 답변의 공식화는 ― 문제에 접근하는 방식에 따라 시간이 흘러가면서 변화합니다. 그러나 쟁점이 되는 구멍은 언제나 같은 것으로 남습니다.

『R.S.I.』의 첫 번째 수업(1974년 12월 10일)에서 라캉은 구멍을 실재 자체로 묘사합니다.

> "실재는 엄밀히 사유 불가능한 것이라고 할 수 있다. 이것이 적어도 하나의 출발점일 것이다. 실재는 상황에 구멍을 내고, 이것이 우리로 하여금 세 가지 용어가 무엇인지 ― 그 용어들이 의미를 전달하는 한에서 ― 검토할 수 있게 해준다."

여기서 라캉이 탐색하는 것은 세 가지 일관성을 매듭짓게 해줄 구멍입니다. 우선 상상계 안의 구멍을 고찰하는 데에서 시작해봅시다. 거울단계 동안 유아는 거울에 비친 이미지를 자기 자신으로 알아봅니다. 즉, 유아는 자기 외부에 있는 이미지, 타자의 이미지와 동일시합니다. 어머니의 말이 그 이미지를 승인해주는 한에서 말입니다. 이때부터 우리의 상상계를 지탱하는 것은 신체 이미지입니다. 다만 그것은 타자의 이미지인 한에서의 신체 이미지입니다. 반대로 나는 나 자신의 육체를 볼 수 없으며, 나 자신의 육체는 구멍이 됩니다.

『R.S.I.』세미나 36쪽에서 라캉은 프로이트의 시대에는 오직 상상계만 구멍으로 지칭되었다고 말합니다.

> "자아가 묘사되는 것은 가방 안에서, 육체라는 가방에 의해서이다. 이것은 프로이트로 하여금 구멍이 될 무언가를 특정하지 않을 수 없게 했다. 세계가 그것으로 들어갈 수 있으며, 육체라는 가방이 지각에 의해 채워지도록 말이다. 프로이트가 자아란 하나의 구멍에 다름 아니라고 자기도 모르게 말실수를 하는 것은 이런 맥락에서이다."(1974년 12월 17일 수업)

우리는 '자아란 하나의 구멍에 다름 아니다'는 말을 두 가지 방식으로 이해할 수 있습니다. 한편으로 우리의 이미지, 우리 자신의 신체 이미지 자체가 구멍이 됩니다. 왜냐하면 우리가 그것을 볼 수 없기 때문입니다. 그것은 맹점입니다. 다른 한편으로 욕동은 오직 성감대의 경계에 의존합니다. 그리고 성감대의 중심에는 육체의 구멍이 있습니다.

라캉은 상상계 안의 구멍과 관련하여 짧은 일화를 소개합니다(1975년 3월 11일 수업). 그는 제니 오브리(Jenny Aubry)가 거울 앞에서 스스로의 이미지를 알아보고 기뻐하는 아이를 찍은 영상에서 그 아이가 자기의 생식기 앞에 손을 둔 점에 대해 지적합니다. 라캉은 팔루스가 이미지에서 생략된다고 말합니다. 팔루스는 실재이며, 좀 더 정확히 말해, 실재의 일관성입니다. 팔루스가 상상계를 육화시키는 것은 팔루스가 이미지로부터 생략됨으로써 가능합니다. 우리는 이를 파악하기 위해서는 다음의 사실을 이해해야 합니다. 팔루스가 이미지에서 생략되는 것은 기표로서의 팔루스가 상징계에서 폐제되고, 따라서 팔루스가 실재 안에 있기 때문입니다.

그럼에도 불구하고 제가 보기에 라캉이 팔루스가 이미지에서 생략된다고 말할 때, 이것은 난점이 되는 것 같습니다. 왜냐하면 거울단계에서 팔루스적 심급이 설정되었다고 말하기는 힘들기 때문입니다. 오히려 우리는 대상 a가 신체 이미지를 지탱한다고 생각하곤 합니다. 그러므로 제니 오브리의 영상에서 아이가 손으로 가리고 있는 것은 대상 a라고 말하는 편이 더 논리적일 것입니다. 제가 보기에 대상 a는 상상계의 구멍을 상징계 안의 구멍의 효과나 결과로 드러나게 만듭니다.

이제 저는 여러분께 실재계와 상징계도 구멍에 의해 구성된다는 점을 말씀드리고자 합니다. 실재계의 구멍과 상징계의 구멍과 관련하여 라캉이 제안하는 최초의 답변은 ― 그는 이것을 자명한 것으로 제안하는데 ―, 실재계의 구멍은 삶이며 상징계의 구멍은 죽음이라는 것입니다. 상징계의 구멍이 죽음인 것은 죽음이 우리에게 상상 불가능한 것이며 아무런 의미도 갖지 않는 것인 한에서입니다. 즉, 아무리 우리가 죽음에 대해 말할 수 있다 하더라도 죽음은 억압되어 있습니다. 죽음이 갑작스럽게 의미를 갖게 되는 특정 상황을 제외하고는 말입니다. 상징계의 구멍은 죽음 욕동의 지지대일 것입니다. 라캉은 이처럼 삶과 죽음을 세 가지 영역 중 두 영역에 연결시키는 아이디어에 중요성을 부여한 것 같습니다. 실제로 그는 나중에 이 아이디어로 되돌아옵니다. 이번에는 상상계와 상징계와 관련해서 말입니다. 『R.S.I.』세미나 139쪽에서 그는 이렇게 말합니다.

"아무도 이 구멍이 무엇인지 알지 못한다. 모든 정신분석적 사유는 육체적인 무언가로서의 구멍을 강조했다. 그런데 이것이 오히려 이 구멍을 막았다. …… 다른 무언가가, 재현 불가능한 무언가가 떠오르는데, 우리는 그것을 언어 때문에 반짝거리는 이름을 통해, 죽음이라 부른다. 자, 이것도 구멍을 막기는 매한가지이다. 왜냐하면 우리는 죽음에 대해 아무 것도 알지 못하기 때문이다."(1975년 4월 8일 수업)

제가 보기에 라캉이 죽음을 상징계의 구멍으로 언급하는 것은 죽음이 우리가 가장 근원적으로 억압하는 것의 제일 좋은 사례이기 때문입니다. 그러나 상징계의 구멍에는 죽음만 있는 것이 아닙니다. 원억압도 있습니다. 『R.S.I.』세미나 48쪽을 봅시다.

"원억압, 원초적으로 억압된 것……은 구멍입니다. 여러분은 결코 그것을 갖지 못할 것이다." 『R.S.I.』세미나 136쪽을 봅시다. "무엇이 실재가 우주를 만든다는 점을 증명하는가? 프로이트는 우주가 구멍을 갖고 있다고 제안하면서, 나아가 그는 우리가 그 구멍에 대해 알 길이 없다고 말한다."

상징계의 구멍은 원초적으로 억압된 것입니다. 원초적으로 억압된 것은 언어에 의존합니다. 그것은 언어가 작용함으로써 생긴 자동적인 결과입니다. 『에크리』의 "괄호들 속의 괄호"(1966년)에서 라캉은 그에 관한 증명을 제시합니다. 상징계가 플러스와 마이너스의 우연적인 연쇄 안으로 진입하자마자 연쇄 안에는 결정된 무언가가 출현하는데, 이것은 몇몇 항은 배제하고 다른 항은 선택합니다. 배제된 항, 밑으로 떨어지는 것이 원초적으로 억압된 것을 구성합니다. 그것은 상징계에서 억압되어 실재로 떨어져 실재계를 구성합니다.

그렇다면 실재계에는 이와 같이 억압된 문자가 아닌 다른 것들도 있을까요?

혹자는 실재계 안에 문자와 기표만 있는 것이 아니라 상징화되지 않은 무언가, 즉 사물이나 대상 자체도 있다는 생각이 들 수 있습니다. 그러나 매듭에 대한 글쓰기는 기표 이전에 어떤 실재가 있을 것이라는 환영을 피하게 해줍니다. 왜냐하면 매듭에 대한 글쓰기는 주체란 오직 기표에만 관련되며, 기표를 제외하면 다른 세계가 없음을 보여주기 때문입니다. 여기서 세 가지 층위가 있습니다. 상징계에서는 기표가 통치하고, 상상계에서는 기표가 기의에 관련되며, 실재계는 원초적으로 억압된 문자들과 이차적인 억압을 통해 같은 길을 따라간 기표들로 구성됩니다.

이것이 라캉이 기표가 구멍을 만든다고 말하는 이유입니다.

> "무의식이 실재인 것은 말하는 존재(parlêtre)가 구멍을 만들고 구멍에 대해 확신을 주는 유일한 것에 의해 고통 받는 한에서이다. 그 유일한 것이 바로 내가 상징계라고 부르는 것이다. 상징계는 기표를 통해 구현된다. 결국 상징계에 대한 정의는 그것이 구멍이라는 것 말고는 없다. 기표가 구멍을 만들기 때문이다."(1975년 4월 15일 수업)

제가 보기에 매우 중요한 또 다른 생각이 있습니다. 기표에 의해 만들어진 구멍이 구멍을 둘러싼 고리에 일관성을 부여하는 것이지, 고리가 구멍에 일관성을 부여하는 것이 아닙니다. 구멍을 만드는 것은 상징계의 일관성이 아닙니다. 구멍 자체가 어떤 한계를 갖고 있으며, 고리를 만듭니다. 구멍 때문에 고리가 하나의 한계로서 일관성을 갖게 됩니다. 이런 이유로 라캉은 "**억압된 것은 구멍이다**"(1975년 1월 14일 수업)라는 공식에서 "**기표가 구멍을 만든다.**"(1975년 4월 15일 수업)라는 공식으로 나아가며, 더 나중에는 그의 담론이 "**구멍에 근거해 있으며, 그 구멍은 유일하게 확실한 구멍, 상징계에 의해 구성되는 구멍**"(1975년 4월 15일 수업)이라고 말합니다.

상징계의 구멍, 유일하게 확실한 구멍이 존재하는 순간부터 우리는 실재계, 상징계, 상상계의 매듭을 만들 수 있습니다. 하나의 구멍만으로 셋 혹은 그 이상의 고리로 이루어진 매듭을 충분히 만들 수 있습니다. 일단 매듭이 만들어지면 우리는 실재계 안에 구멍이 있음을 받아들여야 합니다. 비록 실재계 안의 구멍을 어떻게 한정해야 할지 분명하지는 않지만 말입니다. 라캉의 발언을 천천히 따라가 봅시다.

라캉은 『R.S.I.』세미나 1974년 12월 17일 수업에서 실재계의 구멍이 삶을 지칭한다고 말합니다. 수수께끼 같은 이러한 발언은 팔루스의 주이상스와 대타자의 주이상스[다른 주이상스](la jouissance Autre)라는 두 가지 기능이 설정되고 나서야 해명됩니다. 팔루스의 주이상스와 관련해서 라캉은 주이상스가 실재에서 탈존하는 것과 관계가 있다고 말합니다. "주이상스가 탈존하는 것은 구멍을 만드는 한에서의 실재계입니다." 같은 수업에서 그는 이렇게 말합니다.

"나는 여러분을 위해 그 위치를 지정하려고 시도한 이 간극들, 즉 의미, 팔루스의 주이상스, 심지어 세 번째 항에서 길을 잃었다. 내가 아직 세 번째 항에 대해 명확한 설명을 하지 못한 것은 그 항이 내가 말하는 구멍에 관한 핵심을 제공하기 때문이다. 그것은 주이상스이며, 이 주이상스는 기표의 대타자가 아니라 육체의 대타자, 다른 성의 대타자와 관련된다."

실재계의 구멍에 관련되는 마지막 구절을 인용해 보겠습니다.

"무의식은 실재이다. 나는 내 용어를 신중히 평가합니다. 만약 내가 무의식이 구멍 난 한에서의 실재라고 말한다면, 나는 앞으로 나아간 셈입니다. 나는 내가 가진 권리보다 조금 더 멀리 나아갔습니다. 성관계와 같은 것은 존재하지 않으며, 이것이 말하는 존재의 어떤 지점에 구멍을 만든다고 말한 것은 여태껏 나밖에 없기 때문이다."(1975년 4월 15일 수업)

성관계와 같은 것은 존재하지 않습니다. 라캉은 이것이 구멍에 관한 핵심이라고 말합니다. 이 말을 어떻게 이해할 수 있을까요?

첫 번째 방식은 다음과 같습니다. 우리는 대타자의 육체에서 주이상스를 얻을 수 없습니다. "우리는 대타자의 육체에 대한 주이상스에서 어떤 보증물도 만날 수 없다. 그 보증물은 대타자[의 육체]를 즐기는 것이 실존하도록 할 수 있는 것이다." 두 번째 방식은 같은 아이디어를 다른 식으로 말하는 것에 다름 아닙니다. 즉, 대타자의 대타자는 없습니다. 라캉은 대타자라는 용어를 통해 기표의 장소뿐만 아니라 여자(La femme)를 가리킵니다. 남자에게 대타자로 존재하는 것은 여자입니다. 남자는 팔루스 함수에 의해 지탱되기 때문입니다. 우리는 남자 쪽과 관련해서 이렇게 쓸 수 있습니다. 팔루스 함수에 대해 '아니오'라고 말하는 "적어도 하나"가 있으며, 이 때문에 다른 모든 이들은 팔루스 함수에 종속되어 있다고 말입니다.

이런 점이 여자에게는 적용되지 않기 때문에 여자는 대타자입니다. 여자 쪽에는 거세되지 않을 법한 "적어도 하나"가 존재하지 않으며, 여자는 팔루스 함수에서 "비-전체(pas-toute)"입니다. 따라서 여자는 대타자입니다. 그러나 이것은 여자를 하나의 집합으로 만들기에 충분하지 않습니다. 여자가 탈존하려면 우리는 여자가 팔루스 함수에 의해 지탱된다고 말할 수 있어야 하는데, 그러한 함수는 찾을 수 없습니다. 우리는 여자를 하나의 집합으로 만들 수도 없고, 여자를 탈존하게 해주는 함수를 정의할 수도 없습니다. 만약 여자가 정의될 수 없다면, 우리는 여자가 아닌 다른 것이 무엇일지도 말할 수 없습니다. 즉, 대타자의 대타자는 존재하지 않는 것입니다. 그러나 이것이 성관계를 쓸 수 있기 위한 조건일 것입니다.

그러므로 라캉이 대타자의 주이상스(JA)를 기입한 표면은 하나의 구멍입니다. 거기에는 대타자의 육체에 대한 주이상스가 존재하지 않는다고 쓰여 있습니다. 달리 말해, 대타자의 대타자는 존재하지 않습니다. 이 구멍은 거기에 어떠한 실존도 없음을 뜻합니다. 이것은 급진적인 구멍입니다. 라캉은 『R.S.I.』세미나 직후에 진행된 『증환』세미나 153쪽에서 이 점을 명확하게 말합니다.

> "상징계는 그것이 구멍으로 특징지어 진다는 점에서 구분된다. …… 그러나 진정한 구멍은 여기에 있다. 그것은 이 곳, 즉 대타자의 대타자가 존재하지 않음이 드러나는 곳에 있습니다. 여기가 그 구멍의 자리일 것이다. 의미가 실재계의 타자로서 여기에 위치한 것처럼 말이다. 그러나 이 구멍과 같은 것은 아무 것도 없다. 대타자의 자리에는 그 어떤 실존의 차원도 없다."

보로메우스 매듭으로 되돌아갑시다. 매듭에 대한 글쓰기를 통해 라캉은 위에서 말한 세 개의 "간극"을 아래처럼 파악하게 해줍니다.

 - 의미는 상상계와 상징계에 관련되며, 완전히 실재계 바깥에 있습니다. 이 때문에 우리는 의미가 실재계의 타자라고 말할 수 있습니다.
 - 팔루스의 주이상스는 실재계와 상징계에 관련되며, 완전히 상상계 바깥에 있습니다. 그것은 육체 바깥의 주이상스입니다. 그리고 팔루스의 주이상스에 근거해서 탈존이 존재할 수 있습니다.
 - 상징계의 일관성, 즉 기표와 대타자의 층위와 관련해서 우리는 상징계의 영역 바깥에 있는 표면에 대타자의 대타자가 존재할 것이라고 말할 수 없습니다. 왜냐하면 대타자의 대타자가 있다는 것은 메타언어가 있다는 것이며, 우리가 기표에 붙잡히지 않고 기표에 대해 말할 수 있다는 것이기 때문입니다.

말하는 존재가 기표에만 관련되기 때문에, 말하는 존재가 소타자에게 말을 걸 때, 그는 언어라는 매개를 통과할 수밖에 없습니다. 이런 이유로 단 번에 셋이 존재하는 것입니다. 라캉이 말하듯, 두 고리로 이루어진 매듭, 커플의 매듭과 같은 것은 존재하지 않습니다. 기표는 상징계의 수준에 존재합니다. 또 기표는 상상계의 수준에 기의 효과로 존재합니다. 또 기표는 실재계 안에 억압된 것으로서 존재하면서 무의식을 구성합니다. 비록 우리가 이것들 중 아무 것도 원하지 않는다 해도, 우리가 달리 얻을 것은 없습니다. 달리 말해, 언어로 인해 성관계가 존재하지 않는다는 사실을 고치려고 시도할 때 우리에게 남은 것은 언어밖에 없습니다. 이것이 남자는 무의식의 장소로서의 대타자와 사랑을 나누고, 대타자가 남자의 파트너이며, 우리의 육체는 언어와 성교를 나눈다고 라캉이 말할 때 뜻하는 바입니다. 나아가 우리는 기호학적 주이상

415

스인 팔루스의 주이상스가 육체에 접합되는 한에서 성관계가 존재하지 않는다고 말할 수 있습니다.

비록 대타자의 육체에 대한 주이상스가 가능하지 않다 하더라도, JA(대타자의 주이상스)의 영역 — 여기서 실재계는 육체의 상상계에 관련되는데 — 에서 가능한 주이상스가 있습니다. 이 주이상스는 팔루스의 주이상스와 다릅니다. 라캉은 그것을 대타자의 주이상스(la jouissance Autre)라고 부릅니다. 여자들이 대타자의 주이상스에 대해 거의 말하는 것이 없는 반면, 정신증자들은 대타자의 주이상스를 묘사하는 방법을 아주 잘 알고 있습니다.

가짜 구멍과 네 개의 고리로 된 매듭

지금까지 우리는 세 개의 고리로 이루어진 매듭을 살펴봤습니다. 그런데 세미나의 끝(1975년 2월 11일 수업)에서 라캉은 실재계, 상징계, 상상계로 이루어진 매듭을 지탱시키기 위해서 하나의 토러스가 더 필요하지 않은지에 관한 질문을 제기합니다. 라캉에 따르면 토러스의 일관성은 아버지의 기능이라 불리는 것에 관련될 것입니다. 그는 이렇게 말합니다.

> "내가 아버지에 대한 이름들(Noms-du-Père)에 관한 세미나를 시작했을 때, 내게는 보충에 관한 많은 생각이 있었다. …… 이러한 보충은 그것이 필요불가결하지 않기 때문에 일어나지 않는 것이 아니다. 우리의 상상계, 우리의 상징계, 우리의 실재계는 아마도 우리 각자에게 여전히 충분히 분리된 상태에 있을 지도 모릅니다. 오로지 아버지의 이름(Nom-du-Père)만이 보로메우스 매듭을 만들고 지탱시킬 수 있을 정도로 말이다."

라캉은 이 네 번째 고리를 명명(nomination)이라 부릅니다. 물론 이것은 아버지의 이름에 관련됩니다. 그렇지만 라캉이 명명을 도입하는 방식과 명명이 무엇을 포괄하는지 살펴보는 것이 중요합니다. 1974년 4월 8일 수업에서 라캉은 보로메우스 매듭이 하나인지 둘인지에 관한 질문을 검토합니다. 저는 여러분께 매듭을 정확히 쓰기 위해서는 매듭이 회전하는 방향을 결정해야 하고 각각의 매듭에 다른 색깔이나 이름을 부여함으로써 각각의 일관성을 식별해야 한다는 점을 재빨리 상기시켜 드리고 싶습니다. 필요불가결한 명명은 네 번째 고리로 대체될 수 있고, 네 번째 고리도 명명처럼 서로 다른 일관성들이 호환가능해지지 않도록 방지하는 기능을 합니다.

그리고 라캉은 네 번째 고리가 실재계, 상상계, 상징계의 결합이 해체될 때 하나의 보충으로 기능할 수 있다는 생각에 도달합니다. 프로이트에게 이러한 보충의 기능을 맡은 것은 네 번째 고리가 아니라 부성적 기능이었습니다. 그래서 라캉은 명명으로서의 네 번째 고리를 "아버지의 이름"이라고 부를 것입니다.

1974년 4월 15일 수업에서 그는 이렇게 말합니다. "명명이 구멍을 만든다는 확신을 주는 유일한 것이다." 조금 뒤에 그는 이렇게 첨언합니다. "그러나 아마도 이러한 아버지의 이름들은 결국 상징계가 특권을 갖지 않았음을 보여준다. 명명이 반드시 상징계의 구멍에 연결되어야 하는 것은 아니다."

그리고 라캉은 억제, 증상, 불안이라는 프로이트적 삼항이 각각 네 개의 고리로 이루어진 매듭에서 보충의 기능을 맡을 수 있음을 제안합니다. 네 개의 고리의 매듭은 구멍만이 순환을 만들 수 있는 것이 아님을 보여줍니다. 가령 두 개의 접힌 원을 서로 걸어서 순환하는 형태를 만들면, 연쇄를 이루지 않은 이 두 개의 원은 가짜 구멍을 만듭니다. 가짜 구멍을 진짜 구멍으로 변형시키기 위해서는 무한한 선(혹은 원)이 가짜 구멍을 통과해야 합니다. 그러면 세 개의 일관성은 보로메우스 매듭이 될 것입니다. 또 가짜 구멍으로부터 네 개의 고리로 이루어진 매듭을 만들 수도 있습니다.

   라캉은 억제와 관련하여 네 개의 고리로 이루어진 매듭을 설명합니다. 그는 이렇게 말합니다. "나는 오늘 상상적인 명명을 무한한 선으로 표기했다. 상상적 명명은 증명하는 모든 것, 상징계로서 결합되는 모든 것의 조작을 억제한다. 그것은 상상계의 층위에 빗금을 설정한다."(1974년 5월 13일) 즉, 억제는 상상계를 가지고 가짜 구멍을 만듭니다. 그리고 이 가짜 구멍으로 실재계와 상징계가 통과할 것이며, 이것은 보로메우스 매듭이 될 것입니다. 같은 방식으로 불안은 실재를 가지고 가짜 구멍을 만들 수 있어야 합니다. 상상계와 상징계와 함께 보로메우스 매듭이 만들어질 수 있도록 말입니다. 마지막으로 증상은 상징계를 가지고 가짜 구멍을 만들 것입니다. 실재계와 상상계와 함께 보로메우스 매듭이 만들어질 수 있도록 말입니다. 바로 이것이 그 다음해 『증환』세미나의 주제를 이룹니다.

『에크리』 참고문헌 목록

수업 1 라파엘르 – "나 기능의 형성자로서의 거울단계," p. 93

수업 2 아리망 – "라가쉬의 발표문: 「정신분석과 퍼스낼러티의 구조」에 대한 논평," p. 647

수업 3 앙투안 – "정신분석에서의 말과 언어의 기능과 장," p. 237

수업 4 니콜르 – "무의식에서의 문자의 심급," p. 493

수업 5 – "「도둑맞은 편지」에 관한 세미나," p. 11-61

수업 6 에밀리 – "정신증의 모든 가능한 치료에 전제가 되는 한 가지 문제"

수업 7 카치, 드리스, 쟈키 – "프로이트의 '욕동'과 정신분석가의 욕망에 관해," p. 851

수업 9 마르크에서 레오노라로 – "무의식에서의 문자의 심급," p. 493

수업 10 펠리시테 – "무의식의 위치," p. 848

수업 12 나타샤, 수업 13 아녜스 – "주체의 전복과 욕망의 변증법," p. 793

수업 14 쥐스틴느, 안젤리크, 마릴린 – "남근의 의미작용," p. 685

수업 15 퀭탱 – "과학과 진리"

참고문헌

(입문자를 위한 수업이기 때문에 목록을 의도적으로 축소했다)

Darmon Marc, *Essais sur la Topologie Lacanienne,*
  Éditions de l'Association Freudienne,
  Collection <Le Discours Psychanalytique>, 1990

Cacho Jorge, *Le Délire des Négations,* Collection 〈Le Discours Psychanalytique〉,
  Éditions de l'Association Freudienne Internationale, 1993

Czermak Marcel, *Passions de l'objet, études psychanalytiques des psychoses,*
  Éditions Joseph Clims, 1990

  Patronymies, considérations cliniques sur les psychoses,
  Éditions Masson, bibliothèque de clinique psychanalytique, 1998

Freud Sigmund, *Le mot d'esprit et sa relation à l'inconscient,*
  Collection Folio/Essais, Éditions Gallimard, Paris, 1988

  〈Pulsions et destin des pulsions〉, in *Métapsychologie,*
  Collection Folio/Essais, Éditions Gallimard, Paris, 1968

  〈Au delà du principe de plaisir〉, in *Métapsychologie,*
  Collection Folio/Essais, Éditions Gallimard, Paris, 1968

  Le délire et les rêves dans la Gradiva de W. Jensen,
  Collection Folio/Essais, Éditions Gallimard, Paris, 1986

  〈Le problème économique du masochisme〉, in *Névrose, psychose et perversion,*
  Bibliothèque de psychanalyse, Presses Universitaires de France, 1973

Melman Charles, *L'homme sans gravité, jouir à tout prix,* entretiens avec Jean-Pierre
  Lebrun, Paris Denoël 2002, (repris dans la collection Folio en 2005)

  La nouvelle économie psychique, la façon de penser et de jouir aujourd'hui.
  Éditions Érès, Collection <humus, subjectivité et lien social>, 2009

  〈La fonction paternelle〉, *Bulletin de l'Association Lacanienne Internationale,*
  nº. 69, septembre 1996

  〈Qu'est-ce que l'objet a?〉, *Bulletin de l'Association Lacanienne Internationale,*
  nº. 98, juin 2002

⟨Qu'est-ce que le symbolique?⟩ *Bulletin de l'Association Lacanienne Internationale*, nº. 93, juin 2001

⟨Altérité et structure⟩, *Bulletin de l'Association Lacanienne Internationale*, nº. 103, juin 2003

Lacan Jacques, *Écrits*, Éditions du seuil, 1966

Thibierge Stéphane, **Pathologie de l'image du corps**, Press Universitaires de France, 1999
L'image et le double, Éditions Érès, 1999

임상사례로 읽는 라캉의 정신분석

초판 1쇄 발행 | 2022년 10월 15일
지은이 | 다니엘르 브리오
옮긴이 | 박영진

펴낸이 | 표원경
펴낸곳 | 한동네
디자인 | 이경란(design SOYO)

주소 | 14900 경기도 시흥시 하우로 145번길 35
전화 | 070-4159-1230 **팩스** | 031-311-1232
원고접수 | cello-freesia@hanmail.net

출판등록 | 2015년 4월 1일

ISBN | 979-11-972892-5-5(93120)

- 이 책의 한국어판 저작권은 베스툰 코리아 에이전시를 통해 저작권자와 독점계약으로(도서출판) 한동네에 있습니다.
- 저작권법에 의해 한국 내에서 보호를 받는 저작물이므로 무단전제와 무단복제를 금합니다.
- 파본이나 잘못된 책은 구입하신 곳에서 바꿔드립니다.